21世纪工商管理特色教材

管理信息系统

MANAGEMENT INFORMATION SYSTEM

仲秋雁　等 ⊙ 编著

清华大学出版社
北　京

内容简介

本书全面系统地介绍了管理信息系统的概念、基本理论、技术与方法，及其最新发展。全书共分9章，第1章介绍了信息系统的概念及现代化研究方法；第2章揭示了组织、管理活动和信息系统之间复杂的关系；第3章介绍了信息系统技术基础知识，包括计算机技术、数据存储技术和网络通信技术；第4章介绍了组织中的各种应用系统特征、功能与管理目标；第5章介绍了制定IT/IS战略与信息系统规划的方法；第6章阐述了信息系统开发的一般过程，分析了信息系统各种开发方法、开发方式的利弊和适用性；第7章介绍了信息系统管理与控制方法，以及IT服务外包和信息系统审计的基本概念；第8章介绍了电子商务的相关概念及其商务模式，给出了企业电子商务战略规划的主要步骤，分析了移动商务的特点和发展趋势；第9章介绍数据仓库、商务智能、知识管理系统等管理信息系统新的发展内涵，阐述了相关的概念和方法。

为便于学习，书中各章均配有引导案例、讨论案例及思考题。全书结构清晰，内容全面系统，素材丰富，突出了实例教学，强调了应用，能帮助读者在较短的时间内熟悉和掌握管理信息系统的基本理论和方法。

本书封面贴有清华大学出版社防伪标签，无标签者不得销售。
版权所有，侵权必究。举报：010-62782989，beiqinquan@tup.tsinghua.edu.cn。

图书在版编目(CIP)数据

管理信息系统 / 仲秋雁等编著. —北京：清华大学出版社，2010.6(2023.1重印)
(21世纪工商管理特色教材)
ISBN 978-7-302-22695-6

Ⅰ. ①管… Ⅱ. ①仲… Ⅲ. ①管理信息系统—教材 Ⅳ. ①C931.6

中国版本图书馆CIP数据核字(2010)第089015号

责任编辑：刘志彬
责任校对：宋玉莲
责任印制：宋　林

出版发行：清华大学出版社
网　　址：http://www.tup.com.cn，http://www.wqbook.com
地　　址：北京清华大学学研大厦A座　　**邮　　编**：100084
社 总 机：010-83470000　　**邮　　购**：010-62786544
投稿与读者服务：010-62776969，c-service@tup.tsinghua.edu.cn
质 量 反 馈：010-62772015，zhiliang@tup.tsinghua.edu.cn
印 装 者：天津鑫丰华印务有限公司
经　　销：全国新华书店
开　　本：185mm×260mm　　**印　　张**：22.75　　**字　　数**：515千字
版　　次：2010年6月第1版　　**印　　次**：2023年1月第12次印刷
定　　价：50.00元

产品编号：035345-02

21 世纪工商管理特色教材

编辑委员会

名誉主任　王众托

主　　任　苏敬勤

副 主 任　李新然

成　　员　（按姓氏笔画排列）

王延章　王雪华　王淑娟　朱方伟

仲秋雁　刘晓冰　李文立　李延喜

陈树文　党延忠　戴大双

协　　调　张秋艳

总序

在管理教育和人才培养的各种制度中，工商管理硕士(MBA)制度是一项行之有效、富有成果的制度，它培养的是高质量的、处于领导地位的职业工商管理人才。工商管理硕士教育传授的是面对实战的管理知识和管理经验，而不是侧重理论研究，注重复合型、综合型人才培养，重视能力培养。在发达国家已经成为培养高级企业管理人才的主要方式。

我国正式开始引进工商管理硕士学位制度是在1984年。但是早在1980年，按照1979年邓小平同志访美期间向时任美国总统卡特提出由美方派遣管理教育专家来华培训我国企业管理干部的要求，两国政府成立了坐落在大连理工大学的"中国工业科技管理大连培训中心"。在开始的几年内，办起了学制为8个月的厂长经理讲习班，其教学内容是按照MBA教育的框架"具体而微"地设计的，开设了MBA教育中所有的核心课程。这种培训教育曾被认为是"袖珍型MBA"，可以说是MBA理念引入我国的开始。

1984年开始，根据中美两国有关合作进行高级管理人员第二个五年的协议，由中国大连理工大学与美国布法罗纽约州立大学合作开办三年制的MBA班，这是对我国兴办MBA教育的一次试点。与此同时，培训中心将美国教授在大连讲学的记录整理出版了一套现代企业管理系列教材，原来共9种，后来扩展为13种，这套教材由企业管理出版社出版，发行超过百万册，填补了当时缺乏面向实际应用类型教材的空白，也为后来的MBA教材建设打下了一个基础。

我国从1991年开始，正式开办MBA专业学位教育。在经过十几年的实践和摸索之后，中国的MBA教育已经进入一个新的发展时期，目前中国拥有MBA招生和培养资格的院校已经有100余所。这种专业学位的设置使我国的学位制度更趋完善，推动了我国高级专门人才培养的多样化，使学位制度进一步适应科学技术事业和经济建设发展的需要。MBA教育需要适合面对实战的管理知识和管理经验的教材。从1998年开始，作为培训中心依托单位的大连理工大学管理学院，就开始在原来培训班系列教材的基础上，吸收近期国内外管理理论和实践的发展成果，结合自己的教学经验，组织编写 MBA 系列教材 18 种，由大连理工大学出版社出版，共印刷发行了 40 余万册，被许多院校的 MBA 教学和干部培训选用，受到广大读者的欢迎。2005 年，又出版了新的教材系列。

进入 21 世纪以来，国外的管理思想、理论与方法又有了发展。随着我国改革开放步伐的加快和经济建设的进展，在我们的管理实践中，在吸收消化国外先进管理的理论、方法的同时，针对我国在转型期的具体情况，探索具有中国特色的管理思想、方法，也取得很多的成果。目前我们已经可以像我国已故的哲学大师冯友兰教授所说的，从“跟着讲”发展到开始“接着讲”了。因此在管理教育中编写具有中国特色的教材，既有必要性，又有可能性。在 MBA 专业教育方面，我国在多年实践的基础上，也积累了许多经验。特别是由于 MBA 与学术型管理学硕士的培养目标、教学内容与方式有所不同，我国的各院校都注意在教学中引入了案例教学、角色扮演、模拟练习等新型教学活动，这样在我国自编的教材中就有可能选入符合国情的具体内容。

大连理工大学管理学院在从 20 世纪 80 年代就开始进行 MBA 试点以及近 20 年来进行 MBA 学位教育的基础上，决定重新编写一轮新的教材，总结过去的教学与培训经验，吸收国外的最新理论成就，使教材上升一个新的台阶。本次的教材系列包括“管理学”、“财务管理”、“技术管理”、“战略管理”、“管理决策方法”、“管理信息系统”、“营销管理”、“运营管理”、“企业法律环境”、“创业与企业成长”、“投资风险管理”、“项目管理”、“商业伦理”、“会计学”、“现代物流管理”、“项目投融资决策”、“企业知识管理”、“企业社会责任管理”、“创新与变革管理”、“企业文化”、“电子商务”、“人力资源管理”、“组织行为学”、“公司治理”、“管理经济学”、“管理沟通”共 26 种，涵盖了 MBA 基础课程、专业课程与部分新学科的内容，本轮教材的组织和撰写具有覆盖面广、关注到新的管理思想和方法、充分利用了自编案例等特点，反映了 MBA 教育的新进展。希望这个教材系列能为我国 MBA 教材添砖加瓦，为 MBA 教育做出应有的贡献。同时也希望这些教材能成为其他专业学位教育和各类管理干部培训的选用教材和参考资料，以及创业人士的有益读物。

衷心盼望采用这些教材的老师和学员在使用过程中对教材的不足之处多提宝贵意见，以便在下一轮修订过程中加以改进。让我们共同努力，把我国的 MBA 教育提高到一个新水平。

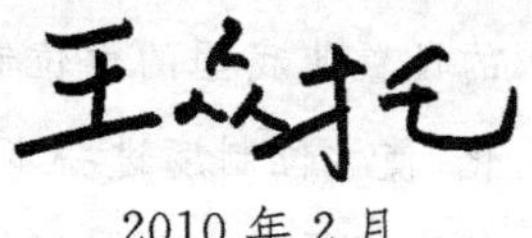

2010 年 2 月

前言

管理信息系统是一门综合了管理学、经济学、系统科学、计算机科学等多学科知识的交叉学科。从20世纪80年代，我国开始将计算机用于辅助管理以来，管理信息系统从理论到实践都有了很大的发展。近年来，随着信息技术的发展和信息系统建设实践活动的深入，信息系统的概念、内容、技术和方法都有了很大的扩充和发展，人们对信息系统的理解和认识也发生了很大的变化。在此背景下，我们编写了这本教材，希望能够在教材中反映出管理信息系统的发展和变化。

本书的作者长期从事管理信息系统的教学和科研工作，有着丰富的管理信息系统理论和实践经验，在撰写本书的过程中，作者也吸取了国内外同类教材的教学思想和教学内容，力求在教材的内容体系和写作风格上有所突破并具有自己的特色。因此本书具有以下特点：

(1) 把管理信息系统看做一个社会技术系统。将信息系统放在组织与社会这个大背景下去考察，从组织、管理和技术三个维度去分析管理信息系统，揭示了组织、管理活动和信息系统之间复杂的关系。

(2) 根据管理信息系统的发展组织本书的内容。书中不仅分析了传统的企业管理信息系统的应用，也介绍了电子商务的相关概念及其商务模式，移动商务的特点及发展趋势，以及数据仓库、商务智能、知识管理系统等管理信息系统新的发展内涵，介绍了这些新兴事物的相关概念和方法。

(3) 采用案例教学。案例教学法是管理教育中非常有效的一种教学方法。许多复杂微妙的管理问题，特别是非技术性的组织与行为方面的问题，难以用描述性语言准确把握，但却可以通过案例生动地描述。特别是有些问题受情景因素的影响，在不同的情景背景下会产生不同的结果。依托案例教学，通过对案例的讨论，引导学生进入“角色”，面临“企业现场”问题，从而培养学生分析问题和解决问题的能力。因此书中各章均配有引导案例、讨论案例，并给出了案例思考题。

本书是大连理工大学管理学院信息管理系全体教师集体研究和协作的结果。从教材大纲和篇章结构的形成，到案例和思考题的选择，以及在教材编写过程中遇到的问题，大家多次在一起共同讨论。书中部分章节是在《管理信息系统》(仲秋雁、刘友德主编，大连理工大学出版社，2006年版)的基础上编写而成的。此外特别要感谢吴力文副教授，吴老师从始至终一直参与本书的讨论，并给出了许多宝贵的建议。

本书各章执笔分工是：第1章和第2章刘友德，第3章裘江南，第4章和第5章曲刚，第6章李慧，第7章仲秋雁，第8章闵庆飞，第9章王宇。全书由仲秋雁统稿。

感谢评审本书的老师，他们提出的宝贵的意见对本书的编写很有帮助。感谢信息管理系的部分研究生，他们协助自己的导师收集整理资料，付出了辛苦的劳动。由于编者水平有限，书中难免存在不足之处，敬请批评指正。

编　者

2010年1月

目录

第1章 信息系统概述

学习目标

(1) 明确信息系统的概念

(2) 区分计算机学科和信息系统学科的差别

(3) 了解组织中不同层次的信息需求

(4) 弄清组织内主要六类信息系统的作用及各类应用系统之间的关系

(5) 理解为什么信息系统在当今非常重要

(6) 识别在组织内建立和使用信息系统时管理上的挑战

信息处理是社会的一项重要活动。随着信息技术水平的发展和需处理的数据量剧增,计算机信息系统已成为组织中信息处理工作必不可少的组成部分。信息技术在商业方面的应用使企业获益,同时也给管理者带来了新的挑战。现代信息系统的性质既是技术的又是社会的、信息系统既能帮助组织也能损害组织,所以管理者必须了解信息系统的技术因素和组织因素之间、功能和政治之间的关系。信息系统的缔造者不仅应该考虑管理的目的和决策制定,还应该考虑这些系统对人类和社会生活的影响。

作为一门学科,管理信息系统是年轻和多元性的。目前这门学科尚无一个中心理论作为依据。这门学科引用其他各门学科中已建立的知识单元,形成一套综合的基本概念来支持学科研究和企业中信息系统的应用。计算机科学提供计算及通信系统的基础知识,运筹学提供了基于数据来做合理决策的基础知识。信息系统必须建立在管理系统之中,各种基本管理职能是建立信息系统的基础。此外,为了信息系统应用的成功,企业组织方面的研究工作应当理解信息系统对组织的影响。

管理信息系统研究组织如何有效地应用信息技术,其学科的教育目的是使管理人员理解信息化在管理变革中的作用,使技术人员理解组织行为对技术应用的影响。管理信息系统教育是以管理为主题,研究组织如何有效地建立信息系统,是一个多学科的综合应用领域。管理信息系统是一种管理思想,也是信息系统建设工作应遵循的原则。管理信息系统还是一个演变和发展着的概念,其内涵是随着信息技术应用历史的发展和管理理论的发展而演变的。管理信息系统项目不仅是对一个技术系统的投资,更主要是对管理模式的改造、变化、建立。因此本书将信息系统置于组织和管理的论述中,强调了信息系统与组织的关系及其在组织中的作用。

下面是一个真实的故事①。

引导案例

宝供三变

初级“门到门”的服务

那是20世纪90年代初——全民“皆商”的年代，珠江三角洲服装、电子产品制造业、批发业发达，许多内地人士到这里采购小额商品。但小额货物要发回内地是个大难题，内地客户都说“买货容易，运货难”。

汕头供销储运公司员工刘武承包了亏损的广州转运站。在多年的工作中，刘武深知这种小额货物需要往内地发零担，而做零担运输的网点少、费用高。要在专用铁路线内小额货物组织直达整装零担运输或组织中转整装零担，应由铁路局或分局同意并由车站和托运人协商并签订协议后办理。当时只有广州南站和广州市郊的一个点可以承揽这项业务，且手续烦琐，十分麻烦。刘武想，如果把这些外地客商的零担货物集中起来做整车发运，就能够大大降低运输成本。

刘武的转运站就与各地的商业储运公司合作来完成到货站的接货和交付零担用户的业务。由于刘武转运站承担下来的货运相对地能及时送达，并能提供24小时仓储货运服务，独立承担风险和责任，避免或减少了许多中间环节，极大地提高了运作的效率，转运站在全国有了一定的知名度和良好的商誉。因此，业务量急剧上升。

提升管理水平

1994年进入中国市场的宝洁公司感到最苦恼的问题就是如何把产品安全快捷地送到全国各地。当时在广东占储运业主导地位的国有企业或者只管仓储，或者只管铁路运输。仓库又脏又乱，仓管业务只白天营业；运输更加糟糕，运货人只管搬上火车，野蛮装卸，常常货物到站都没有人接货。宝洁公司实在无法忍受，于是选择刘武的小转运站试一试。

宝洁提出其产品从出厂到销售之间的环节都由转运站负责。转运站必须执行GMP标准；严格遵守时间要求，规定5天到达，早一天或晚一天都不行；达到质量标准，交给你一千件货物，必须完整交给客户一千件，如果有短少、破损情况都要扣罚。

刘武没有后退。他深感储运行业存在弊端，但并不清楚如何解决。和宝洁这样严格规范管理的跨国公司进行业务往来，迎合他们的需求，本身就是一个提升的过程。

转运站合格地完成了宝洁委托的第一笔广州至上海的业务。然而第一单“跨国”生意非但没有赚到钱，反而贴进去几千元。“传统的运作方式必须改变，要知道客户需要什么，然后想办法去满足他。”刘武认为，现有的储运模式远远不能满足客户的要求。制造商发货到站后要委托一个储运公司发货提货，而经销商也需到产地或委托一家储运公司发货

---

① 改编自：郭珍，徐坤. 刘武：宝供三变. 当代经理人，2003(3)，http://finance.sina.com.cn，2003年7月

提货，发和收之间没有一个从始至终、统一的企业作链接，运作环节容易出现问题。必须要有一套整体解决方案：建立全国性的完整物流网络。

1994年，刘武放弃了红红火火的整车业务，注册了广州宝供储运有限公司，专心做第三方物流。根据宝洁的业务需求，宝供在北京、上海、成都、广州成立了四个分公司。接下来，宝供以GMP为蓝本，结合国内和公司的实际制定出宝供质量管理体系，制定出了规范化、标准化的各类操作规程。宝供向国际先进物流行业标准靠近了一步。

1996年，宝供规范化管理吸引了大量客户，业务量发展很快，除了宝洁，宝供又与联合利华等国际大公司开始合作。全国已有将近30万平方米的仓库，每天的发运量大增。为了监控运营情况，运营部的人每天都要花很大的力气了解这些货是不是按时发出，能不能按照客户要求的时间到达目的地，破损率是不是在控制范围之内、有没有及时把货送到仓库去、签收情况怎么样，等等。只有一张业务单时，可以全程跟踪，现在一天有上百张单子，仍然依赖原始的方法收集信息，不仅效率低，发生错误的概率也提高了。

刘武每天忙得焦头烂额，就怕什么地方出现差错，但他最不愿看到的事情还是发生了。一个月里，宝洁连续多次向宝供投诉到货时间不准、破损率上升的问题，对他们不能准确及时提供库存信息极为不满。刘武看到宝洁详细的数字化收货记录后，发现与本公司人员上报的材料有很大出入。原来各分公司人员报喜不报忧，总公司获得的信息有很大水分。

这些烦琐的数据处理工作，仅仅靠人工是很难完成的。因此，提高运作效率以及对分公司业务的控制与协调问题，成为宝供的当务之急。如何及时、准确了解真实的信息成为解决问题的关键。刘武考虑通过信息化来解决公司面临的问题。而当时宝供没有专门的IT经理负责整个公司的IT规划，公司管理信息化与业务发展严重脱节。

真正迫使刘武下决心的还是来自市场的压力。1997年，在物流业市场竞争中，宝洁结束了与宝供的铁路总代理合同。刘武意识到，必须满足客户对服务质量的期望，才能留住老客户。信息化管理已是迫在眉睫。

信息系统支持的第三方物流

管理信息系统及Internet应用专家唐教授的加盟，帮宝供走上了信息化的道路。1997年，经过多方考查，计算机部主任唐教授决定要建立一个基于网络的管理信息系统来解决信息瓶颈问题。考虑到资金情况、业务需要以及员工的素质，宝供没有采取面面俱到、撒胡椒面的方式，而是有步骤地推进公司的信息化。

由于当时宝供IT人员没有能力自行开发系统，而采用SAP、ORACLE等系统需要投入的资金太高，不适合中国物流行业的特点，宝供将物流信息实时跟踪系统设计外包给专业软件公司。

宝供的运输报表自动生成系统在1998年10月完成。宝供授权客户使用运输查询功能，实现了与客户共享运营信息。

自动报表系统很快成为宝供市场推广的方向，吸引了很多客户，飞利浦是其中一个。信息化非常完备的飞利浦希望合作的储运公司能够及时传递物流信息，它要求合作公司按周、按月报告自己的库存量、进/出货量。但是许多储运公司根本做不到这些。而宝供当日就可以知道昨天所有的库存情况。1998年11月，宝供在苏州与飞利浦只用了3天的谈判就签订了长期的大单。

信息系统为宝供带来了一个新营运模式，由于摆脱了过去传统的手工操作，通过数据库、网络传递等计算机辅助手段实现对数据的核对和整理，宝供的营运质量有了很大提高。以前货物从广州到北京需要15天，后来只要10天，时间可靠性能达到95%，公路可以达到99%。

很多员工都很兴奋，感到信息系统给公司带来了新希望。营运管理部经理说："打个形象一点的比喻，我们在没有用这个系统的时候像是一个作坊，现在我们是一个比较现代化的工厂了。"

刘总也很欣慰地说："尽管建设系统投入多，但从长远来看，还是非常值得的。另外，这套系统还带来了不少意外的收获。比如要应用计算机，企业就一定要规范管理，人员的素质也要提高，在无形之中提高了企业的综合素质。"

随着服务的深化，如今的客户不仅要求货物安全、准确、及时、可靠送达目的地，还要求有及时准确的货运/库存信息查询、追踪、管理等延伸服务，以便调配生产和销售。为此，宝供决定在物流信息实时跟踪的基础上，建立仓储管理系统。1999年，宝供再度和技术供应商合作，开发了基于互联网的仓储信息管理系统。经授权后，客户可通过宝供的仓储信息管理系统实时管理和控制不同区域、不同仓库、不同类型产品的库存，制定最佳营销策略。同时，实现了"客户电子业务单、一体化运作"的电子商务初步目标，极大地简化了商务流程，提高了业务运作效率。

信息化的成功建设推动了宝供业务的整合与发展，使业务远远超过了原有的储运业务范畴，如仓储服务延到原料质检、库存查询与补充，及各种形式的流通加工服务等；运输服务延伸到选择运输方式与路线，安排货运计划，确定配载方法，货物运输过程中的监控、跟踪，门到门综合运输以及货款的回收等；配送服务延伸到集货、分拣包装、配套装配、条码生成、贴标签、自动补货等。为了向完整的物流服务商发展，宝供新的发展战略也浮出水面：物流要做得深入，必须从基本的简单仓储和运输服务过渡到成为制造商和零售商之间的桥梁，帮助制造业打通零售环节，提供集成的、网络化的供应链全过程服务。

一体化供应链

随着业务的延伸，2000年宝供出现了供应链上下游之间的系统集成问题。面对这些问题，宝供信息化主管颇有感触地说："物流行业面临的主要挑战是跨企业的信息系统集成。物流毕竟不是一个企业内部的问题，宝供有很多客户，由于这些客户大多是跨国公司，它们都有自己的内部系统，而且它们的物流服务提供商也并不只有宝供一家。在这张庞大的网中，宝供做好自己的信息化管理，只是这张网中很小的一部分。更重要的是要推动这张网四通八达。"

EDI是国外企业通常采用的数据交换方式，但因为投入过大、实施复杂，在中国企业推广难度较大。为了解决这一系列问题，2000年，宝供建立了基于VPN和XML技术的跨企业电子数据交换平台，实现多对多的、支持复杂流程的信息交换，用户无须改动自身的信息系统和数据格式，也不用了解合作伙伴系统的具体技术，更没有必要建设专用的网络连接，就可以与业务伙伴进行信息交换和流程整合。这个数据交换平台的实现，使宝供得以更灵活的为客户量身订制个性化的物流信息服务。

作为企业资源的信息

到2002年公司已先后建成了OMS(客户订单管理系统)、SMS(仓库管理系统)、TMS(运输业务管理系统)等诸多系统。

在开发这些系统时，主要由各业务部门制定相应的流程。但是这些部门流程的制定不是以客户为中心，而主要是从部门需要出发。部门的局限、利益目标冲突导致流程割裂。信息系统的数据不能共享于部门之间，形成了"信息孤岛"。最典型的是一张订单往往需要在运输管理系统、仓库管理系统、财务管理系统中重复录入三次。系统中的数据主要是对物流轨迹的事后记录，对物流的合理化缺乏指导意义。没有充分发挥信息流提高物流服务水平、降低物流成本的功效，直接影响了总体业务运作质量，降低了上层对业务的监控能力。

基于对上述情况的思索，宝供集团决定建立一套真正适用、有效，并能够起到统筹和支撑作用的物流一体化信息系统。

最初，项目组试图采取全部外购的方式，并先后邀请SAP、ORACLE、JDE、用友、金蝶等知名软件公司前来进行产品介绍和演示。但当时国内外较为成熟的ERP系统一般都是针对于制造企业，行业特性是不可逾越的障碍。此外，中国物流业又存在太多的特色因素，加大了系统移植的难度。于是项目组下决心，自主开发建设以TOM(全面订单管理系统)为核心平台的第三方物流ERP系统。

在这个平台中，将物流各相关环节(订单管理、运输、仓储、财务以及基础数据)作为一个整体进行流程重组优化：以客户为中心，以订单为主线，对业务流程进行梳理。建立订单管理模块，所有订单信息经该模块进入平台后，运输、仓库、财务等部门直接调用。仓储作业与运输作业通过订单相关联，打通了仓库与运输之间的壁垒。整个流程以订单号为核心，订单是物流活动的起点，所有物流作业环节录入的信息，都和订单关联起来，供后续环节共享。以订单号为核心的订单管理模式保障了流程一体化的实现，也为满足客户的物流服务需要提供了坚实的基础。在物流与信息流结合的环节设置关键控制点，使平台中的信息流及时、准确地反映物流。增加辅助调度模块，帮助运输调度员选择能够满足客户需要的总成本最低的车辆配载方案。重组后的流程成为一个以客户为中心、简洁高效、适应性强的一体化流程。

TOM上线之后，充分提高了劳动生产率。订单处理速度从50票/小时提高到150票/小时，每年可节省成本150万元，每年新增运输业务收入850万元，增值服务收入50万元，平均每年新增营业收益257万元，财务结算也由手工结算转变为自动结算。大大方便了业务处理过程，并且使公司高层能够实时掌握公司的业务情况。

宝供公司在企业发展历程中，依靠信息系统支持基本经营活动和创新经营模式的经验向世人启示：信息系统既能够帮助大公司也能够帮助小公司在当今的全球化商业环境中创造新的商业机会，从而使企业具有竞争优势。这个故事中的寓意是：其一，企业利用信息系统可以支持企业目标和战略；可以借助其他企业的资源形成经济上的协同效应；可以帮助企业推出新产品或服务；可以帮助企业重组工作流程；也许还能显著地改变企业的经营方式。其二，对于开放的经济体，全球化经济的节奏会影响本土企业的信息化进程，即使本土企业目前不在海外直接开展经济活动，也会成为国际化产业链上的环节。对一些行业来说，信息系统已经成为进入或运营的基本条件。除了上述启示外，读者应注意到宝供公司利用信息系统的历程和经验是具有相当丰富的商业内涵和底蕴的。换而言之，企业在一个时期取得的发展或成功是公司历史上诸多因素和条件共同作用的结果。任何企业不能简单模仿某一企业的模式，而是要悟出道理。信息系统的知识对现代管理者来说是必不可少的。本书介绍管理信息系统的基本概念和原理，强调信息系统相关的企业管理思维方法。

本章从信息系统的技术和社会两方面着手，论述管理信息系统的基本概念。

1.1 信息系统的重要性

人们赋予当今时代一个称谓——信息时代。这个时代是指 20 世纪后期开始的社会发展阶段，这一时期的特征是由于计算机和计算机网络广泛应用，社会和经济行为中信息的产生、传播和利用显著地增长。这是一个知识成为生产力的时代。这个时期还衍生出一些近义或同义的概念，如“信息经济”。信息经济下的企业比以往更依赖于有效的信息处理和利用的能力，以获得更高的生产率和更多的竞争优势。

在信息时代，管理信息系统是一个非常重要的领域和学科。20 世纪 80 年代以前，关于信息系统的知识或课程在管理教育领域几乎是多余的。那时管理者一般不需要较多地了解组织内是怎样利用信息系统收集、处理和传递信息，并且管理人员很少涉及信息技术。信息本身没有被认为是公司的重要资产。管理过程只注重面对面的人际交往艺术，而不是处于广阔地域的协调过程。而如今由于信息技术的发展和市场竞争空前的严峻性，管理信息系统学科才渐渐被重视。

信息系统愈来愈受到管理者的重视还因为信息技术广泛的应用已深入到组织的基本活动中，信息技术对组织的生存和繁荣的影响越来越大；尤其对于某些行业，企业对信息系统的投资像其他生产要素一样，信息系统成为企业运营的必要条件，而且在这方面的投资比例呈现上升的趋势。企业管理本来就是管理者的天职，管理者只有熟悉信息系统的知识，才能使在这方面的投资获得预期的回报。

1.1.1 企业环境与信息系统

回顾 100 多年来的历史，世界范围内发生的三种巨变改变了企业的生存环境。第一是全球经济的出现和壮大；第二是工业经济向基于知识和信息服务的经济的转化；第三是企业形态的转变。竞争环境变化趋势给企业及企业管理带来了新的挑战（表 1-1）。

1. 全球经济的出现

全球经济意味着资本、商品、人员和思想更为自由地在全世界各国之间自由流动。经

表 1-1　变化的现代经营环境

全球化	工业化经济的转变	企业的转变
全球市场的管理和控制	基于知识和信息的经济	扁平化
国际市场的竞争	生产效率	分权化
组织的全球性工作群体	新产品和服务	灵活性
全球化供应系统	领导阶层	与地理位置无关
	依靠时间的竞争	低交易、协调成本
	更短的产品生命周期	赋予员工更多自主权
	多变的环境	合作工作和团队工作
	员工有限的知识面	

济社会中的各种产业在全球范围内突破地区界限而融为一体，一切经济要素都进行全球性的配置，而这一趋势在未来将更加显著①。今天和未来企业的成功取决于其全球经营能力和对全球资源的利用。

经济全球化极大地增加了信息对企业的价值，并提供了新的经营机遇。当今，信息系统为企业提供了全球贸易和管理所需要的沟通和分析能力。在世界各地投资办厂的企业的产品是面向全球的。为了向这类客户提供服务，前述案例中的宝供集团不得不借助计算机信息系统来跟踪货单、收发货和付款，与客户联络，一天 24 小时为不同的客户服务，满足国内及国际管理报表的需要。可以说是因为社会经济活动的范围和规模的日益扩张，像宝供集团这样的本土公司成了全球化经济活动中的一个环节。简而言之，管理供应链上的业务是企业面对主要的挑战之一，这需要强大的信息系统配合。

全球化和信息技术给国内企业带来了新的挑战：强调对市场的反应速度和对客户的服务质量使竞争加剧，同时迫使企业在更开放的世界范围市场上求得生存和发展。另外，国外众多企业进入中国，对中国企业的管理和经营产生深刻的影响。许多国内企业赖以生存的内需市场逐渐地由全球性市场来供给，因此企业需要有效的信息系统和通信系统来协调经营活动。

2. 工业化经济的转变

技术巨变使许多国家经历经济革命，美国、日本、德国和其他主要工业强国完成了传统意义上的工业化进程，正经历第三次经济革命——国家经济总量增长方式的改变。工业化是一个国家经济社会发展进程中衍生出来的历史性概念。以美国为例，在第一次经济革命中，美国于 1890 年从殖民园地变为能供养世界大量人口的农业巨人。在第二次经济革命中，美国于 1920 年从 19 世纪的农业社会变为头等工业强国。在目前正进行的第三次经济革命中，美国正把自身转变为知识服务和信息服务经济。信息技术是美国的主要生产力。在知识和信息经济中，信息技术和信息系统变得十分重要。比方说在发达国家中，在像金融、保险和房地产这样的服务业中，信息技术在投入的资本构成上超过 70%。这意味着或许对大多数经理来说，关于应用信息技术的决策将是更为通常的投资

① 王众托. 计算机在经营管理中的应用——新的系统构成. 大连：大连理工大学出版社，1994

决策。

工业化进程的直接动力是国内经济增长和区域性经济扩张需求。工业化的开始和发展在不同的国家和地区是不一致的。与发达国家相比,中国尚未全面完成工业化,尚处在工业化的加速期,在这个时候又必须面对新经济形态的挑战。“但是不能等到工业化完成后再进行信息化,因为没有信息化支持的工业化,只能说是近代化的工业而不是现代化的工业,所以我们必须同时进行工业化和信息化,并把二者结合起来。”(王众托,1994)在这种形势下,中国要走“新型工业化”道路。新型工业化的概念可以理解为“发展现代产业体系,大力推进信息化与工业化融合”,其中包括企业管理和产品流通信息化。新型工业化与传统工业化的根本性区别就在于信息化已经成为当代世界现代化的主要标志之一,同时我们关注技术在商业中的应用对社会和人类造成的影响。尽管人们不能准确地描述未来,但应懂得其重要性。如何实现新型工业化是我们要研究和实践的问题。

3. 企业的变化

经营环境中第三个主要变化是组织和管理性质的变化。因为经济压力和技术发展的共同作用,以及企业的成长和规模扩大,产生了组织和管理转变的可能性和必要性。管理的作用是计划、组织、协调和指导企业中的成员进行盈利性的价值创造。现代化管理意味着借助管理技术和工具提高业务的操作效率,减少获取信息的成本,精确地在企业供应链上控制成本和发现价值。从管理的技术方面讲,企业需要新的管理工具。数字化可以促进企业经营的规范化、定量分析与优化,数字化是企业中统一的商务语言、新的沟通方式。信息技术已经改变了许多企业创造价值的方式和经理们的管理方法(表 1-2)。由于为员工服务的信息系统的质量影响员工的生产率,所以关于信息技术的管理决策对企业的繁荣和生存是至关重要的。

表 1-2　信息技术支持组织变化

信息技术	组　织　变　化
互联网	产业链国际分工:企业经营不再依赖地理位置;企业触角延伸国际化;全球范围协调、交易成本下降。
企业网	企业联合和团队工作:可以跨越部门界限来协调工作组织;面向客户和产品的经营原则;广泛分布的任务组成为主流工作群体;管理成本(代理成本)下降;业务过程改变。
分布式计算	赋权:个人和工作群体掌握信息和知识,可决定行动;业务流程被重新设计和改进;管理成本下降;组织的层级减少,集中程度降低。
移动计算	虚拟型组织:工作不再固定于地理位置;知识和信息在任何时间可被送到任何需要它们的地方;工作成为可携带的;由于房地产对经营的关键性减弱,组织的成本下降。
图形化用户界面	易访问性:组织内的每一个人,甚至连同高级经理们在内,能够访问信息和知识;可在异地让工作流程自动执行;由于工作流程从纸面上转为数字化影像、数字化文档和语音,组织的成本下降。

信息技术促进组织期待的变化成为现实,这种变化使企业比过去更加依赖员工的个

人知识、学习和决策。信息系统是一种变革力量，以新方式组织人员和工作，以新方式合作，以新方式获取和传播信息，以新方式竞争。

传统意义的企业组织形态即是韦伯所描述的现代组织。1850年前西方的企业是由家庭所有和经营的，只需要最简单的管理结构，庞大的管理机构只存在于政府组织中。因而韦伯的研究对象是政府组织，其关于现代组织特征理论中的“官僚机构”含义也出自于这一研究对象。传统型企业组织曾是，并且现在大多数组织仍是等级森严、集权的、由有明确分工的专业人员构成的组织机构，它主要依靠一套固定的标准工作程序来提供规模生产的产品(或服务)。理论研究界认为企业的新形态是扁平的(等级较少)、分权的、通才人员的灵活组成，他们依靠实时(接近随时)信息来提供仅适合特定市场或顾客的、规模化定制的产品和服务。但这种新型组织还没有成形，正处于演变阶段。不管怎样，改变是趋势。没有信息技术，这一发展方向也许是不可思议的。

传统的管理集团过去和现在都依赖正式计划、严格的分工、正式的规章和借助忠诚来保证企业正常运转。新型管理者可能更多地依靠统一协调机制(常常不在正式的组织结构图中体现)与正式定义的权责并存的沟通机制和信息流，可能以任务组工作方式灵活地安排个人和集体，按一切为客户的原则协调员工活动，借助专业技能和知识来确保企业的正常运转。同样地，仍然是信息技术使这种管理方式具有可能。

1.1.2 信息系统的重要性

以上阐述了企业环境的总体趋势。但是对特定的企业来说，信息系统有多么重要呢？对信息系统对于企业经营的重要程度这一问题，结论应是不确定，或者说是模糊的。任何企业都置身于一个特定的社会和行业中，都处在某个发展阶段。所以在现实中，管理者对信息系统的心态是基于对环境的认识问题，取决于管理者的思维方式和看法。

一般地来说，没有哪个管理者会否认信息技术在当今的重要性。但怎样才算是真正重视信息技术在企业经营上的应用呢？是拨出巨额的预算、采纳顶尖的技术；是设计出能够反映经营战略目标的信息系统战略，还是利用信息技术设计出具有战略性经营意义的工具来取得经济回报；是进行全面的信息系统项目，还是在持续改进的业务过程中按需发挥信息技术的作用？有比较研究发现，优秀的企业都注重利用信息技术来推动经营管理活动，但是不同社会环境中的企业，在管理信息系统领域的实践上存在较大的差异。差异存在于对信息系统的投资水平、规划目标、效益评审、技术系统的作用，技术应用策略等的认识。而这些问题发生的领域恰恰是管理信息系统历来关注和研究的传统领域。经济统计数据，如信息技术产业对GDP的贡献、企业员工人均信息技术投入、企业对信息技术投资总量、顶尖技术采纳率等，使人们认为西方企业在信息技术辅助经营管理的实践方面是楷模。其实这是对信息(信息传播的推力暂且不说)的一种误读，因为经济界还公布了统计数据，指出在非制造业信息技术提高生产率的悖论。比较研究认为差异背后的原因是民族特点、企业环境和企业文化。管理信息系统或信息技术管理的现象在不同的文化里有着不同的表现形式，学术界笼统地使用管理信息系统领域的各种概念，妨碍了人们对文化差异之间的认识。差异才是全球化交流的本质。

先以美国为例。美国的现代化和后现代化水平、科学技术水平、社会物质和文化、社会生活现代化水平一直领先于世界各国。美国作为实力最强的大国，工业至今保持世界领先地位。美国幅员辽阔、资源丰富。美国社会的文化根植于个人主义，崇尚英雄，任何事情起码要在形式上是第一。美国传统培育了献身于技术进步的社会精神。

受美国商学院教育的传统影响，美国企业文化的特征是热衷于战略规划的精细过程和"硬"数据（有厂商、咨询机构、学术界发明和兜售五花八门的规划工具），并且在企业中把决策制定和执行分为不同的阶段，隶属于不同层级。企业管理层在决策制定过程中找出经营问题上的解决方案。企业高层制定决策相对果断迅速，然后由下面去执行。传统美国企业管理人员同一线的员工关系疏远，白领蓝领界限分明。企业注重短期的经济效果；企业管理以管理层既定的任务和目标为导向，业务过程优化第一，业务岗位上的员工次之。

因而，信息技术管理在美国企业典型的应用是由级别高的 CIO 规划一个向企业经营战略看齐的信息系统战略，战略性地、全面地应用顶尖的信息技术，用各种投资管理工具计算信息技术的价值，引入"专家"或"咨询人员"弥合用户同技术服务人员的距离，精于设计面向业务过程的技术解决方案。这从第 2 章的讨论案例《克莱斯勒与通用：信息技术能否扭转美国的汽车工业》可见一斑。

再看发达国家中的日本。相比美国，日本是一个世界级工业制造强国，地理上是一个资源极其有限的岛国。由于受到传统家庭文化的影响，日本民族传统强调集体意识，人本主义。

日本企业文化的特征是追求卓越的基层运营绩效和目标，从而成为卓越的企业。用西方管理教育的某种观点看是战略来源于日常活动，或者说存在于与生俱来的战略。日本企业决策风格是集体决策，经过相对较长的过程，使方案能取得有关人员的共识。日本企业尊重员工的智慧，注重隐性知识学习的社会和亲验过程。

受其环境和文化的影响，日本企业中信息技术管理的组织行为是为了改善作业层的绩效，信息技术，作为手段之一，自然就会被用作持续提升绩效的杠杆。在日本企业的第一线，配置以成熟恰当的信息技术支持的、十分先进的业务系统是一种常态，而公司的办公系统则是最基本的。日本企业中的业务主管和下属既是信息技术的管理者、服务者，又是用户；信息系统的设计和实施充分考虑员工的感受。

那么从以上对不同环境中企业的描述可以得到什么结论呢，是美国企业的管理者还是日本企业的管理者把信息系统看得更重呢？其实现实世界是一个奇特的复杂混合体。

在美国，从 20 世纪 80 年代初，一方面信息系统开拓者引入和采用顶尖技术形成敢为人先之势，另一方面许多被寄予厚望的技术系统开发和投资令管理者郁闷。企业资深高层经理的抱怨集中于信息技术投资不反映经营战略、信息技术投资回报不够、为技术而技术的现象严重、用户同信息技术专家的关系恶劣、系统设计人员不考虑用户的偏好和工作习惯。这些问题也成为西方学术热点。这也许是一个社会献身技术进步的必然结果。

日本的奇特在于，日本人经营着世界上最佳设计、技术最先进的工厂，世界各地的经理和学者趋之若鹜地参观日本工厂对计算机集成制造、柔性制造等系统神奇的使用。日本零售企业也具有极为强大的数据处理系统。而另一面的情景是，大多数日本人办公室里配备的是相对低端的技术，决策支持系统和高层经理信息系统对他们来说是一个陌生的概念。

中国在信息技术管理方面又呈现出怎样一个奇特的复杂混合体呢？中国疆土广袤，人均自然资源匮乏，国家经济腾飞，是处于工业化进程中的制造大国。中国的传统文化根植于先秦诸子之主流理念的东方文化。职场习俗体现为好讲情理，喜好附庸风雅，行事灵活而聪明，走捷径而效率高。由于近代中国历史的原因，经济和文脉都发生过翻天覆地的变革和断裂，一些领域形成了一张白纸。重新强国必须有一个恢复或创立过程来填补空白。从闭关自守到与国际接轨的年代，在相当大的程度上体现了中国人对西方的技术与产品狂热追求，却对西方管理文化所蕴涵的品质漠不关心或是东施效颦。

从20世纪80年代起，随着中国由计划经济向市场经济的转型，改革蔚然成风。伴随作为强势文化的西方现代化企业管理模式的涌入，中国的企业大多是引进国外企业的东西，有些甚至是照搬。中国的科技界、学术界及行业行政当局是引进西方产物的重要渠道，而中国企业信息化主导思想受主管行政职能部门和科技学术界的影响较深。随着改革开放中国社会积累了前所未有的财富，企业在信息系统方面更多的投资也成为可能和现实。中国在引入信息技术方面一定程度地造就这样一种现象，发达国家的同行来我们的一些单位参观时，羡慕我们的计算机系统配备、场所空间；而出乎我们出访人员意料的是发达经济体中一些组织使用的计算机系统相形见绌，不过必须承认人家系统提供的内容倒蛮丰富的。例如，某行业为引进计算机系统去香港考察，留给出访成员极为深刻的印象是，见到有企业仍在使用着在中国大陆只在教科书技术史中才有描述的系统设备。我们的一次行业性采购，有时会缓解一个技术设备供应商的财务困境。中国企业的决策模式是较为高度集权的。中国企业可分为国有企业和民营企业。对于国有企、事业单位，转制前信息化行为更多的是为了上项目，转制后更多的是考虑如何提高效率和投入产出比，注重经济结果。国企投资设备果断，辅助经营系统成功投入实际运用的比例不高，因而对于许多中国企事业单位来说，原有（遗留）系统的问题相对发达国家不算什么问题，新技术新设备很快淘汰掉旧系统。民营企业的信息化进程也是在向国际优秀企业学习，但主导思想更注重实效。"中国人在信息系统领域也产生了许多困惑和迷惘，这些困惑与迷惘多半是由于（开发出的）系统未能成功地投入实际运用而产生的。"（王众托，1994）

例如，某大型国企的领导在谈及学习国外先进制造系统时，坦言企业有很好的硬件、很好的环境、很好的机遇，但缺乏正确的理念，从而一块石头绊倒几代人（进步较慢）。中国式管理信息系统理念应该是什么，怎样面对内外部因素对企业信息化的挑战？答案绝不是简单的。如果是那样的话，管理信息系统学科就不会萌生和发展了。探索这个答案也是本书读者的责任。信息系统是一种社会技术系统，对其研究和实践的活动要基于社会技术观念和方法。

1.2 信息系统的现代研究方法

关于信息系统的多种看法表明了信息系统的研究是一个多学科领域，不是一种理论或观点主宰的领域。图 1-1 表述了对信息系统研究中的问题和解答有着贡献的主要学科。总体来讲，该领域可被分为技术方法和行为方法。信息系统是社会技术系统。尽管信息系统的可见部分由机器、设备和“硬”的物理技术构成，但它们需要大量社会的、组织的和智力的投资以使系统恰当地运行。

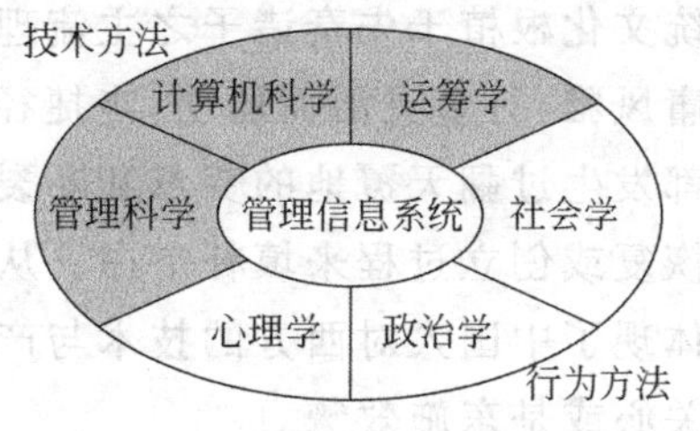

图 1-1 研究信息系统的现代方法

1.2.1 技术方法

研究信息系统的技术方法重视研究信息系统的规范的数学模型，并侧重于系统在自然科学方面的技术和系统具有的正式定义的能力。支持技术方法的学科有计算机科学、管理科学和运筹学。计算机科学涉及计算理论、计算方法以及高效的数据存储和访问方法；管理科学侧重于管理方法和决策过程的模型的建立；运筹学侧重于优化组织的某些参数(如运输、库存控制和交易成本)的数学方法。

1.2.2 行为方法

信息系统领域中成长的部分是关于行为问题的。许多行为问题，如系统的利用程度、实施和创造性设计，不能够用技术方法中采用的规范的模型表达。其他行为学科也起着作用，社会学家重视信息系统对群体、组织和社会的作用；政治科学研究信息系统的政治影响和用途；心理学家关注个人对信息系统的反应和人类推理的认知模型。

行为方法不忽视技术，实际上信息系统技术经常是引发行为问题的因素。但是行为方法的重点一般不在技术方案上，它侧重在态度、管理和组织政策、行为方面。

1.2.3 本教科书的方法：社会技术系统

对管理信息系统的研究从 20 世纪 60 年代兴起，其侧重于为管理者服务的计算机信息系统。管理信息系统把计算机科学、管理科学和运筹学的理论同建立系统和应用的实践结合起来。管理信息系统也注重行为问题。社会技术理论把人的需要、工作群体的需要也纳入到系统设计中。技术部分是指用于系统的硬件、软件、方法和技术，社会部分是指工作在组织中的人和人之间的关系。

我们的经验使我们相信单一的视角不能有效地把握信息系统的实质。不论作为学者或实际工作者，最好是了解所有学科的观点和看法。事实上，信息系统领域的挑战和刺激性恰恰是由于该领域需要鉴赏和包容许多不同的方法。

社会技术系统有助于避免对信息系统采取单纯的技术方法。我们要正视这一现实：

信息技术的成本快速下降和能力迅速增强并不一定能够，或不会自然而然地转化为生产率的提高或利润。

社会技术系统的目标是两方面的优化，只有组织中的社会系统和技术系统相得益彰，组织才能发挥最佳功效。在本书中，我们强调对优化整体系统绩效的需要，技术部分和社会部分都需要被重视。这意味着必须对技术进行改造和设计，以使它能够适应组织和个人的需要。在这一过程中，为做到适应，技术也许不得不"退而求其次"；通过培训、学习和有计划的组织变化，组织和个人也必须做出改变，让技术得以运用并产生预期的成果。

1.3 什么是信息系统

管理信息系统源于西方的术语"Management Information System"，其含义人们尚无一致的观点。一般情形下，管理信息系统是指在商业环境里如何有效地利用信息技术的研究和应用领域。有时这一称谓在不同的特定场合或语境下，人们有不同的理解。在学术教育语境下，管理信息系统的同义术语有"组织的信息系统"或"信息系统"、"信息技术管理"等诸多提法。本书主要采用"信息系统"一词是因为该术语不特别具有地域文化特点，容易得到普遍理解。

1.3.1 信息系统的概念

为了达到某种目的而有规律地去安排一组元素，这类相关的元素构成的整体被称为系统。系统理论强调系统具有整体化、目标化和协调化，系统必须在其环境中运行，与环境相互交流、相互影响。

信息系统也是一种系统。从系统理论角度对信息系统的定义是：为了辅助组织决策和管理，由人和信息技术协同进行信息收集、处理、储存和传递的系统。信息系统的定义强调：

(1) 信息系统是人造之物；

(2) 信息系统与组织的特定任务或职能有关；

(3) 信息系统在特定的人群之间传递信息；

(4) 信息系统收集信息、存储信息；

(5) 信息系统处理信息，处理过程可由人和设备执行。

信息系统内的三类基本活动——输入、处理和输出，产生组织需要的信息。信息系统的环境就是管理系统。为了给决策、协调和控制提供信息支持，输入活动从环境中获取或收集原始数据，处理活动将输入的原始数据转换为更有意义的形式，输出活动将处理后形成的信息传达给环境中信息使用者。信息系统还需要反馈活动。反馈是返回到组织内相应成员中的输出信息，组织成员借助反馈信息来评测或纠正输入阶段的活动。信息系统还可以辅助经理和员工们分析问题，观察复杂的事情和创造新产品。宝供公司用于管理物流的信息系统中，原始输入是订单、运输、仓储等交易数据，中心计算机把这些数据经处理而变成给分销商的配载方案、库存信息、货单状态和收款信息，货运报表便是输出的信息。因而该系统提供了有意义的信息：按产品、货主和地区分别统计的货运量，库存和货主支付的金额。

信息系统包含相关组织及其环境中重要人物、设施和事件的信息(图 1-2)。数据是事物或事实的属性及其相互关系等的抽象表示(符号形式)。信息系统将数据进行处理,经过处理的数据形成新的结构与形态,或产生新的数据。所谓信息是指数据经处理后而形成对特定使用者有目的、有意义、有用处的某种数据形式。信息是由数据产生的,它是企业中不可缺少的资源。而知识是信息、经验、价值与洞察力的组合,是对事实的理解。知识是基于能力的,拥有知识的组织,是有竞争力的组织。信息管理的出发点要先聚焦在信息上,而非技术上。首先是搞清楚需要什么信息;其次是讨论如何提供信息,信息技术可能有什么帮助。信息的数量与质量的关系应摆正,若缺乏了解经营管理活动真正的信息需求,信息系统将提供大量无价值的信息。

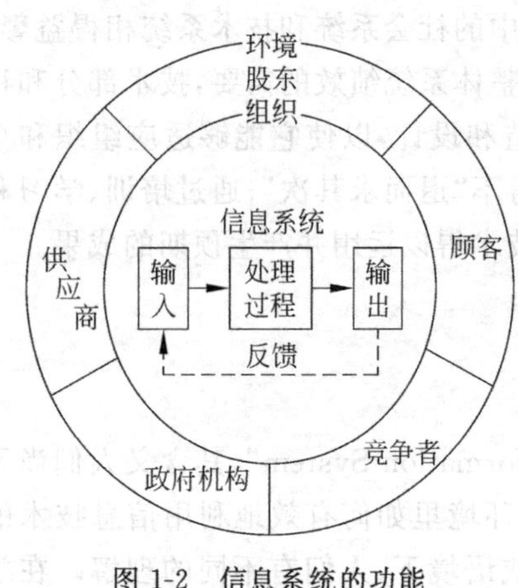

图 1-2 信息系统的功能

本书所感兴趣的是组织中采用的、正式的计算机信息系统(CBIS),如宝供公司设计和使用的那类系统。正式信息系统具有固定的和众人公认的数据定义及过程定义,系统收集、存储、处理和使用数据时遵守这些定义。在本书中所论述的正式系统是结构化的,也就是说,系统按照预先定义好的规则来运行,而这些规则是相对固定的和不轻易改变的。譬如,宝供公司的报表系统要求整个流程以订单号为核心,订单是物流活动的起点,所有物流作业环节录入的信息,都和订单关联起来,供后续环节共享。系统便可以执行周报、月报的生成,管理者得以掌控库存量有多少、进了多少货、出了多少货。信息系统正规化的原因是因为信息处理是重复的、复杂的、范围广阔的,是因为信息处理涉及大量信息,是组织生存的重要组成部分。

相反,非正式信息系统(如办公室传言、小道消息渠道)依附于默认的、非明示的行为准则。在这种情形下,没有关于信息的定义,或如何存储和处理信息的规定。虽然这类系统是组织生活的重要组成部分,对它们性质的分析不是本书的主要目的。

正式的信息系统既可以利用计算机系统也可以利用人工系统。人工系统依靠纸张和笔。人工信息系统起着很重要的作用,但它们不是本书的主题。计算机信息系统依靠计算机硬件和软件技术来处理和传播信息。以下本书所用“信息系统”一词,即是指计算机信息系统——依靠计算机技术的正式信息系统。采用信息技术的理由是因为信息技术使更快的数据处理成为可能;使处理、存储和检索大量的数据成为可能;使信息质量更优成为可能(减少错误);使更先进和集成的信息系统方案成为可能。计算机信息系统的技术问题比较复杂,系统设计和管理较难。系统设计是有计划的、严格的和详细的说明。一旦制定,不易变更。在系统开发过程中,项目不易准时按预算完成。系统完成后,系统的修正和改变也是一项重大的任务。计算机信息系统协助处理大量的数据,提供有效的信息来支持合理的决策,对企业有很大的影响,可以造成组织改组。

1.3.2 从经营角度认知信息系统

从企业管理的角度看,信息系统不是在真空中运行的、带有输入—处理—输出功能的机器。针对环境带来的挑战,信息系统是从组织和管理角度做出的、基于信息技术的、解决问题的方案(Laudon)。这个定义突出了信息系统的组织和管理性质:针对经营环境对组织的挑战和引发的问题,信息系统提供了解决方案。图 1-3 形象地描绘了这个关于信息系统的社会技术性质的定义。针对经营上的挑战,该图有助于读者理解管理、组织和技术是如何一起构成信息系统的,还可以用该图为思路来分析碰到的任何信息系统或信息系统问题。

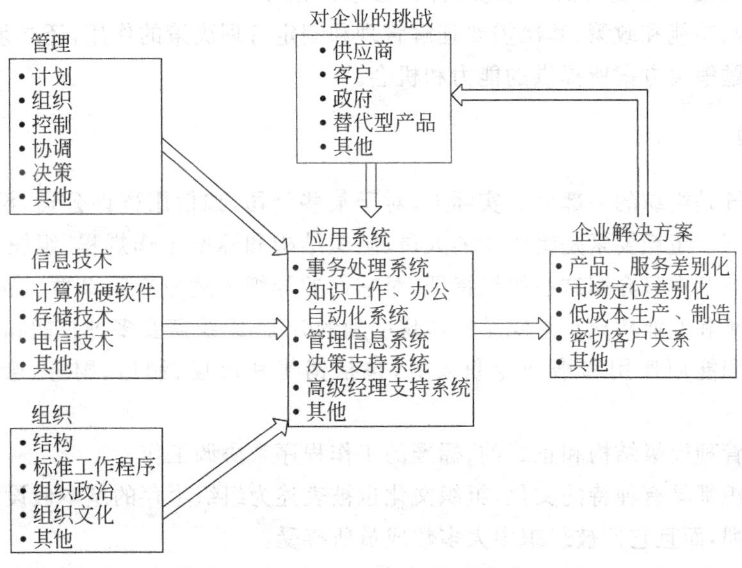

图 1-3 信息系统的组织性质

尽管计算机信息系统利用计算机技术把原始数据加工成有意义的信息,但从专业或职业角度讲,在计算机和计算机程序与信息系统之间还是有显著的区别。电子计算机及其相关的软件程序是现代信息系统的技术基础、工具和材料。计算机是存储和处理信息的设备,计算机程序或软件是指挥和控制计算机处理过程的操作指令集合。在设计组织问题的解决方案时,了解计算机如何工作固然是重要的,然而计算机仅仅是信息系统的一部分。

房屋建造是个恰当的比喻。人们建造木制房屋要使用锤子、钉子和木料,但凭借这些还不能盖起房屋。建筑设计、结构设计、环境、园林景观和一切与创造这些特征有关的决定也是房屋建造的组成部分,并且对寻求解决有关建房问题的方案是至关重要的。计算机和程序是计算机信息系统的锤子、钉子和木料,但只凭借它们不能产生特定组织所需要的信息。会使用锤子的人不一定是建筑师。要理解信息系统,就必须理解所设计的信息系统想要解决的问题,理解关于系统体系结构和设计方面的事情,理解构成这些解决方案的组织方面的过程。当今的管理者必须把计算机知识同信息系统知识结合起来。

为了使用信息系统，管理者必须理解构成系统的组织、管理和信息技术成分(图 1-4)，可以把任何信息系统描述为针对经营环境挑战而采取的组织和管理对策。因而管理者要研究系统要解决的问题，研究组织的业务过程，研究系统体系结构和设计方案。信息时代管理者的工作不仅是实施高级管理层的计划，而且必须发现组织的问题，向上报告，因此寻求信息和理解信息的能力至关重要。信息技术可以给我们带来新的机遇，所以也必须了解技术，即成为具有信息系统知识而不仅是计算机系统知识的人。

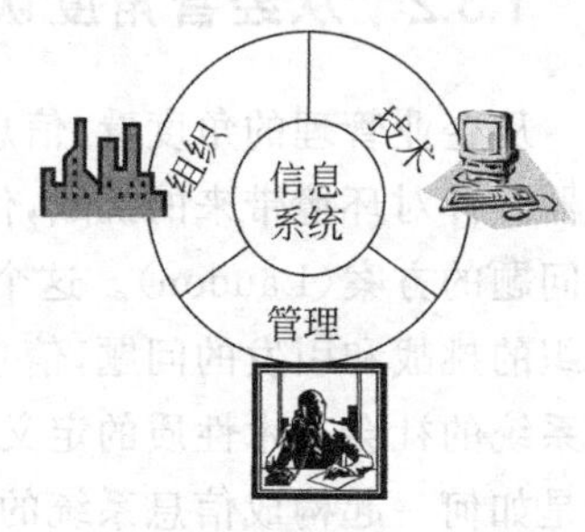

图 1-4 信息系统不只是计算机

为有效地设计和使用信息系统，首先必须理解组织的环境、结构、功能和政策，其次需要理解管理和制定管理决策的作用，还必须研究现代信息技术为问题解决方案所提供的能力和机会。

1. 组织

信息系统是组织的一部分。实际上，对于某些公司，如信用咨询公司，没有信息系统就谈不上经营。组织要素是组织中的人员、组织结构和标准工作规程、组织中的政治、组织文化。在本章中只介绍这些组织特征，对它们的详细描述放在第 2 章。正式组织由不同的管理层级和专业构成。组织结构体现明确的分工，组织需要多种技能和各类人员，组织为不同的职能而雇用和培训专职人员，包括销售和市场、制造、财务、会计和人力资源等。

组织靠管理层级结构和正式的、标准的工作程序来协调工作。

每个组织都具有独特的文化，组织文化也被表述为组织生存的基本假设、组织的价值观和做事习惯，而且它们被组织中大多数成员所接受。

一个组织中不同的层级和专业导致人们对事物的不同看法和各种兴趣，这些看法常常产生冲突，而冲突是组织政治的基础。

2. 管理

管理者察觉经营环境中企业受到的挑战，制定相应的组织战略，并为战略的成功执行而分配人力和财务资源，协调工作。这些历来是管理者的责任，任何时候他们必须担负起领导责任。

但这样一个事实很少被理解：管理者们不仅是管理目前已经存在的工作，而且必须做得更多。管理者们还要时常创造新产品、新服务，甚至重新创建组织。管理的实质是靠新知识和新信息驱动的创造性工作，信息技术在引导组织转变和重新设计组织中能起强大的作用。

第 2 章详细地讨论了经理们从事的活动和管理决策。重要的是要认识到，管理角色和决策在组织不同层级中是不一样的。高层经理们制定长期战略决策以解决生产或提供什么产品和服务的问题；中层经理们执行高级管理层定出的计划和方案；作业层经理们负责监督公司的日常活动。管理层从上至下应该是创造性的：针对广泛的问题创作新颖的解决方案。管理层级中每一层对信息和信息系统的需求是不同的。

3. 技术

信息系统技术是管理者应对变化的许多可用工具之一。信息技术如今更为重要，它是把组织融为一体的黏合剂，它是管理层用于控制和创造的工具。计算机信息系统采用计算机硬件技术、软件技术、存储技术和电信通信技术。

计算机硬件是物理设备，执行信息系统的输入、处理和输出功能。计算机软件由详细编制的指令组成，这些指令控制和协调信息系统的计算机硬件部件。通信技术由物理设备和软件构成，连接各类硬件并将数据从某个物理地点传送到另一处。存储技术既包括存储数据的物理媒介，如磁盘、光盘或磁带，也包括管理物理媒介上数据组织的软件。第3章更为详尽地叙述了计算机硬件，说明计算机软件在信息系统中的重要性，讨论通信技术和存储技术。

1.4 信息系统的概念结构

信息系统可以用各种不同的方式进行描述，信息系统的概念结构是理解系统的一种表述手段。概念结构说明系统的主要特征和分类，它并不表示某个系统的物理形态和技术实施，只是从某一分类角度，对一个系统的元素和关系的描述，或者说是一个理论模型。

从不同的分类角度可以产生不同的概念结构的表示，包括基于组织的管理层级、基于组织的管理职能、基于组织的主要业务等。

分析系统的出发点是理解系统用户对信息的需求。因为组织内有不同的兴趣、专业和岗位，所以存在着不同性质的应用系统。单一的系统不能提供组织需要的一切信息。图1-5是组织内常见系统分类的一种描绘，它们仅是概念化系统而不是特定的软件系统。在此图中，概念化的组织被分成战略、管理、知识和作业四个层次，然后进一步分为多个职能领域，如销售市场、生产制造、财务和人事。人们把系统应用于各个层面和职能领域，为

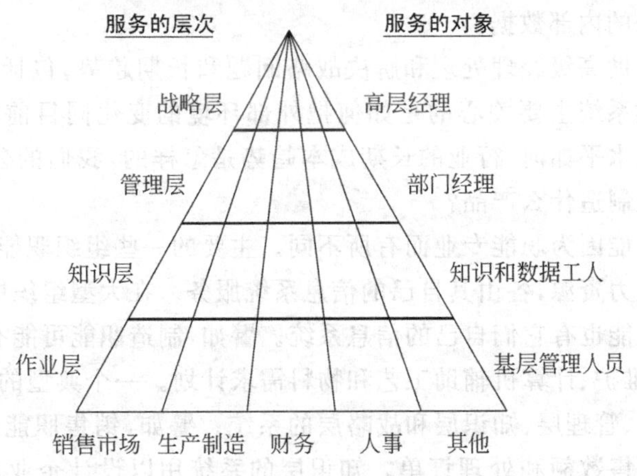

图1-5 信息系统服务的层次和对象

不同的组织利益和爱好服务。因此信息系统可以按职能领域分类或者按它们所服务的组织层次分类。许多支持各种职能领域的系统例子贯穿本书，如销售系统、制造系统、人力资源系统、财会系统等。本节从系统支持的组织层次和决策类型方面介绍系统在组织中主要应用。

1.4.1 基于组织管理层级的信息系统分类

信息系统用于辅助管理决策。这意味着可以从管理活动层级的角度对辅助管理的信息系统结构进行分类。信息系统可划分为四种类型，为不同的组织层级服务，分别是作业层系统、知识层系统、管理层系统、战略层系统。

作业层系统掌握组织的基本活动和交易，如销售、收款凭证、存款、工资表、信用评定、工厂的物料流动，这类系统支持作业层经理的工作。这一层系统的主要目的是回答常规问题和跟踪贯穿组织的事务流程。比如，库存零件是多少，对王先生的付款是怎样处理的，当月的工资总额是多少？为了回答这样一类问题，信息通常必须是因需可得的、当前的和准确的。作业层系统的实例有记录自动柜员机的银行存款额的系统，或记录车间里工人每天工作小时数的系统等。

知识层系统支持组织中的知识工人和数据工人。知识层系统的目的是帮助企业把知识用到经营中，帮助组织管理文案工作。知识层系统，特别是工作站和办公系统，是当今在企业经营中迅速崛起的应用。

管理层系统是为中层经理的监督、管理、决策和行政事务活动服务的。这类系统涉及的主要问题是：一切运行正常吗？或是把当今的系统输出结果同一个月或一年前的相比。管理层系统经常提供定期的报表而不是经营中某一时刻的信息。对某一时刻的信息的需求较少，而定期的报表总是需要的。

有些管理层系统支持非常规决策。这类系统侧重于结构化程度低的决策，其对信息的需求不总是明确的。这类系统经常回答"假如(如果)……会怎么样"一类的问题：假如我们让 12 月份的销售量翻一番对生产安排会有什么影响，如果工厂生产计划推迟 6 个月会对投资效益有什么影响？回答这类问题经常需要组织外部的新数据，还需要不断从作业层系统提取出来的内部数据。

战略层系统帮助高级经理处理和解决战略问题和长期趋势，包括来自企业内部的和外部环境的。这类系统主要关心的是如何把外部环境的变化同目前组织的能力配合起来。未来 5 年就业水平如何，行业的长期成本趋势是怎样的，我们的公司处在什么位置，今后 5 年我们应该制造什么产品？

信息系统也可能因为职能专业而有所不同。主要的一些组织职能，如销售和市场、制造、财务、会计和人力资源，各由其自己的信息系统服务。在大型组织中，这些主要职能中每一个职能的子功能也有它们自己的信息系统。譬如，制造职能可能有库存管理系统、工艺过程控制、工厂维护、计算机辅助工艺和物料需求计划。一个典型的组织在每个职能领域中都具有作业层、管理层、知识层和战略层的系统。譬如，销售职能通常在作业层有销售系统用以记录销售数额和处理订单。知识层的系统用以设计企业产品的促销展示画面。在管理层，系统用来跟踪按销售区划分的每月销售额，并报告哪些区域的销售情况好于或差于预计水平。预测 5 年销售趋势的系统则被销售职能的战略层使用。

最后一点，不同的组织在同一种职能上有不同的信息系统。因为不存在目的、结构或兴趣完全一样的组织，所以信息系统必须是按特定的组织来研制或购买软硬件，量身订制地实施以适合每个组织独有特点。能适用于一切组织的万能系统是不存在的，即使在工资表或应收账这样标准的领域中亦有差别。每个组织做事总是有独到之处。

根据研究组织的微观理论，一切组织都具有管理层级结构。但从层级本身、从层级中的人员和任务的安排来看，组织也是各不相同的。信息系统对组织内不同层级和群体应起的作用是不同的。组织内各个层级关注不同的问题，有不同的构成（表 1-3）。该表描述了各种组织层级及其各层主要关注的问题，并提供了适合于各层的信息系统例子。

表 1-3　组织的层次和支持系统

组织层次		活　动	支持系统举例
个人	@	工作、任务	计算机应用；个人的客户数据库；决策支持系统
小组		项目	产品计划；主机数据访问；外部数据访问；动态信息需求；群体决策技术系统
部门		主要职能	应收账；仓储；工资表；人力资源；市场；稳定的信息需求；管理信息系统；主要事务系统
事业部		主要产品或服务	支持生产、市场、行政和人力资源的系统；对组织财务和计划数据的访问；管理信息系统；主要事务系统；联机交互系统
组织		多个产品服务和目标	集成的财务和计划系统；管理信息系统；联机交互系统；高级经理支持系统
跨组织		联盟、竞争、交流、联系	通信系统；情报、观察、监管系统
组织网络		产业相关产品和服务相互依存	非正式的通信系统；行业和产业级的报告系统

1.4.2　组织层级中的主要概念系统

在本小节中我们讲述为组织中每一层次服务的更具体的概念系统类别和它们对组织的价值。图 1-6 表述了对应于组织中每个层次的概念信息系统。组织的战略层有高级经理支持系统（ESS）；管理层有管理信息系统（MIS）和决策支持系统（DSS）；知识层有知识工作系统（KWS）和办公自动化系统（OAS）；作业层有事务处理系统（TPS）。处在每一层的那些系统又为主要职能领域的每一种职能专门服务。因此在组织内见到的典型系统往往被设计成能帮助每一层的和不同职能的员工或经理。

表 1-4 归纳了六种信息系统的特点。应该注意，这些不同种类系统中的每一个可能具有除了其主要服务对象以外的组织层次和群体所需的内容。比如，秘书可能在 MIS 中查找信息，或者中层经理可能需要在 TPS 中提取数据。

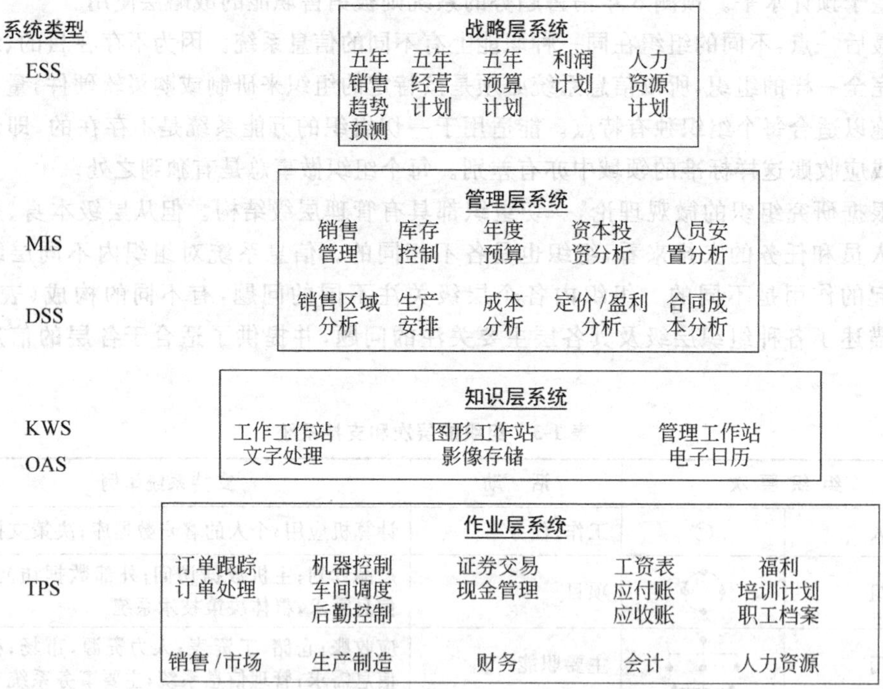

系统类型

ESS

战略层系统

五年销售趋势预测　五年经营计划　五年预算计划　利润计划　人力资源计划

MIS

DSS

管理层系统

销售管理　库存控制　年度预算　资本投资分析　人员安置分析

销售区域分析　生产安排　成本分析　定价/盈利分析　合同成本分析

KWS

OAS

知识层系统

工作工作站　文字处理　图形工作站　影像存储　管理工作站　电子日历

TPS

作业层系统

订单跟踪　订单处理　机器控制　车间调度　后勤控制　证券交易　现金管理　工资表　应付账　应收账　福利　培训计划　职工档案

销售/市场　生产制造　财务　会计　人力资源

图 1-6　组织管理层级中所需的主要六类信息系统类型

表 1-4　信息处理系统的特点

系统类型	信息输入	处理	信息输出	用户
ESS	汇集数据：外部的、内部的	图形、模拟、对话	预测、查询的响应	高级经理们
DSS	少量数据、分析模型	对话模拟分析	专项报告、决策分析、查询响应	专业人员、部门经理
MIS	汇总交易数据	常规报告、简单模型、初级分析	总结报告及异常报告	中层经理
KWS	设计说明、知识库	建模、模拟	模型、图形	专业人员、技术人员
OAS	文件、日程安排	文档、管理、计划通信	文件、日程表、信函	文员
TPS	交易、事件	分类、列表、合并、更新	详细报告、清单、汇总	作业人员、管理人员

1. 事务处理系统

事务处理系统是为组织作业层服务的基本经营系统。事务处理系统是执行和记录从事经营活动所必需的日常交易的计算机系统。其例子不乏销售订单输入、旅馆房间预定、客户信息、工资表、员工档案和发货系统。这类系统是计算机信息系统在组织中早期的应用形式，也是最基本的形式，是构成现代计算机辅助管理系统的基础，至今还广泛地在各组织中应用和发展。

在作业层内，任务、资源和目标是预先确定的和高度结构化的。例如，为某客户授予信用的决定是由较低层的管理人员根据既定标准做出的。在这种情况下，可以说决策已经被“编制好”了，全部需要决定的只是看客户是否符合标准。事务处理系统是面向数据的，对日常往来的数据按常规进行处理。它充分利用了计算机能对数据进行快速运算和大量存储的能力，因此它是基层员工的得力助手。“在中国目前的发展阶段绝大多数应用于管理的系统，不论其名称如何，其实质都是这类系统。”(王众托，1994)

图 1-7 描绘了工资表事务处理系统，它是能在大多数企业中见到的典型的会计事务处理系统。工资表系统记录了支付给员工的薪酬数。主文件由称之为数据元素的离散的信息(如姓名、住址或员工的代码等)组成。将数据输入到系统中，便可更新主文件的数据元素。用不同的形式对主文件中的数据元素进行组合便可以做出管理层和政府机构需要的报表，以及发放给员工的薪水支票。这些事务处理系统利用现有数据能够组合出多种报表。

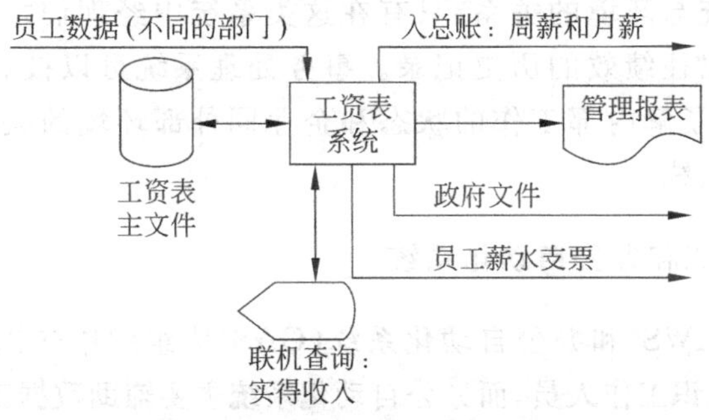

图 1-7　工资报表事务处理系统的示意

其他典型的事务处理系统的应用在表 1-5 中作了区分和说明。表 1-5 表示 5 个职能类别的事务处理系统：销售/市场、制造/生产、财务/会计、人力资源以及各特定行业所独有的其他种类系统。联合包裹服务公司的包裹跟踪系统是一个制造类事务处理系统的例子。联合包裹服务公司提供的是包裹递送服务，该系统跟踪一切包裹发送的交易。宝供公司成本核算系统是一个会计事务处理系统的例子。

表 1-5　事务处理系统的典型应用

	销售/市场系统	制造/生产系统	财务/会计系统	人力资源系统	其他种类(如大学)
系统主要功能	销售管理 市场研究 促销 定价 新产品	生产调度 采购 收/发货 工艺 生产	编制预算 总账 收费 成本会计	人员记录 劳保 福利 劳工关系 培训	入学许可 分数记录 课程记录 校友
主要应用系统	销售订单系统 市场调查系统 定价系统	物料资源计划 采购订单控制 工艺系统 质量控制系统	总账 应收/应付 预算编制 资金管理系统	工资表 员工资料系统 福利系统 职业发展系统	注册系统 成绩单系统 课程表控制系统 校友资助系统

一切组织都具有与表1-5中概念类似的职能事务处理系统（即使系统是人工的），难以想象没有事务处理系统的现代组织。这类系统对组织是十分重要的，20世纪60年代对美国曾有过估计，没有正常工作的计算机系统，组织仅能存活一天。在20世纪90年代，几小时的事务处理系统故障能使一个企业，也许还有其他与其系统相连的企业毁掉。想象一下如果包裹跟踪系统不工作，对联合包裹服务公司的后果是怎样的？没有计算机订票系统，航空公司将怎么办？

应该注意事务处理系统的两个特征：第一，许多事务处理系统跨越组织与其环境之间的边界。系统把客户同企业的仓库、工厂和管理层联系起来。如果事务处理系统不能正常工作，组织就不能接受来自环境的输入（订单）或不能发出结果（组装好的商品）。第二，事务处理系统是为其他类系统提供信息的主要生产者。例如，图1-7描述的工资表系统和其他会计事务处理系统一同为公司的总账系统提供数据，总账系统负责保存企业收入和费用的记录，并且生成各种报表，如盈亏报表、资产负债表。因为事务处理系统跟踪系统与环境的关系，只有在这类系统中经理们才能获得最新、最近期的组织运作评价和以往绩效的历史记录。事务处理系统可以被看做是组织的消息处理系统，它让经理们了解内部工作的状态和企业同外部环境的关系，并且支持其他辅助管理决策的信息系统。

2. 知识工作系统和办公自动化系统

知识工作系统（KWS）和办公自动化系统（OAS）为组织中知识层的信息需求服务。知识工作系统辅助知识工作人员，而办公自动化系统主要辅助数据工作人员（尽管知识工作人员也经常使用OAS）。

总体来说，知识工作人员具有正规的大学学位或学历并且常常是公认职业的成员，如工程师、医生、律师、科学家。他们的职业性质是创造新信息和新知识。知识工作系统，如科学或工程设计工作站，促进新知识的创造并保证新知识和技术技能同企业经营恰当地结合。计算机辅助设计系统就是一个知识工作系统的例子。

数据工作人员一般具有不太正规的、较低的学历或学位，通常处理而不是创造信息。他们主要是秘书、会计、文员和工作主要是使用、处理或传播信息的管理人员。办公自动化系统是信息技术在办公室活动上的应用，它的作用是通过支持办公室的协作与交流来提高办公室数据工作人员的生产率。办公自动化系统协调着各类信息人员、各地的部门和各种职能领域，该类系统与客户、供应厂商以及企业外部的其他组织通信，是信息和知识的一个交通中枢。

典型的办公自动化系统处理和管理资料、文件（采用文字处理、桌面印刷、数字文档）、日程安排（采用电子日历）和通信（采用电子信函、语音信函或可视会议技术）。文字处理是指用于文档资料的建立、编辑、格式设定以及打印的硬件和软件。文字处理系统代表了办公室工作中最常见的信息技术应用，部分原因是办公室主要就是为了生产文件。桌面印刷系统把文字处理软件输出的资料与有关的设计、图形和特别的排版特征结合起来，制作出职业印刷质量的资料。

创造知识的知识工作人员历来就一直在用办公自动化技术。然而现在他们也得到了能支持他们在企业中扮演好角色的新技术。带有图形、分析、资料管理和通信功能的高档桌面计算机能从企业内部和外部不同的来源和角度收集信息。在工程领域中，知识工作可以利用这类工具进行千百次的问题计算直到设计人员对具体零件的安全性满意为止。设计人员和绘图专家也需要使用带有三维图形软件的工作站来全面地观察某产品的模型。同样，律师在为客户建议策略之前也可以在桌面上浏览成千的法律案例。

知识和办公自动化系统在企业中的作用不可低估。当经济从对商品制造的依赖转向对服务、知识和信息提供的依赖，各个公司的生产率和整个经济的生产率将越来越依靠知识层系统。这是知识层系统成为近 10 年来发展速度最快的应用的原因之一，可能还会继续增长。知识层系统也已经与企业中其他系统联系更为密切。

3. 管理信息系统

管理信息系统为组织的管理层服务，为经理提供报告、报表，有时候为经理提供对组织当前表现和历史记录的联机查询。典型的管理信息系统几乎只面向组织内部事件，而不对外部或环境。管理信息系统主要为管理层的计划、控制和决策制定职能服务。一般来说，管理信息系统的数据来源依赖于底层的事务处理系统。

管理信息系统对公司的基本运作进行总结和报告。来自事务处理系统的基本事务数据在这里被浓缩，且通常按固定时间呈现在长长的报告中。图 1-8 描绘了一个典型的管理信息系统把来自库存、生产和会计的事务级数据转换为管理信息系统文件的过程，文件用于向经理们提供报表。表 1-6 是这个系统报表的例子。

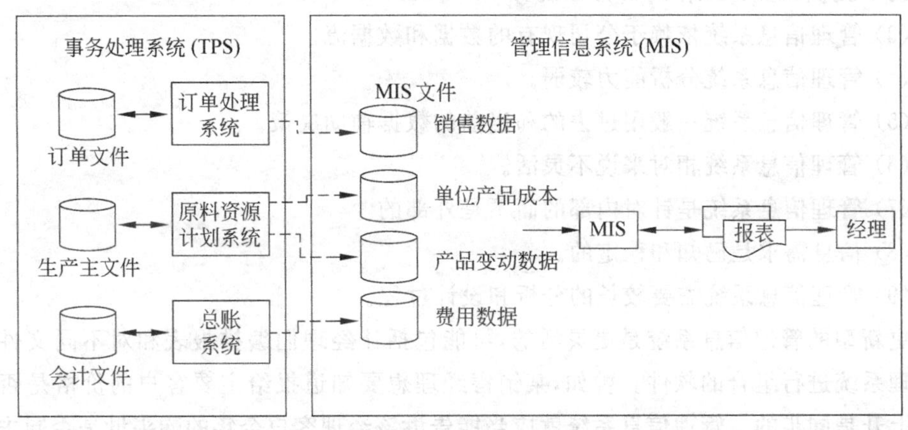

图 1-8 管理信息系统从组织的事务处理系统中获取数据

管理信息系统通常为那些对每周、每月、每年的结果而不是每天的活动有兴趣的经理们服务。管理信息系统处理事先已知的结构化的问题。这些系统一般不灵活且几乎没有分析能力。例如，我们没法让一个管理信息系统按邮政编码把每月销售数字与政府普查机构对收入的估计做相关性分析。这是因为：第一，典型的管理信息系统只包含公司内部的数据，而不是诸如普查数据这样的外部数据；第二，大多数管理信息系统使用简单的程序，如综合比较，而不是复杂的数学模型或统计技术；第三，除非用户多年以前就告诉

表 1-6 图 1-8 中管理信息系统可能生成的报表举例

产品编码	产品说明	销售区域	实际销售额/元	计划销售/元	实际/计划
4469	地毯去污剂	东北	4 066 700	4 800 000	0.85
		南方	3 778 112	3 750 000	1.01
		中西部	4 867 001	4 600 000	1.06
		西部	4 003 400	4 400 000	0.91
		合计	16 715 213	17 550 000	0.95
5674	空气清新剂	东北	3 676 700	3 900 000	0.94
		南方	5 608 112	4 700 000	1.19
		中西部	4 711 001	4 200 000	1.12
		西部	4 563 440	4 900 000	0.93
		合计	18 559 253	17 700 000	1.05

设计人员这种数据安排可能有用，否则按邮政编码的销售记录恐怕不会在典型的管理信息系统中。典型的管理信息系统具有如下特点：

(1) 管理信息系统支持作业层、管理控制层的结构化和半结构化决策。它们对高级管理层的计划工作也是有用的。

(2) 管理信息系统一般是注重报表和控制的。系统设计针对现有的工作的报表，因而有助于提供对业务工作的日常控制。

(3) 管理信息系统依赖于公司现有的数据和数据流。

(4) 管理信息系统分析能力较弱。

(5) 管理信息系统一般用过去的和当前的数据辅助决策。

(6) 管理信息系统相对来说不灵活。

(7) 管理信息系统是针对内部的而不是外部的。

(8) 信息需求是已知和稳定的。

(9) 管理信息系统需要较长的分析和设计过程。

更新型的管理信息系统是更灵活的，可能包括让经理们编排报表和对不同文件及事务处理系统进行组合的软件。譬如，某销售经理想要知道报给主要客户的价格是否与成本的上升是同步的。管理信息系统就应当能告诉该经理客户今年的购买量是否同去年一样，并能把今年的边际利润与去年的进行比较。

因为管理信息系统是一个历史性概念，它源于计算机系统同管理结合的一段历史。一些研究人员用管理信息系统这一术语来涵盖所有支持组织职能领域的信息系统，然而在本书中，为了尽量避免术语上的混淆，我们主张用计算机信息系统作为一切信息系统的统称，而把管理信息系统定义为专门用于管理层的系统。

4. 决策支持系统

任何支持决策的系统即决策支持系统。同管理信息系统一样，决策支持系统为组织的管理层服务。信息系统以千差万别的方式支持决策，而决策支持系统是以独特的方式支持决策的一种系统类型(起码与过去相比是这样)。现代决策支持系统与管理信息系统及事务处理系统不同，它具有如下特点：

(1) 决策支持系统给予用户灵活性、适应性和快速响应。

(2) 决策支持系统让用户设置和控制系统输入和输出。

(3) 决策支持系统的操作基本不需要专业程序员的帮助。

(4) 系统支持和辅助那些预先无法具体设计方案的决策和问题。

(5) 决策支持系统使用复杂的分析和建模工具。

决策支持系统辅助经理们制定半结构化、独特的或者是快速变化的和事先不易规定的决策。决策支持系统必须能在一天内多次地运行以响应变化的条件。虽然决策支持系统使用来自事务处理系统和管理信息系统的内部信息，但它们经常从外部来源汲取信息，如当前的股票价格或竞争对手的产品价格。

从设计上看很明显，决策支持系统比其他系统具有更多的分析能力，决策支持系统的建立显然采用了各种分析数据的模型。再者，决策支持系统的设计是让用户能直接使用，这类系统明显包含用户易学易用的软件。这种要求既出自于系统的用途也出自于设计方法。最后，这类系统是交互性的，用户可以改变假设和添加新数据。

值得一提的一个小型的、但能力很强的决策支持系统是美洲金属公司(American Metals Company)的子公司的航行评估系统。美洲金属公司是一个大型公司，其子公司的主要业务是为母公司运输散货、散料，如煤炭、油品、矿石和产成品。该企业自有一些轮船，还租赁一些轮船，通过在自由竞争的市场上运输合同的投标来进行普通货运业务。航程评估系统计算财务和技术方面的航行数据。财务计算包括船舶/时间成本(燃料、劳务、资金)、各种货运的运价和港口费用；技术数据包括繁多的因素，如船舶载货能力(净吨数、每英尺吃水吨数等)、船速、航程、燃料和淡水的消耗量、装货方式(各个港口的货物地点)。

只计算营运成本、运价和利润的现行系统在公司的大型计算机上运行，经理们看不懂系统产生的报告。因为报告包含丰富的技术细节，管理信息系统部门中只有一个人能操作该程序，对假设条件(燃油成本、船速)的修改要花费数个星期。这还不算，系统不能回答如下问题：对一定的客户货运计划和运价，应当分派哪艘船只能使利润最大；要既能获得最多利润又能满足货运计划，那么某船只的最佳航速是多少；对于马来西亚至美国西海岸航线上的船只来说，最佳装货方式是什么？

高层和中层的经理们需要交互性更好、能自己控制和操作的系统，对数据和模型的改变要随他们的愿，尽量避免数据处理人员的干预。管理层还需要有对投标机会能立即做出反应的信息。图 1-9 描述了该公司所要建立的决策支持系统。该系统在强大的台式微型计算机上运行，该系统提供让用户容易输入数据或获取信息的菜单系统，该系统完全受管理层的控制。

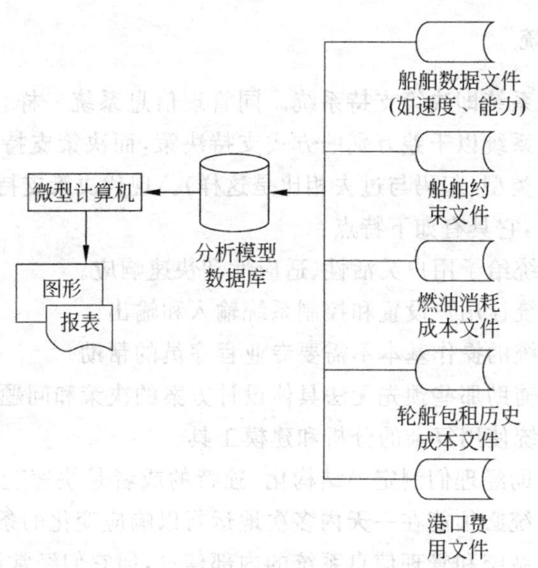

图 1-9　航行评估决策支持系统

5. 高级经理支持系统

高级经理使用被称为高级经理支持系统的一类信息系统来辅助决策。高级经理支持系统为组织的战略层服务。这类系统处理非结构化决策并建立一般化的计算和通信环境,而不是提供任何固定的应用或具体的能力。高级经理支持系统用于采编关于外部事件(如新税法或竞争者)的数据,但它们也从内部的管理信息系统和决策支持系统中提取汇总后的信息。高级经理支持系统对关键数据进行过滤、压缩和跟踪,它们侧重于减少高级经理在获取所需信息时要付出的时间和气力。尽管高级经理支持系统只有有限的分析能力,但它们利用最先进的图形软件,并从许多来源为高级经理的办公室和董事局的会议室及时提供图表和数据。不同于其他类信息系统,高级经理支持系统不是为了解决具体的问题而设计的。高级经理支持系统是为了提供一般化的计算和通信能力,这种能力可以被用于诸多变化的问题。虽然决策支持系统被设计为突出分析特征的系统,高级经理支持系统却往往较少地使用分析模型。高级经理支持系统在满足需求和高度交互性的基础上为经理提供信息。

高级经理支持系统必须帮助经理回答下列问题:我们应该从事什么行业,竞争者在做些什么,哪些兼并能防止行业的周期性波动,哪些部门应当被卖掉以筹措兼并所需要的资金?图 1-10 描述了一个高级经理支持系统的模型。它由带有菜单、交互图形和通信能力的工作站组成,这些能力可以访问来自内部系统和外部数据库(如证券市场和专业调查机构)的历史和竞争数据。

高级经理们的个人风格不同,但他们都面对迅速变化的环境和问题,因而系统必须能适应这些新的条件。高级经理支持系统就是应对这一挑战的系统。因为高级经理支持系统由很少直接接触计算机信息系统的高级经理们使用,所以系统应当具有容易使用的图形界面。

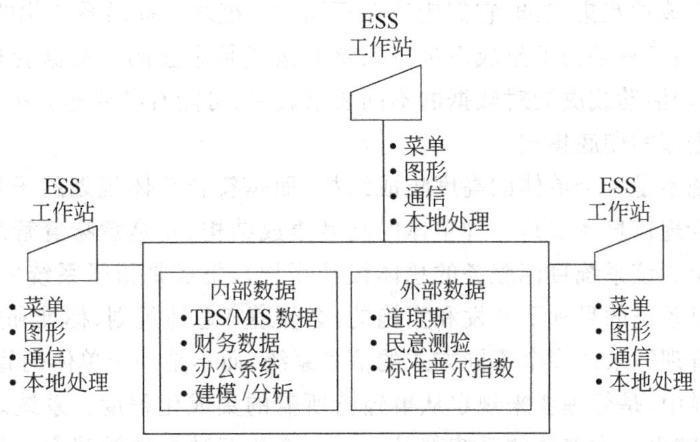

图 1-10　典型的高级经理支持系统模型

1.4.3　各类系统之间的集成

企业需要综合的信息系统辅助。将所有的信息服务功能集成为一个单体系统似乎是一个不错的愿望。图 1-11 表示组织内各类系统相互之间的关系。事务处理系统是其他系统的主要数据来源，而高级经理支持系统主要从底层系统接收数据。其他系统也可以相互交换数据。可是这些系统能够和应该怎样被集成；组织应该有一种为整个组织服务并协调我们前面提及的一切具体系统的单体系统吗；具有这样一个单体、全面的系统来保证信息能够流向需要的地方，来保证系统的统一，来保证一切新系统被协调起来难道不是最好的吗？不幸的是，没有组织以这种方式建立系统，而且做这种尝试将是愚蠢的。迄今为止的经验表明，这种紧密集成的系统是不现实的，因为需要考虑的因素太多，而且系统维护也很困难。现实中的连锁零售公司、汽车制造企业或餐馆的工作活动是多种多样的，需要许多不同的专家来建立不同用途的不同系统。

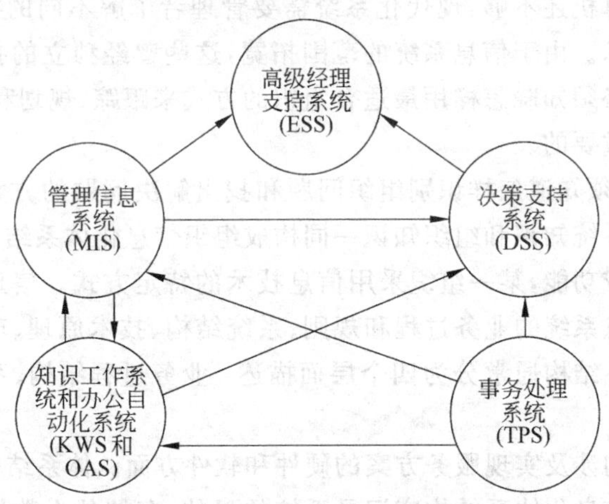

图 1-11　各类系统之间的集成关系

尽管系统应该相互集成,即它们应该在不同的系统之间提供系统化的信息流,但是集成是要花钱的,而且只是为了集成而进行系统的集成是愚蠢的。根据管理信息系统的概念结构,不同管理活动或决策对数据的不同要求表明,可能有必要建立多个不同的数据库而不是进行数据库的彻底集成。

集成化系统不是一个单体的高度集成结构,而是符合总体规划的子系统的联合。集成化并不意味管理信息系统是一种单体的高度集成结构,而是意味着管理信息系统各部分都要符合一个为该系统目标服务的总体设计规划。集成是指子系统的联合,这些子系统是在管理信息系统的目标下开发和实施的,必须遵守总体规划、标准和规范。一个组织可以有能满足管理需求的多个不同方式的信息系统,而不是一个单体的管理信息系统。

在现实世界中,是管理者来规定从事经营所需的集成化程度。系统之间的结合是长期发展、演变的结果。大多数的系统都是一个一个相互独立地被建立。组织不是一次把所有的系统都建立起来,那样去做将需要大量的资源,管理上的问题也难以处理。

这种逐步发展的方法使组织付出代价。系统常常不是像应该的那样成为集成系统。这种情形造成关键经营活动上的瓶颈和低效率。偶尔,组织必须下大气力去集成它的系统。美国通用汽车公司购买了电子数据系统(EDS)来开发完美无缝的、互联的一套系统去替代其原有的计算机辅助设计、计算机辅助制造、文字处理和其他各种系统,外加180个通信网络所构成的杂烩。为了保持其全球竞争性,通用汽车公司需要集成它的制造、订货和发货业务。

当组织迈向系统集中化、协调和控制进程时,它们建立起更多的行政层级。当集中化最终达到了饱和点,于是组织开始让下属分支机构或经营单位发展它们自己的系统。简而言之,对集成系统、集中控制的决策是分久必合,合久必分。对于集成或集中化不存在唯一恰当的尺度。

1.4.4 组织的信息化体系结构

管理者懂得计算机还不够,现代化系统需要管理者了解不同的技术领域:数据处理系统、通信、办公技术。由于信息系统的范围拓宽,这些曾经独立的技术领域必须密切配合。如今的管理者必须知晓怎样用最适合组织的方式来跟踪、规划和管理许多技术领域。这样的系统知识是重要的。

另外,管理者必须知道怎样识别组织问题和找出解决问题的方案。要做到这一点必须具备组织知识。系统知识和组织知识一同构成组织信息化体系结构。信息化体系结构是为达到既定目标或功能,某一组织采用信息技术的特定方式。信息化体系结构是关于某业务或组织的信息系统的业务过程和规则、系统结构、技术原理、产品技术的正规定义和阐述。信息化体系结构通常分为四个层面描述:业务过程结构、系统结构、技术结构、产品体系结构。

信息化体系结构涉及实现服务方案的硬件和软件方面。体系结构描述计算机系统的设计和主要构成。信息化体系结构应记录系统的目的,存储什么数据,系统功能的描述,系统部件的位置,系统中事件和活动发生的条件或时间。信息化体系结构记录为项目文档,该文档可以记录现有的硬件、软件和网络状况详情,可以描述未来投入的长期规划和重点，以及淘汰设备和软件的升级或更新计划。

在决定组织信息化体系结构问题上，管理者起的关键作用越来越大。这一角色无人可以取代。如今想要成为一个好的管理者，作为学生就必须懂得这些内容。尽管作为基础的计算机系统主要由技术人员操作，管理人员必须决定、分配投向硬件、软件、通信上的资源。系统和通信部门的经理也越来越多地成为高级行政级别的管理人员。在计算机系统基础的上面是主要业务的应用系统，或是主要单项任务的应用系统。因为经理和员工们同这些系统直接打交道，所以应用系统满足目前和未来的业务职能需求对组织的成功是关键的。

下面是当今的管理者应该能够回答的关于信息化体系结构的一些典型问题：企业的数据和职能是应该分散到各地的公司机构，还是应该集中在公司总部；组织是应该购买一些自成体系的微型计算机，还是应该建立具有统一通信网络的强大的大型计算机环境；组织是应该建立自己的数据通信设施，还是应该依靠外部服务机构——电信服务提供商？尽管对这些问题没有唯一的正确答案，当今的管理者至少应该具备处理这些问题的知识。

1.5 管理信息系统的演进

管理者不能忽视本书所讲述的信息系统，因为信息系统在现代组织中起着越来越重要的作用。深层原因是组织对于信息和信息系统的认识发生了变化。伴随着产品或服务的设计、制造和分销的过程，信息在组织的各层级中随处产生。越来越多的组织把信息视为一种资源，如同资本和劳动力，意识到信息系统可以增强组织竞争力的作用。然而这是一个较长的认识过程，这个认识过程依赖于一定社会的生产力发展水平。

1.5.1 信息系统作用的拓展

信息系统的发展过程一般是从管理系统的底层向上发展，通常先解决那些日常的信息处理。由于日常的信息的特点是数据处理量大，烦琐复杂、人工耗费多，处理过程有一定的规律性。这类系统应用的最显著的效果是提高效率、降低成本。20 世纪 50 年代至 60 年代初期的美国企业界，信息被认为是必要的，但又被看做是累赘。当时信息系统表现形式是电子会计机(EAM)，其目的是提高数据处理业务的效率。但对于数据处理的基本过程没有什么本质的影响，但对计算机中心的依赖性增加了。各单位分别设置和管理文档和计算机程序会使基本数据重复，浪费昂贵的存储设备，这不但不经济，同时也增加了不少管理上的困难，如各单位数据文件的数据结构、数据定义等常常有很大出入。这对人工业务过程中数据交流困难不很大，但进入计算机信息系统后，这些差别就造成了混乱。所以西方人曾把信息比作“纸龙”，因为它可能窒息企业和消耗企业大量精力。

当大量的原始数据储存于计算机系统后，人们认为对这些数据的重新组合和有效的处理可以达到管理系统的有效控制目的，于是信息系统逐步向更高一层发展。

20 世纪 60 年代中期至 70 年代，西方企业把信息用于对管理工作的综合性支持。信息处理的目的是及时得到组织状态的综合报告。作为狭义概念的“管理信息系统(Management Information System)”由 IBM 所倡导以推销公司的硬件设备系统。从组织中管理职能的角度看，系统地发展也是一种横向的发展，从个别的单位开始应用，渐渐铺开到其他部门。实际上从管理系统的角度分析信息需求，一般是愈到管理系统的上面，各系统的相互关系就愈密切、界限就愈模糊。人们认识到基层的数据也不应当互相分割。于是有了“信息工程”的理念，它把企业的基础整体数据从基本做起，有目的地组织起来。数据库技术使计算机系统中数据的结构化、标准化和集中化成为可能。随着对信息技术的期望提高，人们认为信息应该为组织提供精确的、特殊用途的管理控制。决策支持系统和高级经理支持系统类型的技术应用应运而生，期待改善和加快经理们对问题的决策过程。

从20世纪80年代中期起，信息在西方企业管理界被看做是战略资源，是获得竞争优势的可靠来源，或者是击败或威慑竞争者的战略武器。从这种信息概念出发所建立的一类系统叫做战略系统，这类系统的作用是保障组织在不远的将来能够生存和繁荣。

信息系统作用拓展还体现在应用系统项目的复杂性和功能范围的增加。早期的系统在组织内主要体现技术变化，当时计算机是非常昂贵的工具，需要很专业的技术来管理，对组织的影响是很有限的。因为早期的系统主要涉及技术任务问题，所以经理们能够把权威和重任交给低层的技术工作人员。现在许许多多的员工通过桌面计算机都能得到数据，桌面计算机的威力就像20世纪80年代中期的大型计算机一样。现代系统嵌入了管理和文化的变化。(图1-12)。因为信息系统已直接影响到经理的决策、高级经理的计划，许多情况下会影响生产何种产品以及提供何种服务(以及如何生产)，所以信息系统的责任不能让技术决策者承担。现代系统带来管理上的变化(谁拥有他人的何种信息，何时得到信息，获得信息的频度)和文化的“核心”变化(生产什么产品和提供什么服务，在什么条件下生产，由谁来生产)。

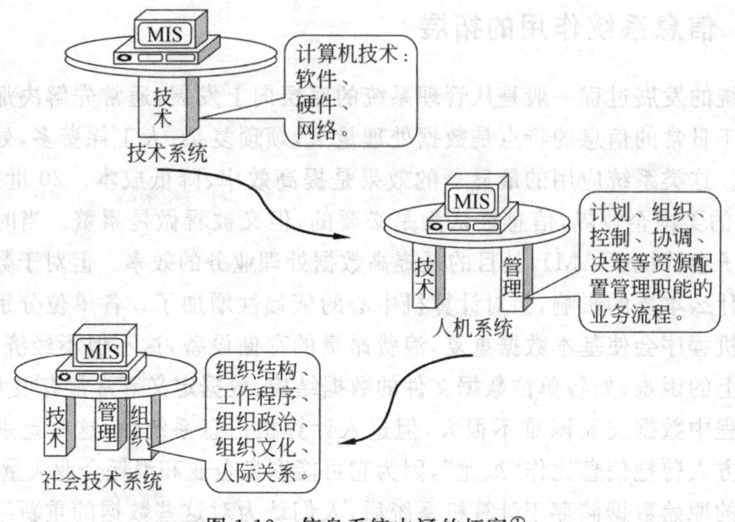

图1-12 信息系统内涵的拓宽[①]

---

① 吴力文．“信息系统分析与设计”讲义．大连：大连理工大学管理学院．1996

信息系统为什么在组织中起更大的作用、为什么影响到更多的人的另一个原因是信息技术——构成信息系统核心的计算机和外部设备的能力在增长、成本在下降。它们的详细内容将在后面的章节中介绍。现代组织的每一个桌面上的计算能力相当于以往的大型计算机(20 世纪 70 年代时,它占据了一个公司大部分办公面积)。这一全新的硬件能力把功能强大的、容易使用的软件呈现在从未用过计算机者的面前。几小时内,技能较差的员工在微型计算机上能被教会文字处理、项目计划、数据表格的使用和通信的应用。这些活动所需的技能曾经属于那些受过大量专门培训的员工,如今,上班的时候,组织中可能每一个人都在同时以某种方式使用计算机,这种情形已不是什么新鲜事。

另外,今天在没有专业程序员的帮助下,用户自行设计应用系统是可能的。一个好的管理者不应忽视许多员工很多时间都在使用信息技术的事实。问题是这种用法能提高生产率吗,效率瓶颈在哪里,我们怎样衡量投资信息技术的收益,什么时候应该请职业人员帮忙,什么时候可以由我们自己设计方案?

1.5.2 信息是战略资源

在过去的几十年中,组织对待信息和信息系统的方式发生了变化。如今,一些优秀的公司正利用信息和信息系统作为超过竞争者的工具。在这方面,一些组织已开发了一种特殊的信息系统,西方管理学术界为其命名为战略信息系统,也有人称之为竞争性信息系统以免同支持组织战略管理的那类系统混淆。

战略信息系统支持组织改变组织的目标、组织的经营管理、组织的产品和服务、组织与环境的关系,从而使组织领先于竞争者。具有这种作用的系统甚至能改变组织的经营范围。战略信息系统概念的出现,实质上是企业战略理念在高科技背景下的发展。企业战略被信息技术赋予了新的含义,战略信息系统中有企业战略的影子。

为把组织推向新的行为模式,战略信息系统常常既改变组织又改变组织的产品、服务和内部工作程序。为了采用新的信息系统技术,组织可能需要改变其内部经营管理方式。这类变革往往需要新的管理者、新的职工和与客户及供应商建立更紧密的关系。以下介绍的是西方发达国家的企业如何利用信息系统获得竞争优势。

1. 作为行业的基本业务系统

当企业用信息系统提供一时难以复制的产品或服务,或提供面向高度专业化市场的产品或服务时,它们就能提高竞争者的入市成本。这些战略信息系统可以使具有差别性产品或服务的企业不必靠基于成本的、以牙还牙的竞争。

金融机构在利用信息系统创造新产品和服务方面做出了范例。1977 年,花旗银行(Citibank)开发了自动柜员机(ATM)和银行信用卡。为了开拓美国个人存款市场,花旗银行把自动柜员机装遍了纽约都市区,存款人在任何地方都有机会用自动柜员机存款或取款。作为该领域的先驱,花旗银行曾一度成为美国最大的银行。花旗银行的自动柜员机如此成功,以至于它的竞争者们——大大小小的银行均开始用所谓纽约现金交换系统(NYCE)的技术成果奋起反击。建立新颖的基于信息系统的产品和服务不一定需要最先进的或复杂的信息系统技术。

在 1978 年，美国最大的证券经纪公司美林集团开发了叫做现金管理账户的金融产品，该账户允许客户的资金在股票市场基金和债券市场基金及货币市场基金之间自由流动，并且还允许客户从这些基金中取支票而无须手续费。一个金融产品的灵活性把美林集团带进了银行业且拓展了它对大众市场吸引力。这一创造也迫使其他主要经纪公司提供类似的服务，迫使像花旗银行这样的大银行机构用它们自己灵活的现金管理系统进行对抗。

在零售界里，制造商们开始用信息系统创造顾客订制的产品以满足顾客的细微的要求。Levi Strauss 公司在它的零售店里装备个人裤型服务系统(Personal Pair)，该服务允许顾客按自己的规格设计牛仔裤。顾客将自己的身体尺寸输入到微型计算机内，微型计算机再将顾客的规格传输到公司的工厂。Levi Strauss 能够在生产标准产品的生产线上生产特殊订制的牛仔裤。无独有偶，美国 Anderson Windows 创造了“智慧门窗”系统，该系统允许五金商店和零售门市的顾客设计门窗。微型计算机把顾客的窗户规格传输到明尼苏达州港湾市的公司制造厂。该系统使 Anderson Windows 的生意猛增，以至于竞争者们试图仿制这个系统。在上述的两个公司中，信息系统技术创造着按顾客要求订制的产品和服务，同时也保持了规模生产技术的成本效率，此生产方式称为客户化制造技术(Custom-Manufacturing)。

2. 侧重市场定位的系统

信息系统通过加工数据、提供信息来提高公司的销售与日常经营技术，从而能为公司带来竞争优势。这种系统将组织已有的数据作为资源，组织可在数据中“淘金”以增强盈利能力和市场渗入。

经典的例子是企业所使用的技术复杂的数据资源发掘系统。美国零售业主要公司之一，西尔斯(Sears)一直在开采、发掘它的计算机化的 4 000 万零售顾客(美国最大的零售顾客群)的资料，以便能区分和瞄准各种消费群体，如家用电器购买者、工具购买者、园艺爱好者和怀孕的母亲们。例如，当顾客用信用卡或现金从西尔斯商场买下一台洗衣机，西尔斯就向此消费者寄出一份介绍年度维护服务合同的明信片。如果顾客没有购买维护合同，西尔斯利用顾客在商品质量保证书上登记的信息，仍然能掌握是谁购买洗衣机的记录。每年西尔斯都将向顾客寄出延续年度维护合同的表格，或是给顾客打电话以保持公司的维护服务的生意兴隆。西尔斯同时还向购机顾客例行地寄出有关洗衣机的特价销售品和商品(如肥皂或备用零件)的通知信函。类似地，手持电动工具的购买者也总是收到西尔斯发出的降价及商品传单。

西尔斯还利用其顾客信息数据库追踪用信用卡的顾客购物记录。这一信息则被用于填写附在信用卡收费账单上的邮寄标签。此外，来源于最初信用卡申请和信用卡购物历史的信息可以被西尔斯的市场部用来定位具体细分的消费群体，比如，居住在富人区的、成家的和年龄在 40～50 岁的男性顾客。据估计，争取一个新顾客的成本是保持一个顾客的成本的 5 倍。面对竞争者的侵害，公司通过仔细地分析顾客购买过程和行为，便能识别出对利润贡献大的顾客们，能赢得他们更多的消费，还能灵活地定价，灵活地提供商品和服务以捍卫公司的顾客基础。同样，公司还可以利用这些资料识别无利可图的顾客群。

3. 增强组织间关系的系统

通过“锁定”顾客和供应商，信息系统能对抗外部竞争。战略信息系统能提高客户的跳槽成本（客户转向竞争对手的产品或服务时发生的成本）。例如，美国联邦快递公司为其 20 000 名最佳客户免费提供与公司总部相连接的个人计算机。发件人利用 FEDEX 系统，能用计算机查询他们每日发出的包裹状态。那些由于业务规模小而不能得到免费计算机的客户也能收到免费的 FEDEX SHIP 软件，在他们自己的计算机上使用该软件来查询包裹状态。该软件把客户的计算机与联邦快递公司接通，产生发运标签并在客户的激光打印机上打出。该软件还能做车辆调度计划，追踪和确认包裹的运送。使用联邦快递公司的包裹跟踪系统所带来的方便打消了客户叛离的（如转向联合包裹服务公司）动机。

国际巴克斯特医疗保健有限公司（Baxter Healthcare International Inc.）的“零库存”订货系统是套住客户的另一个信息系统。该公司系统下的医院不愿意另择供应商是因为该系统给它们带来的方便和低成本。巴克斯特公司供应全美国医院所用产品的 2/3。它们利用由原美国医院供应公司（American Hospital Supply Corp，1985 年被巴克斯特公司兼并）开发的信息系统而成为有关医院全线产品的供应商，成为满足全美医院需求的商品总汇。做到这一点需要有 120 000 种以上的库存量。维持海量库存是十分昂贵的，但是，缺少某些种类产品的库存也是昂贵的，因为医院会转向竞争者的供货。连接到巴克斯特公司的计算机终端就安装在那些医院里。医院下达订货单时不需要给销售人员打电话或寄送订单，只需使用医院里的巴克斯特公司的计算机终端，从巴克斯特的全线供货目录中订货。该订货系统生成运单、收款单、发票和库存信息，另外医院里的终端还为客户提供预计的到货日期。在美国有 80 多个分销中心的巴克斯特公司经常在收到订单的几小时内，把货物当天发给客户。

这个系统类似于日本发明的、现在正被美国汽车工业采用的准时供货（JIT）系统。在准时供货系统的使用中，汽车制造商，如通用汽车公司和克莱斯勒公司，把具体的汽车部件数量和部件发货计划输入到公司的信息系统中，然后这些要求被自动地输入到某个部件供应商的订单输入系统中。该供应商必须同意按规定的时间供货。因此，汽车公司能降低其库存成本，减少存放部件或原料的场所，以及项目建设时间。

巴克斯特公司甚至迈出了更远的一步。送货人员不再把应放入医院库房的货箱卸在卸货场。他们把医院订购的物品直接送进医院的走廊、护理室、手术室和备品供应柜中。这种方式实际上创造了“零库存”，把巴克斯特公司当做了医院的仓库。零库存极大地削减了医院对仓储场地和人员的需要，还降低了存储成本和管理成本。

图 1-13 对零库存、准时供应方法和传统的库存方法做了比较。虽然准时库存法使客户减少了库存，而零库存让客户完全免除了库存。一切库存责任转给了分销商，由分销商管理物流供应。零库存是锁定客户的强大工具，它为供应商提供了决定性的竞争优势。

上述的订货系统和下一节中讲述的沃尔玛零售公司（WalMart）的“连续补货系统”，都是针对供应商的战略系统。这类系统是用来增大公司的采购实力（降低成本），系统靠供应商与公司之间的跨组织系统来满足公司业务上的精确需求。若哪个供应商不愿意与这类系统相处，该供应商则可能把生意丢给能满足这些要求的供应商。

① 传统供货方式

大多数医院保持大量备品的库存，由供应商定期补充库存，需要大量的空间和人员。

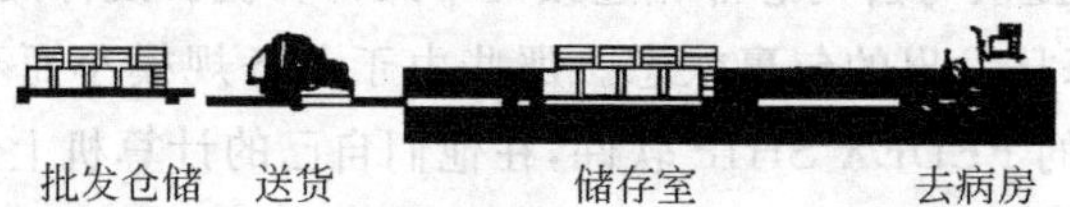

② 准时供货方式

如果医院与供应商合作，实行准时供货方案，便可少用一些存储空间，但需更经常地供货。

③ 零库存供货方式

零库存供货方案把一切库存管理责任转移给供应商。需每日送货，有时物品须送至使用部门。

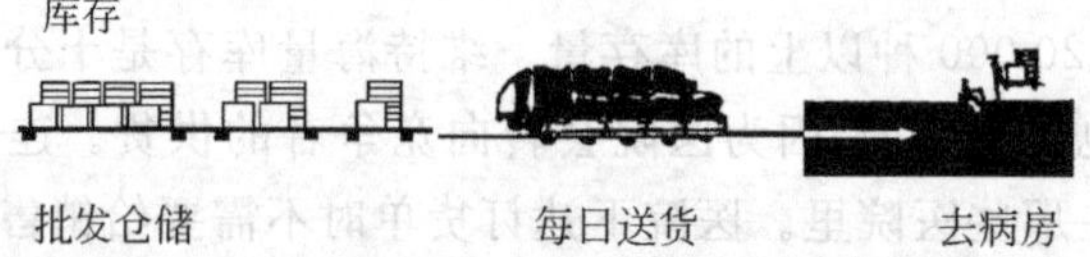

图 1-13　传统库存、送货同准时供应法和零库存法的比较

跨组织系统是指能把公司与客户、分销商和供应商连接起来的系统，因为系统操纵着越过组织界限的信息流(Barret，1987；Johnston and Vitale，1988)。这类系统能让一个组织的信息处理能力改善另外一个组织的表现，或者改善组织之间的关系。除了加强与客户和供应商之间的联系之外，跨组织的系统能够降低成本和增加产品品种的差别。

当然，这类信息系统也给供应商带来好处。供应商能够连续地观察客户对产品的要求、客户工厂的生产计划和客户对供应商的接受态度，并通过对照自己的经营计划来确保足够的库存量。制造商和零售商是供应商的客户。这类系统一旦被建立且运行良好，则系统的方便和效率可能有助于打消某供应商的客户转向竞争者的想法。

通过把多个买主和卖主联系起来，为多个组织服务的跨组织系统创造出电子化市场。依靠计算机和通信，这类系统的作用好像电子中介人(Malone，Yetes and Benjamin，1987)。电子化市场的不断成长是因为计算机和通信能降低典型的市场交易成本，如选择供应商、定价、订货和付款所发生的成本。例如，嘉信理财(Charles Schwab & Co.，Inc.)卖给投资者个人计算机软件，该软件用于获悉股票、债券、基金的现价，用于获得标准普尔指数(S & P)，还可用于执行买卖交易。嘉信理财的客户也可用音频按键电话获取报价和进行交易。靠信息系统提供低成本的证券交易渠道和专门的银行服务，嘉信理财变革着向公众出售金融服务的方式。

4. 降低成本的系统

前面讲述的战略系统是改变组织与其市场、客户、供应商之间的战略关系。其他战略性信息系统有助于内部作业、管理控制、计划和人力资源工作。说这类系统是战略性的，是因为系统帮助公司显著地降低其内部成本，让公司以低于竞争者的价格(有时以更好的质量)提供产品和服务。通过降低生产成本，提高利润，并使公司的效率更高，这类系统有助于公司的生存和繁荣。下面的例子讲述了对信息的利用，在这些例子当中，对信息的利用比仅作为管理的支持工具更为生动和彻底。

通过保持商品的低价位和货架上不缺货，沃尔玛已成为美国主要的零售商。沃尔玛公司采用由顾客购物过程驱动的、传奇般的库存补充系统，该系统被认为是业内最佳的。当顾客在为其购买的商品在收银机上付款时，“连续补充系统”就将新商品订单直接下给供货商。售货终端记录了通过收银柜台的每一件商品的条码，并把购物交易记录直接发送到沃尔玛总部的计算机中。总部的计算机收集来自所有沃尔玛连锁市场的订单，并把订单发送给供货商。因为该系统能以闪电般的速度补充库存，沃尔玛公司不需要花费大量资金在自己的仓库里保持大库存量的商品。该系统还让沃尔玛公司能调整库存商品的采购品种以满足顾客的需要。沃尔玛的竞争对手中，西尔斯花费销售额的近 30%于管理费(花销于工资、广告、仓储、物业管理)。Kmart 花费销售额的 21%于管理费。然而，通过采用降低营运成本的系统，沃尔玛仅支付销售额的 15%于管理费。

美国航空已经从战略角度利用信息系统降低成本，因而它们能对抗竞争对手的折扣票价。信息系统已经使收益管理技术自动化，收益管理技术让航空公司能对任何折扣票价根据售票情况做出最经济、最有效的匹配，使机票的价格对公司的经济性最佳。收益管理是从每一个航班座位上榨取最大利润的过程，是决定何时降价或提价或提供促销服务的过程。3 个月当中的每个航班起飞之前，每个座位平均被预订 1.5 次，被取消 1.5 次。在此过程中收益管理系统在任何时刻为任意座位定出现价。比如，星期日晚间从纽约至伦敦的航班在起飞前的一星期时有 70 个未订座位，收益管理不是用折扣票价使座位尽早订满，而是研究该次航班的售票历史规律以决定留出多少座位给那些愿意在最后时刻付全价的公司总裁们。

本节中所有的例子表明信息系统对组织内部运作具有战略意义，而且信息系统能改变组织同外部环境因素(新产品和服务客户、供应商)之间的重要均衡局面。这些内部和外部的战略性变化共同地改变公司的竞争优势。通过迅速地改变竞争的基础，战略性系统抵消了外部竞争压力。

1.5.3 对战略信息系统的客观认识

有一种观点认为，许多竞争优势的例子实际是源于信息自身的优势，不必与信息系统有关。弄清楚信息时代带给企业的主要影响不那么简单，信息系统的作用等同于竞争优势，竞争优势能否被一相情愿地规划？判断使用信息系统是否就一定带来竞争有优势，可思考以下几个问题：

(1) 管理学者的著作中的案例分析表明什么？

(2) 如果同时有副作用,那还是竞争优势吗?

(3) 有什么方法可以确保成功?

(4) 信息系统应用成功的特征是什么?

1. 战略信息系统是双刃剑

竞争优势不总是持久的,昔日的竞争优势是今日的生存条件。原本为战略意图的系统后来变成了求生的工具,成了每个企业为了经营下去所必须具有的东西。由于市场条件在变化,企业和行业环境在变化,技术以及客户的期望在变化,信息化并不能改变竞争力模型描述的市场游戏法则。竞争性信息系统是双刃剑:

(1) 打破行业竞争格局。信息技术可以提高或降低市场进入屏障。

(2) 跳槽成本增加。被锁定的不仅是供应商。

(3) 供应商/客户的优势。信息技术在供应链管理上的应用使客户掌握更多信息。

(4) 改变竞争基础。信息系统投资成为进入市场或生存的前提,而不是原来的竞争优势。

战略被竞争对手仿效,战略系统带来的竞争优势不一定持久地保证长期利润,竞争对手可以对战略系统进行反击和模仿。另外,这类系统往往是昂贵的,某些系统节约下的成本随即就花在了维护系统上。经典的战略信息系统,如美国航空的SABRE计算机订票系统、花旗银行的ATM系统、联邦快递的包裹跟踪系统,得益于率先占据各自的行业。然而对手的系统便随后萌生,NYCE银行系统使花旗银行的ATM系统的威风大减,联合包裹服务公司对联邦快递主宰的不过夜包裹投递市场进行挑战。信息系统独自不能提供持久的竞争优势。系统对公司的关键性是仅仅为了在竞争中不落伍,而不是提供长期竞争优势。

2. 战略转变的组织障碍

实施战略系统通常需要广泛的社会技术变化,因为组织的变化经常受到中层甚至高层经理的反对,所以这一目标是不容易实现的。事实上,对战略转变的最大障碍之一可能是反对变革,是组织上的变革和工作重组时,员工们感受的变化,甚至员工们的身份也要改变,你已不再是销售人员或生产部的成员,员工们对威胁性环境因素的反应是压力感、紧张感。通过一个单独的信息网络,这些任务越来越融为一体。为了获得成功,战略转变需要组织文化的变化。如果某一组织认为同另一组织更紧密的协作将使情况更糟,跨组织的系统也可能遭到反对。

3. 战略作用从何来

战略就其本身的含义,是为了达到我方的目标而制定和实施的一种敌方不易察觉的意图或计划。信息系统著作中的一些成功的案例或故事往往告诉我们现实中的一些片段,包括可见的信息技术产物,包括信息服务提供者、技术、设备、软件、集中或分布布局等,而忽略了导致成功的其他因素:企业实力、运气、复杂的管理、组织、营销因素。鲜为人知的诀窍是成功企业的决策过程和战略的执行过程,换句话说就是无形的管理信息系统思想、思想造成的信息系统管理氛围。这些案例有助于解释管理理论的基本概念，而不应成为标准和模式。成功的例子对组织的领导人的意义有二：明确信息系统对企业的重要性；了解信息系统曾起到的作用，提醒我们再度审视它的作用。在“数字时代”、“电子商务”等热浪的压力下，经理人应避免貌合神离地模仿他人成功的信息系统。不要建立“演示”系统或“模仿”系统。对管理经验的神灵崇拜是不可取的。

对成功的战略信息系统的研究发现，管理界内赞扬的“战略信息系统”所起到的战略作用很少出自于有意识的规划，而常常是因为提高组织内部运作效率的缘故。在对信息系统使用感到满意的企业中，使用信息系统的效果往往表现在组织业务的改进。战略信息系统是长期、逐步地演变而来，而且这类系统总是伴随着实际的经营管理问题。例如，常被引为经典“战略系统”的美洲航空公司的计算机订票系统SABRE，该系统源于一个并不复杂的库存管理和订票录入系统。通常，信息技术的战略杠杆作用并不产自于自上而下靠信息技术驱动的公司，而是产生于靠公司工作驱动、能对工作重新设计的信息技术能力所支持的公司。战略系统不是产生于什么神奇的方法，像大多数产品一样，战略信息系统产生于对企业实际情况的观察。这一研究的发现可能为如何建设具有战略作用的系统提供启示。

1.6 管理的挑战

信息系统越来越多地引起内部运作方法的改变、与客户和供应厂商关系的改变，以及企业目标的改变。如今建立一个信息系统比在建筑基础上安装一部机器意味着更多的内容。今天这一过程一般要在几乎没有使用经验的员工的桌面上安置千百台终端或微型计算机，把设备连接到强大的通信网上，重新安排工作场所的人际关系，改变报告方式，并要求员工们达到更高的生产率水平。简而言之，当今的新系统经常需要重新设计组织和建立新的信息体系。本书要告诉读者的一个方面是，可能由于计算机技术的迅速发展，在建立一个可用的信息系统上无捷径和公式可循。建立、操作和维护信息系统是具有挑战性的活动有若干原因，管理者应该留意五个主要的挑战。

1. 战略性经营挑战：企业如何利用信息技术去设计具有竞争性的和有效的组织

如何在组织中有效地利用信息技术，是信息管理和信息系统领域研究的主题，过去是，现在是，未来仍然是。置身于“新型工业化”时代的中国经理人或企业家尤其应头脑清醒地思考这一问题，工业强国的经验对我们有所启示。

在美国，信息技术是技术创新的代表。对计算机革命的信仰说服了众多的公司经理。对信息系统的投资额在大多数服务行业的公司中已超过每年资本性支出的一半。出自于专业习惯，经济学家对这种技术创新作用持怀疑态度。麻省理工学院的诺贝尔奖获得者罗伯特·索洛(Robert Solow)曾评论说，随处可见计算机，唯独在生产力的统计数字中得不到体现。尽管对计算机的投资比其他国家多，美国正全力对付严峻的生产率挑战。直到最近，美国的生产率增长每年也不足2%，已远远低于其他工业化国家。生产率的差距在服务业中尤为明显。20世纪80年代期间，白领阶层的劳动生产率年增长仅为0.28%

(Roach,1991)。

技术的变化比人类和组织的变化快得多。计算机硬件和软件能力的提高远远快于组织应用和使用该技术能力的提高。为了保持竞争性,许多组织确实需要被重新设计。这些组织将需要使用信息技术来简化沟通和协调、消除不必要的工作,摒弃过时的组织结构。如果组织仅仅是对目前所做的事情进行自动化,那么组织是在丧失信息技术的潜力。组织应重新考虑和设计现行的设计、生产、提供和维修产品及服务的方式。

2. 全球化挑战:企业应如何理解全球化经济环境的经营需求和系统需求

迅速发展的全球化经济要求信息系统能够在许多不同的国家既支持商品的生产又支持商品的销售。以往,跨国公司的每个区域办事处只是解决自己独有的信息问题。在多个国家的语言、文化和政治差别的环境中,这种只注重局部的倾向经常使得中央管理控制一团糟。为了开发集成的跨国信息系统,企业必须建立全球的硬件、软件和通信标准,并建立跨文化的会计和报表体系。

3. 组织信息化体系结构的挑战:组织应怎样建立支持其经营目标的信息化体系结构

虽然信息技术能使人想到新的经营模式,企业仍需搞清楚它们的经营目标和信息系统支持这些目标的最好方式。许多组织不能达到其目标,是因为组织被支离破碎的、互不兼容的计算机硬件、软件、电信网络和信息系统所拖累。把这些"信息孤岛"集成为一个完整的体系是当务之急。

4. 信息系统投资的挑战:组织如何能够确定信息系统的企业价值

强大而不昂贵的计算机发展所产生的一个主要问题不涉及技术倒是涉及管理和组织。利用信息技术来设计、生产、配送和维修产品是一回事,而用它赚钱是另外一回事。组织如何从它们在信息系统的投资上获得满意的回报?

为实施企业战略规划,而发动大规模的组织和系统变化是复杂和昂贵的。这是有回报的投资吗,你怎样才能知道呢,高级管理层应当考虑这些问题:我们从系统中得到了我们应该获得的投资收益吗,我们的竞争对手们得到的更多吗?搞清楚建立一个单个系统的成本和效益已是相当困难的,然而考虑整个全套系统是否"物有所值"则更是件苦差事。想象一下,当把一个将耗资几千万美元、历时若干年的、关于组织信息化体系的重大变革呈现在某个高级经理面前时,他必须做何考虑。可以基于这样一个原则来考虑,先确认组织的核心价值,企业的价值可以是:知识产权、客户的信赖度、与商业伙伴的合作机会、信息体系结构、员工的创造潜力和技能;然后再评估信息、知识、信息系统提升企业价值的作用。

5. 责任和控制的挑战:组织如何能设计人们能够控制和理解的系统,组织如何能保证其系统的使用对道德和社会是负责的

信息系统对企业、政府和日常生活是相当必要的,因而组织必须采取专门的措施来确保信息系统的准确、可靠和安全。工作不正常的或操作不当的自动化系统或是半自动化系统会造成严重损害的后果。如果企业使用的系统不能按要求工作，或不能向人们提供可以正确解释和使用的信息形式，或系统控制室的控制失灵或仪表给出错误信号，会给该企业招来灾难，大量的欺骗、错误、滥用和破坏的潜在性是很大的。

设计信息系统必须保证系统能按要求运行、能被人类控制。在建立和使用信息系统时，应该像满足组织经营目标那样仔细地考虑健康、安全、工作保障和社会利益。管理者将需要提出这样的问题：我们能既在产品和服务上又在信息系统中实行严格的质量保证吗；我们能建立既为了组织的目标又尊重人们隐私权的信息系统吗；信息系统应该用来监督员工吗；当信息系统为了提高生产率而使人丢掉工作时，我们怎么办？

本章小结

(1) 信息系统的定义。计算机信息系统的用途是收集、存储和传播来自组织环境和来自内部经营的信息，其目的是支持组织的职能和决策制定、沟通、协调、控制、分析和设想。通过输入、处理、输出三个基本活动，信息系统把原始数据转变为有用的信息。

(2) 解释计算机知识与信息系统知识有什么区别。信息系统知识既要了解信息系统的组织和管理方面内容，又要了解计算机知识的技术方面内容。信息系统知识用技术和行为两种方法研究信息系统。这两种方法可以合为一个研究系统的社会技术方法。

(3) 叙述组织管理层级中不同的服务系统类型。为了实用，计算机信息系统必须真实地反映组织的信息需求。计算机信息系统必须适合特定的组织层次和系统将支持的经营职能。

(4) 叙述组织中主要概念系统的作用以及它们之间的关系。现代组织中存在信息系统的六种主要类型：作业层的事务处理系统(TPS)、知识层的知识工作系统(KWS)和办公自动化系统(OAS)、管理层的管理信息系统(MIS)和决策支持系统(DSS)、战略层的高级经理支持系统(ESS)。

系统概念结构的设计是为了满足不同的用途和使用对象。事务处理系统执行和记录企业经营中必需的日常事务，它们还为其他系统提供信息。当今，对许多组织来说，如果它们的事务处理系统因故障停顿一天或几个小时，组织将无法运作。事务处理系统的例子有订单处理、民航订票、工资表等。

知识层系统支持文案、管理和专业工作人员。知识层系统包括办公自动化系统和知识工作系统。办公自动化系统是为了提高数据工作人员(文字处理、桌面印刷、文件存储、图文传输、电子信函、电视会议)的生产率，知识系统是为了提高知识工作人员(专业工作站、图形、分析模型、文件准备和通信)的生产率。在企业中其他系统越来越多地包含知识工作系统。

管理层系统(MIS 和 DSS)为管理控制层提供报表，让其了解组织当前的表现和历史记录。大多数管理信息系统报告来自于事务处理系统的浓缩的信息，而且不具有很强的分析能力。在决策是独特的、迅速变化的、不容易预先说明的情况下，决策支持系统支持管理决策。它们比管理信息系统有更先进的分析模型，且信息来源经常是外部的和内部的。

通过提供通用的计算环境和通信环境来支持高级管理层的决策制定，高级经理支持系统对战略层提供支持。高级经理支持系统具有有限的分析能力，但能利用复杂的图形软件和许多内部和外部信息源。

组织中的各种系统相互交换数据。事务处理系统是其他系统的主要来源，特别是对管理信息系统和决策支持系统来说。高级经理支持系统主要是从底层系统接收数据。然而，一个组织内的各种系统只是逻辑上集成在一起。各种职能领域和组织层次的信息需求太专业化了，一个单体的系统难以为组织服务。

(5) 说明如今为什么信息系统如此重要。一般来说，一个组织的整体信息体系规划是非常需要的。当今建立的那些系统对组织的整体绩效更为重要，在当今全球化和基于信息的经济中尤其是这样。技术已变得越来越强大且越来越难以实施，新型的应用需要专业技术专家同管理工作人员之间密切而频繁的沟通。

(6) 认识组织中建立和使用信息系统对管理的主要挑战。建立和使用信息系统时有五个主要的对管理的挑战：①设计有竞争性和高效率的信息系统；②理解全球环境的系统需求；③建立支持组织目标的信息体系；④明确信息系统的经营价值；⑤设计人们能够控制、理解和以对社会及道德负责方式使用的系统。

(7) 说明如今为什么信息被当做战略资源。过去，信息曾被认为是官僚机构的弊病和管理决策制定方面有局限的工具。今天信息系统能如此大幅度地提高企业的生产率和效率，以至于企业把信息视为抵御竞争的武器和一种战略资源。

(8) 定义战略信息系统。战略信息系统改变组织的目标、组织的经营、组织的产品、组织的服务或组织与环境的关系，以帮助企业超前于竞争对手。

(9) 叙述信息系统怎样为企业可以实行的四种竞争策略助一臂之力。信息系统能帮企业实行四种基本竞争策略：信息系统可以被用于开发新的定位市场；信息系统可以提供独特的产品和服务；通过抬高跳槽成本，信息系统可以拴住客户和供应厂商；通过降低生产和经销成本，信息系统能帮企业提供低成本的产品和服务。

(10) 说明建立战略信息系统和维持竞争优势的困难性。不是一切战略系统都能赚钱；建立战略信息系统可能是昂贵的和有风险的。许多战略信息系统可以被他人抄袭，所以竞争优势不是持久的。战略信息系统通常是由内部效率需求的驱使，企业用信息系统完成日常业务，日后衍生出战略目的。实施战略系统经常需要广泛的组织变化和一个社会技术水平到另一个的转变。这类变化被称为战略性转变，做到这一点常常是困难的和痛苦的。

思考题

1. 有人认为 CBIS 的建立基本上是一个社会过程，因此，一个精通信息技术的人不适于参与设计 CBIS。就这一观点进行讨论。

2. 有人说“当计算机变得更快更便宜时，信息系统给我们带来的大多数问题将消失”。就这一说法进行讨论。

3. 请用本章的宝供公司的物流订单跟踪系统为例说明事务处理系统。描述驱动这些系统的事务。它们获取什么数据，它们用这些数据做什么，在 MIS 系统中，怎么使用这些数据？

4. 讨论有哪些主要因素妨碍组织把六种主要类型的系统结合在一起，建成一个完全集成的信息系统？

5. 有信息系统专家声称“没有持久的战略优势”，就此看法进行讨论。

6. 许多公司积极采用“零库存”系统，通过让供应商提供恰好能满足每天或每周的生产计划所需的原材料，使库存降至最低。这一实践是否具有竞争优势？就此进行讨论。

参考文献

[1] 仲秋雁，刘友德. 管理信息系统. 第 5 版. 大连：大连理工大学出版社，2006

[2] 王众托. 计算机在经营管理中的应用——新的系统构成. 大连：大连理工大学出版社，1994

[3] Davis G B. 管理信息系统概念基础、结构与研制. 哈尔滨：哈尔滨工业大学出版社，1987

[4] Laudon CK, Laudon J P. Management Information Systems-Organization and Technology. Fourth Edition. Prentice Hall International Inc. , 1998

[5] Ting T C. 管理信息系统. 北京：企业管理出版社，1981

[6] Dearlove D. 核心管理决策. 毅军译. 大连：大连理工大学出版社，1999

[7] Crainer S. 核心管理理念. 陈维政，马渝根译. 大连：大连理工大学出版社，1999

[8] 郭珍，徐坤. 刘武：宝供三变. 当代经理人，2003-07

[9] Anthony R A, Govindarajan V. 管理控制系统. 第 11 版. 赵玉涛，刘寅龙，杜晓阳译. 北京：机械工业出版社，2004

[10] B M, Earl M. The Right Mind-set for Managing Information Technology. Harvard Business Review. 1998, (9-10): 119-128

[11] 哈罗德. 孔茨，海因茨. 韦里克. 管理学. 第 9 版. 郝国华译. 北京：经济科学出版社，2005

第2章 组织、管理与信息系统

前一章提到经济环境中的三种变化趋势之一，组织模式的变化是因为组织为了在当今商业竞争环境中生存、取胜。大多数企业必须经过改革才能更有效地竞争，而组织模式的改革或变化的方向是由什么决定的呢，技术进步决定组织的变化还是商业因素决定组织的变化？读者将看到同一时代的中国式制造企业可以用完全不同的组织形态达到商业目的。实际上，达到技术与组织匹配的"优化"不是简单的事情。

学习目标

(1) 理解组织具有的特征

(2) 理解社会技术系统的特点

(3) 了解帮助我们理解组织与信息系统关系的主要理论

(4) 明确信息系统对组织结构、文化、政治过程和管理的影响

(5) 弄清系统设计和实施过程中组织起的作用

(6) 学习关于管理活动和角色的经典理论与现代理论

(7) 了解决策过程和类型，区别个人决策和组织决策的模型

(8) 弄清信息系统如何辅助管理人员，如何改善管理决策

引导案例

成 就 梦 想

由于股神巴菲特持有10%的股份，比亚迪成为资本市场上受人瞩目的白天鹅。比亚迪生产出中国的第一批量产混合动力汽车。

从1995年创立比亚迪开始，王传福在他的中国制造之路上，引领着比亚迪从一个名不见经传的电池生产企业跻身世界充电电池著名制造公司的行列。被称为世界电池大王的王传福宣称，到2015年比亚迪要成为汽车制造厂商的中国第一，到2025年比亚迪要成为汽车制造业的世界第一。

20世纪90年代初，人们称为"大哥大"的移动电话风靡起来。踌躇满志的王传福想成为一个以技术和知识贡献社会的企业家。当时掌握移动电话技术的是摩托罗拉、诺基亚这样的国际性大公司。王传福决定以电池为主业。

当时制造镍、镉电池的一个设备需要几千万的投资;一条自动化生产线需几十亿的投资。而王传福手中只筹措了 250 万元。比亚迪制造策略没有采用全自动化生产线,而做半自动化生产线。为了保证制造质量,比亚迪的策略是设计基于人工操作的工艺过程,由专门的工装设备和人组成生产线。小米加步枪的“大款”王传福认为十几个人顶得上一个机器手。

自 1997 年亚洲金融风暴以来,由日本公司占据了 95% 份额的充电电池市场有了转机。市场对电池成本敏感,使从来看不上中国产品的国际大品牌公司,如飞利浦、松下、通用、诺基亚、摩托罗拉,把眼光溜向了比亚迪。比亚迪的成本优势成为走向国际市场的竞争优势。相比三洋每块电池成本 4.9 美元,比亚迪每个电池的成本仅为 1.3 美元。到 2000 年,比亚迪的市场份额就位居世界前茅。

2001～2002 年,中国汽车市场需求出现了井喷现象。2003 年“嗅”到了机遇的王传福说要造汽车。此言一出即招致一些投资人的质疑和反对。比亚迪斥资 2.71 亿元收购亏损的西安秦川汽车 77% 的股份,成为第二家民营、“三无”状态的汽车企业——无开发技术、无市场、无销售渠道。

千呼万唤,比亚迪以产业分工模式“山寨”产出的第一款车在上海展现在众多经销商面前。新车亮相的效果令分销商们大跌眼镜是比亚迪始料未及的。这款车造型丑、价格也不便宜、功能也不行,整个性价比也不好。那一天王传福经过一个不眠之夜后,决定砍掉已投入 2 亿元的这一项目。

痛定思痛后,王传福认为对于像比亚迪这样的新型创业汽车企业,汽车零部件供应商供应的部件价高质次,甚至无法装配到车上。比亚迪必须自己独立研发制造汽车,自己掌握自己的命运。也就是走垂直整合产业链的战略。比亚迪建起了面积相当于 260 座足球场的汽车生产基地。为实现“同质化低价战略”,比亚迪依靠 1 万名工程师和 13 万名工人作为核心竞争力。

蛰伏 18 年的中国“嘀嗒”声

在瑞士的卢塞恩——世界上钟表业的最大市场,坐落着许多世界名表公司。距 Rolex 等大品牌不远处,有一家新公司。是谁把钟表公司开到了瑞士人的眼皮底下?这是依波精品有限公司的销售公司,此时董事总经理陶立正在通过在线视频系统与销售公司的瑞士籍总经理通电话。

中国制造业里做过 OEM 的企业都赚过代工的辛苦钱,垂涎过品牌的利润。商品是一样的,不同的是品牌。从 1991 年至 2009 年,在做知名品牌的征途上,中国钟表行业第一阵营里的依波精品有限公司在国内建立了 32 个分公司、500 个销售网点和 900 个销售终端。

依波精品有限公司的能力是年产 60 万只手表。而公司的办公区加上生产区的面积约 3 000 平方米,1 000 名左右的员工中,80% 是营销人员,只有几十名工人组装手表。依波公司是如何向市场提供产品的呢?

深圳有雄厚的手表产业基础,数千家钟表制造企业,分工、配套细分化。这正好可以让依波专注于产品设计、质量保证、品牌营销的能力发展,零部件的采购可以定位于各种档次的供应商。这种经营模式被称之为“虚拟工厂”。

在信息时代背景下的中国工业化进程中，比亚迪和依波分别建立的、完全不同的组织模式启示了企业环境、组织的业务过程和管理系统的关联性。

本章的内容揭示了组织、管理活动和信息系统之间复杂的关系。本章的目的是向读者介绍组织和管理决策的性质。当以管理者的身份来观察、设计、建立和运行一个信息系统时，需要运用的组织知识和决策理论。首先，论述与信息系统有关的组织概念；然后将详细地、具体地研究信息系统对组织的作用，以及组织对信息系统的作用。本章指出改变组织的困难性及其原因，不论在组织变化中是否利用技术手段。此外还论述了关于决策过程的理论，以及理论对系统设计的意义。

2.1 组织的基本概念

信息系统能导致组织层级的减少而使组织"扁平化"吗；信息系统能让组织以更少量的中层管理人员和职员来运作吗；信息系统能减少案头书面工作吗；它能否"再造"组织使其变得精干、高效；组织能否利用信息技术把权力下放到基层员工手中，从而使众多员工的创造才能得以发挥？这些是当今诸多重要的管理问题中的一部分。

上述由当代信息系统引发的问题，即关于效率、创造性、组织的管理机构、就业和工作环境质量，是工业社会的老生常谈，是计算机诞生前就存在的管理话题。信息系统对效率和效用的贡献是不能被否认的。然而，社会和行为学者通过对组织的长期研究，认为除了个别情况外组织并未发生任何根本性转变，那么信息系统到底能为组织做些什么呢？只有借助组织理论才能从本质上做出解释。

2.1.1 组织的本质

近代的"组织科学"意味着研究组织的领域有多种研究方法。解决现实问题的办法可以来自于各种专业领域。下面我们从不同的角度介绍组织的概念。

组织的技术定义是指组织是一个稳定的、正规的社会结构，它从环境中汲取资源，然后对资源进行加工而产出产品。这一定义将组织作为一个技术系统看待，强调系统的3个环节的结构化特征：输入、系统的转换函数和输出(图 2-1)。资本和劳力是环境提供的基本生产要素；把资本和劳力转化为产品的过程是生产函数，组织(企业)把输入的资本

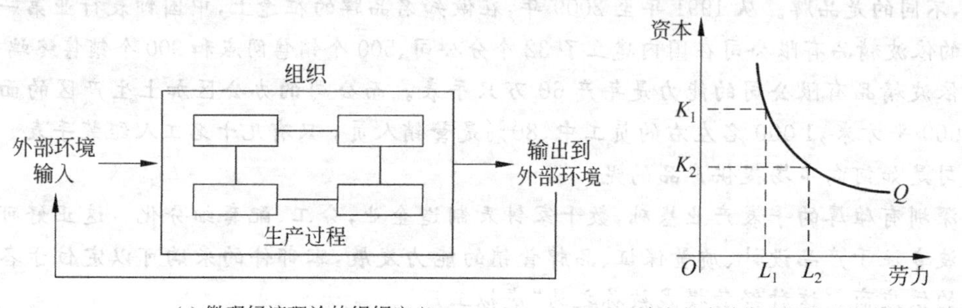

(a) 微观经济理论的组织定义 (b) 技术角度的微观经济理论的企业模型

图 2-1 组织的技术定义

和劳力在生产函数中转化为产品和服务；环境消费了产品和服务又向组织提供输入，同时也是反馈环节。图 2-1(a)是微观经济理论的组织定义；图 2-1(b)是微观经济理论的企业模型。此种定义是控制论、系统论思想在经济和管理领域的运用，它视组织为一种设定的模型——变换函数或处理过程。输出结果由客观环境的输入和变换函数决定。

从寿命和习惯来看，现代组织比非正式群体更稳定。说组织是正规的是因为它们是法人且必须遵守法律，组织具有内部的规章和办事程序。说组织是社会结构是因为它们是社会元素的集合，好像机器的结构是由阀门、凸轮、轴和其他零件的特定构成。

技术系统对组织的定义既简单又明确，但它的简单性忽略了组织的管理情景因素——主观因素，因而对我们所处的现实中的组织缺乏描述性和预测性。从社会系统角度看，组织或管理系统的接受和处理输入时，受到人的有限能力、价值观、知识结构的影响；系统的转换模型或组织决策目标是模糊的、可转移的；由于输入选择和转换模型都是情景因素的函数，因而组织的行为和决策的结果受人的主观因素左右。

更现实的行为学认为组织是权力、特权、义务和责任的集合，通过冲突和冲突的解决而在一段时期形成的微妙的平衡状态(图 2-2)。定义中列出的项目都是与人密不可分的，而且是人造的东西，也是任何信息系统的构成部分。

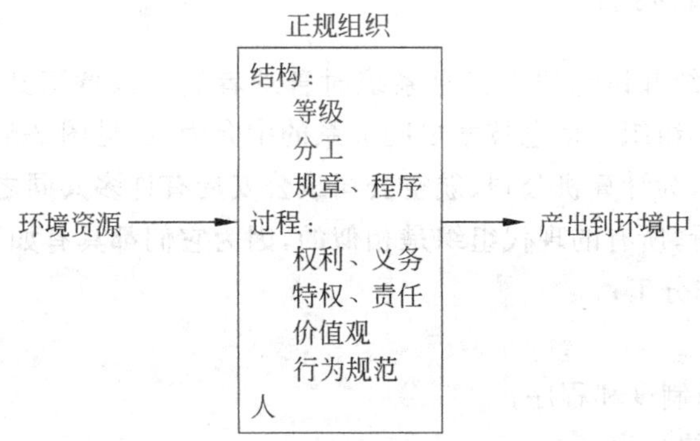

图 2-2　行为理论对组织的描述

根据行为学对组织的看法，可以认为在组织中工作的人们建立了习惯性工作方式，他们依附于现有的关系，并同下属和上司商定和安排如何工作、做多少工作、工作条件是什么。大多数这些安排和感受在正式书面规定中是找不到的。

上述关于组织的定义和信息系统技术又有什么关系呢？微观经济学的技术角度对组织的见解促使我们认识到，引进新技术会改变输入与输出之间的结合方式或处理过程，就像改变发动机上的火花塞一样。通过资本和劳力之间简单的量的改变或替换，企业被看做总是可塑的，新技术可以不受限制地被应用。关于组织的经典理论，没有对许多重要的组织行为做出解释。

然而，更为现实的行为学组织定义认为，建立新信息系统或改建旧系统绝不是对机器或工人的技术性再安排。技术变化需要在信息的所有和控制权、谁有权使用和修改信息、谁做决策等方面做出相应改变。例如，加拿大的泛加(Pan Canadian)石油公司的信息系统使地质专家和工程师能在野外决定钻井位置，前提是组织体制赋予了他们现场决策权，从而能在勘探现场利用公司信息系统提供的信息进行钻井选址，而不是像以往由公司总部进行决策。新的信息系统会打破组织原有的平衡，会产生新的冲突和组织阻力，管理者要主动地管理组织的动态平衡过程。行为学理论的观点促使我们关注工作本身和关注为了结果而采用的过程。

技术系统方法分析的是现实世界对象的模型，社会系统方法描述的是现实世界本身。技术系统方法将现实问题抽象成形式化模型，而社会系统方法要感知构成问题的细节内容。这就是管理科学与行为学科之间的知识差异。技术学派和行为学派对组织的定义不是矛盾的。这些定义实际上是互相补充的：微观经济学的定义告诉我们竞争的市场中众多的公司是如何将资本、劳力以及信息技术结合在一起，而行为学模型让我们深入到个别的公司中去审视特定的公司实际上是如何使用资本和劳力去提供产品。在第 2.2.2 节中论述了基于上述组织定义的理论来解释信息系统和组织的关系。

信息系统可以显著地改变组织中的生活。有些信息系统改变了长期以来在权力、特权、义务、责任和情感之间建立的均衡状态。这意味着管理人员不了解组织，就不能设计新系统和了解现行系统。只盯着组织结构图的信息系统分析和设计人员，在设计中会疏漏适合组织的、信息系统所必需的重要因素，如组织文化和组织权力。

2.1.2 组织的特征

本节中，我们介绍和讨论建立信息系统时管理者们应该意识到的组织的主要特征。这些组织特征是影响组织与信息技术之间关系的中介因素(见图 2-5)。

也许有人不会认为计算机公司、航空公司或公安局有许多共同之处，但它们的确是如此。从某些方面来看，所有的现代组织是相似的，因为它们都具有如下特点：

(1) 明确的工作分工；

(2) 等级制度；

(3) 公开的规章制度和程序；

(4) 公正、客观的行为；

(5) 职位技术资格；

(6) 书面记录；

(7) 组织的最高效率。

德国社会学家马克斯·韦伯早在 1911 年描述了组织的这些“理想而典型”特点。他把组织称为具备某种结构化特征的层峰体制。当今的一切大型组织仍体现了韦伯所指出的现代组织特征：具有职权等级、专业化分工、规范化、集中化。韦伯的“组织原理”与泰勒的“科学管理”是异曲同工的。

根据韦伯的理论，理想的层峰体制具有明确的工作分工，责权分明。组织根据专长与技能雇用和培训员工，员工的雇用和提升是根据其技术能力和职业素质(不靠个人关系)。组织把专业人员安置在权力等级中，在等级制中每个岗位都有上级，权力只限于特定的职务活动。权力和活动受到抽象的规则和程序(标准工作程序)的指导和约束，规则和程序在特定的情况下有相应的解释和应用。这些规则造就了公正、通用的决策体制。每个人受到平等对待。组织保存关于决策、业务活动和规章的文件。组织本身遵从效率原则，用有限的输入产生最大的输出。

另外，层峰体制是有优势的，因为它是最有效率的、理性的组织模式。它比多变的、具有感召力的帮会组织或正规的世袭体制要稳定和强大得多。其他学者又补充了组织的另外一些特征。一切组织都要具有组织政治和组织文化。

1. 标准工作程序

所有的组织在其生存期间都要在稳定的状态下生产产品或提供服务。组织在相当长的一段时间里，用标准化的例行活动来生产有限的产品和服务，生存下来的组织变得富有效率。在一定期间内，员工们创建了一套较为详尽的规章制度、工作步骤和方法，以应付一切预期的情况。标准工作程序是执行任务的正式规则，是经过长时期建立起来的。标准工作程序是非人治的管理控制制度，它指导组织的业务活动以可预见的、惯例的方式进行，从填写发票到回复顾客的抱怨。大多数规则和工作方法被明文定为正式工作程序，其他许多则作为经验之谈而用在不同的场合。标准工作程序的文本化程度高意味着管理控制的正式化程度高。

相比计算机技术的作用，提高现代组织效率的关键与标准工作程序有很大关系。以一辆轿车的组装为例，为产出一个成品，必须精确地计划和执行大量的工艺动作和过程。试想一下，假若工人总要决定如何装配每辆车，或者管理者总要决定如何制造每天的产品，那么效率将大幅下降。幸好，实际上管理者和工人建立了一套复杂的标准化工作程序来应付大多数情况。企业的许多标准工作程序与信息系统合为一体，如怎样支付供货商或怎样改正有错的账单。

对标准工作程序的任何改变都需要组织付出巨大的努力。若这样做，组织也许要停下整个生产过程，或者建立一个新的昂贵的并行系统。在废弃旧的标准工作程序之前，新系统必须经过严格、充分地试验和检测。例如，美、日的汽车制造厂商都有自己的标准工作程序。在学习日本企业的制造模式时，改变标准工作程序的困难性就成为美国底特律汽车制造商迟迟不愿采用日本式大规模生产方法的一个原因。美国汽车生产厂长期遵从着福特的大规模生产模式。福特认为制造汽车最便宜的方法是让工人重复地执行简单的任务来生产大批量的汽车。与之相反，日本汽车制造厂一直强调“精益制造”方法，即每个工人负有多种任务的责任，他们被鼓励去发现生产中每个异常事件，如果需要的话，还有权停止生产来纠正错误，从而以较少的工人、较少的库存、资金及错误进行汽车生产。

2. 组织文化

不管企业的正式组织结构怎样，其制定决策的方式都依赖于它的企业文化。因而，研究决策过程就必须理解企业文化的作用方式，文化倡导什么及排斥什么。理想的情况是，一个组织的文化应对应声明企业理念和精神的宣言。然而组织文化同宣言书表达的思想不一致，那是不足为奇的。对一个组织文化的透彻理解要靠仔细体验管理层的习惯和日常行为。

在西方管理界里，组织文化和企业文化是同义的。关于什么是组织文化(企业文化)，理论界和实际中有多种说法。纽约大学劳顿(Kenneth Laudon)教授这样说，一切组织都具有最基本的、无须非议和争辩(在内部成员间)的假设——组织创立和发展假设，该假设定义了组织的目标和产品。组织文化就是关于组织应该生产什么、如何生产、在哪里生产、为谁生产的一组基本假设。假设可被理解为组织存在的基本前提和理由，是关于组织自身的目的。该定义侧重组织文化的成因。这些基本假设是制定企业战略的基本前提。组织文化形成于对组织的特定运作环境的反应和对组织内员工的需要的响应。图 2-3 描绘了组织文化的形成过程。斯隆管理学院的艾德·希恩(Schein)教授认为，企业文化是一组得到良好贯彻、相当有效的基本假设；此种文化由三个层次构成：行为习惯、价值观和基本假设。行为习惯是文化的外显部分，价值观是外部形态的内涵；文化的本质是基本假设层面，行为和价值观都是在此基础上产生的。例如，商业银行有一种基本假设，即以高度安全为前提、尽可能高地为客户和银行的资产取得收益，所以小企业历来是难以从商业银行得到贷款。

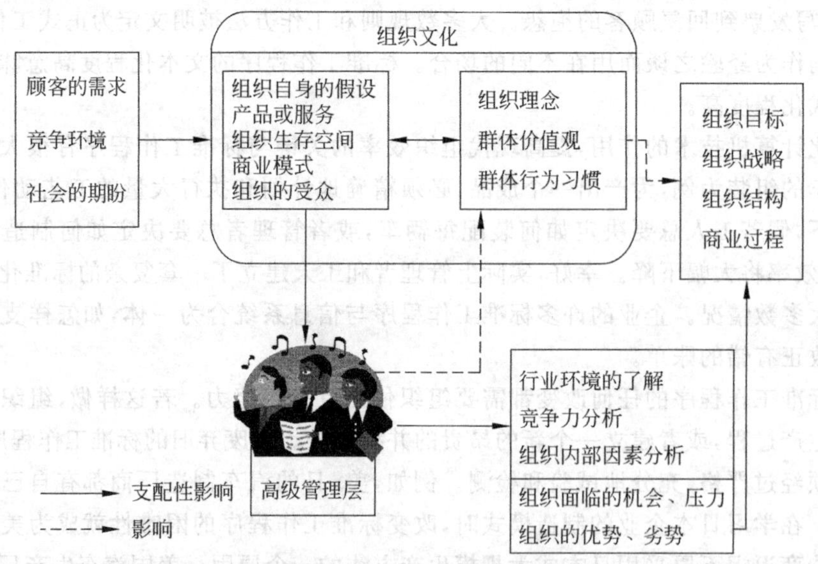

图 2-3 影响组织文化的因素

谙熟组织文化含义的企业家和优秀管理者之一的是海尔集团首席执行官张瑞敏先生。例如，青岛海尔电冰箱股份有限公司发展初期的环境是，内需市场缺少由本土设计制造的、品质好、多样化的家电产品。为了让青岛海尔的产品品牌影响力接近当时的进口产品的品牌影响力，先难后易是公司的产品和市场战略。它规定了公司要将产品先定位到那些要求非常苛刻的发达国家和地区，然后再以高屋建瓴之势进入发展中国家和本土市场。海尔企业文化还确定了被称为 3 个 1/3 的全球化战略：在国内生产国内销售 1/3，在国内生产国外销售 1/3，在境外建厂 1/3。这是特定行业里组织的关于客户、竞争者和社会的假设。正是这种文化和意识使海尔在东南亚金融危机中有效地规避了风险。其他组织文化的内在特征，如技术、价值观、行为准则、宣言等遵循着这些前提，或者说它们是组织文化的体现方式，在海尔企业文化小册子里可见一斑。

可以通过观察你所在的大学校园来看看组织文化。通常，大学的基本假设是教授比学生懂得多，学生入大学的原因是学习，大学的主要目的是创建新知识和向学生传播知识，课程按照课程表开设，图书馆是以书和期刊的形式储藏知识的。这些文化假设有时是正确的。一般来说，这些文化假设完全被视为理所当然的并很少对公共发表或宣布。组织文化是无人怀疑的假设(Schein，1985)。在校园中可以感受到一种共享的标准和传统：教师是人类灵魂的工程师，教师的主要任务就是教书、育人，学生的任务自然是学好学校规定的科目。在组织内若有智者对此反思，定会有人大惑不解。国际校长论坛上，由于发言者代表着处于不同环境中的组织，其阐述的基本假设是不同的，即不同的办学方针、目标。美国斯坦福大学校长盖哈德·卡斯帕尔曾为斯坦福提出这样的基本假设，斯坦福的成功在于建立了"研究密集型大学"，"当我使用'研究密集型大学'一词时，我指的是一种具有特殊意义的学校，是一种符合三项条件的机构。这三项条件是：精选学生、主要致力于探索知识、富于批评性的追根究底的精神……我所说的这种大学不只是一种研究机构，而是把研究作为大学的传统的教与学的功能中的一个部分"。耶鲁大学的校长理查德·莱文曾说过，耶鲁不搞海外分校，是因为包含了太多的知识、文化特色，耶鲁校园环境、文化和学术精神都是不可触摸的，是不可复制的。耶鲁的基本假设是追求出色的大学本科素质教育，发掘学生们的领导才能。大学不是一种简单的服务模式，你不能告诉一名学者如何表现得像一名耶鲁的教授。

维持组织文化的因素有四个方面：①文化的继承、连续性。一般来说，人们做事情是按以往一贯的做事方法来做，经验一直在强化组织中的价值观，人们不愿意变化的倾向也帮助维持了现状。员工对组织历史的了解意味着文化的建立。②组织的求生本能。当组织的环境变化时，组织必须改变其文化。问题是能否及时改变而求得生存。③组织成员的顺从性。组织愿意吸纳、保留、提升与目前群体基本类似的人——"合适的人"。这样的选人标准保证不会有对习惯和价值观的潜在挑战。④行为的强化性。对新成员进行教导，并用激励、考评、提拔制度强化组织文化。

组织文化具有凝聚作用、导向作用、激励作用。作为团结力的组织文化能抑制政治冲突，倡导共同信念，促进遵守规矩和风气。如果人们信奉同样的文化前提，那么在其他问题上较为容易达成共识。同时组织文化对于变化是一种强大的制约力，特别是对技术的变化。任何威胁众人信奉的文化前提的技术变化将会遇到巨大的阻力。美国汽车制造厂商迟迟不愿转向"精益生产"方法的一个原因是其根深蒂固的文化——对行业环境理解所做出的基本假设，和隶属于文化的价值观，即管理层是至高无上的、具有绝对权威的，他们不需要听取工人的观点。美国公司若要改变标准工作程序，则必须找出让工人参与改进公司的方式。这对美国汽车业历来不是件易事，因为美国汽车公司传统上是等级和权威至上的。一般可以认为，组织文化比信息技术强大得多。因此大多数组织尽一切可能避免改变基本前提，新的技术最初总是以支持现行文化的方式而被采用。

企业应该意识到，如不改变企业文化，仅仅改变组织结构并不会使决策制定的过程发生变化。例如，采用新技术的可行方法要直接与现存的组织文化相抵触，在这种情况下，技术常常被束之高阁，或被推迟采用以等待文化慢慢地调整。组织变化所需要的时间比技术变化所需要的时间长得多。平均来说，要花5～7年使某个行业的"优秀做法"变为家常便饭。这个统计源于工业化国家机床行业的研究，是否适用于基于计算机技术的其他行业？难道信息系统领域同其他形式的技术确有不同之处？技术可能是确有不同，但是基于信息技术的新工作方式不是容易"安装"和"调试"成功的。

不同组织的文化不一样,同一组织中不同部门的传统习惯也不一样。组织文化反映了该组织的创立者和后继领导的主导思想。计算机信息系统的设计经常反映设计者的文化,其观念和习惯不一定符合用户的文化。

3. 组织政治

在组织内,人们被分配到不同的岗位上。因为这些人有不同的专业,关心不同的事情,所以他们自然对组织中资源的分配、奖惩的看法、见解和观点不相同。这些差异对组织中的成员有重大关系,不论是管理者还是普通员工,由于这些不同之处,在每个组织内部都存在政治斗争、竞争和冲突。当一些人或利益团体试图起领导作用,或者企图占有优势时,就有可能产生政治斗争。有时候,群体之间竞争导致严重的冲突,在这种情形下组织政治便成了组织生活的主要内容。

人们利用政治获取工作中一切值得得到的东西:工薪、地位、工作条件、尊敬、特权、职业生涯。因为事关切身利益,参与者认真对待政治游戏。简要地说,什么是组织政治呢?如著名的政治科学家拉塞尔(Harlod Lasswell)把政治描述为在某时机、某场合,某人实现企图。这个既通俗又简单的定义指出,政治是解决稀缺资源分配的一种机制。从另一个角度我们还可以说,组织政治是个人或群体为获得、维护或扩大自身利益在组织中道德地运用权力。组织中很少有把有限资源平均分配的情形。那些掌握较多资源的下属单位或个人,往往是政治游戏的胜者。有时候资源的分配并不是符合组织战略的。关于组织政治有几点要说明:第一,组织政治的行为要克服反对派,没有对立,也就不需要政治活动;第二,对组织来说,政治活动不一定对组织全局利益有副作用,代表部门利益的政治行动可以维护组织的利益;第三,组织政治如同权力,本质并不坏。组织的生存常常取决于一个部门或多个部门能否共同成功地挑战落后的传统政策或目标。所以理解组织政治和权力对管理者是基本的要求。使组织变化的最大困难之一,特别是与信息系统开发有关的,是政治阻力。任何重大的组织变化看来都会招致政治阻力。所谓"重大"变化就是该变化直接影响到某时某地某人以某种方式对他人所为。实际上,导致目标、工作程序、生产效率和人事发生显著变化的所有信息系统都是被渲染了政治色彩的。作为一个管理者,在组织内回避政治的想法是天真的。

4. 不同类型的组织结构

组织结构是影响管理决策的一个重要因素。管理决策过程受决策链和信息链长短的影响。

组织之间差别的重要表现之一是它们的结构与形态。不同的结构反映决策权威的集中或分散程度、管理幅度、组织的复杂程度(组织的差别、组织的细分程度、地域分布等)。组织结构的差别可以从多个角度去看。明茨伯格的分类法是基于组织结构的(图 2-4),该方法举出了5种组织的基本结构:

(1) 创业型结构。具有简单结构的组织,往往是创立不久的小型公司,处于快速变化的环境,由一个老板(业主)主宰和一个管理者管理。信息系统是未经规划的,滞后于快速的业务拓展。

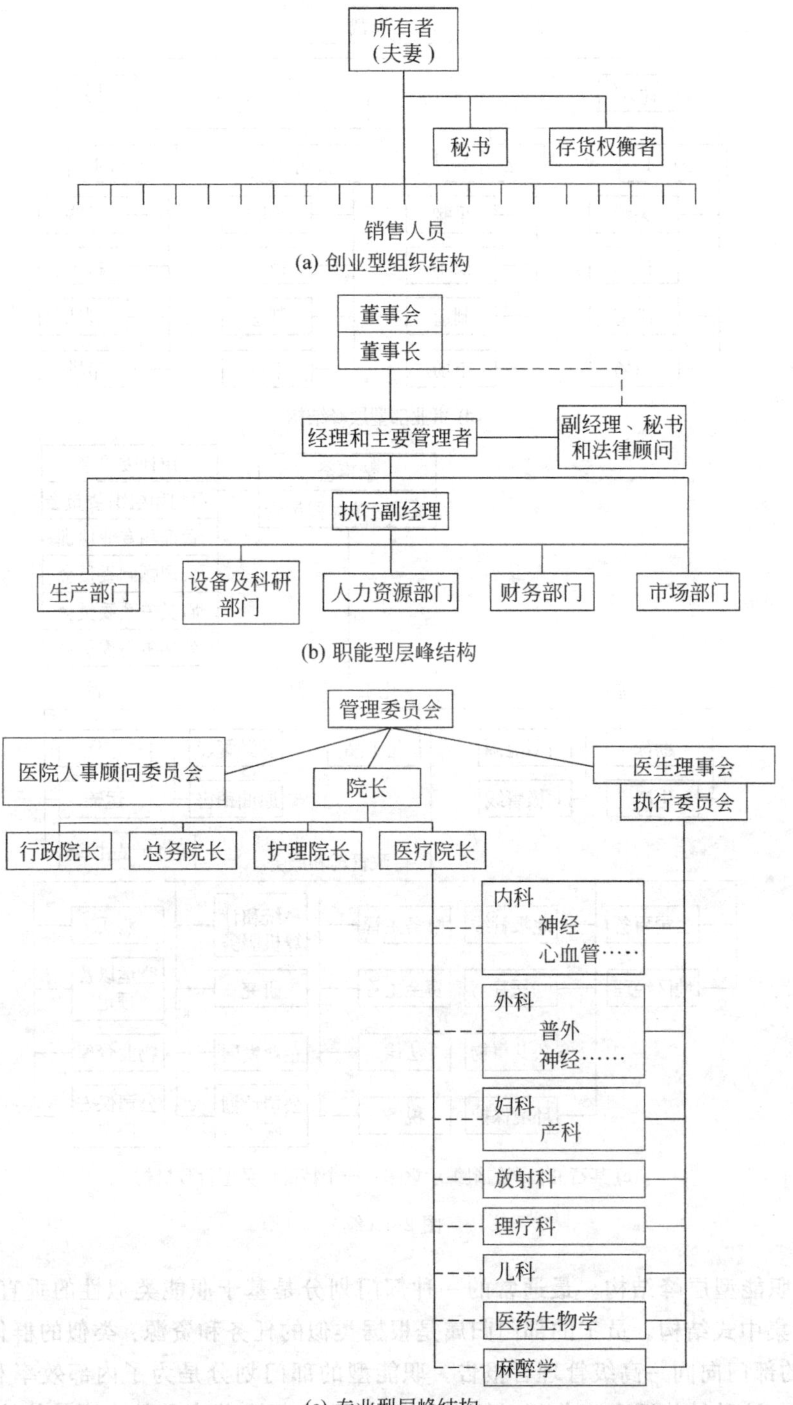

所有者
（夫妻）
秘书
存货权衡者
销售人员
(a) 创业型组织结构
董事会
董事长
经理和主要管理者
副经理、秘书
和法律顾问
执行副经理
生产部门
设备及科研
部门
人力资源部门
财务部门
市场部门
(b) 职能型层峰结构
管理委员会
医院人事顾问委员会
院长
医生理事会
执行委员会
行政院长
总务院长
护理院长
医疗院长
内科
神经
心血管……
外科
普外
神经……
妇科
产科
放射科
理疗科
儿科
医药生物学
麻醉学
(c) 专业型层峰结构

图 2-4　不同的组织结构

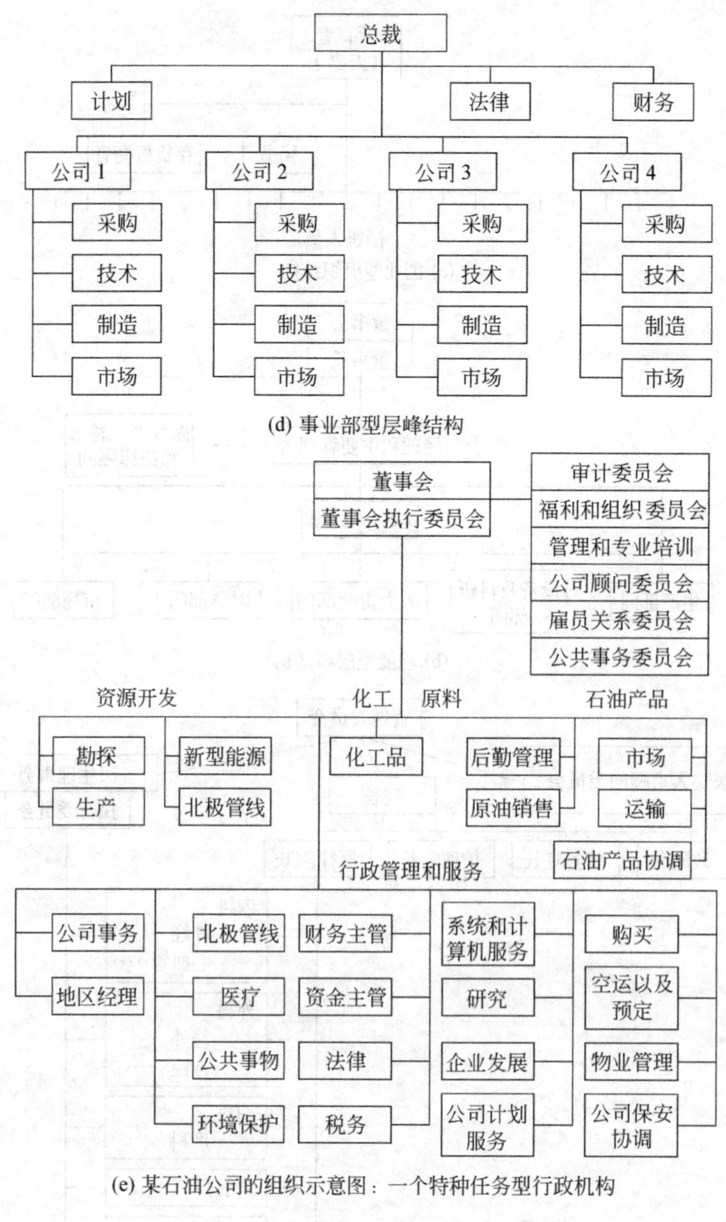

(d) 事业部型层峰结构

(e) 某石油公司的组织示意图：一个特种任务型行政机构

图 2-4（续）

（2）职能型层峰结构。最通常的一种部门划分是基于职能类似性的垂直权力链，有时也称为集中式结构。员工的部门归属是根据类似的任务和资源：类似的群体在同一部门，类似的部门向同一高级管理者报告。职能型的部门划分是为了内部效率和资源利用的经济性。这种结构适合变化相对缓慢的环境，生产标准化产品的中型的传统层峰体制。由资深的战略管理层控制组织，并集中信息流和决策权力。该结构一般由若干职能部门构成，比如，制造部、财务部、市场部、人力资源部。信息系统通常是正式的，以面向事务处理的系统应用为主。信息系统经过周密规划，但通常只用于会计、财务、简单的计划和行政管理。

(3) 专业型层峰结构。这类结构的典型如律师事务所、学校、会计事务所、医院和其他基于知识的组织。这种组织依赖于知识和专业人员的技能。专业型层峰体制适合于相对缓慢变化的环境和技能。这种结构受部门领导左右，集权程度较弱。组织内的成员拥有足够的信息和权力来创造产品和服务。这种组织具有最基本的集中式信息系统。用于专业服务的收费和会计等工作，而且常设立复杂的知识工作支持系统为专业人员所用。知识工作系统将在第13章详细论述。

(4) 事业部型层峰结构。这种类型有时被称为分权化结构。在该结构下，为生产特定产品或服务所需要的关键职能都归属于一个有高度自主权的部门，其余职能集中在总部。这类结构在财富杂志(Fortune)的500强企业中最为常见，是多个职能型层峰体制(有自主经营权)的组合，这种结构依赖于集权和分权的平衡艺术。这种结构适合于相对缓慢变化的环境和标准化产品，但由于组织是按照某种原则划分成多个事业部，组织一般是在多个不同的环境中运作的(每个事业部或工厂处于一种环境)。这类组织中的信息系统常常是全面又复杂的，一方面要能够支持总部的财务计划和报告要求，另一方面要支持事业部的运作要求。在总部信息系统部门和事业部的信息系统部门之间有许多摩擦和冲突是不足为怪的(总部方面以效率和成本控制为名要扩张势力范围，事业部方面以对经营提供更有效服务为名想扩张势力范围)。目前看来，事业部信息系统部门的作用更为显著，而总部的信息系统部门开始萎缩。

(5) 特种任务型结构。这种“任务小组”型(也称为项目型)的组织一般见于研究机构、航天公司、医药、生物医药、电子和其他高技术公司，这一类公司或者必须对环境和市场做出快速反应，或者是从政府那里得到收入。这类组织比职能型层峰结构更能创新，比专业型层峰体制更为灵活，并且比简单的创业型结构更具有持久、有效的动力。这种结构的特点是基于项目设置部门，由很多专家组成短期、多学科的任务小组，致力于新型产品；该结构具有中央管理层，尽管管理层对其员工的技术性工作不甚了解，但应能够管理来自环境的资金流动和对环境供应的产品。任务小组中的信息系统极为先进，小组中的专家们建立了他们的专业性系统，相比之下中央层的信息系统较为逊色。

5. 组织间的差异

有许许多多的原因使组织各不相同，组织的规模就会影响组织的结构。绝大多数人都没有意识到正式组织的脆弱和短寿。1918年财富杂志中的500强企业只有不到10%能存活50年以上，当时成立的美国联邦政府组织至今还存在的不到4%；美国50%的新建私人组织在5年之间经营失败。大型企业能够延缓衰败，用当今中国国企改革中常说的一句话来形容，即“瘦死的骆驼比马大”。

组织间的不同还体现在其最终目标和为达到该目标的动力。有些组织的目标是强制型的，如监狱；有些是功利型的，如企业；还有的是典范型目标，如学校、宗教团体。组织动力和激励类型也随组织不同而不同，组织则体现为不同整体形态：强制型组织等级森严，而典范型组织则等级相对少些。

组织为不同的群体服务或者有不同的社会人群。有的组织主要让其成员受益，有些让其客户和股东，或利益攸关者受益。组织的社会角色和功能是不相同的，有些组织主要对政治感兴趣，力图改变社会中利益的分配；而有些组织主要扮演经济角色（试图优化资源的利用）；有些组织出任多种角色，把多种团体纳入一个共同的企业中，诸如此类的例子有致力于控制疾病的医院和寻求公正的法院，还有其他组织，如大、中、小学校和教堂，是用于维护重要的社会价值（典范角色）。一般来说，组织服务的人群面越广，组织的等级程度就越低。

很明显，各个组织的领导性质有很大差别，即便是对于追求同一类目标的类似组织而言。主要的领导风格有民主型、集权型（甚至是专制的）、联络协调型（无领导的）、技术至尊型（遵守技术标准、正式模型）或行政至尊型（严格遵守正式规章）。可能是由于机遇和历史，这些领导类型有可能出现在任何类型的组织里。

造成组织差别的还有另外一个方面，即组织执行的任务和所采用的技术。在某些情况下，组织采用可提炼为定式的常规任务，即任务可被提炼为正式程序，不需要主观判断（如记录库存）。以执行常规任务为主的组织常与职能型层峰体制相似，它们是等级制的，做事按照标准工作程序，强调职能效率。在另外一些情况下，组织执行非常规的任务，需要高度主观判断技能（如为其他公司做战略规划的咨询公司）。

组织处于不同的环境，环境对组织结构施以强大的影响。一般说来，变化迅速的环境中的组织类似于项目型结构，它们的层级较少，很多权力下放给底层。稳定环境中的组织倾向于建立职能型层峰体制。

组织失败的主要原因是不能适应快速的环境变迁。组织中标准工作程序的惯性、潜在变化所引起的政治冲突、对崇尚的文化价值的威胁抑制了组织为适应环境变化而应做出的显著改变。因此，通常需要外部力量（兼并、收购或控股）挽救失败的组织或对它进行重新构造。从组织学观点看，技术是一个主要的环境因素，它始终威胁着现实。在技术发展的历程中，有时会出现急剧的技术变化，以至于形成"技术跳空缺口"，即在行业的习惯上出现断点，它既能增强又能破坏行业中公司的实力。当"技术跳空"发生时，大多数组织不能够适应，于是消亡了，倒出资源给新的、年轻的组织。快速变化的技术，如信息技术，对组织施以特殊的威胁。以曾是领先的小型计算机和文字处理系统制造商的王安计算机（Wang Laboratories）为例，20 世纪 70 年代到 80 年代初它是办公类计算机行业的老大，然而强大的桌面微型计算机系统削弱了对小型计算机的需求，由于王安公司未能认识新技术趋势，而濒临破产。

总而言之，组织的基本特征和特征表现差异对组织中能如何使用和将如何使用信息技术具有极大的影响力。由于组织的千差万别，做这样的结论也许是错误的：信息系统对一切组织具有确定的某种作用。有众多的非技术因素起着作用，在建立或提出新信息系统方案时，明智的管理者们将会尽量把这些因素考虑在内。下面将进一步讨论此问题。

2.2 组织与信息系统的关系

要精确地指出计算机对组织的作用是一件十分困难的事情，这要取决于所分析的组织类型、环境、管理和与其相伴随的生产技术。绝不能够认为信息技术将对一切组织产生同样的作用。

对研究人员和管理人员来说，用海洋中船舶与冰山相撞的现象来比喻“计算机对组织的作用”是相当恰当的，但实际的作用过程是甚为复杂的。图2-5中的组织符号代表整体组织的概念，另外列出了许多起中介作用的管理情景因素，它们影响着信息技术与组织之间的相互作用。这些中介因素包括组织所处的环境、组织文化、组织结构、组织的标准业务过程、组织政治、管理决策及机遇。总而言之，由管理人员来决定将研制什么系统，决定系统将做什么用，决定如何实施系统等。在很大程度上，管理人员和组织选择他们所需要的“计算机作用”(或者说，他们至少接受其应有的作用)。有时候，组织中计算机应用的结果纯粹是碰“运气”，可能是好结果，可能是坏结果。所谓运气就是诸多因素共同作用的结果。

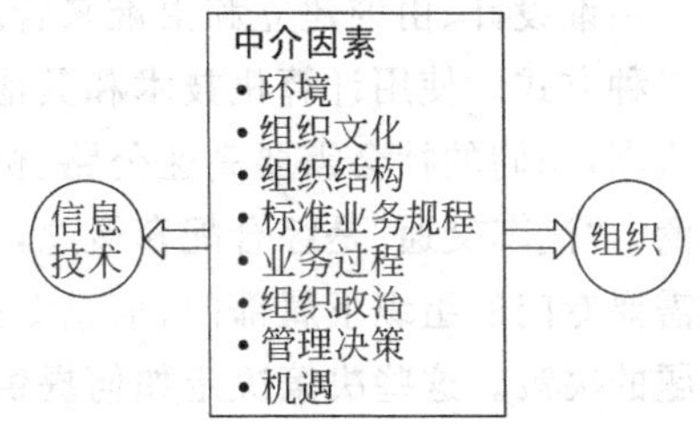

图2-5　组织与信息技术的双向互动关系

因为存在着不同类型的组织，所以我们可以推断信息技术对不同的组织将起不同的作用。不存在所谓计算机作用。因此不能下这样的结论：计算机能使一切组织结构层级“扁平化”，而应当认为，同一种技术对处于不同情况中不同的组织的影响是不同的。至此可对组织与信息系统的双向关系做仔细探讨。以下首先说明组织如何影响技术和系统。

2.2.1　组织怎样影响信息系统

组织通过管理人员的决策来影响信息系统。管理者决定关于系统设计的目标，他们也使用信息技术。管理者们决定谁来建立和操作系统，来决定是否建立信息系统。在研究组织对系统的影响时，有四个重要的问题需要考虑：

(1) 组织实际上怎样使用信息系统？

(2) 信息系统在组织中的作用发生了怎样的变化(如何改变的)？

(3) 谁操作信息系统？

(4) 当初组织为什么要采用信息系统？

在本小节中，我们将对这些问题给予讨论。

1. 组织决定信息系统用途

在第1章中已经讨论了信息系统在组织中更为广泛的用途。其实这是组织对信息技术应用产生直接影响，组织决定在组织中如何使用技术和让技术起何种作用。管理者的意图是多样的。信息技术可以作为收集和处理数据的工具角色，可以作为联系不同职能和业务活动的方法角色，可以作为当前业务自动化的技术角色，还可以作为新经营模式的实现途径角色。利用关系数据库，能使目前销售状况、市场行情、生产作业及财务状况以数据结构的形式联系起来。实际上反映了基于工业化职能组织的数据利用。同样的关系数据库技术也能实现面向客户的、基于业务流的信息服务。信息系统是一种高度有效地收集和处理数据的手段，而不是目的。数据转变为信息的关键是组织拥有能提出恰当问题的员工和应用系统。在问题提出之前，数据仍然是数据，信息才是答案。

2. 组织决定谁提供信息技术服务

由谁设计、由谁建立和由谁来管理和操作组织中的信息技术是组织影响信息技术的第二种方式。使用计算机技术和其他技术是类似的,如汽车技术。打个比方,人们为了使用汽车,我们的社会需要高速公路、机械师、加油站、发动机设计师、交通警和零部件制造厂商。"汽车交通"是综合配套概念,由服务、组织和人员构成技术应用。类似地,信息系统需要专门的组织下属部门、信息专家和其他支持群体。管理者们制定关于计算机配套问题的决策。这些决策决定如何提供技术、由谁提供技术、何时提供技术。

计算机配套问题由三个主体构成,第一个是正式的组织机构设置,第二个是信息系统专家,第三个是信息技术本身。

在计算机应用的早期,当时信息系统的作用还是有限的,信息系统部门的人员构成主要是程序员,他们是训练有素的、为计算机书写软件指令的技术专家。今天在大多数信息系统部门里,其成员中增加了系统分析员,系统分析员是信息系统部门与其他部门之间的主要联络员。系统分析员的工作是把企业问题和要求转换为信息需求和系统。

信息系统由单独职能部门支持,他们确定信息技术的使用的方式。缺乏战略眼光会产生许多不同系统,结果常常使一家企业数度犯同样的错误。信息系统部门的规模和作用不是一定的,它取决于信息系统在组织中的角色和组织的规模。信息系统部门应该在组织中作为变革的强力催化剂,他们提出信息系统新战略、基于信息的新产品,并协调组织中既定的变化和技术发展。信息系统服务可以有企业内部提供也可以采用外包模式。

通常,信息系统管理者是信息系统部门中各种专家的领导。信息系统部门可能有若干个工作组或项目组。信息系统管理者领导这些任务组。在许多大型组织中,信息系统部门由信息主管(CIO)负责,CIO 就是组织中总体负责信息技术应用的高级管理者。任务组由程序员和分析员、项目经理、设备经理、通信经理、办公自动化负责人、计算机操作和数据录入管理者构成。

应用系统是为最终用户开发的。这些用户在信息系统设计和开发中正起着越来越重要的作用。

3. 关于为什么建立信息系统的决策

管理者们从组织和人员两方面权衡信息系统的建设。管理者可以选择让信息系统主要用于取得经济性,或者用于提供更优质的服务,或者提供更好的工作场所。计算机在组织中的作用部分地取决于管理者如何决策。

初看一下,要回答"组织为什么采用信息系统"这一问题似乎很简单。很明显,组织采用信息系统是为了提高效率,减少劳力,节省金钱。尽管从前这样回答一般是正确的,但它不再是唯一或主要的采用信息系统的原因。

系统建立自然要考虑效率,但系统的重要性主要是为了组织的生存。信息系统的关键性如同现代建筑物或公司总部这样的资产。与质量的改善一样,对决策(速度、精度、意义)的改善、为更高的客户期望值服务、协调组织内分散的群体、遵从政府的报表规定、对人事和费用更严格的控制已经成为建立信息系统的主要原因。

目前，一些组织已在寻求第1章所述的系统带来的竞争效果。因此，看似容易回答的问题——组织为什么采用信息系统，实际上是相当复杂的。有些组织只是因其比其他组织更有创新性而采用信息系统，这些组织的价值观提倡任何创新，而不管其对公司的直接效益。另有一种情形，信息系统的建立是由于组织中各类群体的志向和出于解决当前组织冲突的考虑。还有一种情形，组织周围环境的变化要求用信息系统做出相应措施，环境变化包括政府法规的变化、同行竞争者的行动以及成本。

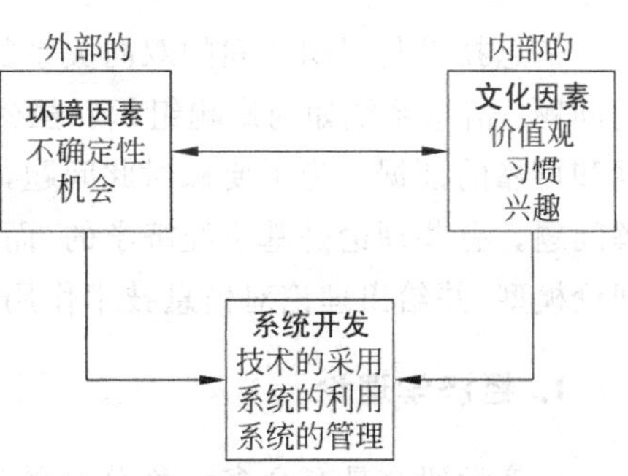

图 2-6　影响组织采用信息系统的因素

图 2-6 中表示开发系统这一过程的模型，模型中包含了除经济因素以外的其他因素。该模型将组织为什么采用系统的说明分成两个方面：外部环境因素和内部文化因素（Laudon，1985；King，1994）。

图 2-6 影响组织选择、开发、利用系统的环境因素是影响信息系统设计和使用的组织外部的因素。若干环境因素可以是上升的劳动成本或其他资源成本、其他组织的竞争行为、政府法规的变化，一般说来，它们可被认为是环境约束。同时环境也为组织提供机遇：新技术、新资本来源、新生产过程的开发、竞争对手的消亡或能够增加某产品需求的政府新计划。

文化因素是影响信息系统设计和使用的组织内部的因素。这类因素包括：价值观、行为准则和主要的兴趣，它们主宰对组织有战略意义的事情。例如，公司的高级管理层可以决定对库存过程采取更强有力的控制，因而决定开发库存信息系统。由此而导致的系统立项、开发和运作纯粹是内部文化的原因。

4. 组织特征对信息系统设计的影响

当今所有正式的大型组织仍然体现着韦伯提出的组织特征。这说明组织是本，信息系统是末。

组织结构相对于控制幅度较宽、层级较少的层峰体制，幅度较窄、层级较深的管理层更多地依赖于正式的管理控制，因而更多地要求正式的管理信息；突出职能化结构或专业化程度高的组织，信息系统的主要作用是满足职能的需求；信息系统体系反映组织结构类型，事业部型组织应有分布式体系，同时信息系统应辅助总部与事业部、事业部与事业部之间的协调活动，这需要某种程度的系统集成。

风格不同的领导类型对信息和信息系统的需求、控制和使用是不一样的。相对集权的领导，民主的领导更希望信息和信息系统能支持下级的决策，愿意使数据和计算能力贴近下属单位。

组织权力与政治组织权力和政治影响信息系统目标、资源分配、系统的使用和管理。不能指望开发一个对谁都有利的系统，但要事先估计到对谁不利。

组织文化的传统习惯影响信息需求和对新系统的接受。现行系统的运作是文化体现的一个方面。

生产技术商业过程依赖的技术复杂，则要求员工有较高的教育和培训水平。而人员结构和专业水平影响系统功能的设计和系统的使用效果。

2.2.2 信息系统如何影响组织

信息技术与组织之间的双向关系的一个方面在前面做了论述。现在来看看另一方面的问题：信息系统如何影响组织？虽然总体来说，在该领域中的理论远远多于可信的数据和可靠的证据。为了要探讨此问题，浏览和归纳一下长篇的理论和研究结论有助于理解问题。有些理论是基于经济学的，而有些是行为学方法的研究结果。下面简要地论述理论模型，并给出理论对信息技术作用的推断。

1. 经济学理论

经济学研究具有众多竞争公司的市场对稀缺资源的分配。微观经济学侧重公司个体，并提供能描述信息技术对组织的作用的若干模型。

1）微观经济理论

有关信息技术如何影响千千万万公司的最流行的理论是微观经济模型(图 2-7)。信息系统的技术被看做为一个生产要素，它可以自由地与资本和劳动力相互替换。当信息系统技术的成本降低时，则用它替代历来成本上升的劳动力。当信息系统技术改变生产函数时——通过技术使以往的人工活动自动化或者改进或者重新设计工作方式——整个生产函数向内平移。久而久之，对一定的输出所需的资本与劳动力逐渐减少。进一步地，公司扩张的函数曲线越来越多地依靠资本，而越来越少地依靠成本一直增长的劳动力(Pindyck and Rubinfield，1992)。因此，微观经济理论认为由于信息技术代替了中层管理者和职员的劳动，信息技术会导致组织的人数减少。

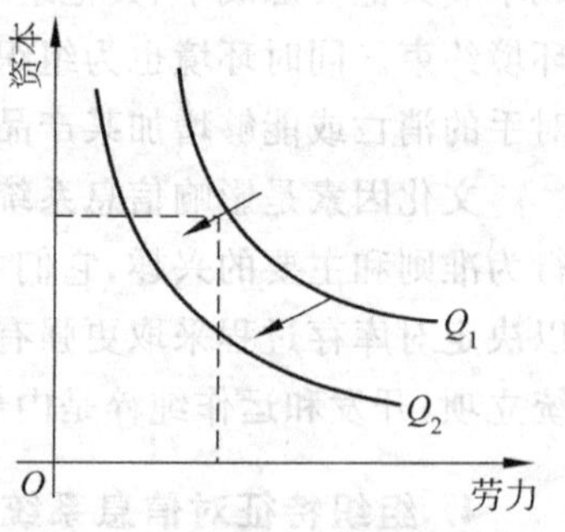

图 2-7 信息技术对组织之作用的微观经济理论

2）交易成本理论

交易成本理论基于如下观点，当公司在市场上购买其自身不生产的东西，成本就发生了，这类成本被称为交易成本。公司和个人追求交易成本的经济性(就像他们对待生产成本那样)。因为协调成本，如寻找异地供应商、通信、监督合同、购买保险、取得产品信息等，所使用的市场是昂贵的(Williamson，1985)。传统上公司通过规模扩张以减少交易成本：雇用更多的员工；纵向合并，从公司的供应商和经销商那里采购；进入新市场的横向发展，兼并小公司，甚至形成垄断。

信息技术可能会帮助公司降低市场参与成本(交易成本)，使公司直接与外部供应商签订合同而不用内部供货。即使公司要使收入增长，其规模(以雇员人数度量)也可能保持不变甚至缩减。

当交易成本减少时，公司规模(雇员数量)应该缩小，这是由于公司在市场上订购东西和服务变得容易和便宜，而不在其内部生产产品和服务(例如，20 世纪 90 年代末卡特彼勒有限公司的雇员比 1979 年少了 4 万名,而仍然产出与当时同样多的重型设备;通用电气公司把其员工从 20 世纪 80 年代初的 40 万名减为 23 万名,而收入增加了 150%)。若公司能在电子化市场与外部供应商和员工签订合同,有可能得到同样多的业务量和利润,谁还会雇用工作人员、扩张规模而受上涨的管理成本之苦呢?(见图 2-8)这类劳动力减员情况将可能特别对中层管理者和办公室职员有影响。

3) 代理理论

代理理论把公司视为谋求私利的人们之间形成的一些“合同关系”,而不是把公司当成一个利润最大化的实体(Jesen and Meckling,1976)。雇主(企业所有者)雇用代理人(雇员)作为其利益的代表来执行任务,并把一些决策权力授予代理人。然而,代理人需要被时时地监督和管理,因为不这样的话,代理人往往谋取个人利益而不是企业所有者的利益。这个因素产生了代理成本或管理成本。当公司发展到一定的规模和经营范围时,由于雇主要花费越来越多的精力去监督代理人、去获取信息、掌握库存量等,管理成本就升高了。雇主必须授予代理人更多的决策权,代理人也许会令人更不放心。

通过减少获取信息和分析信息的成本,信息技术使组织减少总的管理成本,使组织在增加收入的同时减少中层管理者和办公人员(图 2-9)。前面的章节中给出的一些例子表明信息技术让小型组织用很少的职员和管理者来协调订单处理、库存查询等活动,信息技术扩展了小型组织的威力和经营范围。在恰当的情况下,信息技术也能让大型组织具有小型组织的灵活性和敏捷性。机床的计算机控制和电子数据交换也赋予小型公司一些原为巨型制造厂商所专有的效率和素质。

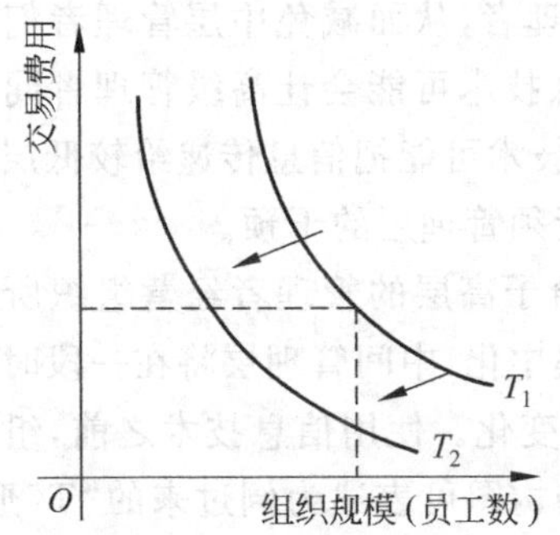

图 2-8 信息技术对组织影响的交易成本理论

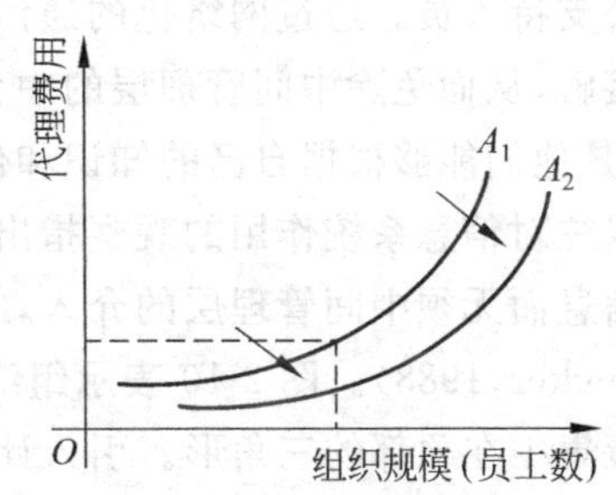

图 2-9 信息技术对组织影响的代理成本理论

2. 行为学理论

信息技术并没有把所有的大型组织都转化为小巧的制造厂商,也没有给予一切小型公司以巨人的威力。尽管经济学说力图说明市场中大量的公司是怎样运作的,大多数经济学家都承认经济学说对描述和预测现实中任一个公司的行为是力不从心的。在现实中,管理者们面对着独特的问题,如库存成本降至最低、遵守生产计划、制定产品品种组合、劳工管理、融资。经济学模型中涉及的组织变量较少,行为学模型中涉及的组织变量(组织特征)较多。总的来说,出自于社会学、心理学和政治科学的行为学说比经济学说更能描述和预测单个公司的行为。

尽管当高级管理层想改变组织时，信息系统可以用作达到此目的的工具，行为的研究没有发现证据证实信息系统能自动地转变组织。行为学研究人员观察到的是交织在一起的“双人芭蕾”关系，组织和信息技术在此关系上相互影响。因为信息系统是被用来倡导组织的价值观和利益的，所以信息系统深深地受组织的影响。

一些组织的变化结果看似是信息技术的作用，往往实际上是组织和系统设计者有意(无意)为之的反映。在关于组织的行为学模型里，信息系统的影响可不像经济学模型说的那样简单和直接。

1）决策和管理控制理论

根据决策和管理控制理论，组织的功能是在不确定和风险条件下，在有限理性的约束下做决策。该理论认为，即便管理者想要了解全部信息与方案，但管理者们从未有过完备的信息，管理者们从未能够检验所有的方案。组织是为了生存和减少不确定性而设置的一种决策结构。组织主要依赖于提供给决策者们的日常的信息流。因为处于管理层级制中较低层的人没有决策所需的信息，组织必须集中决策制定和建立决策者的层级结构。组织有必要用大量的中层管理人员收集信息、分析信息、并将信息传递给高层的管理者。反过来，高级管理者要求中层管理者执行政策，因为中层管理者直接和低层作业部门接触。低层的员工又依赖于高层决策者设计的标准工作程序。如果情况不适用于标准工作程序，那么高级管理者要做出决定。组织是一个金字塔形结构，在这个层峰里职位提升得越高，权力和责任就越大。

理论上，通过降低获取信息的成本和拓宽信息的分布，信息技术能够改变这一固定结构。信息技术可能把信息从作业层直接带给高级管理者，从而减免中层管理者们和他们的办公支持人员。通过网络化的通信和计算机，信息技术可能会让高级管理者同作业层直接接触，从而免除中间管理层的中介。或者，信息技术可能把信息传递给较低层的员工们，于是他们能够根据自己的知识和信息做决策而无须管理层的干预。

以往对信息系统作用的观察指出，因为计算机给予高层的管理者经营组织所需要的一切信息而无须中间管理层的介入，组织即将更加集中化，中间管理层将在一段时期内消失(Drucker，1988)。图 2-10 表示组织结构上的这一变化。使用信息技术之前，组织形态的决策集中在顶部的三角形。引入计算机后，组织结构图可表述为倒过来的“T”形，计算机化提供给中层管理者们更多的信息，增强了他们的能力使其能做出比以往更重要的决策，因而减少了对低层员工的大量需求。经过一段时期，产生菱形的组织结构。

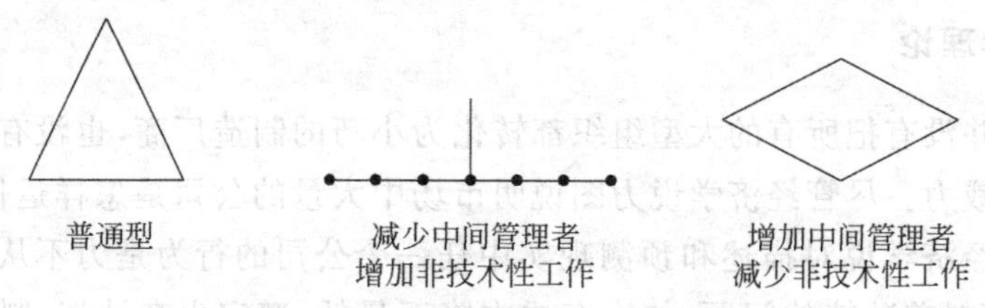

图 2-10 信息系统对组织结构的影响

2）社会学理论：专制与常规

社会学理论关注管理层峰体制和标准工作程序的发展过程，它们是组织用来应对不稳定环境的主要工具。组织将常规(标准工作程序)提升到具有极高的效率。不幸的是，成功的取得孕育着失败的种子。当组织周围的环境变化时，组织几乎不能够改变其常规。

社会学家的观点是，信息技术在转变组织的作用上不具有独立的力量。当信息技术帮助组织中各下属单位的管理者或部门的利益时，管理者们欢迎和接纳信息技术。管理者们总是在寻找更好的办法来实施现行的规章和标准工作程序。久而久之，信息技术本身又变成了另一套标准工作程序，改变它的难度同改变其他标准工作程序一样难。信息技术无助于公司的生存能力，在相当的一段时间内，大多数组织都失败了。变化的出现是因为对应于新技术有新的组织形成，新组织把新技术结合到它们的标准工作程序中。经过一段时间，这些新组织变老、变得官僚、变得易毁，最后寿终正寝。

社会学观点强调可以控制系统作用的人和组织的能力，强调组织内重要团体有意或无意地决定组织中将发生何种变化。组织采用技术是因为技术适合于组织中关键的下属单位、部门、管理者们的权益。组织能够决定分散权力还是集中权力。

近年来，许多组织把权威从总部中移出，缩减办公人事，把更多的权力交给分支机构的管理者们。但是也有许多组织仍旧特意地从下属经营部门中收集更多的信息，仍旧寻求建立大型的公司管理机构来做计划和经营控制。管理者们做这类决策的原则是维护他们自身的利益。

3）后工业理论：知识密集型组织结构和形态

后工业社会理论家们(常常是些社会学家和政治学家)认为，20 世纪 60 年代的某个时期，先进的工业化国家进入了新型的后工业经济和社会。在“后工业社会”中，服务业主导经济。服务业对知识工作者(科学家、工程师和一些管理者)和数据工作者(秘书、会计、销售人员)的重视胜过对服务的提供者(厨师、门厅侍从)。在后工业全球经济中，工业制造转移到低工资国家，而高技能、基于知识的工作在发达、高工资国家中如雨后春笋。

根据后工业理论，向后工业社会转变必然同时导致组织结构的变化：权威应更依靠知识和能力，而不再仅靠正式的地位；由于专业工作者经常能自我管理，组织形态应该平坦；由于知识和信息普及深入，决策应更加分散(Drucker，1988)。

选择“任务小组”型组织的背后是不可避免的受信息技术的影响。在组织内，若干专业小组于一定时间内聚集在一起(可能是面对面，也可能用电子手段)来完成某项任务(如设计汽车)；一旦任务完成，他们又参加到其他任务小组中。因为专业人员用和全球联网的便携计算机来维持其可移动的办公室，办公室的工作人员减少了。可以想象公司以“虚拟组织”方式经营，在这种情形下，工作不再与地理位置有关，因为知识和信息可以在任何需要它的时刻发出，到达任何需要它的地方。组织应该更像明茨伯格描述的项目型组织结构[图 2-4(e)]。

最近有关信息技术和组织变化的研讨扩充了后工业理论。新内容是，组织变为“平坦”和“横向”不仅是靠削减中层管理者，还靠按业务过程对组织重组来代替传统的职能部门。图 2-11 表示传统的垂直型组织和被推崇的业务流程型组织之间的差别，前者按职能机构安排管理人员，后者按业务过程安排管理人员。

业务过程是为了取得规定的结果而执行的逻辑上相关的任务序列。过程的例子可以是：把想法变成可制造的样品的新产品开发过程；或是订货处理过程，该过程以收到订单

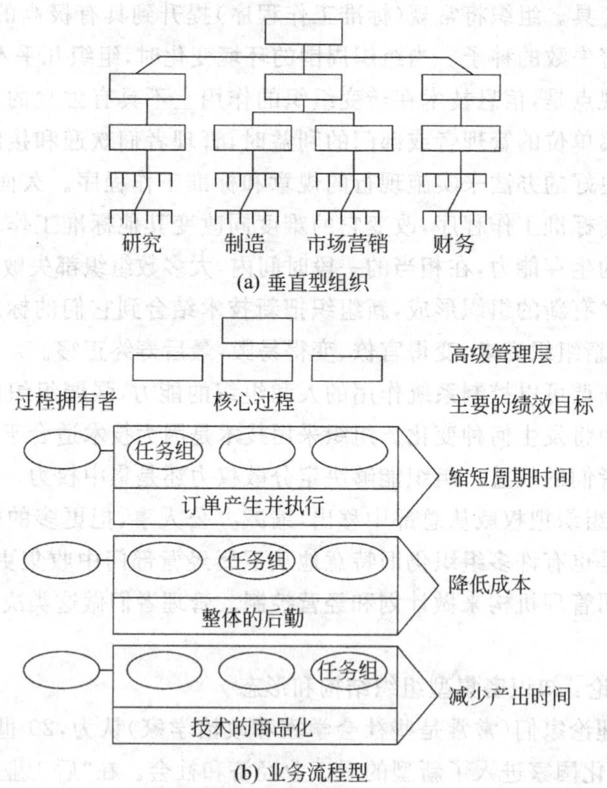

图 2-11 信息技术使垂直型组织和业务流程型组织之间的差别

开始，以客户收到货物和付款结束。就业务过程性质本身来说，是职能上的交叉，业务过程穿越了销售、市场、制造和研发部门之间的边界。业务过程贯穿传统组织结构，把不同职能专业的人们组织起来完成一件工作。

业务过程的目的在这种方式下比传统的职能方法的目标更面向外部，更与客户和市场需求相关。管理层不是以离散的业务职能角度来评价每个职能区域，而是评价小组如何执行的过程。比如，管理层不是独立地考察制造多么好地将每单位产出成本减少，也不是独立地考察发货怎样快速发出每个产品，而是有可能去考察整个物流过程，从接收原料到客户收货。通过将业务过程部分自动化或通过重新考虑和完善这些过程，信息系统能够帮助组织取得很高的效率。第 6 章中将详细地讨论这方面内容，因为这是系统分析和设计的基础。面向任务的组织给管理带来新问题，有谁能保证自我管理的小组不会偏离目标；谁来决定哪个人为哪个小组工作，以及工作多长时间；管理者如何评判一个不断调转部门的员工的表现；在没有确定的等级制阶梯可爬的情况下，人们怎样指导自己职业的发展方向？

无人知晓这些问题的标准答案，也不知道一切现代化组织是否将经历这种转变：美国通用汽车公司的一些事业部中有许多自我管理的员工，但公司仍让制造事业部是明茨伯格分类中所谓的传统的职能型层峰体制。不是一切组织都能被“扁平化”。无人知道按生产过程设计的组织能否比基于传统职能的组织生存得更久。

4）组织文化理论：信息技术和基本前提

组织文化理论认为信息技术必须适合组织文化，否则难以被采用。例如，美国福特公司的基本前提是，公司的主要活动是制造汽车（而不是经营信用卡）；在国际商用机器公司（IBM）内部，其基本前提曾是以制造大型计算机为组织的主要目的。这些前提几乎不被其成员所怀疑（挑战），若其成员真的对这些前提表示挑战，这些成员会遭到排斥。

传统会束缚人们的思想。当组织生存的前提不再与现实相符时，隶属于该文化的成员可能力图否认现实、对现实视而不见、或重新再造与文化相符的现实。当支持文化的组织解体时，或者当激进的少数派群体取得控制权并调整基本前提时，文化才会发生变化。这一特征在大规模的高层领导变更时常表现出来，因为支持旧文化的是高级管理人员（正因为如此，他们才得到任用和提升）。

信息技术既可以威胁又可以支持文化。比如，微型计算机技术的出现对大型计算机制造厂商和它们的大公司客户的利益构成了威胁，当时这些客户一般是财富杂志中1 000家优秀公司的信息系统部的管理者们。随之而来许多这样的公司力图抵制、否认和重新定义现实——市场趋势。当然，信息技术可以对组织文化起支持作用：计算机受到保险业的欢迎，它能够减少传统方式的索赔处理过程。

总的说来，组织的形态历来因生产力和生产方式发展而变化。韦伯所描述的组织正值德国企业从小规模世袭管理，到大规模专业管理转变的关键时期。泰勒的科学管理方式流行于美国的工业化大规模生产。各种新型组织的理论出自于20世纪发达国家的后工业时代。另外，企业组织随经济周期和最新流行的管理方式而变化。当形势好和利润丰厚时，公司雇用大量的管理和非生产人员；当形势艰难时，公司便考虑瘦身。20世纪80年代末期的美国，世道艰难；尽管20世纪90年代的利润恢复至20世纪80年代的水平，实际收入并没增加。其结果是缩减中间管理层，特别是在那些直接同日本制造业竞争的公司。这也恰恰是计算机技术投资密集的期间。人们分辨不清某些公司缩减中间管理层是由于困难时期还是由于计算机化造成的。对于那些不直接与外国公司竞争的、处在好的外部环境的公司，在整个20世纪80年代增加了用工人数，尽管当时信息技术正值热门时期。那么这一现象意味着系统和信息技术的作用不只限于简单的后果，而是许多行为因素的函数。

3. 企业中信息系统实施对组织的影响

信息系统项目的失败常常是因为设计时没有认真考虑信息系统对组织的影响。虽然有些系统的技术工作做得很好，但却不能对企业产生绩效。

1）对业务管理与控制的影响

理论观点认为有了计算机信息系统以后，高层企业管理人员容易获得信息，因而有促进集权式组织发展的趋势，但到目前为止没有可靠的迹象支持这个论断。现实中虽然由于应用了计算机信息系统可以加强管理控制，但是高层管理者无法取代中下层经理来做决策，一方面高层管理者无法应付大量的信息，同时由于对详细信息无法做出恰当的解释。计算机应用改变某个阶层的业务是有的，但完全集权化是不可能的。由于通信技术和数据库技术的发展，信息系统向各个层级的管理者提供信息，不受地点的限制。这种分布式系统反而有促进分权的可能。

信息系统会影响企业组织中管理控制权的分配。在依赖计算机的业务系统中，企业中的业务部门常常把控制权转移给信息服务部门。例如，使用传统的人工系统来做银行业务时，部门的主管对于整个过程是完全可以控制的，但在使用计算机后，许多环节必须依赖计算中心。计算机信息化程度较高的企业中，信息系统从企业的各方收集信息并提供给企业各部门使用。信息服务部门和每一个部门都有密切联系。信息系统自然就成为企业管理的重要组成部分。信息系统使得许多部门都得以依靠信息部门的服务，当然信息系统也依赖于用户部门。

以计算机为基础的系统设计不易改变，一旦业务自动化以后就难以从信息系统中把丧失的权力取回来。这种权力的转移转变了许多人原来的工作环境，可能产生对于计算机信息服务部门的不满情绪，并设法终止使用。同时由于用户害怕变化，不少企业因为业务自动化而造成人事纠纷和冲突。

2) 实施信息系统对个人的影响

信息系统应用对企业中工作人员的影响是很多人关心的事。至于使用计算机后是否会减少管理人员，尚无迹象表明，但会改变工作的性质。高层管理人员的责任和任务增加了。中层管理人员受的影响最大，他们的工作改变最大，许多人工工作被机器取代，工作性质变得更加专业化。对于这些中层管理人员来说，只是减少了一般常规性的任务，实际上，工作反而增加了。由于系统的正规化，中层人员在任务中的灵活性相对减少了。

管理人员对计算机信息系统的抵触是常见的。这些抵触发生的原因可能是由于权力转移给机器或其他部门；或是信息系统不能满足用户的需要，从而用户想改变系统或系统设计不合理想的功能规格；或是新系统的开发未能按期完成。

信息系统的提供与服务部门与各业务部门的联系紧密、相互依赖。但差异是，所面临的问题和困难不同，技术人员和管理人员的背景不同。计算机中心的工作人员的作息时间可能与他人不同，这往往造成其他同事的误解。一般来说，企业管理人员往往很难与信息技术人员沟通(因为他们用的术语不同)，但又不能不和他们打交道。有的时候可能以为计算机技术人员故弄玄虚。也有这样的情况，有技术人员不把本可弄清的问题解释清楚，故作神秘，以表示学问。然而也可能是信息系统部门的技术人员的企业管理知识有限，无法理解用户的需求。

总之，双方对于对方的工作不了解等因素都会造成工作上的相互不肯定。出问题时，双方都指责是对方的错。

另外用户与用户之间也会产生矛盾。由于使用共享的、有限的工具和技术服务，互相竞争资源，常常会有不公平感、妒忌感，猜测别的部门得到了更好的服务。

以上这些矛盾并不是每一个企业都一定会发生的，并不是不可以避免的。如何建立技术人员与用户之间的关系是关键，是一种很重要的信息技术管理的思想。然而有研究表明，企业的信息技术管理思想深受企业文化乃至民族传统的束缚。

2.2.3 理论对设计和理解信息系统的意义

组织理论的重要性是什么，当计划、设计、建立和管理信息系统时应如何考虑组织因素？本章的主要意义是告诉读者应全面地认识组织以及组织与信息系统的关系。不论什么事情绝不要相信“技术将替你做事”。要想恰当地使用信息系统，必须主动地管理业务过程，让技术适合于具体情况，要负起成功和失败的责任。

没有公式能包括这些组织因素。在系统的规划中，可以列出要考虑的因素。根据经验，主要的组织因素按其重要度可排列如下：

(1) 组织从事其功能的环境；

(2) 组织结构：等级体制、专业分工、标准工作程序；

(3) 组织文化和组织政治；

(4) 组织类型；

(5) 最高管理层的理解与支持；

(6) 系统所处的组织层级；

(7) 系统影响的主要利益群体；

(8) 信息系统所辅助的任务和决策类型；

(9) 组织中将使用信息系统的员工的情感和态度；

(10) 组织的历史：以往对信息技术的投资、现有的技能、重要的计划(项目)、人力资源。

根据不同的组织的目标、战略和目的，信息系统既可以辅助组织强化集中式管理，也可以辅助组织强化分权式管理。对于组织结构是否变为“扁平化”，信息系统以外的其他因素具有更为决定性的影响。

2.3 管理决策之道

经典管理学家把制定决策看做管理活动的中心。尽管我们知道情况并非完全如此，制定决策仍不失为管理者所承担的更具挑战的角色之一。信息系统已经能够帮助管理者提供和交流信息，然而目前信息系统对管理决策的帮助是有限的。因为对决策的支持是系统设计者历来企图有所作为的领域(成功是多因素的)，我们现在就将焦点转向该问题。影响信息系统成败的因素之一是对管理决策的认识。如果决策者的管理实践体现了艺术性，计算机系统无疑是科学技术的产物。要在为决策服务的系统上能“道以术行”，理解决策过程是前提。

变化的环境不断地给组织制造问题和机会，决策便是组织对问题和机会的回应。从逻辑上看，这样对决策的解释与本书关于信息系统的组织解释是相似的。决策本身不是目的而是达到组织目标的社会技术手段。研究决策过程对信息系统的决策和信息系统开发方法论都是有直接意义的。因为系统分析就是解决组织问题的过程，以下介绍决策过程，然后剖析个人和组织的决策模型。

2.3.1 决策过程的阶段模型

管理者必须首先发现问题，然后才能做出决策解决问题。在解决问题之前，必须了解问题发生的根本原因；发现原因后，才能制定一系列的步骤来解决问题。另外管理者还寻求对企业的改善和对问题的筹谋，已制定计划防止问题发生。

然而决策本身是一种机制或手段，通过决策要实现管理者企图达到的状况。制定决策不是单一的一次活动，决策过程由若干不同时间发生的不同活动所构成。西蒙(1960)描述了决策制定的4个阶段(表2-1)：情报搜集、方案设计、方案选择和执行。忽视在制定决策过程中的任何一点，都可能回到前面的阶段(见图2-12)。譬如说，决策者经常可以有若干设计，但却不知道某一设计是否满足特定问题的要求。这种情况要求额外的情报工作。或者，可能在实施设计的过程中，决策者发现设计有问题。这种情况下，决策者必须重复设计和选择阶段。

表 2-1 决策制定各阶段的信息需求和支持系统

决策阶段	信息需求	系统举例
情报搜集	异常报告	管理信息系统
方案设计	原型模拟	决策支持系统、知识系统
方案选择	“如果……则……”的情形模拟	决策支持系统、正式模型
执行	图形、图表	支持各决策层级的软件系统

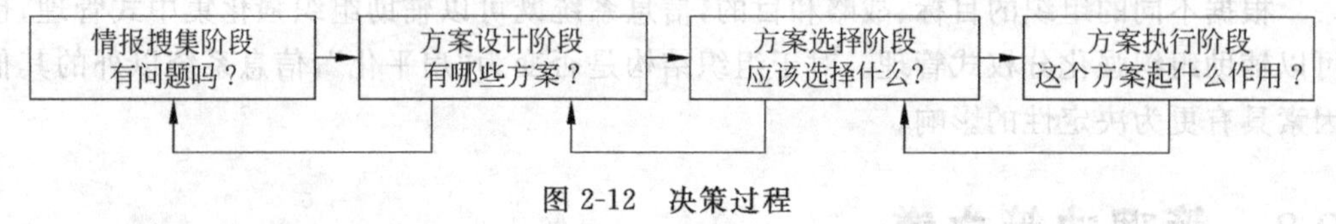

图 2-12 决策过程

2.3.2 个人决策行为的理论

有若干模型试图描述个人如何制定决策(见表2-2)。这些模型所依照的基本假设是：人在某种程度上是理性的。

表 2-2 个人决策模型

理论模型	基本观点	推理方式
理性型	严格的理性	建立目标，检查全部方案，再选择最好的方案
满意型	有限的理性	建立目标，检查若干方案，再选择第一个对目标有贡献的方案
摸索型	逐次比较	研究方案以设立多重目标和结果；选择与以往略有不同的政策；所有的决策者都设立目标，但在收集和评价信息方面不同
心理型	认知模式	思考型决策者有条理地进行观察和评价；直觉型决策者更愿接受预料之外的信息和用多种方法评价信息。不能说哪一类更为理性

1. 经典的经济学模型

人的行为的理性模型是基于这样的观点，即人、组织和国家是在一定的约束条件下，从事基本始终如一的、价值最大化的客观计划和调整。自从亚当·斯密时代起，这一假设已经成为消费行为理论和微观经济学、政治哲学(把人视为是无止境的最大价值追求者)和社会理论(强调个人对特权、金钱和权力的追求)的核心部分。用我们通俗的说法,即人是无利不起早的。

完全理性模型基于下述假设：人具有计算功利的功能,据此他(她)能够对全部可能的行动方案,按它们对其个人目标贡献大小进行排序。行动者具备并了解各个行动方案和每一备选方案的结果;行动者选择回报最高(对最终目标贡献最大)的备选方案(和结果);行动者能够感知所有的备选方案和结果并能够精确地对全部备选方案和结果进行排序。模型也假设管理者愿意找出最佳决策,愿意竭尽全力定义目标,澄清信息,分析问题和做出大量方案。

对理性模型的批评有 3 点。第一,在人的生命期限内,模型是不可计算的。下一盘“简单”的国际象棋,从始至终有 10 120 个棋步和对策,以及针对对策的对策,在 1MIPS 的运算速度下,计算机大概需要 1 095 年来决定下棋的第一步。第二,大多数人不具有单一的目标,也不有意地计较回报,他们不能对一切方案和结果进行排序,从这个意义上来说,模型缺乏现实性。第三,可以穷尽全部方案和结果的想法是没有意义的。只有在老鼠走迷宫和棋类游戏中,全部方案和结果才是有意义的和精确的。而在人类的现实世界中,确定出所有方案和后果是不可能的。理性模型是决策制定的理想模式,它论述的是理想条件下管理者应该如何决策,而不是管理者实际如何决策。组织中的情景通常是复杂的、无序的,故理性模型很少使用。

2. 行为学的决策模型(有限理性和知足)

管理者工作繁忙,他们在时间压力下,间断地处理各种事情。组织的世界里能产生难以想象的复杂问题。不现实、不符合逻辑的假设是,让管理者花费大量时间定义和诊断问题,对各种方案做方方面面的分析,计算概率最大的后果的方案。非结构化的问题不符合理性模型。正如西蒙建议的有限理性,管理者的理性受到其对组织目标不完全的理解,不充分的信息,和问题的复杂性的限制。在有限的时间、信息和资源的情况下处理复杂问题被认为是有限的理性。有限理性模型基于以下假设：①有限理性模型仍假设管理者主观上是理性的,即他们力图做好决策。②人们有必要简化问题情景。③因为问题和方案都没有全部确定,最后的决策也就不能产生最大价值。人们倾向于知足,即选择过程停止于第一个经验上认为满意或足够好的方案,而不是优化方案。④人们不去搜寻一切方案和结果(这是无界的理性),而把搜索方案的过程限于按序排列的方案当中(与现行政策的差别不很大的一些方案)。只要可能,人们就不考虑新的、不确定的方案,而是依靠经实践验证的规章、标准业务规程和程序。人们有许多目标,但不是相近的一组,因此人们把目标尽量分到独立的工作程序中,尽量避免关联性。

3. 渐进式决策

决策者对方案的选取取决于可得到的信息量和一些决策条件。由于这样一些因素的关系,在同一情景下,不同的决策者不一定会选择一样的方案。西蒙还指出,大多数问题求解策略是基于试探法的经验,而不是明确的决策规则。

政治学家林伯劳姆(Lindblom,1959)的提法同理性模型相距甚远：试探——渐进。他把制定决策的方法描述为“有限的逐个比较”方法。当目标只是泛泛地订立时，管理者便摸索前行。例如，一所大学的运作以“建立世界一流大学”为目标，各院系反而会继续按照各自的目的，独自随波逐流。首先，个人和组织都具有相互矛盾的目标：比如，人们既要自由又要安全，既要经济高速增长又要环境最小污染；既要畅通的交通又要高速路施工引起的阻塞最小，如此等等。人们必须在含有各种混合冲突目标的若干政策中做选择。价值本身不能被抽象地讨论，只有在考虑具体政策时，价值的含义才能被明确。因此，价值的选择与政策的选择是同时的，而且不存在简易的“手段-结果式”分析方法(如果你信X,则选择X政策)。其次，因为不存在简易的“手段-结果式”分析，又因为人们对价值没有共识，检验一个“好”的选择的唯一方法是人们是否同意它。判断政策不能根据它们提供多少X,而要根据制定政策的人们对政策的一致认可。低层员工和管理层很少在价值上看法一致，但他们可以就某种政策达成协议。

因为人类理性的有限性，林伯劳姆提出渐进式决策制定，他把制定决策的方法描述为“后继有限比较”方法，或者说是选择同以前政策最相似的政策。该理论的基本逻辑是管理层有时候不是精确地知道最终目标或整个战略。当管理者应付持续变化的环境时，战略也就逐渐地展现出来。这样做的必要性在于：缺乏关于环境的信息，难以预测各种决策的后果和组织重大变化遇到的阻力。非渐进的政策是无政治意义的(不易在重要的群体中得到共识)和危险的，因为无人知道该政策将会导致什么结果。渐进的行动允许组织试验各种方法，允许组织学习，能使执行决策的人群理解决策并投入到实施中。

最后一点，选择不会“完成”。决策制定是一个持续的过程，在决策过程中最终决策总是被修订，以适应变化的目的、变化的环境、变化的价值喜好以及决策者提供的备选政策。

2.3.3 组织决策行为的理论

组织是由工作群体和群体中的个人组成。他们制定决策的过程基本符合本章已经阐述过的概念。那么从组织作为一个整体的角度看，其高级管理层的决策制定模式又是怎样的呢？

为了说明组织决策制定的理论，借助于理性的个人决策模型是有帮助的。组织可以被看做是具有单纯目标，由统一的、理智的决策者们控制的实体。而且决策者们掌握完备信息，经过权衡结果后对方案进行选择，决策者们的行为是为了使组织目标最大化。因此，人们可以认为，美国通用汽车公司为了获得小轿车的利润而“决定”建立新型的汽车制造厂。

但这种简化的、方便的对组织的简便的谈论不应掩盖实际情况，即通用汽车公司和任何大型组织实际上由许多专业化下属部门组成，它们的协调、联系是松散的，各有其丰富的内涵和能力。另外在把科学管理方法用于企业管理研究时，也要注意区分个人决策模型和组织决策模型的差异。行为学方法的组织决策模型考虑了组织特点。解释组织决策行为使用的主要概念有组织政治意义下的冲突处理、行政型决策、风险回避、问题驱动的探索、组织学习和渐进式决策。

1. 组织决策的特点

组织决策过程不同于个人决策阶段，其一是大多数决策是非结构化的，决策与重大和复杂问题有关，其结果影响许多组织成员。其二是大多数决策需要多个管理者参与，问题的定义和问题的解决可能涉及多个部门和看法。我们仍可以利用前述的阶段概念来研究不同之处。

(1) 问题确定阶段。在此阶段要收集情报，研究问题的原因。相对于个人决策，组织的问题的空间构造是困难的，因为组织是由具有不同目标和对组织有不同影响力的人和部门组成。组织的目标不是十分清晰的，而基层的工作目标可能是冲突的结果。众多管理者对问题的重要度认识不一致，组织中的冲突要处理。在此阶段由问题驱动的探索可能有局部合理性。除此之外，组织决策的一个特点是分辨与决策利益有关的重要群体和管理者，然后组建“统一战线”——由组织中不同层面、不同部门、甚至外部人士或组织组成，联合定义问题空间。为防止有影响的人物以后在决策过程中离经叛道，为保证重要人物和群体的代表性和对问题的统一认识，统一战线的建立是必要的。

(2) 方案搜索阶段。在此阶段，组织可以依赖于标准工作程序、政策、决策者的经验或由部门提供标准化或例行方案。如果没有合适的标准方案，则设计解决方案。在这种情景下，决策者对理想方案的想法是模糊的。组织通过试探来检验方案的可行性，从而表现出组织学习行为(对环境的适应)。解决方案演变于渐进式过程，而不是出自于一次精心分析。根据实际经验中所产生的结果可以改变预想中的目标。

(3) 方案选择阶段。选择的方式可以是基于经验的判断，也可以是系统化、数量化的评估分析，不同于个人决策的讨价还价式的协商过程。当管理者之间对方案没有共识时，协商过程将持续到“共识”的实现。

鉴于上述特点或因素，决策的进程常常会返回到前面的阶段。组织决策制定的动态过程表现得更为明显。组织到底能做什么主要取决于各下属单位能够做什么。组织由一些互相竞争领导地位的领导人所组成。在很大程度上，组织决定做什么是领导们之间政治斗争的结果。这些观点表明，各种组织决策模型同前述的个人决策模型差别甚大。

2. 行政型决策

行政型决策模型的主体观点是，组织做的任何事情都是出自千锤百炼的标准工作规程的结果。组织选择的特定行动便是一个或多个组织的下属单位(例如，市场、生产、财务、人力资源)的行动结果。从整体组织来看任何组织所面临的问题，那是太庞大、太复杂了，因而要把问题分解并归属到专业化的部门中。组织的大决策是由许多小决定构成的，把组织层面的问题分解到下属单位，使问题趋向结构化。

组织一般通过其专业化下属单位体察问题。而这些下属单位又只关心问题的一部分。它们有意地忽视问题中与其部分无直接关系的信息。尽管高级管理层和领导是被雇来协调和领导组织的，而实际上他们被狭隘的下属单位所束缚。这些下属单位向上级提供信息和标准方案，高级管理层不能以主要下属部门不支持的方式行动。

3. 组织政治型决策

组织内的权力是分享的;即使处于组织最低行政层级的工人也拥有某些权力。在组织顶部,更多的权力集中在少数人手中。由于诸多原因,领导们在关于组织应该干什么这一问题上的想法是不一致的。想法上的差别是不容忽视的,它们会导致对领导地位的竞争。组织中的每个人,特别是处在顶部的,都是政治游戏中的主要参与者;游戏中每个人通过若干渠道进行着争夺。

在决策的政治模型中,组织所做的事情被认为是主要领导人、各利益群体之间发生的政治争夺的结果。除政治意义以外,政策性组织行动不必是理性的,并且结果不是任何人所必需的,而是冲突趋势的折中和混合结果。组织并不为解决某"问题"而"选出"方案。组织做出互让结果,这种决定反映着构成政治的元素:冲突、主要利害相关者、各种志趣、不平等权力和迷惑。游戏参与者的注意力几乎全部放在短期问题上,当诸位决策者只注重短期利益和问题中感兴趣的部分时,组织的长期战略则位居其次。

2.3.4 决策理论对信息系统设计的意义

管理决策的研究对信息系统的设计和了解有若干意义。第一,经理们用正式的信息来计划、组织和协调。然而经理们还把信息用于其他不明显(但很重要的)的任务,如人际沟通、个人计划的建立和执行、与组织内的人际关系网络的建立和培植。这一点应该提醒信息系统的设计者们:他们所设计的信息产品是有多种用途的,系统的实际应用方式可能没有反映设计者的初衷。

关于经理们的近代调研的另一个意义是正式的信息系统对经理的作用可能是有限的。正式系统可能在组织的作业层上起着重要作用,但在中层和高级管理层中不是那么关键。总经理可能大概地浏览一下正式系统的输出内容,而他们很少仔细地研究输出内容。特殊(不太正式)的信息系统受到现代经理们的高度赞赏,这类系统能被快速地建立,能使用更为近期的、及时的信息,能按有些特殊经理们的独特情况做出调整。系统的设计者和制作者应该认识到建立这种系统的重要性:系统能以最通用的方式处理信息,系统能和其他信息源通信,系统能在组织内为经理和雇员之间提供有效的沟通手段。

研究还展示了决策制定不是一个简单的过程,即便是对严格的理性模型而言。人们的计算能力、洞察能力和分析能力是有限的。从目标的清晰度、从决策者的类型、从决策者们之间能达成多少共识、从用于某决策制定的判断标准等方面来看,决策的情形是不一样的。信息系统的重要作用不是为人们做决策,而是支持决策制定的过程。系统如何支持决策取决于决策的类型、决策者和判断标准的类型。

对组织决策的研究应告诫信息系统专业的学生们一个事实,即某企业的决策制定是一个群体的和组织的过程,必须为支持群体和组织制定决策而建立信息系统。

信息系统的作用不仅是帮助制定决策,还必须使目前状况下的经理成为更好的经理,成为为控制组织计划而参与组织机构斗争的更好的参与者,成为更好的政治游戏者。

作为一般法则,对制定管理决策的研究指出信息系统的设计者应该设计具有下述特点的系统：

(1) 系统应是灵活的，带有多项选择以处理数据、评价信息和包容个人与组织在学习和发展过程中的变化；

(2) 系统能够支持各种风格、技能和知识，能对个人决策和组织决策的过程都支持；

(3) 在数据评估的多种分析和直觉型模型方面，在跟踪各种方案与结果方面，系统应是很强有力的；

(4) 系统具有包容各种利益的特点，从而反映系统的组织机构和组织政治的需求；

(5) 系统应体现对组织内政策和程序变化的限制的理解和对系统能力的认识。

2.4 信息系统与管理决策

人们把管理者视为决策者。管理者在组织中的作用之一是制定决策，而且是最重要的作用。不论在大的或小的公司里，管理者们经常有这样的问题：我们怎样扩大市场份额；行业的方向在哪儿；是否应搞多种经营；什么是我们的优势，什么是我们的弱点；我们的战略应该是什么；怎样设计战略？

回答上述问题并不简单。某些情况下，管理者们能利用信息系统得出解决方案；另一些情况下，计算机对问题无所作为。本书的后面部分将研究怎样设计信息系统才能够支持管理者的活动。在本节内我们仔细研究管理者的作用，并力图识别信息系统能对管理的有效性做出贡献的领域。我们还将指出信息系统力所不能及的领域。

制定决策是大、小组织中各个层级管理者们的主要任务。目前存在的许多系统改善和增强了管理决策，然而对探索新式决策支持的系统设计者来说，这一领域仍有挑战性。为了发现信息系统在决策领域的机遇和理解它们恰当的作用，我们首先来看看管理者们实际上做什么。然后我们研究管理者们制定的决策类型，以及个人和组织决策的制定过程。

2.4.1 管理者怎样管理

自 20 世纪 20 年代，70 多年来很少有人对描述管理者做什么的传统看法提出疑问。亨利·法约尔(Henri Fayol)和其他早期作者最早论述了管理者的 5 个经典职能：计划、组织、指挥、协调、控制。对管理活动的这一看法长期主宰着管理思想，至今仍然流行。

但作为对于管理者实际上干什么的描述，上述五点是不尽如人意的。其中没有提到管理者做计划时具体在干什么；管理者实际上如何决定事情；管理者如何控制其他人的工作。论述中缺乏对管理者实际行为更细微的了解。

管理者的责任范围可以包括决策的制定、安排生日晚会、写工作报告和参加会议。若想要确定信息系统给管理者带来的好处，我们必须首先研究管理者做什么，以及他们制定决策时需要什么信息。我们还必须了解决策是怎样制定的，正式的信息系统能够支持何种类型的决策。

在论述管理者的作用时，我们应该考虑到大型企业和小公司之间的差别。在美国，只有 20%的劳动力受雇于 500 家大型公司；80%的劳动力工作在少于百人的公司中；50%

的劳动力工作在不到50人的公司里。中国的情形也大致相当。尽管大型公司的管理与小公司的管理是不一样的，它们还是有许多相同之处。在小公司中，经理可能执行多种不同的职能，而这些职能在大公司里可能由众多的专业人员分管。

现代行为科学学者从观察中发现，管理者的行为并不像管理的经典模型告诉人们的那样。行为学模型指出，相比研修信息系统和决策制定的学生所想象的管理者，管理者的实际行为似乎是不太系统的、更为非正式的、不经周密考虑的、更具有反应性的、且更为凌乱的活动。由明茨伯格(Mintzberg，1971)进行的一个著名的对实际管理行为的研究指出，实际的管理行为常常与经典的论述相反。行为学视角下的管理活动，一般具有如下特征：

(1) 大量、快速的工作；

(2) 多样、断续、简要的活动；

(3) 偏好当前的、特定的、具体的问题；

(4) 复杂的人际关系网；

(5) 沟通媒体偏重于口语的使用；

(6) 既定计划的良好控制。

那么在中国的经济体制和企业文化背景下，管理者的工作(行为)特点又是怎样的呢？经过行为学学者的研究，所得出的结论与明茨伯格的发现如出一辙。对10个国有大中型企业的厂长的研究(孙忠臣，余凯成，1993)指出：

- 10位厂长在一周内几乎没有动过笔起草什么文件和信件，唯一例外的是某位厂长花了40多分钟修改了一份由下属草拟的质量管理文件。有几位当年曾是厂内颇有名气的笔杆子，而做了几年厂长后却多数变成了能言善辩的嘴皮子。
- 有计划的会晤、无计划的会晤以及家中办公的大部分都采用口头交谈方式，占用了厂长们工作时间的75.66%，而文牍工作和视察两项只用了厂长工作时间的16.79%。可以判定，厂长们喜爱用口头交谈方式，另外也说明了职业特征，大量繁杂多变的工作迫使厂长来不及深思熟虑和舞文弄墨。
- 厂长们接收信息一般偏爱最近的、最新的，报纸多看本地的，信息汇编多看本行业的；上三级文件多阅企业的热点和需要企业具体操作的，对厂内报告、信息反映也只看自己直接插手的和重点关注的。
- 10位厂长1周内共处理1 500份文件，多数是具体的、明确的现实问题，只有5%左右事关酝酿、策划、确定企业的发展。

调查者追踪了其中重大决策的酝酿过程，发现它们并非是一气呵成的，而是经过每次很短时间、多次反复、拿起搁下、搁下又拿起来，并未受到特别优待。最终的决策方案是靠头脑多次反应，多次积累，逐步成熟而形成的。由此可见，中西方不同经济体制下，管理者们的活动行为是相似的。所以从企业的角度看，它们对“文山会海”并不感兴趣，只是常常受到政府的干扰而已。

对经理行为的观察可以得出其内在因素：要做有效的工作且高效率地做工作，经理们采用一切可用的有效手段和高效率方式。最重要的是所进行的活动能产生预期的结果。例如，在中国的中外投资合营企业中，经理们不得不改变其原来的一些行为方式。通用电气嘉宝照明器材有限公司(GE Lighting)的总裁 Charles Mcintyre 回顾他在中国工作的体会时谈到,要做简单明了的计划,以书面形式交流。这种方式的意图显然是为了避免出现沟通上的误会和含糊。

科特(Kotter,1982)用现代管理的行为学方法描述了经理们如何做事。以明茨伯格的工作为基础,科特认为卓有成效的经理们主要从事 3 类活动:

第一,总经理花费很多时间建立既有短期的也有长期的个人计划和目标。这些个人计划包括含糊的和特定的主题,且通常涉及广泛的财务、产品和组织问题。

第二,也许是最重要的,有效的经理们花费大量的时间建立人际关系网,关系网由组织内几乎所有层级中的人们构成,从仓库员工、文职辅助人员,到其他管理人员和高级经理。如同个人计划一样,这些关系网总体上与正式的计划和组织网络一致,但两者确有不同而且是分开的。总经理以各种正式和非正式的面谈方式建立这类关系网。经理们精心地培育职业声誉和同事关系。

第三,经理们用他们的关系网来实施个人计划。总经理请同事、公司办事机构、低于其行政级别三四层的下属,甚至竞争者帮助其实现目标。事实上,三教九流无所不用。

2.4.2 管理角色

管理角色是管理者在组织中被认为应从事的活动。行为学派的主要代表人物明茨伯格将管理活动分为 10 个角色,并把 10 个角色归为 3 种类别:人际角色、信息角色、决策角色。如果信息系统建立得恰当,它能以某种方式辅佐这些多样化的管理角色(表 2-3)。

表 2-3 管理角色和支持系统

角 色	行 为	支 持 系 统
人际角色		
组织的代言人	人际交往	无
领导		无
联络员		电子通信系统
信息角色		
信息控制中心	信息处理	管理信息系统
传播者		邮件、办公系统
发言人		办公和专业系统、专业工作站
决策角色		
企业家	决策制定	无
问题处理者		无
资源分配者		决策支持系统
谈判者		无

1. 人际类角色

这包括对组织内部和外部两个方面。管理者要建立社会关系,树立领导地位和加强组织各层级之间的联络。

2. 信息类角色

为了监督和保持对组织的控制,管理者收集各种渠道的数据,及时了解正确的信息。为下属的决策提供帮助或作为组织的发言人,管理者也传播信息,使信息在组织内外流通。

3. 决策类角色

经理制定决策,包括改进企业工作,处理异常事件,分配资源。

表 2-3 指出在哪种情况下信息系统可以帮助经理,哪些情况下不能。该表展示了信息系统对管理活动中许多领域并没有做出很大贡献。这些领域毫无疑问地给未来的系统和系统设计者提供了很大的商机。

在人际角色领域,信息系统的作用通常非常有限,目前只能做些间接的贡献。靠新型办公自动化和面向通信的应用,信息系统主要是作为通信手段。这些信息系统对信息角色这一领域的贡献更多:依靠大型管理信息系统、办公室系统、专业性工作站,经理们的信息表达得到了显著的改善。在决策领域中,决策支持系统和微型计算机开始做出重要的贡献(参见第 9 章)。

关于管理角色,中国的行为学学者也做了研究。结论是,明茨伯格关于经理的 10 种职能角色也适用于中国企业的经理,因此,明氏的研究带有国际的普遍性和共性。与市场经济下的经理比较,中国国企的经理有其独特性。中国经理们目前还扮演着另外两个独特的角色:大家长角色和意识形态工作者角色,它们主要是人际关系的。这是由中国的政治和经济制度造成的。在计划经济体制下,政府把社会保障和福利问题推给了企业,企业是职工之家,经理就是大家长。职工的一切需要都应由企业来满足,普遍的理解是社会主义的优越性。中国国企的高级经理们还要担任意识形态工作者或称之为政治工作者这一角色(鹿正军,余凯成,1994),其意义是,一方面作为执政党的代表控制社会基本单元,另一方面作为政治信仰的化身对组织的成员进行意识形态方面的教育。如果经济体制发生转变(组织环境的变化),两种独特的角色才会有所改变(组织自身变化)。

2.4.3 管理者的决策内容

在经典管理模型下,人们也许认为管理者制定重大的决策,而且管理者的级别越高,则其决策就越举足轻重。然而,沃普(Wrapp,1984)在经常刊登的一些有关总经理的文章中发现,优秀的经理人不去制定宽泛的政策类决策而是为组织指明方向,并在创造机会上颇具谋略。

沃普发现优秀经理们很少谈论关于政策的大道理,他们经常亲自卷人到业务决策中,他们很少力图使某问题的全面解决方案或计划得到赞同。沃普列举了一些关于现代经理的传说，如官越大越好当；领袖人物火眼金睛，神通广大；高级经理的工作就是做长远计划；高级经理的工作就是抛头露面等。他把它们与现实——他所认识的公司董事会成员做了比较。

与流行看法相反，沃普可以证实成功的经理为了能耳聪目明，他们在业务决策和业务问题上花费很多时间和精力。这些经理把时间和精力主要用在其能成功地施以影响的少部分组织问题上；因为任何重要提议需要多个组织部门和执行者的支持，所以经理对组织的权力结构是敏感的；经理似乎没有精确地设定组织的一切目标，但是指明了方向。经理们以这种工作方式来保持其洞察力，以防止被关在政策的圈子里。

经典理论认为高级经理做宽泛的决策，与之相反，沃普发现现代经理做组织决策时带有某种目的，而并不试图实施综合的、系统的、逻辑的和严密编制的计划。一般的情况下，系统的、综合的计划不能够利用环境变化，而且这样的计划在组织内争取支持时容易招致反对。因此，经理们试图部分地实施计划，而不引起对明显、全面设计的注意。沃普对优秀经理的看法里特别关键的是关于总经理们参与业务问题和业务决策的观点。由于公司的战略由具体业务问题和决策导出，战略与这些问题和决策是密不可分的，而不是一个独立的活动过程。

关于管理者角色的经典观点和现代观点是不相矛盾的。事实上经理的确从事计划、组织、协调、指挥和控制方面的活动。但关于经理们是怎样从事管理，现代观点比经典观点更复杂、更行为化、更情景化，简而言之，更为人格化。

2.4.4 管理决策的组织层级与信息需求

所有的组织管理层级中的管理者都作决策，但是管理层级和决策的结构化程度之间有明显的关系。决策制定的差别可按组织层级分类。安东尼(Anthony,1965)把组织中的决策制定分为3类：战略的、管理控制的和任务控制的。

战略决策是用于决定组织的目的、组织的资源和组织的政策。这一决策层的主要问题是预测组织的未来和组织的环境，并把组织的特点同环境匹配。参与这一过程的主要是少数高级经理，他们处理非常复杂的、非例行的问题。

管理控制决策主要关心资源的使用效率和效果，以及作业部门表现如何。管理控制要同执行该组织的任务的人们密切交往；管理控制进行的背景是战略决策所确定的目标和广泛的政策；如行为学家所说，管理控制需要熟悉作业层的决策制定和任务的执行。管理控制决策既要解决结构化问题也要解决非结构化问题。

作业控制决策将决定如何执行特定的任务，该任务被战略层和中间管理层的决策人所规定。标准工作程序常用于任务执行中的决策。决定组织中哪个部门来执行任务，建立任务完成和资源利用的标准，评价产品，所有这些任务需要作业控制方面的决策。

在制定决策的这些层级当中的每一层内，西蒙(Simon,1960)将决策分为程式化的和非程式化的，而其他研究人员把这样的分类类型称为结构化的和非结构化的，如本书所用。非结构化决策制定是指决策人要做出判断、评价，对问题的确定要有深邃的理解，这类决策是新颖的、重要的、非常规的，且组织内无公认的决策程序可循。非结构化问题的例子如：组织机构重组，建立合资企业，公司总部迁址等。非结构化决策的一个显著特点是没有可以被证明对特定的问题是“最佳”的可选解决方案，因而日后不会提炼出标准工作程序——最佳方法，更大程度的主观判断，或者甚至是知觉被用于非结构化决策。相反地，结构化决策是重复的、常规的、且具有处理问题的确定做法，因此不必每次重新进行考虑和斟酌。结构化决策的例子如：是否录取某考生，员工的差旅费报销过程，对无故缺勤员工的处理等。虽然决策是否是常规的在一定程度上取决于管理者的经验，管理决策大部分还是属于常规的，不然组织的效率是不可想象的。有些决策是半结构化的，在这种情况下，只有问题的一部分可用公认的做法得到明确的答案。

管理者须了解的重要一点是，重大决策和微小的决定都是在含糊的条件下进行的。决策者通常是处在未曾遇到过的情形下、复杂的情形下或左右为难的情形下。管理决策制定中的含糊因素是不能排除的，即使经理使用最复杂的数学决策模型、最精心设计的计算机系统和最完善的市场研究，作为经理需要有权变能力以应对万一。

把不同层级的管理决策以三角形表示。三角形较大的下端表明组织内的信息多数是任务控制信息，例行的任务控制决策对信息的需求量较大，这一层的业务需要很详细的信息。愈往三角形的上端，对信息的需求量相对愈少，但愈抽象。管理层级中，愈往上面需要的信息量虽然愈来愈少，但信息的处理过程却愈来愈复杂(图 2-13)。

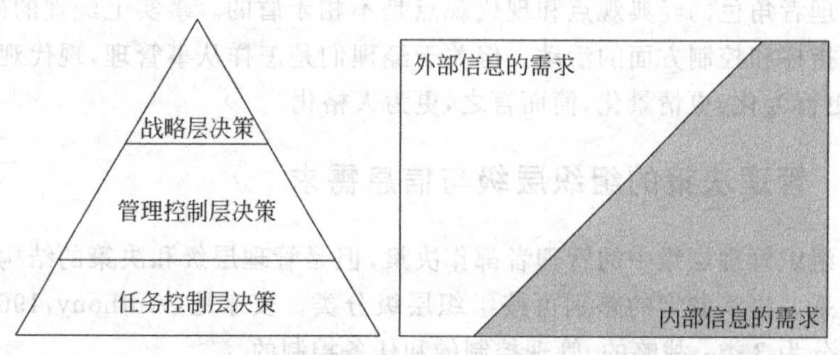

图 2-13 不同管理层级有不同的信息需求

企业信息化中，有一种观念认为，把数据全部存入数据库以后，例如，利用一个 ERP 系统中的数据，企业领导就可以得到全场情况，就可以在此基础上做出决策而控制整个企业。这是错误的，并不是计算机信息系统提供的信息都是可以用来做决策的。企业内有正式信息也有非正式信息，正式信息可以从企业的计算机信息系统中得到，是经过正式组织机构定义的，是有规律的、日常的、往往经过均质化的，如各种统计数据，但不可能满足所有管理决策的需要；非正式信息不可能从计算机信息系统那里得到，但往往是十分重要的。

在企业里不是最高管理者使用和掌控全部信息。各管理层级个管理者有不同的职责，基层领导有他所需要的信息，上级领导也有他所需要的信息。因此，信息系统的设计应该是针对不同层级管理者的。

从图 2-13 可以知道，愈靠近上层的信息与外界关系愈大，愈不正规，愈不精确，愈不确定，而且资料之间的相关程度愈低。用于战略层的信息系统其需求多变，因此对灵活性的要求就大。

有一部分信息处理活动是可以科学管理的，它属于机械的、规范的、标准化的计算机信息系统。在组织机构中，愈往下层，信息处理愈科学化；而愈往上层，信息的解释就愈艺术化。任务控制层的活动是可以科学化的，即在可接受的范围内，为了把系统的偏差状态纠正过来，所采取的优化决策或更适宜的行动是可以预见的。任务控制的许多核心技术是管理科学和运筹学领域的，而管理控制却不能简化为科学。管理控制涉及管理者的行为，这不可能用公式表达。若咨询人员把为任务控制所设计的逻辑和方法应用到管理控制的情形下，有可能犯大错误。许多管理活动是非系统化的，所以管理系统非常复杂，需要进行大量的判断。管理者经常会发现规则是不明确的，因而再作判断时，他们必须付出主要的精力来决定要采取的行动。而行动的效果受到管理者与人打交道的艺术的影响，而不是系统中预先设计的一项具体规则。信息系统能帮助人们解决很多问题，但不能解决所有的问题。

另外，企业需要不断的改进其业务过程，以适应竞争环境。然而计算机信息系统定期报表不一定能反映促使组织变化的信息。当组织的标准工作程序相对于变化的环境显得僵化时，信息阻碍了组织对问题和机会的寻找。为了适应组织变化，在信息系统的设计特点上应考虑系统对组织变化的需求。具体地，系统提供适当的信息，以反映迫使组织变化的内部或外部的关键变量和变量之间的关系，提供多渠道的、不一致的和多视角的信息。

将关于决策层级和系统类型的概念结合起来便形成一个如图 2-14 所示的方阵。一般说来，作业控制层的人员面对的是结构化相当好的问题。相反，战略规划人员涉及高度非结构化问题。知识层的人员遇到的许多问题也是非结构化的。尽管如此，在组织的每个层级中既有结构化的问题也有非结构化的问题。

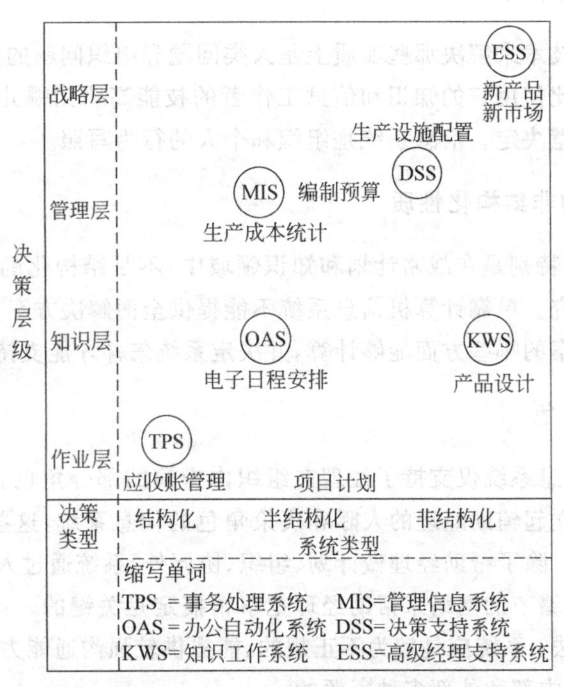

图 2-14　决策类型与系统类型

以往，现代信息系统的多数成功之处是处理结构化的、作业控制和管理控制类决策。而现在大多数激动人心的应用出现在管理、知识和战略层，这些领域里的问题是半结构化的和完全非结构化的。比如，通用的决策支持系统、用于微型计算机的决策支持系统（电子数据表格和其他套装软件）、专业设计工作站、通用的规划和仿真系统。

管理挑战

1. 管理变革的困难

通过信息技术和信息系统发展而产生的变化极大地被组织的惯性所拖累。当然组织是在变化，并且经常需要具有能力的领导来进行变革。然而领导终将发现，变革的过程比预期的更为复杂和缓慢。

2. 让技术适合于组织（或反过来）

一方面，让信息技术与经营计划一致，与高级管理层的战略经营计划一致，与企业的标准工作程序一致是重要的。总而言之，信息技术是组织的服务员。另一方面，这些经营计划、高级管理者和标准工作程序可能是非常落后的或者是与先进的技术极不相容的。在这种情况下，管理者将需要改变组织以适应技术，或对组织和技术进行调整以达到最佳配合。

3. 理解信息技术的局限

我们经常指望技术来解决那些实质上是人类问题和组织问题的问题。我们常常不能认识到信息技术不比使用它的知识和信息工作者的技能高明到哪儿去。总之，计算机的作用由使用者的智慧决定。信息系统是组织和个人的行为写照。

4. 重要决策的非结构化性质

许多重要决策，特别是在战略计划和知识领域中，不是结构化的，但需要对许多复杂因素进行判断和研究。单靠计算机信息系统不能提供全面解决方案。系统建立者需要决定，如果有的话，方案的哪些方面能够计算，并决定系统怎样才能支持做出决策的过程。

5. 多种管理角色

到目前为止，信息系统仅支持了经理在组织内扮演的部分角色。系统建立者需要明确新技术是否能建立起辅助经理的人际和决策角色的信息系统，这些角色以前并没有被正式的系统所支持。除了帮助经理做计划、组织、协调外，系统通过人际沟通，实施个人打算，建立组织内盘根错节的网络来帮助经理把事情搞定是关键的。这类系统需要一种对信息系统的不同看法：系统应是较为不正规的、能提供较强沟通能力的、适应经理的独特情形的、能利用企业内部和外部多种资源的。

6. 决策制定的复杂性

个人决策制定不是简单的理性优化过程，而是受多种条件左右，如决策者的目标、心理特点、判断标准。建立一个确实支持决策制定的系统是富有挑战性的，因为系统必须提供多种选择以处理数据和评价信息；系统必须支持不同的个人风格、技能和知识；系统应该像人类学习那样能被容易地改进，并明确地体现其价值。理想的、系统的设计不仅能投经理所好，还应提供支持各种观点的信息。

组织中决策制定是一个群体过程并掺和了组织机构的斗争、政治竞争和随意处理问题的习惯，系统建立者必须寻找建立系统的新方法，以建立支持组织制定决策的系统。

本章小结

(1) 叙述组织的特征。一切现代组织都是等级化、分工化和公平的。它们采用公开的标准工作程序来使效率达到最高。一切组织都有自己的文化和由利益群体中差别产生的政治。组织的目标不同，组织服务的群体不同，扮演的社会角色不同，具有的领导风格不同，激励不同，周围的环境不同，执行的任务类型不同。这些差别造就出各种组织结构类型。明茨伯格把组织分为五种类型的结构：简单的创业型结构、职能型层峰结构、专业型层峰结构、事业部型层峰结构和特别任务型结构。

(2) 说明组织决定信息系统在组织中的角色。由正式组织部门或信息系统部、信息系统专家和计算机技术组成的"套餐"是计算机信息系统的基础。组织中信息系统对日常经营活动和战略决策制定的作用变得越来越重要。

(3) 比较论述组织内系统起因的模型。组织采用信息系统既有外部环境的原因，如提高竞争力，也有内部文化的原因，如倡导高级管理层的价值观或爱好。

(4) 区别关于组织的主要理论。这些理论有助于我们理解组织与信息系统的关系。论述信息系统和组织之间关系的理论既可以按企业的经济模型分类，也可以按企业的行为模型分类。基于企业经济模型的理论包括微观经济模型、交易成本模型、代理理论。基于企业行为模型的理论包括决策和控制理论、社会学理论、后工业理论、文化理论和政治理论。

(5) 讨论信息系统对组织结构、组织文化、组织政治过程和管理的作用。信息系统对组织的作用不是单向的。信息系统与使用信息系统的组织相互作用、相互影响。新信息系统的引进将影响组织结构、目标、工作设计、价值观、利益群体之间的竞争，决策制定和日常行为。同时信息系统的设计必须满足重要组织群体的需要，并遵照组织的结构、任务、目标、文化、政治和管理。信息系统能削平组织层级使组织显著转变的能力还没有被一切组织类型所证实。

(6) 叙述系统设计和实施中的组织影响。信息系统必须考虑的组织的主要特征包括组织层级、组织结构、任务及决策的类型、管理支持的特点、将要使用系统的员工的情感和态度。组织的历史和环境也必须考虑。

因为对组织变化的需要，新信息系统的实施经常比预想的要难得多。由于信息系统可能改变组织的重要方面，其中包括结构、文化、权力关系和工作活动，新系统常常遇到相当大的阻力。

(7) 对比关于管理活动和角色的经典模型和现代模型。早期的经典管理模型强调计划、组织、协调、决策和控制功能。现代研究分析了经理的实际行为,以表达经理是怎样做事情的。明茨伯格发现经理的实际活动是高度断续的、多样的和简短的,经理快速地、紧张地从一个问题转向下一个问题。其他行为研究发现经理花费大量时间来实行个人计划和目标,现代经理不去制定宽泛的政策。

(8) 叙述决策制定的层级、类型和阶段。组织中的决策可按组织层级分类:战略的、管理控制的、知识的、作业控制的。

决策可以是结构化的、半结构化的或非结构化的,结构化类决策集聚于作业层中,非结构化类决策云集在战略规划层。对于经理们,制定决策的层级和性质在信息系统的建立中是重要的因素。

不论是个人的还是组织的决策,制定决策本身是一个复杂的活动。西蒙描述了制定决策的 4 个不同阶段:①情报搜集;②方案设计;③方案选择;④方案执行。

(9) 区别论述个人制定决策和组织制定决策的模型。制定决策的理性模型认为人类根据其目的和目标能够精确地选择方案和结果。关于个人制定决策的严格理性模型经行为研究改进后提出,理性是有限度的。人们是知足的,人们在逐渐地摸索,或者人们选择带有自己的认知方式和判断标准烙印的方案。

制定决策的组织模型描绘了组织中实际的决策制定,决策的制定发生在许多心理、政治和组织机构因素都在起作用的环境里。因此,组织制定决策可不必是理性的。意识到决策制定永远不会是一个简单过程,信息系统的设计则必须包容这些现实。

(10) 说明信息系统怎样能帮助经理及如何能改进决策的制定。到目前为止,信息系统对经理的信息角色和决策角色是最有帮助的;而这同样的系统对经理们的人际角色却只有很有限的价值。较为不正式的和高度灵活的信息系统将比组织高层中的大型、正式的系统更加有用。

思考题

1. 有人说“设计信息系统就是进行组织重设计”,就这一说法进行讨论。

2. 假设你是一个信息系统设计人员,被指派去为公司的某个部门开发一个新的会计应收款系统,你应该考虑哪些组织上的因素?

3. 有人说“一个新的信息系统的实施总是比预期的更难”就这一说法进行讨论。

4. 在你的学院或大学里,以一个由部门、办公室或政府机关做出的主要决策为例。试着将组织的决策模型运用到这一决策中。组织中参与这一决策的各种人是如何使用信息的?信息系统的设计有哪些局限性?

5. 举例并描述你曾必须做的决策,例如,上大学时,选择一个特定的学校,选择一个专业等。运用西蒙的阶段模型,说明信息系统是如何帮助你,或妨碍你做这些决策的。

讨论案例

克莱斯勒与通用：基于信息技术的汽车工业竞争[①]

这个案例描述了美国克莱斯勒与通用两大汽车公司是如何试图使用信息技术与国内外同行业者展开竞争的。本案例在于探索每个企业中的管理战略、组织特点及信息系统三者之间的关系。由此提出了这样一个问题：信息技术究竟能在多大程度上解决美国汽车工业所面临的问题？

1992年10月26日，罗伯特·斯坦普尔辞去了通用汽车公司主席及执行总裁的职务。斯坦普尔的被迫辞职是由于没有及时采取变化措施，以确保这个汽车巨人的生存。早在10个月以前，为挽回巨大的财务亏损与直线下降的市场份额，斯坦普尔曾宣布在3年之内关闭其北美的21家工厂并从37万名员工中裁减掉7.4万人。代替斯坦普尔的是一个以杰克·史密斯为首的更年轻、更具决断力的管理小组。

通用汽车公司的困境反映了20世纪80年代末曾一度繁荣的美国汽车工业正处于严重的衰退之中。由于美国人越来越认为美制汽车性能差，造型亦不合潮流，买主们每年所购买的美国汽车越来越少，而大部分则以日本货取而代之。

具有讽刺意味的是，几乎就在同时，克莱斯勒汽车公司宣布，1992年第三季度公司获得了2.02亿美元的巨额收入。20世纪80年代，克莱斯勒汽车公司一直在规模巨大的轿车市场上与不断上升的成本和持续下降的市场销售额作斗争。同时它的迷你型封闭货车及大马力吉普车大切诺基的需求量却很大。通过实行一项削减成本的重大举措，公司在3年中降低了400万美元的运作成本。而其余的美国汽车厂商仍在持续的经济萧条中徘徊，继续把市场份额拱手让与日本人。

10年前，克莱斯勒汽车公司濒临破产，而通用汽车公司则拥有大量资金。克莱斯勒是否最终转危为安？世界上最大的汽车制造商开始走向它的末日？在这两大汽车公司的兴衰中，以及未来的美国汽车工业中，信息系统担当着一种什么角色？

通用汽车公司

通用汽车公司是世界最大的汽车制造商。其员工超过71万人，分布于35个国家，每年支付的工资总额高达2200万美元。它与28000家供应商打交道。20世纪90年代初，通用汽车公司在美国的汽车经营由20世纪50年代占全美经济的5%下降到1.5%。公司的惊人的躯壳被证明是通用汽车公司最大的负担。

70多年来，通用汽车公司一直沿用了阿尔弗雷德·斯隆设置的组织模式。斯隆曾任公司首席执行总裁，在20世纪20年代通用濒临破产之际拯救了公司。斯隆把公司分成五个事业分部(雪弗莱、庞迪亚克、欧兹莫比尔、别克、凯迪拉克)。每一个事业部作为半自主的公司经营，进行自己的营销业务。通用汽车公司形成的是一种庞大的层峰型组织

① 资料来源：Laudon CK，Laudon J P. Management Information Systems-Organization and Technology. Fourth Edition. Prentice Hall International Inc.，1998.

结构。

通用轿车从低价的雪弗莱到高价的凯迪拉克各档产品都有，因此覆盖了整个市场。起初，这种由上至下的控制和分权经营的混合方式使得通用制造的汽车成本比其竞争对手要低；但也使它在有关质量和车型迎合市场方面花费更多。到了 20 世纪 60 年代，通用汽车公司为与进口车竞争而生产小型轿车时有了麻烦，当时通用公司开始消除各事业部之间的差别。20 世纪 80 年代中期，通用汽车公司已经将各事业部之间的差别降低到一个非常小的程度，以至于顾客对凯迪拉克和雪弗莱难以区分；低档雪弗莱的发动机也装进了高档欧兹莫比尔车。通用自己的不同品牌之间开始相互竞争。

在罗杰·史密斯(1981—1990 年任执行总裁)的领导下，通用汽车公司虽大胆改革，但是改革的方向却常常错误。通用仍旧是一个规模庞大，垂直一体化结构的公司。有一个时期这种规模集中的程度甚至接近公司总体的 7/10。其成本比起美国和日本的竞争对手都要高得多。正如许多大制造公司一样，通用汽车公司的组织文化也抵制变革。尽管通用的汽车质量在稳步提高，但在选型和设计上却被美国和日本的竞争对手抛在了后面。其市场份额从 20 世纪 60 年代初 52%的高峰跌至今天的 35%。其中，在 1979 年，这个数字为 46%。

通用汽车公司成立了一个新事业部，组织了新的人力，并在日本的“精良生产”模式基础上建立了生产系统，以此研制出一种全新的 Saturn 轿车。Saturn 的工人和管理人员共同享有信息、职权与决策。Saturn 轿车在市场定位上取得了成功。但 Saturn 花了 7 年时间才大批投产第一批，还耗用了其他轿车项目的 500 万美元。通用汽车公司为扩大市场份额，又亏本出售 Saturn 轿车。

1992 年，通用汽车公司每辆轿车的人工费用为 2 358 美元，而克莱斯勒汽车公司为 1 872 美元，福特汽车公司为 1 563 美元。这使得通用的生产能力比福特低 40%。这些数字远不能与日本的相比。日本厂家的生产能力要高于任何一家美国公司。

克莱斯勒汽车公司

在汽车工业的低迷时期，克莱斯勒汽车公司总是居底特律三大汽车制造商之末(通用、福特、克莱斯勒)。怀特·克莱斯勒于 20 世纪 30 年代创建了克莱斯勒汽车公司，并通过对一些小公司的一系列兼并，像道奇和 DeSoTo，为公司奠定了基础。克莱斯勒以其出色的制造技术而著称，特别是它的引擎和悬架尤其为人称道。到了 20 世纪四五十年代，克莱斯勒发展成为一个高度集权的、非垂直化的小型公司。与福特和通用不同，克莱斯勒 70%的零部件依靠外部的供应商，这使得它更像一个汽车装配商，而不是像通用那样的一体化的大制造商。与规模更大的竞争对手不同，克莱斯勒并不靠开拓国际市场来缓解国内的衰退。克莱斯勒的集权化、小规模的公司结构使其比规模更大的竞争者具有更多发展变化与创新的潜力。

20 世纪 80 年代末，克莱斯勒由于在发动机产品开发方面停滞不前，在面向大众市场轿车、微型轿车和大型后轮驱动卡车方面都缺乏突破，在年销售额上失去了几十万个单位。没有新的中等规格、中档价格的轿车系列可与福特的 Taurus 车和本田的 Accord 车竞争，克莱斯勒的主要车型和牌号彼此也难以区分。于是它的顾客转向了其他品牌。克莱斯勒采取的反应则是保守的外观设计，1988 年推出了 Acclaim 和 Spirit 两种车型。克莱斯勒在特殊的消费群体上花费了大量资金，如双门轿车和敞篷跑车。到 20 世纪 90 年代初，残酷的降价使克莱斯勒公司的盈亏平衡点（使企业开始盈利的汽车销售量）从 140 万辆上升到 190 万辆。

通用汽车公司的信息系统战略

事实上，尽管对信息技术进行了大量投资，通用汽车公司的信息系统却十分陈旧。虽然拥有 100 台大型机及 34 个计算机中心，但它没有集中的系统来连接或者协调各部分的计算机进行运作。每一分部都有各自的软硬件系统，因此设计部门不能通过计算机同生产工程师互相沟通。

通用采用了一项"霰弹枪"方案，同时追踪几个高技术路线，期望从其中一个甚至全部得到回报。它还相信通过比对手超额的支出可以打败他们。通用如今在信息系统方面的确比对手花费得要多。它将销售额的 2.5% 用于信息系统，而福特的该项比例为 1.6%，克莱斯勒的预算比例为 0.9%。通用还试图使用信息技术对其业务情况进行总体检测。

由于认识到各事业部的能力不断发展，它们之间又存在着巨大差异，罗杰·史密斯用 25 亿美元买下了电子数据系统公司（EDS），以寻求制造与管理两个信息系统的一体化。EDS 为通用提供了数据处理及通信服务。EDS 及其系统开发人才承担起攻克各事业部间管理混乱问题的重担：16 个以上的电子邮件系统，28 个不同的字处理系统，不能与管理层沟通的混乱的基层车间系统。尤其糟糕的是，这些系统的大部分都在完全不兼容的设备上运行。

EDS 将自身的 5 个和通用的 34 个计算中心重建成 21 个统一的信息处理中心为二者服务。EDS 用世界上最大的私人数字式远程通信取代了原先服务于通用的上百个不同网络。1993 年 EDS 开发了"兼容性办公环境工程"，为办公技术提供标准的软硬件设施来替代其众多台式机、网络操作系统和应用开发工具拼凑成的办公环境。

通用汽车公司的集成式生产计划项目以一个统一的系统处理库存、生产及财务数据，以代替 30 个不同的物资和计划系统。工厂管理人员能够从各汽车分部收到包括所需车的数量和型号的订单，然后就为公司及其供应商制定出预计为 20 周的生产进度。此系统还在每天早晨向供应商发出计划表，通知该生产日需要在何时向何地发送何种原料。

史密斯将 400 亿美元用于引进新设备和自动控制系统。但这些投资并非都富有成效。他投入大量资金引进机器人来喷涂汽车，安装挡风玻璃，希望能精减公司统一的工作队伍。然而，机器人起初偶尔会把漆涂到自己身上，把挡风玻璃摔在车前座上。当许多这类的问题得到解决后，一些机器人如今已被闲置不用。由于通用没有对工人进行培训，使他们学会正确操作，而且也没有将汽车模型设计得适合机器人装配，那些高度自动化的设备从来不能正常运行。因此通用汽车公司没有达到精减工作队伍的目的，反而因为机器人经常出故障，把工人们留在了生产线上。

克莱斯勒汽车公司的信息系统战略

1980 年克莱斯勒汽车公司负债 28 亿美元，似乎要面临破产。它的财政危机促使其管理部门寻找新的方法，以降低成本，加速存货周转速度，提高产品性能。其新管理小组在 Lee Lacocca 的领导下，制定了一套大胆的措施，将基于计算机的系统纳入管理控制之下。但克莱斯勒不具备对几项高技术方案同时投资的财力，于是，它采用了一种“来复枪”方法来建立系统：即建立这一绝对关键的系统，建立一个能得到最大回报的系统。克莱斯勒强调建立公用的系统，即在 6 000 家经销商展厅，25 个地区办公室，22 个零部件仓库，以及公司下属所有工厂中运行的一系列系统。

克莱斯勒汽车公司建立了集成化的系统。当一个订单在销售商处输入计算机，这一订单就与生产、生产调度、发票、零件预测、计划、零件及存货管理等各个环节连在了一起。

克莱斯勒汽车公司的产业链纵向一体化程度低，这使公司处于优势——只搞几项技术。由于克莱斯勒与其说是一个汽车制造商，不如说是一个装配商和经销商，因此它对制造技术的领先不是太注重，像可视系统、可编程控制器，还有机器人技术，这些在通用和福特远比在克莱斯勒重要。

克莱斯勒汽车公司将其信息系统的大部分投向全公司范围的通信系统和即时库存管理。显然，即时库存管理对于一个 70% 的零部件都依靠外部供应商的公司来说，是十分重要的(即时供应要求零部件要适时送至生产线上。这使得车间的存货控制在尽量低的水平，降低了成本)。在 20 世纪 80 年代，将存货量降低了 9 个百分点，并将每季平均存货周转次数从 6.38 提高到 13.9。

克莱斯勒汽车公司仅靠一个全公司范围的网络，将公司的大型机与各供应商的中型机连接了起来，并使工程技术工作站能够访问大型机。这使得数据在某个系统、生产场所，或者车间与其他部门之间的流动更为容易，而且方便了即时存货管理。

甚至在 20 世纪 80 年代以前，克莱斯勒汽车公司就决定需要一组计算机化的 CAD 规范，所有的生产阶段都能使用这种规范。1981 年，公司安装了一套系统，为各生产地点及所有下属 9 个克莱斯勒工厂的管理人员提供上述通用的设计规范。加工和设计部门可同时访问该资料，因此，最后一次设计上的修改能立即传送给加工和制造工程师。克莱斯勒为存货、运输、营销及其他许多相关活动都建立了集中的工作文件。

所有这些集中管理信息使得进度安排和库存控制更易于协调。克莱斯勒的轿车和卡车生产对零件的许多部分都是共享的。克莱斯勒汽车公司于 1982 年开发了一个卫星通信网络，为其遍布全国的近 5 000 家代理商和办事处提供单向视频及双向数据传输。公司现在一直在向境外发展。

克莱斯勒已经把自己的计算机系统和供应商的计算机连接在一起，比如，为美国汽车工业提供金属薄板部件、车轮产品和框架的密歇根州罗切斯特市的巴德公司。巴德公司能够通过安装在各个工作区的计算机终端提取克莱斯勒的生产信息，一旦哪里需要，就把零件准确地送到该地。有一项新的增强措施用于检测供应商发来的先进的电子货运通知单的准确性，从而帮助公司更密切地跟踪存货水平和付款时间表。

学习日本

20 世纪 80 年代中期，美国麻省理工学院的研究者们发现丰田汽车公司的生产系统体现了与亨利·福特的批量生产技术迥异的方式。在“精益生产”中，日本汽车制造商关注于减少浪费，降低存货水平，并且注意采用工人的观点。理想的“精益”工厂按需制造零件，其产品质量之高使得质量检验实际上已经显得多余。

在研究过本田公司后，克莱斯勒汽车公司着手削减运营成本，数额为每年10亿美元。并开始在实质上重新考虑它所做的每一件事情，包括从引擎设计到财务结果等各个方面。克莱斯勒还检查了其自上而下、集权化的管理结构，将其僵化的各传统事业部代之以仿本田的“交叉职能平台小组”。这种小组将设计、生产、营销及采购等各方面的专家结合在一起，具有从外形设计到选择供应商各环节做出基本决策的权利。依靠这种新的方案，克莱斯勒将产品开发周期缩短了18个月，产品性能也大为提高。这简直就是火箭效率。

克莱斯勒汽车公司一个85人的小组仅用36个月就设计出来名为Dodge Viper的赛车，而在过去要用四年半的时间完成。Viper的开发费用仅为7 500万美元，较之于马自达公司开发Mlata花费的1亿1 800万美元显然是低得多了。克莱斯勒的中型轿车LH系列提出想法到投入生产仅用了38个月，这与日本汽车制造商的时间几乎相同。人们认为这些新产品水平比克莱斯勒在20世纪80年代的产品领先了8年。

克莱斯勒现在拥有5个不同的平台小组，分别负责设计吉普车、迷你型客车、轿车。这种职能交叉的小组大约由750人组成，是以前从事这些工作的1 500人的一半。计时制工人们提建议，以帮助公司减少装配过程中不经济的步骤。它还使工人和设备距离更近，并消除不必要的动作。克莱斯勒现在正在重新设计其生产线，使之同丰田的更接近。10年以前，每天生产1 000辆轿车要用6 000名工人。而现在生产同样多的汽车只需3 000人。

克莱斯勒为了支持其新的产品开发方案，在位于密歇根州底特律市以北30公里的奥本山区新建造了一所占地350平方英尺的克莱斯勒技术中心(CTC)。克莱斯勒的领导层希望CTC能通过提供高技术使生产一次完成而无须返工，从而进一步提高生产能力。例如，过去一次失败的汽车冲撞试验会使工程师们困惑不已。现在，他们就能将试验数据与理论预测相比较，在每一次预测期都向最终的解决方案迈进一步。只有当他们需要测试结果时，他们才会真正去试撞另一辆汽车。由于手工制造的汽车原型价值从25万美元到40万美元，减少冲撞试验的次数会得到大量回报。通过这一方案的使用，工程师们设计的LH型汽车在首次冲撞实验中即获通过。

CTC的每间屋子都有26cm高的地板，那下面总共铺设了1万根光纤，这些光纤能以极高的速度传输大量数据。通过光纤，CTC大楼与主数据中心连接在了一起。CTC自己还计划引进十台大型机、两台巨型机以及对中心的数据和计算机网络的控制系统。在这里工作的人员达7 000人。

这座有三层大厅的宏伟建筑的影响远远超过了其功能。资金紧张的克莱斯勒公司在它身上花了10亿美元不止。尽管克莱斯勒管理层宣称CTC技术使汽车设计过程的再设计成为可能，但行业专家却指出，平台小组可以安置在更为简单的建筑内。花在CTC上的上亿美元的资金原本可以使克莱斯勒汽车更快地进入市场。CTC象征了克莱斯勒的全面困境吗？当克莱斯勒在1997年计划在每年的产品开发上投入30亿美元时，它却筹集不到1亿美元，为轿车设计试验建造一个实际大小的风洞，这笔钱还不如CTC浩大的外观给这座建筑物所增添的费用多。

通用汽车公司同样也修改和补充了它的产品生产和开发方法。这家公司正将其传统的装配线改成被称之为小间的更小一些的工作单元。在这种小间里，工人们有更多的机会设计自己的工作程序，提高产出。为了与通用汽车公司陈旧的封建式地域文化，及压制革新的事业部之间相互斗争，杰克·史密斯用一个专门的战略部取代了旧的委员会制度。这个战略部集中了生产、设计、销售、市场、财务、人力资源、后勤、采购、信息各方面的高层主管，使他们为共同的目标工作。每一辆通用轿车或卡车都明确地以26个细分市场之一为目标。如小型赛车、大型货车。不允许任何两种车相互交叉。位于底特律北部通用汽车公司工程总部的一座新的市场开发中心，从事筛选所有设计概念的工作。工程师、设计师、销售人员组成的队伍对轿车和卡车在成本、可销售性，同通用公司其他产品的兼容性等方面进行评估。但是，和克莱斯勒、日本汽车制造商不同，通用汽车公司的小组无权对重要的产品开发做出决策，像制造工艺和采购这样的部门，职权依然保留。

杰克·史密斯甚至比其前任更强调实现通用的工序和零部件连同信息系统的标准化。他提出将基本的轿车平台数从12个减少到5个。过去，生产通用轿车的每家工厂完全限制在一种型号上，几乎都不能发挥出全部的生产能力。通过减少每种型号可能的变化，通用现在能在同一家工厂里生产几种型号的汽车。由于部件数量的减少，使汽车的组装更加容易。平台的减少使通用汽车公司可以靠更少的工程师就能运作，工厂更简单、更具灵活性，存货减少，零部件通用性增强，规模经济也获得了提高。

1992年4月，通用汽车公司指定阿瑞奥托为其全球采购主管，以降低公司的高成本，使产品更具竞争力。阿瑞奥托在离开通用汽车公司之前，将分布全球的27个采购处合并成一个，设在底特律。他让公司所属的供应商同外部供应商竞价，迫使外部供应商立即削价20%，并在几年后达到50%。当时，通用的零部件约有40%来自外部供应商，而这个比例在克莱斯勒则为70%，在福特为50%。

通用公司还开始为8 500家经销商着手建设一个卫星网络，以追赶已建成这种卫星网络的克莱斯勒和日产汽车公司。所有这些努力已经转化为更高效、质量驱动的生产，以及更低的成本。自1991年至1994年初，通用将其生产的每辆汽车的税前成本减少了2 800美元。雪弗莱骑士车、庞迪亚克太阳火车的装配时间，比它们取代的原车型少了40%。这些汽车的零部件数已减掉了29%。

在杰克·史密斯的领导下，通用汽车公司扭转了1991年107亿美元的亏损局面，1993年盈利3.62亿，比1991年上升了11亿。1994年收入又有所上升。1995年第一季度，通用公布的收入为22亿美元，比上年同期的2.5倍还多。公司的收益源自于实力强劲的、多样化的海外业务和其在北美组建下降的人工和制造成本。更引人注目的是，通用汽车公司在北美卖出的每辆轿车及轻便卡车的平均收入从早先的500美元提高到了1 000美元。它销售了利润相对更高的车。

尽管如此，通用仍比其竞争者的效率差。它生产骑士车的时间比福特在其效率最高的工厂生产轿车的时间要长。新型号的产品开发周期，从最初的设计到投入生产，仍然要花46个月，比丰田公司的27个月、克莱斯勒公司的29个月都要长。甚至在长期占很大优势的汽车市场，通用也难以获利。通用最后推出像雪弗莱骑士、庞迪亚克太阳火这样有竞争力的车型到某些特定市场，对其SUV型车的需求强劲。但制造方面和零部件短缺的问题使生产受到了限制。结合严格的成本削减而实施新项目和柔性生产的确是极其困难的。通用仍然没有迹象再次成为汽车制造明星。

1994年1月，克莱斯勒宣布，1993年最后一季公司的收入达到了空前的7.77亿美元，创下了历史高峰。20世纪90年代，克莱斯勒从几近崩溃变为一棵摇钱树。它仍然主导着迷你型多用途车市场，并成功地将一些新车型投入市场，像大切诺基吉普车、克莱斯勒Neon车、克莱斯勒Concorde车、Eagle Vision车等。克莱斯勒汽车公司也同样存在问题，那就是它是否能够在长期的拉力赛中保持成功。

克莱斯勒汽车公司仍需要在产品和质量上下工夫。虽然其轿车和卡车比10年前更可靠，但它依然跟不上竞争。当美国汽车业似乎已经不继续败退给日本汽车业，日本汽车制造商正在继续提高工厂效率和减少产品研发时间。日产和马自达引入了能制造六种不同的汽车的装配线，而美国三大汽车公司绝大多数车间的装配线只能生产一两种不同的汽车。

底特律汽车制造商们面临的主要挑战是要正确看待美国汽车业的光复。它们在销售量和收入上的可观增长，归因于1993年、1994年日元的升值，这使得日本汽车相对于美国三大汽车公司的车要贵一些。即使存在着巨大的价格差异，日本汽车仍获取了美国轿车和卡车销售量的23%，高于10年前20%的比例。美国的汽车工业能维持其转变的势头吗?

案例讨论题：

1. 比较信息系统在克莱斯勒汽车公司和通用汽车公司所扮演角色的异同。它们是如何对汽车工业本身产生影响的?

2. 信息系统对通用汽车公司和克莱斯勒汽车公司的成败起到多大作用?

3. 什么样的管理、组织和技术问题能解释克莱斯勒汽车公司和通用汽车公司在应用信息系统上的不同?

4. 什么样的管理、组织和技术因素是克莱斯勒汽车公司和通用汽车公司问题形成的原因?

5. 信息系统怎样才能帮助美国汽车工业与日本更有效地进行竞争(或者，它们能否做到)?

6. 信息系统对于解决美国汽车工业面临的问题，其重要程度如何? 这些问题中有哪些是技术所无能为力的?

参考文献

[1] 仲秋雁，刘友德. 管理信息系统. 第5版. 大连：大连理工大学出版社，2006

[2] 王众托. 计算机在经营管理中的应用——新的系统构成. 大连：大连理工大学出版社，1994

[3] Davis G B. 管理信息系统概念基础、结构与研制. 哈尔滨：哈尔滨工业大学出版社，1987

[4] Laudon CK, Laudon J P. Management Information Systems-Organization and Technology. Fourth

Edition. Prentice Hall International Inc. , 1998

[5] Ting T C. 管理信息系统. 北京：企业管理出版社，1981

[6] Dearlove D. 核心管理决策. 毅军译. 大连：大连理工大学出版社，1999

[7] Crainer S. 核心管理理念. 陈维政，马渝根译. 大连：大连理工大学出版社，1999

[8] 郭珍，徐坤，刘武. 宝供三变. 当代经理人，2003-07

[9] Anthony R A，Govindarajan V. 管理控制系统. 第 11 版. 赵玉涛，刘寅龙，杜晓阳译. 北京：机械工业出版社，2004

[10] B M，Earl M. The Right Mind-set for Managing Information Technology. Harvard Business Review. 1998，(9-10)：119-128

[11] 哈罗德·孔茨，海因茨·韦里克. 管理学. 第 9 版. 郝国华译. 北京：经济科学出版社，2005

第3章 信息系统技术基础

信息技术是影响企业管理模式的重要因素之一。信息系统技术基础是指进行信息系统分析、设计、开发、运行、维护和管理等环节中会牵涉到的基础知识，包括计算机技术、数据存储技术和网络通信技术。本章将系统介绍这些基础知识。

学习目标

(1) 了解计算机系统的硬件组成
(2) 了解软件的主要类型
(3) 弄清数据库管理系统的信息组织原理
(4) 学习关于数据库的设计原理
(5) 了解网络原理与技术
(6) 学习企业网络规划和建设过程

引导案例

松下电器利用信息技术改造人力资源管理①

松下电器(中国)有限公司(CMC)是支持松下在华企事业活动的合资公司。公司总部设在北京，2006年在国内共有11家分公司、15个代表处，业务范围遍及全国，员工包括本地及外方派驻等共计1000余人。为了加强人力资源的管理，松下公司决定建立人力资源管理信息系统(HR系统)，用信息技术提升管理效率。以下是CMC公司的业务需求。

系统和技术需求。系统支持数据集中存放维护、异地远程漫游操作、异地打印。为实现对遍布全国的组织机构的集中管理，系统采用远程登录技术以支持CMC异地人事专员对位于北京总部HR系统的实时操作。所有服务器(远程登录服务器、应用服务器、数据库服务器)集中部署在总部，各分公司数据均存储在中心数据库系统上。使用中，本地用户通过LAN访问HR系统，异地用户或总部出差移动用户通过DDN或拨号上网方式登录(经授权)总部服务器，再通过服务器访问HR系统。

① 资料来源：51CIO.com 原文链接：http://info.cioage.com/art/200709/53520.htm

人力资源/薪资管理需求。系统须处理多地区薪资福利政策多样性问题，并且对总部下派员工，系统必须能处理“人员归属、工资发放、社会保险”分处三地的情况。所采用的人力资源管理系统特有“类别设置”功能，用户可根据公司实际情况，将全体员工划分成为若干不同地区的，或不同级别、性质的小群体，而后为每一个群体设置不同与其他群体的相关政策。系统应管理人员基本薪资、津贴、奖金、社保四金、个人所得税、年假、加班薪资等项目。系统能对全公司各种属性的员工进行多角度人员统计、人员预算。另外系统应在计算薪资前自动进行审查。公司建议实施厂商采用 PowerOLAP 解决方案，实现了任意角度的人员数据实时统计。

员工记录管理需求。系统可以提供详尽的人力资源管理和完善的人事合同档案管理，如招聘、培训、员工评估、奖惩和公司资金发放等。系统还能提供用户自定义字段功能、多文件合并功能等，从而跟踪员工记录并提供审核追踪。同时系统应能跟踪和管理员工从试用期到退休/离职的全程，从一个部门到另一个部门的调动、晋升、休假以及组织结构内的其他流动。

报表报告生成和外部接口需求。系统能够生成中国政府法定要求的个人所得税报表等报告。此外，系统提供的报表功能可生成各种内部管理报表，从而协助高层管理在必要的信息评估基础上做出审慎而全面的人力资源和薪资管理决策。系统必须可以与 ERP 系统接口并具有数据输出和输入功能。系统需接受 Excel、FoxBase、Access 格式的数据输入并能以 Lotus、Excel 或 ASCII 等格式进行数据输出。

3.1 计算机硬件资源

计算机的硬件资源是关于计算机的“看得见”、“摸得着”的设备系统，是计算机完成各项工作的物理载体，如 CPU 进行算术与逻辑的运算，存储器存储当前可用或不可用的数据和程序，显示器显示计算机当前的操作程序，鼠标通过单击或双击向计算机发送命令。计算机硬件资源在很大程度上决定了计算机的功能和使用性能。

3.1.1 计算机硬件系统的基本组成

现代计算机硬件系统是由中央处理单元(CPU)、主存储器(内存)、辅助存储器(外存)、输入设备、输出设备以及通信设备组成的，并通过总线将各部分连接在一起(图 3-1)。中央处理单元把未加工的数据转化成有用的形式，并且控制计算机系统的其他部分；主存储器暂时存储那些正在处理的数据和程序指令；辅助存储器(磁盘、光盘、磁带)存储那些暂时不被处理的数据和程序指令；输入设备，如键盘和鼠标，将数据和指令转化成二进制数字的形式输入计算机；输出设备，例如打印机和视频显示终端，把计算机产生的二进制数字表示的结果转换成人们可以理解的形式显示出来；通信设备提供计算机与通信网络之间的连接；总线则是在计算机不同部分之间传递数据的通道。人们常说的主机包括中央处理单元和主存储器，其他部分被统称做外部设备。

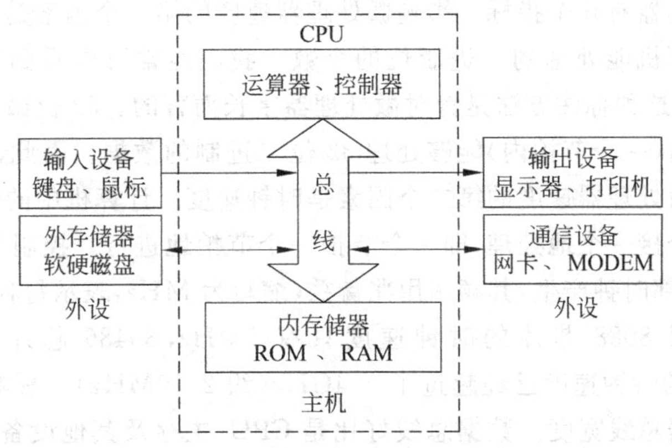

图 3-1　计算机的结构

要使信息在计算机系统内有序传递，并以适于计算机处理的形式表示，必须将符号、图像或字词等信息转化成一串二进制数字。一个二进制数字被称为“1 位”(bit)，由 8 位二进制数字组成的一个二进制数，在计算机中作为一个存储单位，被称为“1 字节”。十进制数、符号、汉字、声音或图像都需要转换成二进制的代码，才能被计算机识别、存储和处理。计算机存储单元的单位有：字节(Byte)、千字节(KiloByte，KB)、兆字节(MegaByte，MB)、吉字节(GigaByte，GB)、太字节(TeraByte，TB)等，它们的换算关系为：

1KB＝1 024B　1MB＝1 024KB　1GB＝1 024MB　1TB＝1 024GB

3.1.2　计算机各部件的功能

计算机功能组成部分包括 CPU 和微处理器、主存储器(内存储器)、辅助存储器(外存储器)、输入设备、输出设备和通信设备。

1. CPU 和微处理器

中央处理单元(CPU)由算术逻辑运算单元和控制单元组成，CPU 的性能在很大程度上决定了计算机的速度和性能。

算术逻辑运算单元 (ALU)负责计算机的基本算术运算和逻辑运算。算逻单元可以进行加、减、乘、除运算，能判断一个数是正数、负数或零，还能判断一个数是大于、小于或等于另一个数。ALU 也能够对字母和数字进行逻辑运算。由于任何复杂的数学运算都可化为算术运算，任何复杂的逻辑关系都可化为逻辑的与、或、非运算，算术逻辑运算单元使得计算机能够处理任何的数学运算问题和逻辑运算问题。控制单元是计算机的控制中心，负责协调和控制计算机系统的其他部分。它读取存储在计算机主存中的程序指令，控制计算机系统的其他部分去完成程序所要求的任务。所谓指令，是指计算机执行某种操作的命令。计算机无论解决多么复杂的问题，都是通过依次执行若干简单、基本的操作完成的。

超大规模集成电路技术使计算机的存储器、逻辑单元和控制单元可以集成在一个芯片上，这种芯片被称为微处理器。我们常见的Intel和AMD的处理器产品实际上是微处理器。衡量微处理器有几个指标。影响微处理器速度的第一个因素是字长。字长指的是在单位时间内计算机能处理的二进制位的个数。我们经常可以看到标有8位、16位或32位的微处理器，这种标注方法是针对微处理器字长而言的。32位微处理器是指计算机在一个机器周期内(一个节拍内)能够处理32位二进制的数据。因此，字长越长，处理速度就越快。影响微处理器速度的第二个因素是时钟速度。计算机中的每个事件必须按先后的逻辑关系一个接一个地处理，即一个节拍一个节拍地进行。控制单元向芯片提供节拍，这些节拍由内部时钟产生，其频率用兆赫兹(缩写为MHz，表示每秒有100万个周期)表示。例如，Intel 8088芯片的时钟速度只有5MHz，80486芯片的时钟速度达到100MHz，奔腾4的时钟速度已经超过了2.4GHz(约2400MHz)。影响微处理器速度的第三个因素是数据总线宽度。数据总线好比是CPU、主存及其他设备间的高速公路，它决定了单位时间内可以输送多少位数据。举个例子，8088芯片最早被应用在IBM个人计算机上，有16位字长，但只有8位数据总线。这意味着，CPU芯片本身可处理16位数据，但在CPU、主存及外部设备之间一次只能传输8位数据，16位数据要分两次才能传完。与此相反，IBM PS/2个人计算机上的80486芯片及Macintosh计算机上的摩托罗拉公司的68040芯片却有32位字长及32位数据总线。显然，为了使计算机每秒内能执行更多的指令，并使用户快速地处理程序，需要增加处理器的字长、数据总线宽度或时钟速度，或同时提高这三个指标。目前，处理能力强大的微处理器被广泛应用在个人计算机上。

2. 主存储器

主存储器简称主存，也称做内存。它有三方面作用：存储全部或部分正在执行的程序；存储计算机的操作系统程序；存储正在被程序使用的数据。

主存常称做RAM(Random Access Memory)或随机存取存储器。之所以称它为RAM，是因为它能直接访问随机选定的存储器的任何位置。主存储器被划分成以字节为存储单元。每个单元有一个唯一的地址，就像邮箱一样，标明它在RAM中的位置，计算机只须通过这些地址就可以知道数据存放在哪一个单元里。计算机应用程序调用的大部分信息都存储在外存(如磁盘和磁带)中，而不是存在主存中。计算机CPU为了操作信息，必须先将信息转到主存里。因此，在程序执行中，数据要频繁地写入主存或从主存中读出。

主存通常是由半导体超大规模集成电路芯片组成的。每个芯片上刻蚀了由成千上万个微小的晶体管组成的集成电路，用于暂时存储数据和程序指令。RAM保存信息并不长久，当计算机电源中断时，RAM中的内容就会丢失。

主存中还有一种只能读取、无法写入的只读存储器ROM(Read Only Memory)，用以存储要反复使用的重要的固定数据和程序(例如，BIOS)。ROM从制造商那里买来时就已存储了永久性的程序和数据，即使断电，其内容也不会消失。

3. 辅助存储器

为了能长期大量地保存数据，计算机系统还使用另一种类型的存储器，以便在计算机关机以后也能保存数据。这种在 CPU 和主存储器以外、相对长期保存数据的存储器叫辅助存储器。辅助存储器有很多种，最常用的有磁带、磁盘和光盘等。闪盘是最新出现的便携移动存储设备。

磁带是一种比较老的存储设备，它主要用在大量数据的备份。由于只能顺序读写，限制了它的应用，近年来新的技术发展导致磁带逐渐被取代。

磁盘是一种表面涂有氧化铁的金属或塑料盘片，像录音机一样，通过磁头的磁化作用将二进制的 0 和 1 用不同的南北极性记录在盘面上。塑料片基的软盘容量大约有 1.44MB，携带方便。金属片基的硬盘容量比软盘大几万倍，速度也快近千倍，成为目前主流外存储器。在每个硬盘面上，数据是存储在同心圆组成的磁道上。信息通过读/写头来录入或读取，读/写头要严格地悬浮在每分钟几千转高速转动的磁盘的上方，不与磁面接触（否则会损坏数据），它与盘片间的间隙不到 1 微米。如果空隙间有一个烟尘微粒或是一根人发，都足以使读/写头划伤盘片（头发的直径为 50～70 微米）。为保持清洁，盘片都被装在密闭的硬盘驱动器中，只有在超净室中才能完成它们的装配或维修。为了对磁盘进行精细的寻址和管理，磁盘表面上每个磁道又被分成若干个扇区，每个扇区的大小是相同的（一般是 512 字节）。每个扇区都有编号，通过磁道号和扇区号来完成对磁盘空间的寻址和管理。为便于携带，常常把硬盘安装在一个有一定防震功能的便携盒中，这种移动式硬盘方便了那些需要经常转移大量数据的用户。

光盘也称为 CD 盘或激光盘。当激光束在光盘反射层烧出一些只有用显微镜才能看到的小坑时，数据就被刻录到光盘上了。这些小坑的深度和它们之间的距离表示二进制信息。光盘以高度压缩的形式存储大量的数据，不仅包括文本，还有图片、声音和动画图像。光盘通过一束来自激光头的低能激光扫描盘片来读取数据。最普通的光盘系统称为 CD-ROM（压缩只读光盘）。一张 4.75 英寸的压缩光盘能装下 660MB 容量的信息。光盘比较适合存储大量的、固定的信息，如百科全书或人名、地址簿那样的数据资料，还有在线数据库和包含文本、声音和图像的多媒体应用程序等。CD-ROM 比软盘坚固耐用，比硬盘便于携带，已经被大量应用。CD-ROM 是只读存储器，不能写入新的数据，只可读取数据，所以它仍然不能取代硬盘。用户常常希望能把自己的数据写入光盘，以便长期保存或传递，这可以借助于刻录机。CD-R 是一种只能在刻录机上刻录一次的盘片，而 CD-RW（Compact Disk-Rewritable）是可重写型盘片。

近年来，"闪盘"（也被称做 U 盘或优盘）逐渐普及，它将主存的成熟技术用于辅助存储器的一项创新。用可重写的半导体芯片作存储介质，方便的 USB 技术作接口实现与主机的带电连接和断开（热插拔），使闪盘具有体积小、重量轻、速度快、使用方便、抗震、抗磁、不怕灰尘等诸多优点，已经在很大程度上取代了软盘。随着价格的下降，已成为移动外存的主流技术。

4. 输入设备

输入设备向计算机提供数据与信息。承载数据与信息的媒体并不仅限于数字与文字，还包括符号、图形、声音、图像等。为了扩大计算机的应用领域，就需要开发出能将各种媒体承载的信息与数据都转换成计算机唯一能够识别的二进制代码的输入设备。正是媒体的多样性才决定了输入设备的多样性。

早期的计算机只处理数字与字符，输入设备使用穿孔卡片和穿孔纸带。一张卡片可以存储80字节的信息(80列)。由于这些设备不便于修改数据，逐渐被键盘所取代。

以英语为代表的拼音文字是由几十个字母拼写而成的，使用拼音文字的民族早就发明了包括字母、10个阿拉伯数字和标点符号的键盘打字机来完成数字与文字的书写与记录，对键盘上百年的使用与改进，不仅使键盘输入技术日臻完善，也使键盘成了使用拼音文字国家的民族文化的有机组成部分。许多国家的孩子从小学就要学习打字，打字的速度远远超过了用笔书写的速度。最先发明和使用计算机的国家都是基于拼音文化的国家，使用键盘输入数字与文字是再自然不过的事情了。它不仅符合民族文化的习惯，也有比用笔书写高得多的效率。这是计算机信息系统在这些国家能得到更广泛应用的重要原因。

与拼音文字不同，以汉字为代表的非拼音文字的书写一直是靠笔。书写文化是这些民族文化的有机组成部分。孩子们从小就受到严格的书法训练，由此而发展起来的书法艺术也是这些民族文化的典型特征。键盘显然不适合非拼音文字的输入，在人们没有发明出更好的输入设备以前，不得不想出各种编码方案间接地用最流行的英文键盘来输入非拼音文字。对大多数人来讲，其输入的效率并不比用笔书写更快。学习各种编码方案，不仅有相当的难度，而且会中断思维。要一位经理一边考虑营销战略，同时要想“战”字可以分解成哪些更简单的笔画，哪个键对应着这些笔画，这显然不符合他原有的思考习惯，如果他不能克服这一障碍，他最终就会选择放弃使用计算机。

早期的计算机操作是靠输入一条条的英文命令来实现的，这不仅使不懂英文的人望而生畏，即使对英语为母语的使用者来讲，背诵一串死板的命令也不是一件令人愉快的事情。“苹果”公司首先想到在计算机屏幕上用许多被称做“图标”的小图形来直观地代表各种命令，用户只需要用一个“鼠标”控制屏幕上的一个箭头去“点击”这些命令，就能方便地实现对计算机的操纵。这一技术的推广，不仅使英语为母语的用户方便使用，更使得计算机在非英语国家得到了迅速的普及。20世纪90年代后期，计算机迅速进入中国家庭，很重要的一个因素就是使用了“鼠标技术”的“Windows 95”成为了主流操作系统。这使不懂多少英文和计算机命令的孩子们以及他们的家长都能利用鼠标的点击操作计算机了。

利用手指代替鼠标，直接点击屏幕上的图标，是更方便的操作方式，基于这一设想的输入设备就是“触摸屏”。触摸屏使用方便，对于那些不会使用传统键盘的人来说很有吸引力。使用者可以用手指触摸敏感的显示器表面输入数量有限的数据。例如，借助彩图、声音和一些简单的菜单，用户接触屏幕上的特殊部分对菜单进行选择。触摸屏大多用在零售商店、饭店、购物中心，甚至一些学校里。

为了扩展计算机处理的数据媒体的范围，人们研制了许多“多媒体”输入设备，包括能把图形输入计算机的“数字化仪”和“扫描仪”，能把声音和影像输入计算机的“话筒”、“摄像头”。这些多媒体设备不仅将计算机的功能扩大到了娱乐领域，而且还孕育了“智能输入设备”的诞生。最令人感兴趣的智能输入设备要属文字和语音识别系统了：文字识别系统的核心是一套被称做“OCR”的软件，它能将扫描仪输入的图形进行“识别”，分离出其中含有的文字信息，并将它们以文字编码的形式存在计算机中，这使得大量的记录在纸上的文献资料有了新的输入方法。目前，对印刷品的识别精度已经达到了实用要求，尤其令人欣慰的是这项技术对拼音文字和象形文字都有效。语音识别技术也是靠一套"语音识别软件"将通过话筒输入的语音进行分析,并用文字的形式存入计算机。目前对多种语言正常语速的语音正确识别率已经达到了95%,这使得非拼音文字的输入瓶颈有望得到彻底的解决。

输入设备的发展方向之一是实现数据输入的自动化。源数据自动化是指在数据刚一建立时就以计算机可以识别的方式读取数据。例如,POS系统,超市中的光学条形码扫描器以及其他的光学符号识别设备,都是源数据自动化的应用实例。源数据自动化的优点之一是,可以消灭很多人们在使用键盘输入数据时产生的错误。条形码扫描器每输入10 000次才会发生1次错误,而一个熟练的录入员每输入1 000次就会发生1次错误。此外,源数据自动化可以即时地获取信息,而且当场纠错。利用这些设备,商业企业就不需再单独组建一个数据录入小组。主要的源数据自动化技术除了光学条码之外,还有磁墨水字符识别技术、光学字符识别技术、数字扫描仪、声音输入和传感器等。

数据录入计算机中的方式影响着数据的处理方式。信息系统收集和处理信息有两种方式:批处理或联机处理。在批处理中,因为一些报告都是定期制作的,所以像购货单或工资卡这样的事务都是累积保存起来,直到该处理它们时才统一输入。20世纪60年代以前,批处理是唯一的处理办法,今天它还用在一些过去开发的系统和某些带有大量事务处理的系统中。在联机处理中(现在非常普遍),用户将事务输入到与计算机系统直接相连的设备中,这些事务通常立即得到处理。商务上的要求决定了处理的类型,如果用户需要周期性或偶然性的报告或结果,例如,薪金单或年终报告,批处理更有效;如果用户需要即时的信息或处理,例如,航空公司或酒店的库存系统,那么系统就需要联机处理。

5. 输出设备

显示器和打印机一直是信息系统中使用的主要输出设备,它们将计算机输出的二进制数字信号转换成人们可以识别的文字和图形。

计算机的显示系统包括显示卡(图形卡,简称显卡)和显示器。显示卡是一个控制计算机发送信号到显示器的扩充插件板,在计算机总线和显示器之间起到接口作用。计算机显示的清晰与否决定于显示器的质量和显示卡的能力。

影响显示效果的因素有屏幕尺寸、最大的分辨率和点距。屏幕尺寸是用英寸来衡量的显示器的对角线长度。大部分计算机使用的是12～19英寸的显示器。大尺寸的显示器可以在文字不会变小的情况下使用更高的分辨率来显示更多的内容或同时显示多个窗口。点距和最大分辨率是衡量图像清晰度的指标,点距越小,分辨率越大,图像就越清楚。从技术的观点来讲,点距就是两个像素之间的距离,以毫米为单位。现在的显示器点距通常为0.1～0.3毫米。常用的标准分辨率为640×480、800×600、1024×768、1280×1024和1600×1200。可以使用的最大分辨率取决于图形卡和显示器,如果图形卡支持1600×1200的分辨率,但显示器只支持1280×1024的分辨率,那么可使用的最大分辨率为1280×1024。很多的显卡使用特殊的显示芯片来提高性能。这些图形加速卡可以增加图形显示的速度。连在快速AGP总线上的显示卡和CPU之间传送数据的速度,可以和CPU处理的速度一样快,这使得三维动画的显示速度更快、更连贯。你可以将计算机设置为显示16色、256色、65 000色或1 600万种颜色。色彩越多,图像越真实,但是消耗的资源也越多。显示的分辨率越高、颜色种类越多，所需要的显示内存就越大。要显示一幅 640×480 的照片，显卡至少需要 1MB 内存。如果要显示 800×600 或 1024×768 的图像，显卡至少应当有 2～4MB 的显示内存。

显示器的另一项容易被人忽略的指标是“刷新频率”，它决定了每秒钟可以显示多少个画面。频率越高，画面闪烁感越轻，眼睛越不易疲劳。长期在计算机前工作的人应该使用 85Hz 以上的刷新频率。

台式机的显示器一般使用阴极射线管(CRT)。它与电视显像管非常相似，电子枪射出一束电子照射到屏幕上由荧光材料制成的像素时，每个像素就会发光，光的亮度取决于电子束的强度，颜色由制造像素的荧光材料决定。只用一种荧光材料制成的显示器是单色的，常见的有绿色、黄色、白色等；彩色显示器要用三种荧光材料，分别发出红、绿、蓝三种颜色，再按一定比例将其混合成所需的彩色。

笔记本计算机不使用通常的 CRT 显示器，这是因为 CRT 显示器又大又重，而且需要的电量太大，不宜使用电池供电。笔记本计算机使用液晶显示器来显示。液晶显示器在技术上比较复杂，它让光线通过一个布满液晶单元的薄层来形成图像。老式的笔记本电脑使用无源矩阵屏幕或双扫描无源矩阵彩显。无源矩阵彩显液晶单元发亮后要持续一段时间，因此屏幕上图像的更新操作总是不能与移动的图像一致，显示出的效果有变形。无源矩阵技术不适合于包含动画和视频的多媒体应用。有源矩阵屏幕又称为 TFT，它的图像更新速度很快，显示质量和 CRT 显示器相近。要显示清楚的动画和视频就必须使用有源阵列屏幕，但是有源阵列屏幕在制造上比较困难，大约有 50%由于有缺陷而成为废品，这使显示器在笔记本计算机的成本中占了一半的比例。随着技术的进步，液晶显示器成本不断下降，越来越多的台式机也开始采用液晶显示器了，它小巧的“身材”在办公面积十分紧张的公司里则显出很大的优势。

打印机可以产生纸面的输出信息。打印机包括击打式打印机(字符式或点阵式)和非击打式打印机(激光、喷墨和热感打印机)。击打式打印机比非击打式打印机噪声大，使用成本低，打印质量一般，适用于要求不高的场合。字符打印机只能打印一个个的字符，不能输出图形，只适宜作拼音文字的输出。点阵式打印机一次可以打印一列小点，由大量的点可以组成字符和图形。用于微机的喷墨和激光打印机可以达到每分钟打印 4～15 页。用于大型计算机的激光打印机可以达到每分钟打印 100 页以上。激光打印机购置成本高，使用成本低，适用于经常有大量打印任务的办公用户；喷墨打印机正相反，而且有用较低成本打印彩色图文的优势，更适合平日打印量不大的家庭用户。

工程图纸虽然也可以用打印机输出，但是其精度与质量都不理想。绘图仪是专门用于这一领域的输出设备。绘图仪不是用“点”来组成图形与文字，而是像人一样，用笔来“画”出图形和文字。不同颜色的笔可以实现彩色输出。A3 幅面以下的绘图仪一般做成平板式的，更大的幅面要用滚筒式绘图仪来完成。

声音的输出一直是靠“声卡”和“音箱”，虽然按“音响发烧友”的标准设计的“5.1 声道”的声卡和计算机专用的高保真音箱早已问世，却并没能代替传统的“功放＋音箱”的音乐欣赏模式，如果要满足一般信息系统的需要，最简单的声卡和微型音箱就已经足够。

6. 通信设备

网卡是计算机网络中最重要的连接设备，计算机主要通过网卡连接网络。在网络中，网卡的工作是双重的：一方面它负责接收网络上传过来的数据包，解包后，将数据通过主板上的总线传输给本地计算机；另一方面它将本地计算机上的数据打包后送入网络。

调制解调器(MODEM)，作用是利用模拟信号传输线路传输数字信号。电子信号分两种，一种是"模拟信号"，另一种是"数字信号"。连入互联网后，当PC机向互联网发送信息时，由于电话线传输的是模拟信号，所以必须要用调制解调器来把数字信号"翻译"成模拟信号，才能传送到互联网上，这个过程叫做"调制"。当PC机从互联网获取信息时，由于通过电话线从互联网传来的信息都是模拟信号，所以PC机想要看懂它们，还必须借助调制解调器将模拟信号"翻译"成数字信号，这个过程叫做"解调"。

个人计算机通过通信设备与计算机网络设备相连，就可以与其他计算机用户进行通信了。常见的网络设备在3.4节进行介绍。

3.2 计算机软件资源

计算机软件(Computer Software)是指计算机系统中的程序及其文档。程序是计算任务的处理对象和处理规则的描述；文档是为了便于了解程序所需的阐明性资料。程序必须装入机器内部才能工作，文档一般是给人看的，不一定装入机器。软件是控制计算机系统运行的详细指令。没有软件的计算机，也叫"裸机"。计算机硬件是否有用，取决于是否有丰富的可以运行的软件和用户对这些应用软件能否进行有效地维护、监控与管理。

软件的功能包括：管理计算机的资源；为人们利用这些资源提供工具；作为组织和所存储信息之间的媒介。软件程序是一系列语句或计算机指令的集合。编写软件程序的过程叫编程，专门编写程序的人叫程序员。程序存储是把一个程序和必要的数据存储在主存储器中，以便让计算机执行。一旦一个程序执行完，计算机硬件就可以将新程序装载到内存中，执行另一个任务。所有的计算机都是按存储程序的原理在工作，也就是说，CPU不能直接运行存放在外部辅助存储器上的程序，必须首先把它们调入内存。

3.2.1 计算机软件分类

计算机软件主要有两类：系统软件和应用软件，它们各自有不同的功能。系统软件管理计算机的资源，如中央处理单元、通信连接和外部设备。编写系统软件的程序员叫系统程序员。应用软件是针对特定问题为用户或由用户自己编写的程序，如处理企业订单、接受旅客订票的软件都是应用软件。编写应用软件的程序员叫应用程序员。

计算机软件都是用各种编程语言编写的。因此编程语言是一类特殊的软件，多数人将它归入系统软件。

用户同计算机打交道，是通过应用软件——系统软件——硬件来实现的(如图3-2所示)。每一种软件又是由一种或几种编程语言写成。

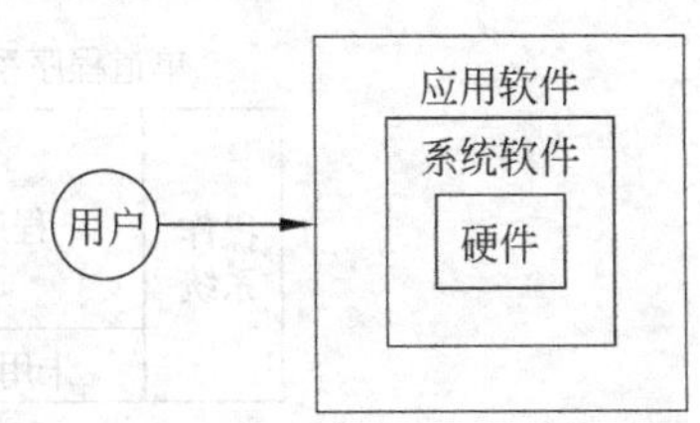

图3-2 用户通过软件操作计算机硬件

3.2.2 计算机操作系统与系统软件

系统软件用于协调计算机硬件资源的不同部分，协调应用软件和计算机硬件。管理并控制计算机活动的系统软件叫“操作系统”，系统软件还包括把编程语言写的程序翻译成机器语言的计算机语言翻译程序和执行公共处理任务的实用程序。

操作系统是计算机系统(包括计算机硬件和应用软件)的主要管理者。操作系统软件决定使用哪些计算机资源，运行哪个程序以及控制每个动作发生的顺序。操作系统有3种功能：资源分配、调度、监视。

1. 资源分配

操作系统为执行队列中的应用程序分配资源。它为数据和程序安排主存空间，控制打印机、终端、通信等输入和输出设备。

2. 调度

数千件的工作同时在计算机中执行，不是所有工作都按它们递交的顺序执行的，操作系统必须按优先级别，根据资源使用的情况，决定什么时候安排已被提交的工作。联机订货处理可能比产生邮寄名单和标签的工作有优先权。

3. 监视

操作系统监视计算机系统的操作，它保留每一个计算机工作的行踪，记录谁正在使用系统，哪个程序已经执行了以及任何未经允许的试图读取系统数据的企图。显然操作系统本身就是一个大的程序，因此只有一部分操作系统是真正放在主存中，其他大部分存放在磁盘中。因为主存的存取速度很快，无论什么时候，只要需要操作系统的哪一部分，都可以从磁盘上很快地装入主存。

操作系统最重要的能力是多道程序执行。多道程序执行允许多个程序通过并发地使用一个中央处理单元，共享计算机系统的资源。并发使用的含义是指，在任何时刻只能有一个程序实际上使用CPU，但同时CPU还可以处理其他程序的输入和输出。换句话说就是，两个或两个以上的程序同时被处理，但它们不在同一时刻使用同样的计算机资源。多道程序执行使两个或更多的程序可以轮流使用处理器。

图3-3说明在多道程序环境中，3个程序是如何被存储到主存当中的。第一个程序执行到处理该程序的输入/输出时，操作系统接着确定一条通道(一个只有输入和输出功

单道程序系统

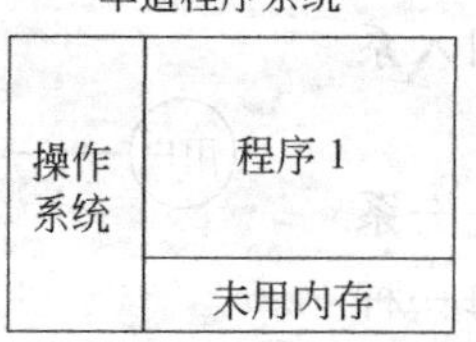

多道程序系统

操作
系统
程序1
程序2
程序3
未用内存

图3-3 单道程序系统和多道程序系统

能的小处理器)来处理该程序的输入/输出,在CPU处理第一个程序的输入/输出的同时就执行第二个程序,依次地,第二个程序执行到处理输入/输出时,将执行第三个程序,直到所有三个程序最终都被执行。

多任务是指在单用户操作系统上的多道程序运行。使用计算机的人,一个人可以在一个计算机上同时运行两个或更多程序。例如,一个销售代理商可以用字处理程序写一封信给未来的顾客,同时还可以用数据库程序搜索某一城市或某一地区的所有销售合同。多任务允许销售代理商在计算机屏幕上同时显示两个程序,并且同时在两个程序上工作,而不是结束字处理程序返回操作系统,然后再进入数据库程序。

为了解决多道程序执行时遇到的主存紧张问题,可以利用虚拟存储技术。虚拟存储是把要运行的多道程序的大部分放在外部磁盘设备中,把每一个程序分成许多固定长度的部分,叫做"页",或者分成可变长度的部分,叫做"段"。每一页都不大(1页2~4KB),只把要运行的那一页或那一小段调入主存(图3-4),用虚拟存储后,程序的长度不再受内存大小的限制。

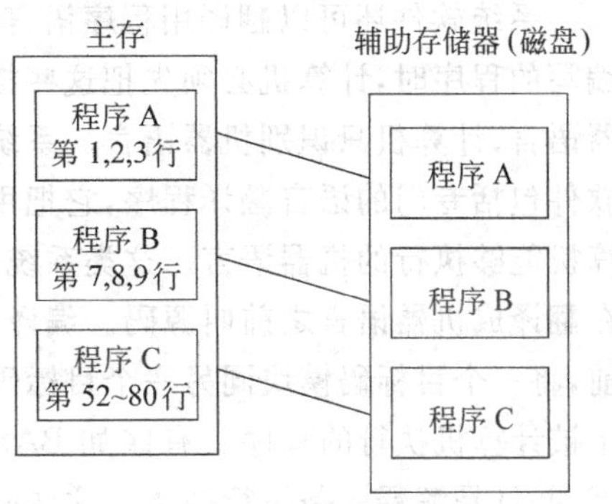

图3-4 虚拟存储

有些操作系统支持并行处理,允许在一个计算机系统内,连接两个或更多的CPU并行工作。操作系统可以安排多个CPU去同时执行同一个程序或不同程序中的不同指令,并在CPU间分配工作。

和其他软件一样,软件是以特定的操作系统和计算机硬件为基础的。专为一种计算机操作系统编写的软件包一般不能用在另一种计算机操作系统上,常见的计算机操作系统有:

(1) MS DOS;

(2) Windows 95/98/Me;

(3) Windows NT/2000/2003;

(4) Windows XP/Vista;

(5) OS/2;

(6) UNIX;

(7) Linux;

(8) Macintosh OS。

用户是通过操作系统的用户界面来使用操作系统的。以前计算机操作系统如DOS是命令方式驱动的,要求用户用键盘输入以文本为基础的命令。例如,删除C盘下文件名为DataFile的文件,用户必须键入Delete c:\DataFile的命令。用户必须记住这些命令和句法才能让计算机有效地工作。图形用户界面(GUI)的出现充分利用了图标、按钮、菜单条和对话框来完成相应的任务,这已成为计算机操作系统界面的主要模式。用户在屏幕上移动光标并按一下鼠标就可以激活相应的命令。图标是表意性图画,用在GUI中代表程序或文件。例如,删除一个文件可以用鼠标把代表该文件的图标拖动到垃圾箱的图标上。

许多图形用户界面(GUI)用下拉菜单的形式帮助用户选择命令,或用弹出窗口的形式帮助用户从不同命令选项中选择,这使计算机初学者不必学习各种各样的神秘命令。共同的功能如帮助、存盘或打印都用相同的方法执行。一系列复杂的命令能通过连接图标来解决。然而图形符号并不总是容易理解的,除非 GUI 设计得很好。

系统软件还包括执行常规的、重复任务的实用程序,比如拷贝、清除主存、计算平方根或排序。如果在计算机上执行像建立新文件、删去旧文件或格式化磁盘这类工作,则已经用到了实用程序。实用程序是事先写好并保存在计算机中的,这样它们可以被所有计算机用户共享,需要时可以迅速地用在许多不同的信息系统应用中。

系统软件还可以翻译用程序语言编写的程序。当计算机执行用 C 或 COBOL 等语言编写的程序时,计算机必须先把这些接近自然语言编写的程序转化为由 0 和 1 构成的机器语言,计算机只识别机器语言。系统软件中的语言翻译程序可以完成这个任务。系统软件包括专门的语言翻译程序,它把用高级语言如 BASIC,COBOL 编写的程序翻译成计算机能够执行的机器语言。这类系统软件叫编译器和解释程序。用高级语言编写的程序在翻译成机器语言之前叫源码。编译器把源码翻译成机器码——目标码。在计算机执行前,将一个目标码模块同另一个目标码模块连接在一起叫做链接。链接后的模块才是真正被计算机执行的程序。有些如 BASIC 这样的程序语言不使用编译器,而只用解释程序,并且是解释一条执行一条。这样的翻译语言,如果有错误出现,就立即反馈给程序,但是这种程序执行的速度是很慢的,因为它一次只能解释一条语句。汇编程序也是一种编译器,但它只能把汇编语言翻译成机器码。

3.2.3 程序语言和软件开发工具

许多程序语言可以用于开发软件,每一种语言都有它的优缺点,适用于不同的问题。

为了同第一代计算机交流,程序员不得不用机器语言——二进制代码 0 和 1 编写程序,这种程序不需要翻译计算机就能执行。因为程序是一系列的 0、1 代码,使早期的编程成为一种慢速的、耗费大量劳动的过程。第一代语言的典型代表是 Plankalkül。第二代编程语言用“助记符”代表各种二进制编码的命令,典型的代表是汇编语言。它有效地提高了编程的效率,消除了程序员记忆二进制指令的烦恼。但是第二代语言的典型特点是只针对特定的硬件,如 Intel 的 CPU 与 Apple 的 CPU 拥有各自的程序指令。第三代语言采用类似自然语言的语句写程序,编程效率又有了大幅度的提高,程序的可读性也大大增强了,这使程序错误更容易排除。当代主流的编程语言多为第三代语言,典型代表如 COBOL、C\C++、JAVA、Python 等。第四代语言则更为方便,它只需要告诉计算机做什么,而不必告诉怎么做,这使得一般用户也能完成应用程序的编写。当然,第四代语言的适用性也更加专一。第四代语言的典型代表是用于数据库检索的 SQL 语言和用于计算的 Matlab、SPSS。随着人工智能研究的深入,有学者提出了第五代编程语言,其特点是使用规则而非算法来求解问题,因而更加注重问题的表示。第五代语言的另一个特点是无须专门的程序员参与程序生成。第五代编程语言的典型代表是 Prolog。表 3-1 列举了典型的编程语言的出现年代。

表 3-1 计算机程序语言的发展年代代表性语言

年　代	代表性语言	出现年份
1940	Plankalkül (Konrad Zuse)	1943
	ENIAC coding system	1943
	C-10	1949
1950—1960	FORTRAN	1954
	LISP	1958
	COBOL	1959
	Simula	1962
	BASIC	1964
	PL/I	1964
1967—1978	Pascal	1970
	C	1972
	Smalltalk	1972
	Prolog	1972
	SQL	1978
1980 年至今	C++	1983
	Perl	1987
	Python	1991
	Java	1991
	JavaScript	1995
	PHP	1995
	C#	2000
	JavaFX Script	2008

面向对象的开发方法是当前流行的软件开发方法。使用面向对象的语言，可进行面向对象软件的开发。SmallTalk 是最早具有面向对象特点的编程语言。当前使用最广泛的面向对象编程语言有 C++ 和 Java。基于流行的面向对象编程语言，已经涌现出大量用“面向对象”编程工具进行软件开发的新方法。

传统的软件开发方法把数据和程序看成是相互独立的两个部分，需要对一段特定的数据进行某种操作时，就必须编写一个与数据分开的程序，这个程序运行时，数据才能传递给程序。

面向对象的程序设计方法把数据和对数据的特定操作组合成一个“对象”，这个对象综合了数据和程序代码。它不是像传统程序设计方法那样将数据传递给程序，而是由程序给对象传递“消息”来执行某个已经嵌入到程序里的过程，过程在面向对象语言中被称为“方法”。相同的消息可以传递给许多不同的对象，但每个对象将使用这些消息执行不同的任务。例如,用面向对象方法,把顾客对象的借贷消息传送给会计对象时,会计对象可以把它们记入应收款或应付款对象。对象的数据隐藏在程序中,只能在对象内部来操作。这种操作对象数据的方法能被间接改变,而不影响程序的其他部分。程序员可以把精力放在他们想让对象做什么上,至于怎么做法由对象来决定。因为对象的数据与系统其他部分是分装的,每个对象是一个独立的软件构件,可以在许多不同系统中重用,而不需修改程序代码。这样面向对象的编程可以减少编写可重用程序代码或软件包(可用于其他系统的代码和软件包),有望减少和降低用于编写软件的时间和成本。未来的软件工作将可能提供一个可重用软件库,如果将对象存储在可重用软件库中,生产效率将由于面向对象技术而大大提高。

面向对象的编程技术已经发展了一项新的编程技术叫"可视化编程"。使用可视化编程,程序员不用写程序代码,只需使用鼠标去选择和移动编程对象,从一个库里拷贝一个对象到一个程序中的特定环境,或者画一条线来连接两个或更多的对象。

3.2.4 应用软件包与办公软件

应用软件主要是为完成最终用户的工作而设计的,财务管理、设备管理、办公自动化软件都是应用软件。大企业应用更多的是集成了的管理软件包。MRPⅡ、ERP 等都是当前较为流行的集成软件包。这些软件包既可以从市场上买到,也可以定制开发。后面几章会详细地讨论应用软件。

办公软件是使用最多的一类应用软件,作用是帮助用户处理日常办公事务如文档的管理、数据的整理等。办公软件是办公自动化(OA)的主要组成部分之一,可提高用户的工作效率。常见的办公软件有 MS Office,Open Office 等,可进行文档编辑,数据表和幻灯片制作,邮件管理乃至数据库管理等。国产办公软件的优秀代表有金山 WPS 和永中集成 Office。

3.2.5 软件版权

计算机软件同书籍和电影一样受版权保护。版权是授予一个程序的作者或版权的所有者某种独占权利的一种合法的保护形式,版权的所有者唯一享有拷贝、发布、出售、更改软件的诸多权利。当你购买了享有版权的软件时,你并没有成为版权的所有者,而是仅仅获得了使用这个软件的权利。你购买软件之后,就能在你的计算机上安装它,但你不能为了分发或出售该软件而另外进行拷贝。非法进行拷贝、发布或更改软件的人被称为软件盗版者,他们制造的非法拷贝则被称为盗版软件。

享有版权的软件会标示一个类似"(c)1998 Course Technology,Inc."的版权声明,它通常出现在程序的启动屏中,在参考手册中往往也会有。大多数国家都有自己的版权法,许可用户只能在特定的环境下拷贝和更改软件。

除了版权保护,计算机软件通常也受到软件许可证的保护。软件许可证是一种法律合同,确定你对一个计算机程序的使用方式。软件许可证经常扩大版权法给予你的权利。例如,尽管版权法认为在不止一台机器上拷贝使用一个软件是非法的,但是 Claris Works 软件许可证就允许你购买一个拷贝而将它安装在你家中和办公室内的计算机上,只要你是这两台机器的主要使用者。

每次当你购买软件时，签署和提交一个软件许可证很不方便，所以计算机行业常使用一种小包裹许可证，当你购买一个软件时，软件包中的磁盘或光盘通常封装在一个信封或塑料的小包裹内，你打开包裹就表明你同意了该软件许可证的各项条款。如果你不接受这些条款，应该原封不动地将该软件归还。这是一种“要么接受，要么放弃”的办法。

若公司有一个网络系统，还需要为每个用户的许可证支付费用吗？

大多数软件出版商提供了多种许可选择，有些是为单用户设计的，另外的则是为多用户设计的。单用户许可证限制该软件在一段时间内只能为一个用户所用，大多数的商业软件是以单用户许可证的方式发布的。

多用户许可证允许多人使用一个特别的软件包。当多个用户中每人都有他们自己个人的软件版本，这种许可方式就非常有用。一个电子邮件程序就代表性地有一个多用户许可证，因为每个用户都拥有自己的邮箱。多用户许可证一般以每个用户来计算价钱，但多用户许可中的每个用户付出的价钱比单用户许可所付出的价钱要少。

同时使用许可证允许同时使用一定数量的拷贝。例如，一家配备了网络系统的公司有一个字处理软件的五拷贝同时使用许可证，在任何时候都可以有最多五个职员使用该软件。同时使用许可证通常以人数的增长来计算价钱。例如，一个公司可能会以2 500美元购买一张50用户的同时使用许可证，也可能会以10 000美元购买一张250用户的同时使用许可证。

场所许可证一般允许在一个特定地点的任何或所有计算机上使用软件，像在协作的办公室之间或一所大学内。场所许可证通常是平等的价钱，例如每个场所5 000美元。

共享软件是以“买前尝试”方式存在于市场上的具有版权的软件。共享软件通常包含一个允许试用一段时期的许可证。如果你想继续使用它，你就得交一笔登记费。共享软件许可证一般允许你制作该软件的多个拷贝，也允许你把这些拷贝分发给别人，这是一个节约广告开支的相当有效的市场策略。不幸的是，登记费的支付依靠自觉，所以共享软件的作者往往只得到他们因付出编程努力而应该得到的报酬中的一小部分。

有时候，某个作者会放弃他对软件的所有权利，而把该软件用于公共领域，如遵循GPL协议的软件，让人们没有限制地使用，这种软件被称为公共领域软件。与其说它属于这个作者，不如说是属于大家。公共领域软件可以免费拷贝、分发，甚至是重新卖出。公共领域软件的主要限制是不允许你对该软件提出版权申请。目前公共领域软件也越来越多，如Linux操作系统软件。它常被人们误以为是共享软件，因为共享软件也可以合法地在公共领域进行拷贝和分发。

3.3 数据存储技术

3.3.1 数据组织的术语和概念

一个计算机系统是按层次组织数据的。图3-5显示了一个按照层次组织数据的例子。首先由位组成字节，字节组成字段（域），再依次组成记录、文件和数据库。位(Bit)是计算机中最小的数据单位,其值为二进制 0 或 1;字节(Byte)是由 8 个二进制位组成的,一个字节代表一个西文字符,字符可以是字母、数字或者是其他的符号;多个字符组成一个词或者一个完整的数字(如员工编号、员工姓名或年龄),称做字段(Field),字段也称做域;若干个相关的字段,如员工编号、员工姓名、性别、年龄组成一个记录(Record);若干个同类型的记录组成一个文件(File);若干个相关的文件组成一个数据库(Database)。

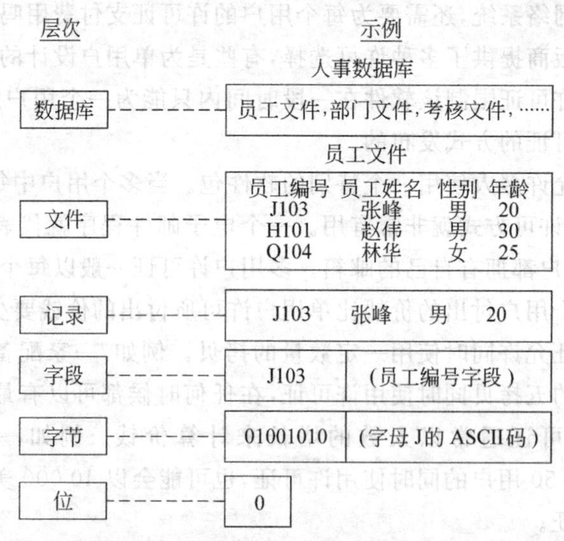

图 3-5 计算机系统中数据的层次组织

现实世界的问题是由若干个对象组成的,这些对象相互间具有一定的联系。数据库是某个组织或部门所涉及的数据的集合,它不仅要反映对象本身的数据内容,而且要反映它们之间的联系。

当按用户的观点来对现实世界的数据和信息建模时,通常用概念模型来描述。在概念模型里,实体表示客观存在并可相互区别的对象,实体可以是具体的人、地方、事物或事件。由于实体具有若干不同的特征或性质,需分别描述,因此用若干个数据项即属性来描述实体的特性。例如,员工实体就具有员工编号、员工姓名、性别、年龄等属性。

在数据库的表文件中,一般一个记录描述一个特定的实体,如“J103,张峰,男,20”描述的是一名员工的基本信息。

由于现实世界的对象是可以相互区分的,即它们具有某种唯一的标识,因此数据库表文件中的每一个记录至少要有一个或一组字段来唯一地标识,以使该记录能被检索、修改、排序,这个字段或字段组叫做关键字。

3.3.2 数据库环境下的数据管理

20 世纪 60 年代后期以来,计算机用于管理的规模越来越大,应用越来越广泛,数据量急剧增长,同时多种应用共享数据集合的要求也越来越强烈。这时计算机已有了大容量的存储介质,硬件价格下降,而软件价格上升;在处理方式上,联机实时处理要求更多,并开始提出和考虑分布处理。在这种背景下,以文件系统作为数据管理手段已经不能满足应用的需求，于是为了解决多用户、多应用共享数据的需求，使数据为尽可能多的应用服务，数据库技术便应运而生，出现了统一管理数据的专门软件系统——数据库管理系统。

数据库技术可以解决许多传统文件组织方式引起的问题。数据库，顾名思义，是存放数据的仓库，只不过这个仓库是在计算机存储设备上，而且数据是按一定的格式存放的。数据库比较严格的定义是：它是一个数据集合，是长期存储在计算机内的、有组织的、可共享的数据集合。数据库中的数据按一定的数据模型组织、描述和储存，具有低冗余度、较高数据独立性和易扩展性，可为多个用户共享并有效地服务于多个应用程序。

数据库技术不是将数据按各自的应用分别保存在不同文件中，对用户来说，数据库中的数据就好像是物理地保存在一个地方。一个数据库可服务于多个应用程序。比如，公司可以建立一个总的人力资源数据库，而不是把员工数据存储在不同的相互独立的信息系统中，为员工档案、考勤、部门等分别建立文件。图 3-6 说明了数据库环境的概念。

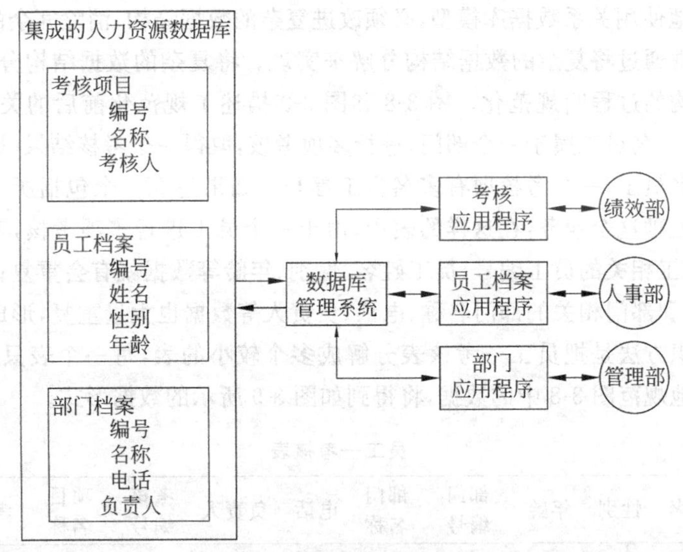

图 3-6　现代数据库环境

3.3.3　建立数据库

建立数据库需要做两个设计：概念设计和物理设计。数据库的概念设计通过对用户需求进行分析，根据实际业务综合、归纳与抽象，导出一个独立于具体 DBMS 的抽象模型；物理设计则表明数据库在物理存储介质上是如何组织的，是为抽象的数据模型选取一个适合的存储结构与存取方法，它依赖于给定的计算机系统。数据库物理设计由数据库专家完成，而概念设计则需要业务过程及信息的详细描述，因此需要最终用户的参与。

数据库的设计者用实体—关系图(E-R 图)表示数据概念模型，如图 3-7 所示。其中，矩形表示实体，椭圆形表示属性，菱形表示联系；用 1、m 或 n 在菱形的两边表示实体间的联系的类型；实体间的联系有一对一、一对多(多对一)或多对多三种类型，1 表示一，而 m

或 n 表示多。图 3-7 中，实体"员工"和实体"考核"是多对多的联系，因为每名员工可以进行若干考核，每个考核适用于若干员工；而实体"部门"和实体"员工"是一对多的联系，因为一个部门有多名员工，一名员工仅属于一个部门。在每一个实体的属性中，构成关键字的属性被加上了下划线。

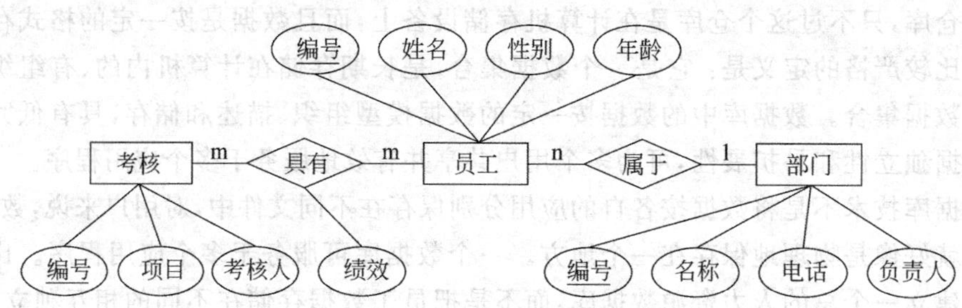

图 3-7 实体—关系图

为了有效地使用关系数据库模型，必须改进复杂的数据结构，消除冗余的数据元素。这一处理过程通常通过将复杂的数据结构分解来实现。将复杂的数据结构分解，建立较小的稳定的数据结构的过程叫规范化。图 3-8 和图 3-9 描述了规范化前后的关系数据库模型。根据业务模型，一名员工属于一个部门，进行多项考核，取得一个考核结果(即绩效)；而每个考核项适合多名员工，一个考核项有多名员工参与。如果建立一个包括所字段的表——员工—考核表来处理这个业务，在这样的表中，由于一个员工进行多项考核，表中就会有重复的信息，如与员工相关的员工编号、员工姓名、性别、年龄等数据就有会重复；又如，一个部门有若干名员工，和部门相关的部门名称、电话、负责人等数据也大量重复，形成数据冗余。更有效的数据组织方法是把员工—考核表分解成多个较小的表，每一个表只描述一个实体。如果一步一步地规范图 3-8 中的数据，将得到如图 3-9 所示的数据形式。

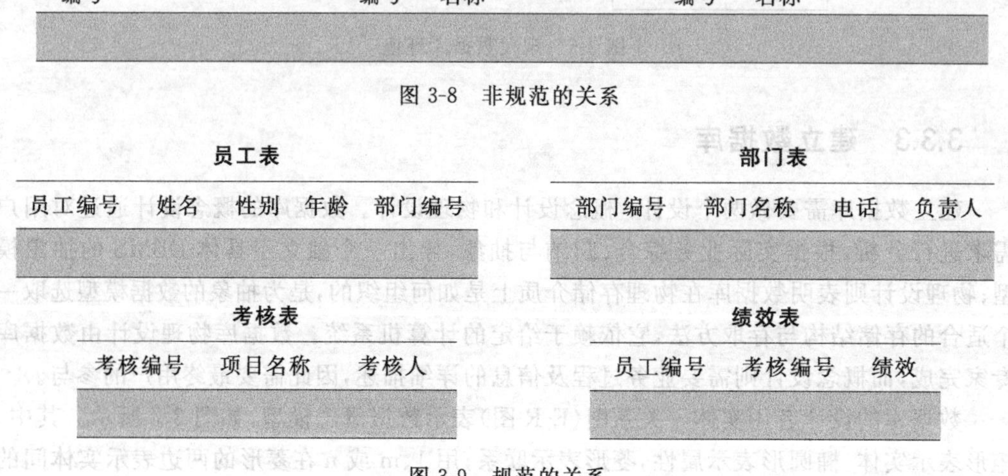

员工—考核表

员工编号	姓名	性别	年龄	部门编号	部门名称	电话	负责人	考核编号	项目名称	考核人	绩效

图 3-8 非规范的关系

员工表

员工编号	姓名	性别	年龄	部门编号

部门表

部门编号	部门名称	电话	负责人

考核表

考核编号	项目名称	考核人

绩效表

员工编号	考核编号	绩效

图 3-9 规范的关系

3.3.4 数据库系统的管理需求

开发数据库系统比单纯地选择一个逻辑数据库模型有更多的要求。数据库不但是一种工具、一项技术,而且是一种组织原则、一种方法。它需要组织和概念上的改变。没有管理的支持和理解,数据库的努力是不会成功的。数据库环境的几个影响因素有:数据管理;数据规划和建模方法;数据库技术及管理;用户(图 3-10)。

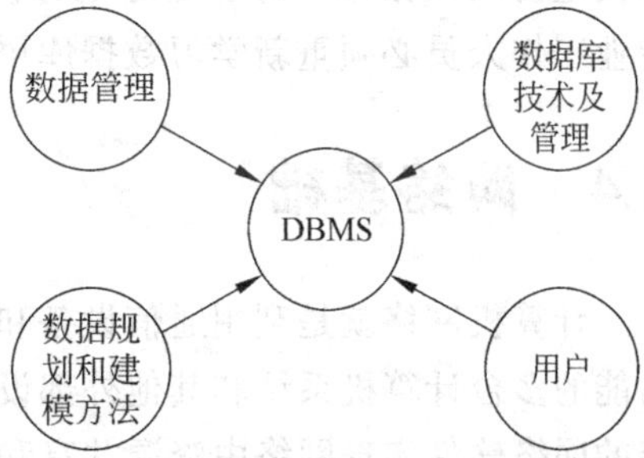

图 3-10 数据库环境的关键要素

1. 数据管理

数据库系统需要组织认识到信息的战略作用,并把信息作为公司的资源来管理和规划。这意味着组织必须设置数据管理职能部门,来确定整个公司的信息需求和使用权限。数据管理的主要任务是制定政策和规则,以便有效地管理信息,目的在于使信息成为资源。这些任务包括:信息方针制定、数据规划、监视数据库逻辑设计和数据字典开发、监督信息系统专家和最终用户使用数据的情况。

数据管理的基本原则是把所有数据作为整个组织共有的财富,而不是看做哪一个职能领域或部门独有的资源。所有数据可供需要它的群体使用以完成它们的任务。组织要阐明它们的信息政策,指出在整个组织内共享、发布、获取、标准化、分类和清点信息的规则。信息政策确定责任和规则,指出哪些单位共享信息,信息分布到哪些地方,谁负责修改和维护信息。

数据管理在组织中是非常重要的,被认为是非常有挑战性的工作。

2. 数据规划和建模方法

与传统的文件环境相比,DBMS(database management system,数据库管理系统)可提供更广泛的服务,因此,组织需要在整个企业范围里进行数据的总体规划。企业分析法是确定整个企业信息需求的方法,可以用来建立数据库。企业分析法的目的是弄清构成组织的数据的关键实体、属性及其相互关系。

3. 数据库技术及管理

数据库需要新的软件,需要在 DBMS 技术上受过专门培训的技术人员,也需要新的管理结构。许多组织机构在信息管理部门里建立一个专门的小组来设计和管理数据库,它负责数据管理方面更多的技术和操作,这种职能称做数据库管理。具体包括以下几方面:①定义和组织数据库结构和内容;②建立安全机制以确保数据库的安全;③建立数据库文档;④维护数据库管理软件。

设计小组应与使用者紧密合作,建立物理数据库、数据元素间的逻辑关系,以及访问权限和机制。

4. 用户

与传统系统相比，数据库可为更多的用户提供服务。第四代查询语言使得操作者可方便地访问数据库。为了更好地方便非专业人员访问，更多的资料可用于培训使用者。专业工作人员必须重新学习数据库语言、数据库应用程序开发以及新的软件知识。

3.4 网络基础

计算机网络就是利用通信设备和传输介质（如双绞线），将不同地理位置的具有独立功能的多台计算机系统和其他外部设备（如打印机）互联起来，以网络通信协议和功能完善的网络软件实现网络中资源共享和信息传递的系统。

在计算机网络中，通常是以带宽（Bandwidth）来度量网络的速率。带宽的单位是比特每秒（b/s），而更常用的带宽单位是千比特每秒（Kb/s）、兆比特每秒（Mb/s）、吉比特每秒（Gb/s）等。例如，快速以太网的带宽为 100Mb/s。

3.4.1 网络的功能与组成

1. 网络的功能

计算机网络自 20 世纪 60 年代末诞生以来，以异常迅猛的速度发展起来，被越来越广泛地应用于政治、经济、军事、生产及科学技术的各个领域。计算机网络的主要功能包括如下几个方面。

1）数据通信

这是计算机网络的最基本功能之一，利用网络可以实现计算机与计算机或计算机与外设之间相互通信，如发送电子邮件、协同工作、网上聊天、网络会议等。

2）资源共享

用户可以通过计算机网络实现资源共享。资源共享包括硬件资源的共享，如打印机、代理服务器等；也包括软件资源的共享，如程序、数据等。资源共享可避免重复投资和重复劳动，可提高资源的利用率。

3）分布处理

当网络系统中某台计算机负担过重时，或该计算机正在处理某项任务时，网络可将新任务转交给网络上空闲的计算机来完成，这样处理能均衡网络中各计算机的负载，提高处理问题的实时性。另外，针对大型综合性问题，可将问题各部分交给不同的计算机分头处理，充分利用网络资源，扩大计算机的处理能力。

4）提高可靠性与可用性

在计算机网络中，每种资源（尤其程序和数据）可以存放在多个地点，当网络中一台计算机或一条传输线路出现故障时，可通过其他无故障线路传递信息，在无故障的计算机上运行需要的处理，从而避免了单点失效对用户产生的影响。分布广阔的计算机网络的处理能力，对不可抗拒的自然灾害有着较强的应付能力。

2. 网络的组成

像任何计算机系统是由硬件和软件组成的一样，完整的计算机网络系统是由网络硬件设备、传输介质和网络软件系统组成的。根据不同应用的需要，网络有不同的软件和硬件配置。

1）网络硬件设备

网络硬件设备是计算机网络系统的物质基础。构成一个计算机网络，首先要将计算机及其附属硬件设备与网络中的其他计算机系统连接起来。网络硬件设备包括：服务器、工作站、网卡、集线器、交换机等。为了将不同的网络连接起来，形成一个更大的网络，使得处于不同网络中的用户之间能够相互通信，需要使用某种网络互联设备，如路由器等。通过电话线实现计算机通信时还需要调制解调器。

2）传输介质

网络服务器、工作站及其他设备相互间的通信，要通过传输介质来进行。传输介质分为有线传输和无线传输两种。在有线传输介质中，电磁波或光波被导向沿着固体媒体传播，主要有：双绞线、同轴电缆和光纤等。而无线传输介质就是指自由空间，主要有：微波传输、红外线传输、卫星通信等。今天，大多数计算机网络布线采用非屏蔽双绞线 UTP（Unshielded Twisted Pair）和光纤相结合，无线网络日益成为未来的趋势。

3）网络协议和网络操作系统

(1) 网络协议。网络协议是一组通信规则的集合。在网络系统中，为了保证数据通信双方能正确而自动地进行通信，针对通信过程的各种问题，制定了一整套约定和规则，这些约定和规则使它们在通信内容、怎样通信以及何时通信等方面相互配合，成功地进行通信。协议的种类很多，不同体系结构的网络系统都有支持自身系统的协议软件。常用的协议有 TCP/IP 协议、NetBEUI 协议和 IPX/SPX 协议等。

(2) 网络操作系统(NOS)。网络操作系统是为全网范围内提供软、硬件资源的共享与信息通信的机制，即它是计算机系统管理软件和通信控制软件的集合。网络操作系统能够帮助用户逾越网络中各个计算机系统之间的界限，克服本地与远程的差别以及时间、空间的差距。正是因为有了网络操作系统，才能大大简化用户建网、用网和维护网络等工作的难度。此外，网络操作系统还具有对网络资源的选择进行优化处理的功能。一个网络的功能和水平在很大程度上取决于网络操作系统的性能。

目前在网络中广泛应用的网络操作系统主要有三大类，第一类是 Microsoft 公司的 Windows 系列，包括 Windows NT、Windows 2000 Server、Windows 2003 Server 等；第二类是 UNIX/Linux 系列，不同的硬件有不同的 UNIX 系统，Linux 是一种类似 UNIX 的不需要付费的自由软件；第三类是 Novell 公司的 Netware 系列。

3.4.2 网络体系结构

要想让两台计算机通过网络进行通信，必须使它们采用相同的信息交换规则。我们把在计算机网络中用于规定信息的格式以及如何发送和接收信息的一套规则称为网络协议。网络体系结构是指计算机网络分层设计的层次及其各层所规定的协议的集合。为了使不同体系结构的计算机网络都能互联，国际标准化组织 ISO 于 1983 年提出一个能使各种计算机在世界范围内互联成网的标准框架，即开放系统互联基本参考模型 OSI/RM (Open Systems Interconnection Reference Model)，简称为 OSI 模型。后来又出现被工业界认同的 TCP/IP 模型，它是当前被广泛使用的协议。

1. 开放系统互联基本参考模型 OSI

OSI 模型最初是用来作为开发网络通信协议组的一个工业参考标准，以使得全球范围的计算机平台可进行开放式互联，通过严格遵守 OSI 模型，不同的网络技术之间可以轻易地实现互联操作。它是一种严格的理论模型，并不是指某一特定的硬件设备或一套软件例程，而是厂商在设计硬件和软件时必须遵循的一套通信准则，就像语言中的语法一样。

OSI 参考模型定义了一个计算机网络功能的七层协议，它将网络结构从下至上划分为物理层、数据链路层、网络层、传输层、会话层、表示层和应用层。每一层均有自己的一套功能集，每一层都建立在前一层的基础上，较低层为较高一层提供服务。这样每一层在实现自身功能时，直接使用较低一层提供的服务，而间接地使用了更低层提供的服务，并向较高一层提供更完善的服务，同时屏蔽了具体实现这些功能的细节。各层的主要功能见表 3-2。最顶层(应用层)与用户使用的软件(如字处理程序)进行交互，最底层(物理层)和具体的网络传输介质连接。

表 3-2 OSI 模型各层的主要功能层次及其名称

层次	层的名称	主 要 功 能
7	应用层	与用户应用进程的接口
6	表示层	数据格式的转换
5	会话层	进程之间进行会话的管理和数据传输的同步
4	传输层	从端到端经网络透明地传输报文
3	网络层	传输以分组为单位的信息和路由选择
2	数据链路层	在链路上无差错地传送以帧为单位的信息
1	物理层	在物理通信媒体上传输原始的数据比特流

两台采用 OSI 标准的不同计算机进行通信的过程如图 3-11 所示。当主机 A 向主机 B 传输数据时，要从发送主机 A 的进程将发送数据传递给其应用层，通过全部七层直到物理层，这是传输数据不断打包的过程。然后穿过通信信道进入接收主机 B，通过接收主机的七层向上传输，这是接收数据不断拆包的过程。最终将数据交给主机 B 的相应进程，完成一次通信。

这里举一个例子来说明 OSI 模型的工作原理。假设某地一银行职员想查看存储在银行中心主机的某特定客户的账目，他在计算机的第 7 层(应用层)控制下的终端输入查看客户账目的指令，第 6 层(表示层)将这一输入数据变为传输格式，第 5 层(会话层)初始

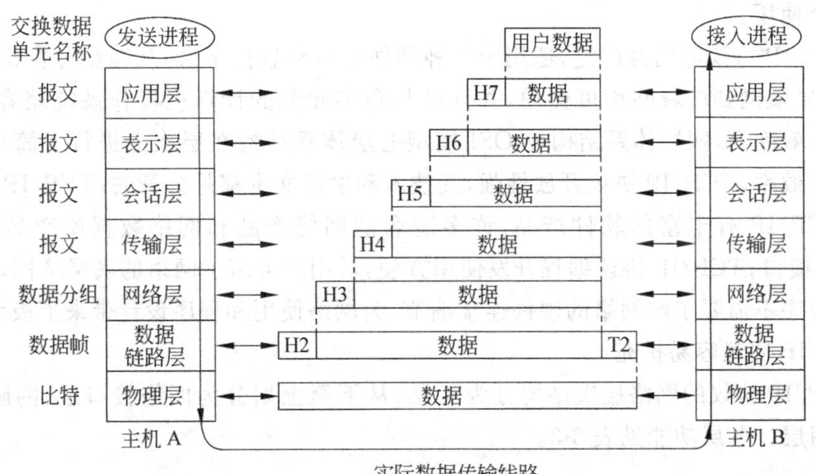

图 3-11 OSI 模型数据的实际传递过程

化对话，第 4 层（传输层）检查从用户传输到主机结点的信息的质量，第 3 层和第 2 层（网络层和数据链路层）通过第 1 层（物理层）传输数据，指令通过网络线到达主机被执行，查询结果按相反方向通过这七层，反馈给用户。

理论上，只要遵循 OSI 标准，一个系统就可以和位于世界上任何地方的、也遵循这同一标准的其他任何系统进行通信，因此，OSI 参考模型为推动计算机网络技术和网络设备的研制和发展奠定了基础。但现在实际情况却相反，得到最广泛应用的不是国际标准 OSI 模型，而是互联网使用的 TCP/IP 协议。OSI 模型未真正流行开来的主要原因是 OSI 模型过于复杂及层次划分不太合理。虽然 OSI 模型和协议并未获得巨大的成功，但是 OSI 参考模型在计算机网络的发展过程中仍然起到了非常重要的指导作用，并且仍对今后计算机网络技术朝标准化、规范化方向发展具有指导意义。

2. TCP/IP 模型

OSI 模型是网络的理想模型，很少有系统能够完全符合其要求。在现实的网络世界中，由于互联网的崛起和发展，使得 TCP/IP 协议成为了当今世界上应用最为广泛的网络互联协议体系结构。现在 TCP/IP 协议作为互联网的基本通信协议，已经成为不同计算机系统之间互联和不同网络系统互联的实际标准。

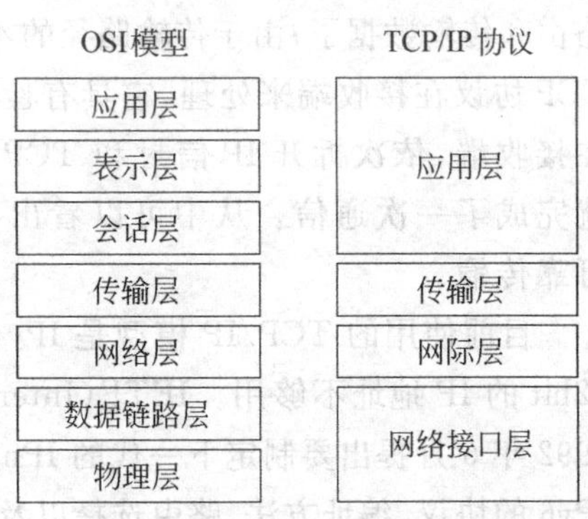

图 3-12 TCP/IP 协议与 OSI 模型的层次对比

TCP/IP 协议是传输控制协议和网际互联协议（Transmission Control Protocol/Internet Protocol）的简称，泛指以 TCP/IP 为基础的一个协议集，由许多相互关联的协议组成。TCP/IP 协议及 OSI 模型的对应关系如图 3-12 所示。TCP/IP 中的协议可以联合使用，也可以和其他协议配合使用。

TCP/IP 协议适用性广泛，适用于各种硬件平台和软件平台，从微型计算机到巨型计算机，从局域网到广域网均可使用，并且已与众多知名的计算机操作系统兼容；TCP/IP 协议通信效率高，四层体系结构较 OSI 模型七层体系结构在层次上进行了简化，大大提高了通信效率；TCP/IP 协议开放性强，其技术和协议文本都是公开的；TCP/IP 协议普及率高，TCP/IP 有丰富的软件产品，许多著名的网络产品和网络数据库产品都提供了 TCP/IP 接口；TCP/IP 协议编程开发使用方便，对用户屏蔽了网络的底层结构，使得用户和应用程序不需要了解网络的硬件连接细节，为网络使用和程序设计带来了极大方便；另外，TCP/IP 协议容易扩充。

TCP/IP 协议的网络层次结构分为 4 层，从下至上划分为网络接口层、网际层、传输层和应用层。各层功能见表 3-3。

表 3-3 TCP/IP 协议各层的功能层次

层次	层的名称	主 要 功 能	部分子协议
4	应用层	与用户应用进程的接口，为不同计算机的应用进程之间提供通信	HTTP(超文本传输协议，用于 WWW 浏览)、SMTP(简单邮件传输协议)、FTP(文件传输协议)、TELNET(远程登录协议)
3	传输层	管理端到端的连接	TCP(传输控制协议)、UDP(用户数据报文协议)
2	网际层	寻址和最短路径选择	IP(网际协议)、ICMP(网际控制报文协议)、ARP(地址解析协议)
1	网络接口层	没有详细定义这一层的功能，需利用具体物理网络提供相应功能，如以太网的 IEEE802.3 标准	具体使用哪种协议由物理网络决定

在实际传输过程中，TCP/IP 主要完成以下功能：首先，TCP 协议把应用层下传的发送数据分成若干个数据报，并将每个数据报加上一个 TCP 报头(可称为信封)，写上数据报的编号，以便在接收端把数据还原成原来的格式；其次，IP 协议把每个 TCP 信封再套上一个 IP 信封，在上面写上接收主机的 IP 地址。有了 IP，信封就可以在物理网络中选择路由和传输数据了；由于传输路径的不同，可能会出现顺序颠倒，数据丢失或重复，这些由 TCP 协议在接收端来处理，它具有检查和纠错的功能，必要时还可以请求重发；最后，在接收端，依次拆开 IP 信封和 TCP 信封并重新组包后，将数据上传给应用层，这样就完成了一次通信。从中可以看出，IP 协议负责数据的传输，TCP 协议负责数据的可靠传输。

目前使用的 TCP/IP 模型是 IPv4，它是在 20 世纪 70 年代末期设计的，主要问题是 32bit 的 IP 地址不够用。IETF(Internet engineering task farce，互联网工程任务组)在 1992 年 6 月提出要制定下一代的 IPng，即为 IPv6。1995 年以后陆续公布了一系列有关 IPv6 的协议、编址方法、路由选择以及安全等问题的 RFC 文档。IPv6 所引进的主要变化如下：更大的地址空间。把地址增大到 128bit，增大了 296 倍；灵活的首部格式，采用全新的数据报格式，允许与 IPv4 共存；简化了协议，加快了分组的转发；允许协议继续演变和增加新的功能，使之适应未来技术的发展。

3.4.3 网络的类型

根据不同的划分标准，网络可分为不同的类型。按照覆盖范围，网络可分为局域网、广域网和城域网。

1) 局域网 LAN(Local Area Network)

局域网是在一个有限的地理范围内(几公里到十几公里)组建的网，它的范围可以是一个办公室、一座建筑或一个校园。其特点是：具有较高的数据传输率(一般为 10～1 000Mb/s)和可靠性，易于管理。计算机局域网被广泛应用于连接企业、校园以及机关的个人计算机，以利于个人计算机之间资源共享和数据通信。

局域网技术一般遵循 IEEE 802 系列标准，这个标准主要规定了最低两层即物理层和数据链路层的功能及与网络层的接口服务功能。早期的局域网使用共享技术，现在的局域网使用交换技术，大大提高了网络性能。

局域网技术有多种类型，包括以太网、令牌网、令牌总线网、FDDI、Appletalk、100VG-AnyLan 等，其中以太网是世界上使用最普及的局域网技术。以太网是 Ethernet 的中译名，遵循 IEEE 802.3 系列标准。以太网技术具有可扩展、高性能、性能稳定和技术成熟等特点。另外，各种以太网技术相互兼容，速率从 10Mb/s～10Gb/s 可供选择。通常我们所说的以太网主要有百兆以太网、千兆以太网等。以太网的核心思想是使用共享的公共传输信道，采用广播机制传输信息。所有与网络连接的工作站都可以看到网络上传递的数据包。通过查看包含在数据包中的目标地址(MAC 地址)，确定是否进行接收或放弃。如果证明数据确实是发给自己的，工作站将会接收数据并传递给高层协议进行处理。

2) 广域网 WAN(Wide Area Network)

广域网覆盖范围大(从几十公里到几万公里，甚至更远)，横跨城市和地区，甚至全国、全世界。广域网采用远程方式，如电话线、DDN 专线、卫星通信等进行网络连接。互联网是全球最大的广域网，每天有各种计算机网络正在源源不断地加入其中。目前国内外电信公司或 ISP(Internet Service Provider，互联网接入供应商)能够提供常用的公共传输系统(即接入服务)，企业可根据自己的业务需求，并结合公共传输系统的速度、可靠性、价格、传输距离和安全性方面，选择合适的广域网传输方法。同一网络也可能需要同时采用几种广域网技术。广域网常用公共传输系统比较见表 3-4。

表 3-4 广域网常用公共传输系统比较

类 型	方式	传输速度	可靠性	费用	适 用 范 围
PSTN（电话网络）	电话线	56Kb/s	差	低廉	个人、小型企业；互联网浏览
ISDN（综合业务数字网）	电话线	128Kb/s	差	低廉	个人、小型企业；互联网浏览
ADSL（非对称数字用户线路）	电话线	下行 512K～8Mb/s，上行 16K～640Kb/s	一般	中等	个人、小型企业；VOD 和宽带互联网浏览

续表

类　型	方式	传输速度	可靠性	费用	适 用 范 围
有线电视网(Cable Modem)	有线电视电缆	2M～10Mb/s	一般	中等	个人、小型企业；VOD和宽带互联网浏览
帧中继(FR)	专线	8K～2Mb/s	较高	较高	中、小型企业；远程互联、互联网应用
DDN（数字数据网）	专线	9.6K～2Mb/s	高	高	大、中型企业；远程互联、互联网应用
ATM（异步传输模式）	专线	2M～622Mb/s	很高	很高	大型企业、网络公司、ISP；远程互联、高宽带服务质量、复杂互联网应用

3）城域网 MAN(Metropolitan Area Network)

城域网介于局域网与广域网之间，它的地理范围可从几十公里到上百公里，通常覆盖一个城市或地区，如城市银行储蓄所的通存通兑网。它所采用的技术基本上与局域网相类似，只是规模上要大一些。

3.4.4 互联网

1. 什么是互联网

互联网(Internet)是世界上最大的计算机网络，是成千上万条信息资源的总称。这些资源以电子文件的形式，在线地分布在世界各地的数百万台计算机上。互联网上开发了许多应用系统，供接入网上的用户使用，网上的用户可以方便地交换信息，共享资源。互联网也可以被认为是各种网络组成的网络，它是使用TCP/IP协议互相通信的数据网络集体。

2. 互联网的主要技术

1）万维网 WWW

万维网WWW(World Wide Web，WWW或Web)是互联网上集文本、声音、图像、视频等多媒体信息于一身的全球信息资源网络，是互联网上的重要组成部分。它是1989年3月由CERN(欧洲原子核研究委员会)最初提出的。万维网用链接的方法能非常方便地从互联网上的一个站点访问另一个站点。万维网的出现是互联网发展中的一个重要的里程碑。

万维网是一个分布式的超媒体(hypermedia)系统，它是超文本(hypertext)系统的扩充。使用超文本置标语言HTML(Hyper Text Markup Language)编辑页面，并在超文本传输协议HTTP (Hype Text Transmission Protocol)支持下运行的，可以用一个超链接(Hyper Links)从本页面的某处链接到互联网上的任何一个万维网页面。利用超文本，用户能轻松地从一个网页链接到其他相关内容的网页上，而不必关心这些网页分散在何处的主机中。

万维网将大量信息分布在整个互联网上，每台计算机上的文档都独立进行管理。万维网使用统一资源定位符URL(Uniform Resource Locator，如 http://www. dlut. edu.

cn/index.html)来标识万维网上的各种文档,并使每一个文档在整个互联网的范围内具有唯一的标识符 URL。

HTML 是一种标记语言,它将专用的标记嵌入文档中,用来创建与系统平台无关的文档。可对一段文本的语义进行描述,经解释后产生多媒体效果,并可提供文本的超链接。HTML 是 SGML(Standard General Markup Language)的一种应用,由在 CERN 工作的 Tim Berners-Lee 提出的,HTML 标准由 W3C(World Wide Web Consortium,万维网联盟)负责制定。HTML 页面是由许多标记(tag)组成的文本文件,标记的一般格式为<标记名 属性 1="属性值 1" 属性 2="属性值 2"…>内容</标记名>。

浏览器(Browser)是用户通向 WWW 的桥梁和获取 WWW 信息的窗口,通过浏览器,用户可以在浩瀚的互联网海洋中漫游,搜索和浏览自己感兴趣的所有信息。WWW 浏览器是一个客户端的程序,其主要功能是使用户获取互联网上的各种资源。常用的浏览器有 Microsoft 的 Internet Explorer(IE)和 Firefox 的 Mozilla。

2) 电子邮件 E-mail

E-mail 是互联网上被使用得最广泛的一种服务。用户只要能与互联网连接,具有能收发电子邮件的程序及个人的 E-mail 地址,就可以与互联网上具有 E-mail 所有用户方便、快速、经济地交换电子邮件,可以在两个用户间交换,也可以向多个用户发送同一封邮件,或将收到的邮件转发给其他用户。电子邮件中除文本外,还可包含声音、图像、应用程序等各类计算机文件。此外,用户还可以以邮件方式在网上订阅电子杂志、获取所需文件、参与有关的公告和讨论组,甚至还可浏览 WWW 资源。

收发电子邮件必须有相应的软件支持。常用的收发电子邮件的客户端软件有 Outlook Express 和 Foxmail 等,这些软件提供邮件的接收、编辑、发送及管理功能。许多收费或免费邮件服务网站,如 gmail.com 也提供 WWW 方式的收发电子邮件的功能。

邮件服务器使用的协议有简单邮件转输协议 SMTP(Simple Mail Transfer Protocol)、电子邮件扩充协议 MIME (Multipurpose Internet Mail Extensions)和邮局协议 POP(Post Office Protocol)。POP 服务需由一个邮件服务器来提供,用户必须在该邮件服务器上取得账号才可能使用这种服务。目前使用得较普遍的 POP 协议为第 3 版,故又被称为 POP3 协议。

3) 文件传输 FTP

FTP(File Transfer Protocol)协议是互联网上文件传输的基础,通常所说的 FTP 是基于该协议的一种服务。FTP 文件传输服务允许互联网上的用户将一台计算机上的文件传输到另一台上,几乎所有类型的文件,包括文本文件、二进制可执行文件、声音文件、图像文件、数据压缩文件等,都可以用 FTP 传送。要想实现 FTP 文件传输,必须在相连的两端都装有支持 FTP 协议的软件,装在您的计算机上的叫 FTP 客户端软件,装在另一端服务器上的叫做 FTP 服务器端软件。

FTP 最大的特点是用户可以使用互联网上众多的匿名 FTP 服务器。所谓匿名服务器,指的是不需要专门的用户名和口令就可进入的系统。用户连接匿名 FTP 服务器时,都可以用"anonymous"(匿名)作为用户名、以自己的 E-mail 地址作为口令登录。登录成功后,用户便可以从匿名服务器上下载文件。现在 FTP 的客户端软件大多采用多线程方式，如 Flashget。

3. 互联网的应用

互联网上有丰富的信息资源，我们可以通过互联网方便地寻求各种信息。同时，互联网是一个覆盖全球的通信网，为我们提供新的沟通方式。对普通用户来说，常见的互联网应用包括网上冲浪、收发电子邮件、文件下载、网上交易等。而对于企业用户来说，互联网不仅能提供面向普通用户的所有服务，还能够根据企业的应用需求来设计业务服务，帮助企业进行高效的运行和管理。常见的基于互联网的企业应用有办公自动化系统、生产管理系统、人力资源管理系统以及网络会议等。企业员工每天从计算机了解当天的任务，处理业务，记录结果乃至日常的请假、报销、工资和奖金发放等都可通过网络实现。互联网也可以使企业和其他企业、客户建立各种联系和交易，这就是电子商务。

3.4.5 网络计算模式

网络计算是指以网络为中心的计算，或是基于网络的计算，它是把计算功能和负载合理地分配到联网的各计算机上。所谓计算模式就是完成网络上的一个计算任务或应用服务占用共享资源的形式和使用共享资源的方式。计算模式经历了 20 世纪 70 年代和 80 年代的集中式计算模式、90 年代的分布式计算模式的演变历程。各种计算模式如图 3-13 所示。

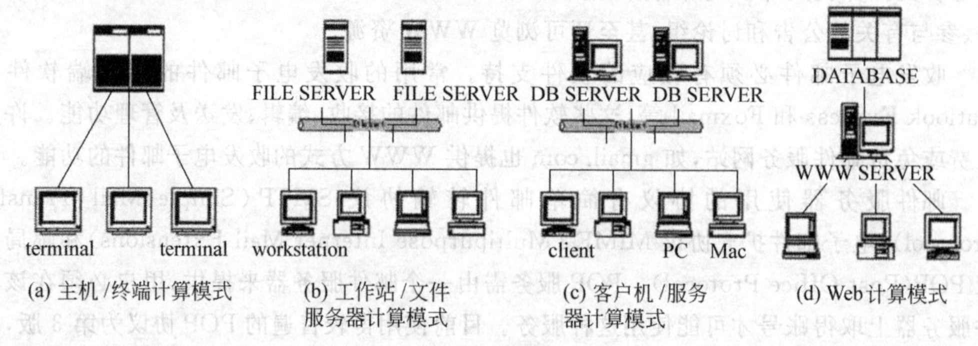

图 3-13 各种计算模式

1. 集中式计算模式

集中式计算模式包括：主机/终端计算模式和工作站/文件服务器计算模式，前一种的各种计算主要集中在主机上；后一种的各种计算主要集中在工作站上完成。

1）主机/终端计算模式

主机/终端计算模式简称主机系统，是以一台计算机（大、中、小型机）为中心的多用户系统。在该系统中，用户通过终端与主机相连。其特点是所有数据和程序都在主机上运行，进行集中管理，各终端只相当于一个显示器加键盘的功能。这种系统便于集中处理大量的信息，如大型科学计算、人口普查和航空购票系统等。

这种系统的主要缺点是：主机负担过重，所有的计算、存储都集中在主机上，一旦主机出故障，系统将全面瘫痪；扩充不易；当用户量不断增加时，必须更换主机，否则服务质量就要受到影响；系统的购置、安装、维护费用较高，不易普及。

2）工作站/文件服务器计算模式

20 世纪 80 年代初，随着局域网的兴起，联网的计算机被分为两类：一类称为文件服务器，专门为网络上的其他用户提供文件（或数据）共享，它是网络的核心，管理网络通信，网络操作系统也安装在文件服务器中；另一类称为工作站，它可访问文件服务器中的数据和文件，而本工作站的资源不被其他工作站或服务器共享。

在工作站/文件服务器模式中，数据库和全部应用程序都存储在文件服务器上，但应用程序的执行是在计算机工作站上进行，从而增加了网络传输负荷。同时当服务器负荷超过某个限度后，其效率会明显下降。这种系统由于服务器相当于一个网络硬盘，无法发挥服务器的信息处理能力，现在已很少采用。

2. 分布式计算模式

分布主要指数据分布和计算分布。数据分布主要指数据可分散存储在网络上的不同计算机中，计算分布则是把操作计算分散给不同的机器进行处理。分布式计算模式主要指客户机/服务器计算模式、Web 计算模式和 P2P 计算模式。

1）客户机/服务器计算模式

20 世纪 80 年代后期和 90 年代初，随着数据库技术和局域网技术的发展，客户机/服务器模式(Client/Server 模式，简称 C/S 模式)应运而生。C/S 模式与工作站/文件服务器计算模式在硬件组成、网络拓扑结构、通信连接等方面基本相同，但文件服务器变成了数据库服务器，工作站改称为客户机。它们的最大区别在于，在 C/S 模式中，服务器控制管理数据的能力由文件管理方式上升为数据库管理方式，原先在工作站/文件服务器中由工作站所承担的数据处理任务，现改由服务器来承担。

采用 C/S 模式可将数据及事务处理功能分散到整个网络的范围内，而不再是集中控制的形式。C/S 模式将处理过程分为客户机端和服务器端两部分，服务器主要负责数据库的查询、修改等操作，而客户机端主要负责向服务器发出请求和处理结果的呈现。因此，客户机和服务器都能物尽其用，从而使整个系统的性能有很大提高，一方面使数据库服务器的效率得到充分的发挥，另一方面数据经服务器加工后，在局域网中传输的仅仅是客户机所需的那一小部分，而不是整个文件，从而将大大减少网络流通量。

其实，C/S 模式也有局限性。首先，C/S 模式要求将一个应用编写为两个或多个程序，一些程序运行在服务器上，另一些程序运行在客户机上，这不仅增加了应用软件开发的复杂性，而且客户机需要安装更多的软件，这种“胖”客户机的维护给网络管理带来了不便。其次，C/S 模式所采用的软件产品缺乏开放的标准，一般不能跨平台运行，当把 C/S 模式的软件应用于广域网时，就会暴露出更多的问题。

2）Web 计算模式

20 世纪 90 年代中期，随着互联网的广泛应用，Web 计算模式（浏览器/服务器模式，Brower/Server 模式，简称 B/S 模式）就是在这种背景下产生的。在 B/S 模式中，客户机变“瘦”了，统一采用易于操作的用户界面——浏览器。“瘦”客户机的形成使得 B/S 模式找回了主机系统结构的集中性，从而系统更具可控性，给系统维护带来了极大的方便。将系统的应用程序集中到服务器端，而无须开发客户端程序，服务器上所有应用程序都可以通过 Web 浏览器在客户机上执行。用户只需要在网上建立自己的 Web 服务器，并通过服务器与数据库连接，实现访问 Web 数据库的功能，不仅统一了用户界面，而且实现了跨平台操作。

实现 Web 服务的通信协议是 HTTP 协议，它定义了 HTTP 的通信交换机制；HTML(Hypertext Markup Language，超文本标记语言)用来描述 Web 上发布的信息，浏览器通过解释执行 HTML 文件显示图文并茂的信息，向用户提供良好的信息查询界面。

确切地说，B/S 模式是在传统 C/S 模式的基础上发展起来的、适用于分布环境的新型网络计算模式，人们常常称之为三层 C/S 模式模型。从本质上来说，B/S 模式仍属于 C/S 模式。B/S 模式把 C/S 模式的服务器端进一步细化，分解为一个应用服务器(如 Web 服务器)和一个或多个数据库服务器。三层 C/S 模式模型如图 3-13 所示。第一层是表示层，即 Web 浏览器层，主要完成用户接口功能，它用于检查用户从键盘等输入的数据，显示应用输出的结果。第二层是功能层，即 Web 服务器层，将传统的分散在客户端和服务器端的应用集中到一起，构成应用服务器。第三层是数据层，即数据库服务器层，主要负责对数据库的访问、管理及维护。

以上三层 B/S 结构模型各成体系且相互独立，当软硬件环境发生变化时，其适应能力比 C/S 模式更强，更具有可伸缩性和可扩展性。Web 计算结构适用于局域网、广域网和国际互联网，可面向电子商务应用。

从技术发展趋势上看，B/S 模式最终可能取代 C/S 模式。但在实际应用领域，一方面，C/S 模式和 B/S 模式有着各自的技术或价值优势，都能够各擅其长地满足不同的应用需求。例如，工作流、商务管理、业务查询等应用适于采用 C/S 模式，而面向互联网的电子商务、服务管理、供应链管理等应用适于采用 B/S 模式。另一方面，业已形成的大量的 C/S 模式的应用系统，企业用户为了保护投资，不可能全面转换成 B/S 模式。同时，计算模式的演变还受制于应用方案、服务水平和网络环境等多方面条件的影响。因此，在现阶段和今后相当长的时间内，网络计算模式并非是步调一致地从 C/S 走向 B/S，而是两种计算模式混合共存。

3) P2P 计算模式

P2P 计算模式(Peer to Peer-P2P，对等计算模式)相对于 C/S 计算模式而言，它强调对等网络中的每个结点的地位都是对等的，每个结点既可充当服务器，为其他结点提供服务，同时也享用其他结点提供的服务。在 P2P 网络上的应用主要包括文件共享、即时通信、分布式计算等，具体的应用软件有 Skype、PPlive 等。

在 P2P 网络中，每一个结点所拥有的权利和义务都是对等的，也就是“对等联网”。每一个结点(peer)大都同时具有信息消费者、信息提供者和信息通信三方面的功能。P2P 的存在改变了互联网原有的以大网站为中心的状态，使其重返“非中心化”，并把权力交还给用户，让网络达到了真正的平等。P2P 的本质特性是分布式计算，其最大特点是不需要中央服务器，充分发挥了每一台计算机(特别是用户端设备)的资源使用效率，使企业减轻甚至完全避免了在中央服务器上的昂贵支出(包括软件、硬件、系统维护、网络负荷等),从而使系统具有很低的使用成本和极强的延伸能力。

P2P计算模式可为从个人用户到大型机构的广泛用户提供技术资源和丰富的社会吸引力。从技术角度而言,P2P可提供机会利用大量闲置资源。这些闲置资源包括大量计算处理能力以及海量储存潜力。P2P可消除仅用单一资源造成的瓶颈问题。P2P可被用来通过网络实现数据分配、控制及满足负载平衡请求。除了可帮助优化性能之外,P2P模式还可用来消除由于单点故障而影响全局的危险。在企业中采用P2P模式,可利用客户机之间的分布式服务代替一些费用昂贵的数据中心功能。用于数据检索和备份的数据存储可在客户机上进行。此外,P2P基础平台可允许直接互联或共享空间,并可实现远程维护功能。

P2P作为一种很有前途的技术,近年来已成为学术界和工业界的研究热点之一,但同时也是一种在隐私安全、版权控制等方面都有待完善的计算模式。它必将成为与Web计算模式相提并论的互联网上全新的计算模式。

3.4.6 企业网络

建设企业网络系统是一个涉及多个部门、复杂且技术性很强的工作,需要有专门的系统设计人员结合组织目标,按照系统工程的方法进行统一规划和建设。在企业网络建成后,还需对网络进行管理和维护,确保其能正常运营。

1. 网络规划原则

为确保企业网络建成后能够提供高效服务,长时间稳定运行,在短期内不会出现技术落后,网络建设的规划设计应遵循以下原则。

(1) 实用为本原则。建设网络的目的是为了满足企业的应用需要,企业的实际需求是网络规划的基础。因此,应坚持实用为本的原则,充分利用现有资源,尽量发挥现有设备的效益。

(2) 适度先进原则。规划网络不但要满足企业当前的需要,还应该有一定技术前瞻性和需求预见性,考虑到能够满足未来几年内企业对网络功能和带宽的需要。所谓适度,就是要实事求是地根据企业的投资实力,针对网络基础设施等不容易更新的构成部分,在规划中选择适度超前的技术方案和产品。

(3) 开放性原则。采用开放技术、开放结构、开放系统组件和开放用户接口,以方便将来的维护、扩展升级和与外部网络的互联。

(4) 可靠性原则。可靠性是指网络系统要具有容错能力,能在各种环境下保证系统可靠运行。

(5) 可扩展原则。可扩展是指网络规模和带宽的扩展能力。一旦新技术诞生后或企业出现新的需求,可以在保护原来投资的情况下,容易将新技术和新产品融合到现有网络中,以提供更高水平的服务。

(6) 可维护管理原则。由于越来越多的关键业务依赖于网络环境运行,网络的管理与维护越来越受到重视,因为它关系到网络系统的运行效率、共享资源的使用效率和业务运转的工作效率。

(7) 安全保密原则。为了保证网上信息的安全和各种应用系统的安全，在规划时就要为网络考虑一个周全的安全保密方案。

2. 企业网络的规划和建设过程

网络规划就是为将要建立实施的网络系统提出一套完整的设计和方案，满足企业提出的建网目的。下面具体说明网络规划和建设的整个过程。

1) 目标确定

这是网络规划的开端，任何企业要建立一个网络系统，总要有自己的目标，因而建网的过程应该从这里开始，也应该回到这里结束。这一阶段的任务是依据企业的需求和组织目标提出问题的确切定义，包括地理布局、用户设备类型、网络服务、通信类型、网络容量和性能要求等。

2) 可行性研究与计划

可行性研究与计划包括了技术的可行性和经费预算的可行性等。在技术上应该根据实际需要，所选的网络技术本身是否能够得到技术和基础条件的保证，要考虑到整个网络的传输通道、用户接口、所采用的服务器和整个网络的网络管理能力等。

在经费预算可行性分析时，要仔细进行成本/效益分析。其中成本应包括软硬件设备费用、安装费用、培训和用户支持费用以及运行和维护费用。应注意不要忽视了对软件的投入，通常一个完整的网络系统的软件投资比例应为硬件设备投入的1/3～2/3。

可行性方案往往不止一个，而且实施的效果和可靠性也不尽相同，决策层可以从中选择最佳方案。另外，如果企业网络规模比较大，无法自己来完成，这时就需要考虑选择网络系统集成商来完成网络系统的规划和建设。

3) 网络系统集成商选择

选择合适的网络系统集成商是网络建设的基础，尽量采用招标的方式来选择。对集成商可从以下几个方面考虑：

(1) 具有完成网络系统集成的能力和实力，包括承担系统分析设计、设备的选型和配套、测试和安装、应用软件的开发、系统维护的能力；

(2) 具有完成网络系统集成开发、调试所必需的条件、环境和设备；

(3) 有一支网络系统集成的专业队伍，包括硬件、软件、网络工程、数据库的专业人才，熟悉用户所在行业的管理、业务分析、系统安装、调试的专业人员；

(4) 应有长期从事该行业的业绩和经验，同时具有良好的信誉。

4) 需求分析

在方案设计前，需要多方面进行调查和需求分析，只有弄清真正的需求，才能设计出符合要求的网络。这时需要与各级管理人员、技术骨干、基层员工等共同探讨来完成网络的需求分析工作。一般调查应从以下几方面展开：

(1) 网络的物理布局。充分考虑用户的位置、距离、环境，并进行实地考察；

(2) 用户设备的类型和配置。调查现有的物理设备，包括个人计算机、服务器和外设；

(3) 通信类型及通信负载。根据数据、语音、视频以及多媒体信号的流量等因素进行估算；

(4) 网络应提供的应用服务。包括电子邮件、共享数据及数据库、共享外设、WWW应用及办公自动化等；

(5) 网络所需求的安全程度。根据需要选用不同类型的防火墙和安全措施。

5) 网络方案设计

当一个网络系统的需求以及现有情况搞清楚之后，系统分析员便可以开始进行网络结构设计、网络综合布线系统设计、网络产品选型和系统集成方案设计。这四项工作虽然是相互依赖的，但可以按照下面顺序依次进行。

(1) 网络结构设计。网络设计的核心工作包括网络协议选择、网络互联模型设计、远程联网设计等一系列问题；

(2) 网络综合布线系统设计。网络布线系统往往根据地理环境和用户分布情况进行，设计的目标是使电缆长度最短、施工容易、使用容易。采用结构化布线以后，一种网络布线系统可以适用多种网络结构；

(3) 网络产品选型。根据设计的网络结构，选择符合要求的网络产品是一项烦琐的工作，包括网络厂商调查、网络产品性能调查、招标技术准备、技术谈判和商务谈判等一系列工作；

(4) 系统集成方案设计。将不同厂家的计算机硬件、网络设备、操作系统、数据库和应用软件等产品无缝组合。

6) 网络方案评审

完成网络方案的设计后，需组织网络专家、行业专家和用户对方案进行评审，在此期间需对方案的不合理之处不断修改，最终达到建网目标。要考虑系统分析员所提出的技术方案的合理性、先进性、风险性、可扩充性和可维护性。具体地说，要在下述多个方面对技术方案挑毛病：

(1) 从计算机网络的原理来看，方案是否合理？

(2) 通信带宽的分配是否合理？

(3) 网络是否支持所要求的最大计算机数目；在这种情况下，通信的速度和用户响应是否大幅度下降？

(4) 网络达到最大规模时是否会出现网络风暴和其他不稳定现象？

(5) 网络是否便于管理和维护？

(6) 所采用的网络设备技术上是否成熟，配套的软件能否得到？

(7) 网络是否多协议运行，所有应用软件上网后能否正常运行？

(8) 是否有足够的网络安全措施？

(9) 远程联网的方法手段是否现实？

(10) 技术方案升级是否容易；新的网络产品出现后，是否容易采纳新技术？

7) 网络工程施工

按评审后的设计方案进行网络工程施工，包括下列具体工作：

(1) 综合布线系统施工；

(2) 网络管理中心的建设，网络管理队伍的组织，网络资源的分配方案（如网络地址的分配，网络命名规则等）的制定；

(3) 网络设备的验收、调试和连接；

(4) 网络服务器以及软件的安装调试；

(5) 网络管理软件的安装调试；

(6) 远程联网(互联网联网、EDI网)的安装调试；

(7) 网络应用软件(如办公自动化系统、电子邮件系统等)安装调试；

(8) 系统集成调试。

8) 网络工程验收

用户应对网络工程建设进行监理，按期分段对工程进行验收，以保证工程按期完成。网络工程验收包括以下具体内容：

(1) 设计方案是否正确，整体性能是否达到要求？

(2) 所选设备的质量是否合格，其性能是否满足设计要求？

(3) 基础建设是否完成，布线系统是否合理？

(4) 整个网络系统集成性是否达到要求，如信息系统软、硬件是否合理，不同平台之间衔接是否可行？

(5) 应用软件的功能是否达到要求？

(6) 整个网络系统安全保密方案是否达到要求？

(7) 各阶段的设计和配置技术文档是否齐全和完整？

(8) 培训时间、内容是否合适？

3. 网络管理

对于投入正常运转和服务的计算机网络，网络的运营、维护与管理是由网络管理员借助一些网络管理软件完成的。网络管理的目的是协调、保持网络系统的高效、可靠运行，当网络出现故障时，能及时报告和处理。网络管理包含以下内容：

(1) 故障管理。当网络发生故障时，必须尽可能快地找出故障发生的确切位置；将网络其他部分与故障部分隔离，以确保网络其他部分不受干扰继续运行；重新配置或重组网络，尽可能降低由于隔离故障后对网络带来的影响；修复或替换故障部分，将网络恢复为初始状态。

(2) 计费管理。在有偿使用的网络上，计费管理需统计哪些用户、使用何信道、传输多少数据、访问什么资源等信息；同时，计费管理功能还可以统计不同线路和各类资源的利用情况。

(3) 配置管理。计算机网络由各种物理结构和逻辑结构组成，这些结构中有许多参数、状态等信息需要设置并协调。另外，网络运行在多变的环境中，系统本身也经常要随用户的增、减或设备的维修而调整配置，通过配置管理支持这些调整的变化，使网络更有效地工作。

(4) 性能管理。性能管理的目的是在使用最少的网络资源和具有最小延迟的前提下，确保网络能提供可靠的通信能力，并使网络资源的使用达到最优化的程度。网络的性能管理有监测和控制两大功能，监测能实现对网络中的活动进行跟踪，控制功能是通过实施相应调整来提高网络性能的。

(5) 安全管理。安全管理的目的是确保网络资源不被非法使用，防止网络资源由于入侵者攻击而遭受破坏。其主要内容包括：与安全措施有关的信息分发(如密钥的分发和访问权设置等)，安全监测(如网络有非法侵入、无权限用户对特定信息的访问等)，用户权限的创建、删除和访问控制，维护安全日志等。

4. 网络安全

随着企业网络和互联网互联，使得网络的安全问题日益突出和复杂。对于大多数企业而言，网络安全并不是他们的核心竞争力，但作为一个信息化的企业，网络安全却是不容忽视的。因为，对于每一个现代企业而言，一个安全稳定的网络已经成为他们业务成功的关键因素。

1) 网络安全的威胁

目前大多数企业的网络系统都会面临下列几种安全方面的威胁：

非法入侵。指黑客非法进入网络，非法使用网络资源，从事删除、复制甚至毁坏数据和应用程序等非法活动。

计算机病毒侵袭。随着网络的普及，病毒大多通过网络传播。病毒采用各种技术进入网络，对网络资源进行破坏，使网络不能正常工作，甚至造成整个网络的瘫痪。

拒绝服务攻击。指黑客使用软件向网络上的服务器发送大量的数据包，旨在使目标计算机超载，丧失对外服务的能力。

网络软件的漏洞和"后门"。网络软件不可能百分之百无缺陷和无漏洞，这些漏洞和缺陷恰恰是黑客进行攻击的首选目标。另外，软件的"后门"是软件公司的设计编程人员为了自便而设置的，一般不为外人所知，一旦"后门"洞开，其造成的后果将不堪设想。

数据监听。当前许多企业的网络已与第三方网络(如互联网)互联，因此，在数据传输过程中，可能会受到被动攻击，重要数据可能被中途截获或篡改，如用户信用卡号码等。

内部网络安全。网络内部用户的误操作、资源滥用和不满员工的恶意行为等都可能对企业网络安全造成威胁。对于这种来自网络内部的攻击，一般的防火墙无法抵御。

管理的欠缺。当前很多企业、机构的网络系统疏于网络的安全管理。

2) 企业网络安全策略

计算机网络安全就是保证只有那些被授权的人才能使用其相应资源的机制。安全是一个相对的概念，不同的人们有不同的理解。比如，有些组织的数据是很有保密价值的，他们就把网络安全定义为其数据不被外界访问；有些组织需要向外界提供信息，但禁止外界修改这些信息，他们就把网络安全定义为数据不能被外界修改；还有些组织对安全的定义更复杂，他们把数据划分为不同的级别，其中有些级别的数据对外界保密，有些级别的数据只能被外界访问而不能被修改等。

正因为没有绝对意义上的安全网络存在，任何安全系统的第一步就是制定一个合理的安全策略，树立预防为主的思想。该策略不需规定具体的技术实现，只需清晰地阐明要保护的各项条目即可。制定安全策略时，必须在安全性和实用性之间采取一个折中的方案，着重保证一些主要的安全性指标，如：

- 数据完整性，即数据在传输过程中的完整性，也就是数据在发送前和到达后是否完全一样；

- 数据可用性，即在系统故障的情况下数据是否会丢失；
- 数据保密性，即数据是否会被非法窃取。

制定网络安全策略是一件很复杂的事情，其复杂性主要在于网络安全策略必须能够覆盖数据在计算机网络系统中存储、传输和处理等各个环节，否则安全策略就不会有效。

任何组织只有正确认识了其网络的价值，才能制定出一个合理的安全策略，因此，需要对网络进行评估。它的过程是：首先，要列出网络上所有重要的有形资产（计算机、网络硬件等）和无形资产（各种类型的数据、密码、数字签名、品牌、公司信誉等），并确定这些资产的价值和重要性。其次，识别网络的威胁和漏洞，通过曾经发生过的网络攻击事件，尽可能找出受到威胁的所有种类，并用多种工具和方法来清查网络系统中的各种漏洞。接着，评估风险，包括丢失某种类型的数据和硬件的潜在成本、重新创建数据的时间损失、公司私有信息变为共有信息所损失的竞争优势、泄露客户数据有可能牵扯到的法律事宜等。

通过评估结果，有针对性地定义安全策略。需要规定如何采取防范措施，为什么采取防范措施，对不同类型资产采用何种保护措施，何时采取，以及谁应对这些措施负责。具体可包括企业内部网的安全措施、从内部网到外部网的保护措施、从外部网到内部网的保护措施、建立密码管理制度、建立反病毒制度等。

网络安全策略最终通过企业的网络安全规则（政策）体现出来，员工在日常的工作中须严格遵守这些规则。当执行这些规则时，应选择恰当的安全技术来支持这些安全规则。另外，应建立审查和复审机制，安全规则维护是一个连续的过程，它需要根据组织的目标、资产、威胁及漏洞的变化而做出调整，因此，必须经常进行审查以保证策略的有效性。

3）网络安全技术

使网络免受外界安全攻击的最好方法，就是使你的网络或计算机与外界完全不连接。但是在今天的商业环境中，这是不实际的。这就需要采用加密技术、数字认证、防火墙和VPN等网络安全技术提高网络的安全性。

使用加密技术可对敏感的信息在传输时进行加密，接收时进行解密，是网络安全的基础技术。加密技术有单密钥密码术和公共密钥密码术两种。

数字认证可用电子方式证明信息发送者和接收者的身份、文件的完整性（如一个发票未被修改过），甚至数据媒体的有效性（如录音、照片等）。人们使用一个可信的第三方认证中心（CA，Certificate Authority），以便对有关数据进行数字认证。

防火墙是一个安全防护系统的统称，它通常位于企业内部网络与外部网络（如互联网）之间，防火墙可以根据预先制定的一套规则监视、控制流入和流出网络的信息流。防火墙通常是一个路由器，也可能是一个运行在PC机上的专用软件，或者是两者的结合。

虚拟专用网络VPN（Virtual Private Networks）技术是指利用公共的网络平台（如互联网）安全传输用户私有数据的技术。用户一般在互联网上的两端分别接入VPN路由器来搭建私用逻辑隧道，从而使得在不安全的互联网上传输私有数据得到安全保证。

思考题

1. 输入设备、输出设备和存储设备是如何影响信息系统性能的?

2. 有一家公司很想用计算机处理它的订货输入业务,但觉得应该等待新一代计算机被研制出来,因为现在市场上的任何一种计算机都将很快过时,而且几年后将大幅度降价。就这一问题讨论。

3. 你的公司想开发一个销售订货和库存更新系统,你所在的信息部门的程序员想用汇编语言,这是否是个好主意,请讨论。

4. 有人说"数据库的环境不需要包括数据库管理软件",就这一说法进行讨论。

5. 作为一个信息系统的管理者,你注意到你的职员花在维护现有程序上的时间越来越多,而他们用在开发新的应用程序上的时间越来越少,数据环境如何能改变这种趋势?

6. 用户应在多大程度上参与数据库管理系统的选择和数据库的设计?

7. SUN 公司提出的"网络就是计算机"的理念,已经为全世界所接受。请讨论该理论的内涵。

8. "一旦一个企业的信息系统和公网(如 Internet)连接,就意味着向公网用户开放使用权限",你觉得这句话说得有道理吗,为什么?

9. 结合所在企业的实际情况,试着规划一个计算机网并选择恰当的建设方式。

讨论案例

BW-Electrofusion 应用 RFID 技术管理制造流程①

BW-Electrofusion 内部工程师的压力

总部位于美国加州弗里蒙特的 Brush Wellman Electrofusion(BW-Electrofusion),主要生产各种小型高价值的金属零部件,如用于 X 光机和拱形喇叭的铍箔等。工厂的五个工程师整天都忙碌着,每个人差不多同时管理着 25 个项目,所以对他们进行监督是相当麻烦的。不过据负责该项目的主任 Edward Hefter 及业务经理 Greg Higgins 称,在该公司部署了由 IT 方案供应商 Amberdove 提供的 RFID 系统之后,大大缓解了多个订单同时如期交付的压力。

AamberDove 带来出路

Higgins 表示,在其工厂部署 AmberDove 的 NxMES 系统之前,跟踪多个项目就像监控漫天的飞机一样,每架飞机的飞行方向都不同,所以对项目进行到什么地方、何时完成都很难控制。不过,使用 NxMES 系统更像是看空中交通控制器的计算机屏幕,能详细地了解到正在飞行的所有飞机的情况。

① 资料来源:RFID 射频快报-www.rfidinfo.com.cn 原文链接:www.rfidinfo.com.cn/Tech/n1684_1.html

AamberDove平台旨在改善制造执行系统的能见度,既可以使用RFID技术也可以使用条码技术。据AmberDdove的CEO Michael Ibrahim称,AmberDdove提供的管制设备可以控制RFID或条码读写器,并能使安装和调试过程加快。目前Electrofusion使用的正是AmberDove的管制设备,用于控制Alien技术公司为此项目供应的EPC Gen 2 RFID读写器,而塑料槽内的标签则可以由这些安装的读写器加以读取。

AamberDove一般根据其生产机械的布局、现有的工作流程以及生产工人的变动,决定在工厂的什么位置安装这些读写器。该公司利用以太网和电缆将读写器插入AmberDove的管制设备中,然后利用设备上运行的软件将读写器的图标拖放上传到工厂的平面图上。该软件还可用于Web服务器,能使Hefter、Higgins和所有的工程师、规划师及其他公司人员通过Web界面访问该软件。

对公司生产的每一个零部件,Electrofusion都在AmberDove软件中制定了制造过程计划。计划详细地描述了零部件必须经过的每个步骤,并列出了技术员必须完成一个项目的最后期限。

在接到零部件的订单之后,主要项目策划人会将打印出的订单及相关零件的基本材料放进塑料槽内,然后使用读写器读取标签的ID号以便将塑料槽、订单号同AmberDove软件中的零部件类型相对应。零件制造过程中,在每个生产点的技术员会将塑料槽挪至安装在旁边架子上的查询器天线附近。这样,根据读取后得到的塑料槽位置及塑料槽携带订单的次数,首席工程师、项目规划师或任何机械师便可以监控特定订单的执行情况。

AmberDove系统带来的管理效果

AmberDove系统现在可以使工程师精确地知道,打一个嗝的工夫就有可能毁掉一个项目。举例来说,指定的零件制造过程可能从冲压机开始,然后运至车床再送往热力站。在这其中的每一步,安装的查询器都会对携带零件的塑料槽标签加以读取。

如果读写器显示塑料槽在到达车床之前就先到了热力站,则该软件就会触发警报以使工程师尽快监督生产流程。如果塑料槽比计划中的晚到生产点,工程师也会收到警报。这样,工程师就可以采取相应的挽救行动,而不必错待时机、束手无策。

技术员还可以通过这一监控系统确定项目的优先次序,从而以最佳的顺序从一个项目转到下一个项目。Higgins指出,对Electrofusion来说,规划和执行至关重要。计划总是在变的,是一个动态的过程,一些意想不到的事情会迫使公司改变正在执行的计划。而Amberdove系统就可以使公司及时对订单履行做出相应的变化,并及时向工厂中需要的人发送相关信息。

完成一项订单后,零件会从塑料槽中取出,嵌入其标签上的ID号也会同订单脱离,这样塑料槽还可用于下面的订单。Hefter和Higgins声称,读写器在读取Gen 2 UHF标签上没有任何问题,不会受生产车间重金属环境及塑料槽内金属零件的影响。

案例讨论题:

1. BW-Electrofusion公司面临的问题有哪些?
2. BW-Electrofusion公司采用了哪些信息技术和信息系统?
3. 这些信息技术和信息系统对BW-Electrofusion公司的管理模式带来了哪些影响?

参考文献

[1] 仲秋雁，刘友德. 管理信息系统. 第5版. 大连：大连理工大学出版社，2006

[2] Steffen Zscholer, et al. Domain-Specific Languages for Software Engineering Lecture Notes in Computer Science. Springer Berlin/Heidelberg. 2010，5969：334-353

[3] Arie van Deursen, Paul Klint, Joost Visser (1998). Domain-Specific Languages: An Annotated Bibliography. ACM SIGPLAN，35(6)：26-36

[4] Martin James. Application Development Without Programmers. Prentice Hall, 1981

[5] McNurlin & Sprague. Technologies for Developing Systems. Information Systems Management in Practice. Prentice Hall, 2003

[6] 印旻. Java语言与面向对象程序设计. 北京：清华大学出版社，2005

[7] 史嘉权，戴梅萼. 计算机硬件基础教程——原理、技术及应用. 北京：清华大学出版社，2004

[8] 张晓蕾，朱立等. 计算机硬件技术基础. 北京：人民邮电出版社，2005

[9] (美)帕特森，(美)亨尼希. 计算机组成与设计. 郑纬民等译. 北京：机械工业出版社，2007

[10] 冯博琴. 微型计算机硬件技术基础. 北京：高等教育出版社，2003

[11] 江伴东. 微型计算机硬件基础. 上海：同济大学出版社，2006

[12] (美)派特等. 计算机系统概论. 梁阿磊，蒋兴昌等译. 北京：机械工业出版社，2007

[13] 沈被娜. 计算机软件技术基础. 第3版. 北京：清华大学出版社，2000

[14] (中国台湾)荣钦科技公司. 杨汉玮改编. C语言开发入门与编程实践. 北京：电子工业出版社，2007

[15] 陈钟等. C#编程语言程序设计与开发. 北京：清华大学出版社，2003

[16] 伽马等. 设计模式——可复用面向对象软件的基础. 李英军等译. 北京：机械工业出版社，2005

[17] 邝孔武，王晓敏. 信息系统分析与设计. 第2版. 北京：清华大学出版社，2002

[18] (美)麦克劳克林，OREILLY Taiwan公司编译. 深入浅出面向对象分析与设计. 南京：东南大学出版社，2009

[19] (美)William Stallings. 操作系统——内核与设计原理. 魏迎梅，王涌等译. 北京：电子工业出版社，2001

[20] (美)伯尔·肖. 操作系统原理. 梁洪亮等译. 北京：清华大学出版社，2005

[21] 张红光等. 操作系统原理与设计. 北京：机械工业出版社，2009

[22] 谢希仁. 计算机网络. 第5版. 北京：电子工业出版社，2008

[23] 张基温. 计算机网络原理. 北京：高等教育出版社，2006

[24] 郝兴伟. 计算机网络原理、技术及应用. 第2版. 北京：高等教育出版社，2007

[25] (美)特南鲍姆. 计算机网络. 第4版. 潘爱民译. 北京：清华大学出版社，2008

[26] 李东. 管理信息系统的理论与应用. 第3版. 北京：北京大学出版社，2007

[27] 甘利人. 企业信息化建设与管理. 北京：北京大学出版社，2003

[28] (美)希尔伯沙茨等. 数据库系统概念. 第5版. 杨冬青等译. 北京：机械工业出版社，2006

[29] (美)沃尔曼等. 数据库系统基础教程. 岳丽华，龚育昌等译. 北京：机械工业出版社，2003

[30] 杨密，马茂盛等. 数据库在企业管理中的应用. 北京：北京工业大学出版社，2003

[31] 向传杰. 企业级数据库开发. 北京：电子工业出版社，2007

[32] 张晋连等. 数据库原理及应用. 北京：电子工业出版社，2004

第 4 章 信息系统应用

学习目标

（1）了解分离的职能信息系统的概念与功能

（2）了解整合信息系统的概念与功能

（3）了解 MRP、MRPⅡ和 ERP 的系统特征、功能与管理目标

（4）了解 EDI、SCM、CRM 的基本特征、功能与管理目标

引导案例

ERP 系统的强力开发①

这周的 CIO 例会，老胡听取了大勇关于软件项目进展的汇报。老胡提醒他们，要注意可能导致项目失败的一些苗头。

会后，老胡和大勇就"失败案例"又聊了起来，两人不约而同地想起了上次 CIO 聚会。当时，来自国企的女性 CIO 陈丽谈起一件事，让在场的 CIO 们哭笑不得。

陈丽上任之前，这家国企的老总有一天在管理层会议上怒气冲天，大骂自己桌上的计算机是个摆设。原来他出国访问时，看到别的老板用随身携带的笔记本计算机上网就可以看到公司的一举一动，所有经营数据可以生动形象地显示在眼前，他的自尊心大受刺激，于是回国后给计算机部发布命令：他的计算机也要这样！

计算机部哪敢不从，他们勉为其难，拉上一家小 IT 公司，夜以继日苦干了几个月，总算鼓捣出一些让老总端坐在计算机前就可以看看的数据。可是由于这家国企的信息化基础薄弱、业务数据稀少，而且还不及时、不准确，即使堆砌一些商业智能、数据挖掘、决策支持之类的时髦词汇，老总看来看去还是看不到什么有价值的信息。于是，在他再次大发脾气之后，他办公桌上的计算机又一次成为摆设。

听完陈丽的讲述，老胡心想："诚然信息化是'一把手工程'，但是用这种简单粗暴的方式展开，注定会遭到失败。"他建议陈丽，只要重点突破、不贪大求全，这个失败的项目并不完全是"废墟"，说不定还可以成为她上任后打响的头一炮呢。

---

① 改编自：裴有福. CIO 故事之九强力开发. IT 经理业界. 2005, 11(5): 92-92

陈丽赶紧追问如何突破，老胡说："你们企业的财务系统数据肯定比较完善吧？先把它单独接到老总桌上，让他可以实时看到财务状况。"他的另一招是安排一两个人天天上网收集行业的相关信息，尤其是与竞争对手有关的信息，将它们直接"推送"到老总的桌面上。

老胡告诉大勇："陈丽前几天给我打电话，要请我吃饭，她的老板表扬她了，说计算机总算有点用处了。"

大勇颇有感触地说："'首长意志'高压之下的信息化项目能收到这种效果算好的了。"大勇曾经历过类似的失败。几年前，大勇在另一家公司工作。那是一家信息化基础不错的企业，当时就已经能够把内部的"信息孤岛"整合起来，整个信息系统运转得不错。大勇那时还是在一线"冲锋陷阵"的小将，当时公司信息系统的整合正热火朝天，后台运维也天遂人愿，他干得很开心。

可是突然之间，主管部门一纸红头文件，对下属单位的信息化提出统一要求，对大勇所在公司这样的重点企业，更做出了一些详细要求。公司迫于压力，斥巨资购买了某著名厂商的 ERP 系统，让原有信息管理系统下马。

事实证明，新的 ERP 系统大而全，但不太适应国情和他们公司的具体情况，致使生产效率急剧下降，员工怨声载道。可是，为了执行上级的指示、为了不菲的投入，公司老总只能硬着头皮指示必须继续使用新的 ERP 系统。大勇就是在"不见天日"的二次开发的漫长实施过程中，忍无可忍之下，叛变来到老胡公司的。

老胡还是头一次听大勇讲起这段失败经历，不由得有些好奇，他问道："后来，这套系统怎么样了？"

大勇说："后来，政府主管部门的领导换届，公司领导也换人了，系统陷于停顿，听说一些模块又切换回了老系统。"

"投资打水漂了？"老胡追问道。

大勇苦笑了一下说："前些日子，我碰到以前的同事，说现在的公司领导年轻化了，新老总有气魄，重新采购了一套系统，据说'跑'得还不错。当年那套 ERP 系统再没人提了。"

老胡情不自禁地叹了一口气。其实，在老胡的职业生涯中，也经历过类似强力开发的"失败案例"，可碍于还要和相关当事人打交道，他的这些失败教训只能隐藏在内心，就是对大勇这样的"心腹"也不便透露。

很多企业的信息系统建设，都是对信息系统进行整合的过程，即对原有系统进行改造与集成，这时需要正确认识各个系统组成部分的功能与作用，才能够正确设计出符合企业战略和业务需求的系统，这就涉及对企业的基本信息系统的特征和功能的认识问题。

4.1 分离的职能信息系统

信息系统从总体上来说可以由四大部件组成，即信息源、信息处理器、信息用户和信息管理者(如图 4-1 所示)。

信息源是信息的产生地；信息处理器是进行信息的传递、加工、保存等任务的设备；信息用户是信息的使用者，他应用信息进行决策；信息管理者负责信息系统的设计实现，在实现以后负责信息系统的运行和协调。

根据不同的角度出发可能产生对信息系统结构的不同的看法，因而也就有不同的结构形式。由不同角度所产生的观点大约有三种，即用户的观点、计算机专家的观点和系统工程专家的观点。

本章从用户的观点出发，对信息系统进行分类。从用户的角度出发，他只关心系统的功能，因而也可以说是功能的观点。对于一个企业来说，这些功能有市场、财务、生产和人力资源等；这些功能又往往有层次之分，例如高、中、基层。这样纵向按功能分、横向按层次分就形成了信息系统的金字塔结构，见图 4-2。

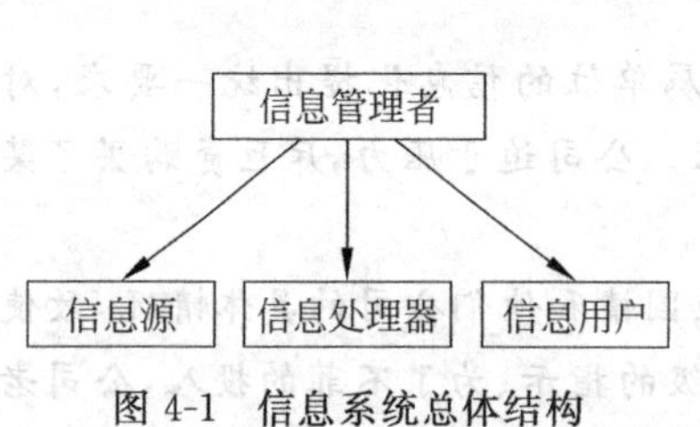

图 4-1 信息系统总体结构

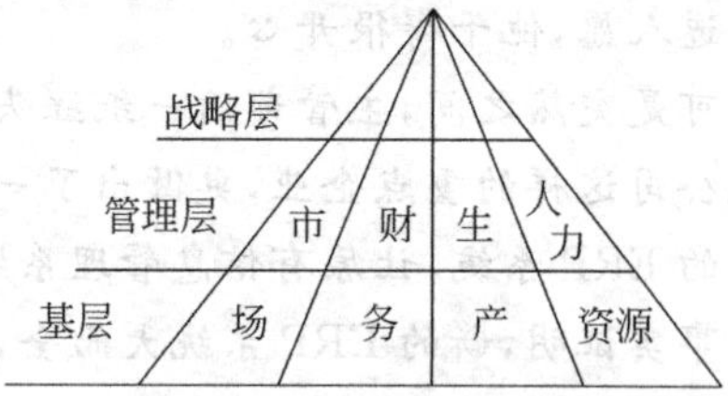

图 4-2 信息系统的金字塔结构

战略层
管理层
基层
市场
财务
生产
人力资源

由这种结构出发我们可以把企业信息系统分成各种子系统，如市场信息系统、财务信息系统、生产信息系统、人力资源管理信息系统等。

4.1.1 市场信息系统

1. 市场信息系统的概念

市场信息系统依附于一定的组织形式，连接生产与销售两个环节，沟通与经营有关的全部信息渠道。其目的是为企业决策人员在生产安排、产品定价、广告、推销、库存处理等方面进行决策时提供必要的信息，并评价以往工作的合理性，寻找采取新行动的机会。

企业的产品投放市场后的信息，通过市场信息系统反馈到企业。这种反馈不同于财务系统的销售分析，财务系统的销售分析主要是货币价值的分析，而市场信息系统反馈的信息除包括销售情况外，还有更大量的市场调查、市场研究、预测、广告影响、推销策略效果、价格及销售工作人员的工作态度等方面的信息。这些信息对于销售分析并不一定都很重要，但对于企业的计划、组织、控制却是不可少的。

2. 市场信息系统结构与功能

市场领域内应用的三种比较重要的信息系统形式有市场情报系统、市场预测系统和市场研究系统。这三个系统构成了市场信息系统应用的主要内容，它们同时融合于市场信息系统之中，不存在组织上的分工。市场信息系统的模型见图 4-3，其中市场情报子系统、市场预测子系统、市场研究子系统都属于输入系统，而产品子系统、广告促销子系统、分销渠道子系统、价格子系统都是对用户的输出系统。

1）输入系统

（1）市场情报子系统是公司和环境间的接口，主要活动是收集数据、评价数据、分析

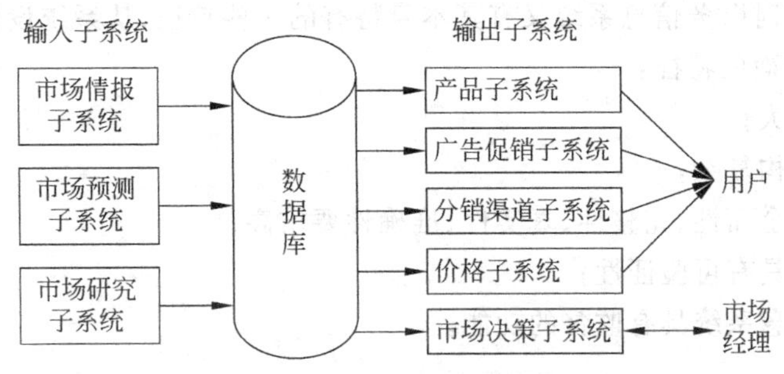

图 4-3　市场信息系统模型

数据、存储情报、分发情报等。收集数据包括一次数据，即直接的原始数据，来自电话、报表、会议等方面，收集完以后要把它整理存档。二次数据是由别的数据库中查得的信息，随着网络的发展，这方面的信息会越来越增加，信息的内容也越来越丰富。

(2) 市场预测子系统的主要功能是根据已有的信息资料，协助用户分析技术吸纳后的市场供求状况及其发展趋势；分析拟采纳技术产品的市场容量、现实需求、潜在需求和技术吸纳企业的市场占有率、竞争企业状况等；建立预测模型库，选择适当的预测模型对市场需求量和企业销售量进行量化预测；对企业采纳技术后的经济效益进行测算，对社会效益进行剖析，使用户充分了解拟采纳技术的过去、现在和未来的市场状况。

(3) 市场研究子系统是利用市场情报子系统收集的数据进行研究，但往往这种数据不足，还要进行一些有目的专项收集或调查。有以下几种调查方式被采用，例如抽查、深入访谈、观察、控制实验等。

2) 输出系统

(1) 产品子系统、广告促销子系统、分销渠道子系统、价格子系统，分别对应市场管理的相应职能，这些功能可根据企业的实际需要进行调整。

(2) 市场系统和市场经理的接口是市场决策子系统。它和一般决策支持系统的功能相似，帮助经理收集信息、提高效率以及辅助决策等。这里四个输出系统输出四种有关的信息，分别是产品(product)，促销(promotion)，分销(place)和价格(price)，也就是市场的四个主要职能，简称为4P。因而市场信息系统模型覆盖了市场的主要功能。

4.1.2　财务信息系统

1. 财务信息系统概念

财务信息系统以合理的部门合作、疏通的信息渠道为依托，以计算机、Internet网络、网络财务软件为手段，建立的财务信息服务系统。它是管理信息系统的一个子系统，是专门用于收集、存储、传输和加工会计数据，输出财务信息的信息系统。它运用本身所特有的一套方法，从价值方面对事业、机关团体的经营活动和经营成果，进行全面、连续、系统的定量描述。

财务信息系统作为管理系统的一个组成部分，与管理信息系统的其他子系统相比，具有许多共同之处，如可分割性，能把财务信息系统划分为若干个更小的子系统；联系性，财务信息系统可与其他子系统相互联系；财务信息系统能扩展、能压缩、能根据管理要求加以变换等。但同时财务信息系统又有其本身特有的一些特征，从系统设计的角度看，一般要有以下几个方面的特征：

(1) 数据量大；

(2) 数据结构复杂；

(3) 数据的全面性、完整性、真实性、准确性要求高；

(4) 数据要具有可验证性；

(5) 财务信息系统具有监督的功能。

2. 财务信息系统结构与功能

财务信息系统的概念模式如图 4-4 所示。

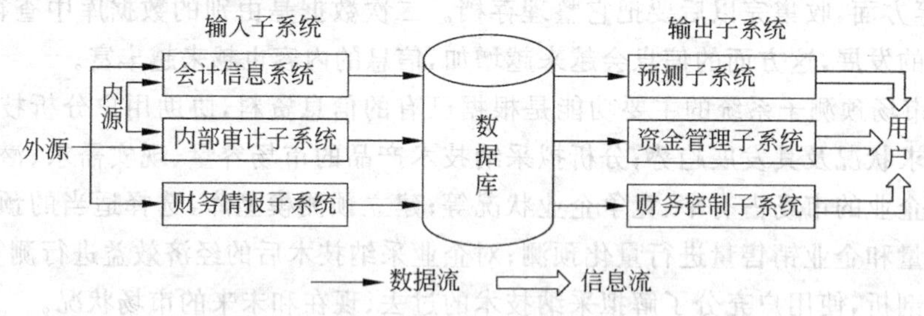

图 4-4 财务信息系统模型

1) 输入系统

(1) 会计信息系统是基于计算机的、将会计数据转换为信息的系统。会计信息系统是利用信息技术对会计信息进行采集、存储和处理，完成会计核算任务，并能提供为进行会计管理、分析、决策用辅助信息的系统。目前的会计信息系统大都属于会计 EDP 和 MIS 一类。由于技术水平的限制，会计 DSS 尚处于探索阶段。会计信息系统可以是一个独立的系统，也可以是企业 MIS 的一个子系统。

(2) 内部审查子系统实际上也是会计功能。审计包括财务审计和运营审计。财务审计主要看公司的财务记录是否正确，账钱是否一致。而运营审计是审计财务手续是否完备、高效，它往往和信息系统的再设计联系在一起。审计可以请外部审计公司来进行，也可由公司内部组织进行。外部公司审计的最大好处在于客观性和其知识的全面性，内部审计只有在大公司才可能有常设的机构。运营审计一般应有信息系统分析员参加。

(3) 财务情报子系统向股票持有者(股东)、财务社团以及政府机构提供信息，帮助了解公司经济环境。公司每年要给股东报告，说明投资效益包括股票的年增长率，与 500 家大公司平均指数比较，各种产品的盈利比例等，每年还要召开股东大会，大的公司均设有股东联络部掌管这方面工作。它们还负责收集股东的意见和建议，并及时和股东沟通。财务情报子系统还从政府报告、期刊、网上数据库收集经济信息，以便分析经济形势。输出子系统是财务系统的主要系统，它们能帮助公司进行财务决策。

2) 输出系统

(1) 预测子系统所用技术和市场信息系统相同，这里不再赘述。

(2) 资金管理子系统可以说是财务系统最重要的子系统，它帮助企业实现两个目标：

保证收入流大于消耗支出流、保证这个条件在全年是稳定的。

(3) 财务控制子系统，是帮助企业对财务状况进行监控与管理的系统。

4.1.3 生产信息系统

1. 生产信息系统的概念

生产信息系统是美国 IBM 公司于 20 世纪 60 年代末发展起来的一种典型的生产管理软件系统，其中心概念是将计划阶段的订货单和执行阶段的销售统计等作为原始数据存入磁盘，建立数据库，用以处理产品生产和管理的全部流程。生产信息系统一般按照生产管理的流程，包括技术资料、销售预测、产量计划、日负荷计划、工作日程计划、进度管理、外购及库存管理八个子系统。软件系统与生产加工系统不同，加工系统的所有数据都要送给软件系统，物流在生产加工系统中流动，信息流在软件系统中流动。

我们这里说的生产是广义的生产。对生产产品的企业来说它就是制造，对于服务业来说它就是服务运营。生产信息系统是有关产品生产、产品流通与服务方面的信息系统。该系统提供的信息，包括企业生产的计划与控制，库存管理与控制，采购的分配与运输等活动的信息。它与市场信息系统不一样，着重于企业内部信息。

2. 生产信息系统结构与功能

生产信息系统的输入是销售分析，经过处理后为产品或劳务的开发研究、设计等方面提供依据，然后根据库存管理、人员、设备、资金、技术等信息，制定出恰当的生产日程和库存供应计划，输入系统，发出购物清单。生产信息系统的结构比较庞大、复杂，信息的时效很重要。企业是否可以按计划投入与产生，能否在生产过程中，保持协调性、均衡性、连续性，使闲置设备和人员、积压的半成品最少，从而提供一个最优的生产——经营方案，取决于生产信息系统能否提供灵敏、及时、准确的信息。与财务信息系统相比，它不仅信息量大，内容复杂，而且处理也更困难。

生产管理者在建立了一个能通过人和机器将原材料转换成成品的物理生产系统后，必须继而获得有关物理生产系统的有关信息，才能对它进行管理。生产信息系统将满足管理者的这种信息需求。图 4-5 显示了生产信息系统的一种可能的模型。

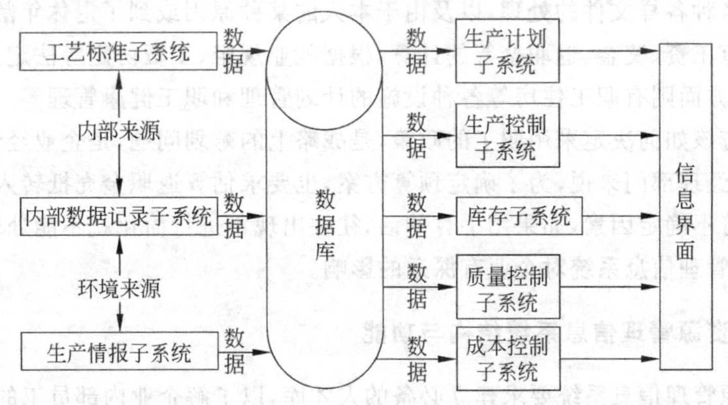

图 4-5　生产信息系统模型

1）输入系统

(1) 工艺标准子系统在数据组织体系方面类似于市场调查子系统，它负责在企业内部收集有关生产工艺、技术标准、效率和生产能力方面的数据。

(2) 内部数据记录子系统是跨及三个职能信息系统的子系统，它在生产信息系统中的功能是从各工作区收集正在发生的所有生产方面的数据。

(3) 生产情报子系统专门负责从环境中索取与生产资源供给有关的数据，主要是原材料供应厂和劳动力市场方面的数据。

这三个输入子系统收集的数据按规定的形式存储在数据库中，各输出子系统通过各种处理，将它们转换成管理者需要的信息。

2）输出系统

(1) 生产计划子系统做出各个层次、各个部门的各类生产计划。

(2) 生产控制子系统监督生产计划的落实和执行。

(3) 库存子系统随时根据库存数量和库存控制指标提出各类采购需求。

(4) 质量控制子系统负责分析从原材料到成品的质量水平。

(5) 成本控制子系统精确地告诉生产管理者生产各阶段的实际成本与计划的偏差。

上述模型不是生产信息系统的唯一形式，各类企业可根据需要安排自己的功能模块。

4.1.4 人力资源管理信息系统

1. 人力资源管理信息系统的概念

人力资源管理中除了日常的行政管理和工资计算外，还包括人员招聘、人员控制以及人员培训等计划性工作。对可结构化的工作可使用计划模型，而对那些特殊的决策问题以及非结构化的问题则应提供必要的支持，这正是人力资源信息系统的任务。人力资源信息系统由数据库、模型库和方法库组成。常用的人力资源信息系统的简称有PIS、PESIS、PDI、PERSIS等。

人力资源管理业务范围很广，虽然由于企业的不同而多少有些差异，但一般来说涉及广泛的领域，而且在经营上起到重要作用。首先从采用一开始就有职员教育、人事移动、个人申请的各种各样文件的处理，以及由于本人的某种原因或到了退休年龄的退职处理；在金钱方面有工资、奖金、退职金等的计算，根据就业规定、工资协定等法定文件对工会的交涉；在福利方面则有职工住房等各种设施的计划管理和职工健康管理等。此外，企业为了经营顺利应该如何决定采用职工的政策，是战略上的筹划问题，是企业经营上的重要环节。另外，从经理部门来说，为了确定预算方案，也要求估算退职金充抵转入额。但是，这种估算包含着不确定因素，如果用手算的话，往往出现不进行简化就不能处理的问题。因此，人力资源管理信息系统对企业有深远的影响。

2. 人力资源管理信息系统结构与功能

人力资源管理信息系统要求建立必备的人才库，以了解企业内部员工的情况，掌握员工业务情况、工作情况、生活情况的信息，了解相似企业用人信息、人员结构信息、新营业点的增设或组织机构的变更以及人员的招聘、选择和雇用、业绩评价、岗位设置、培养和发展。人力资源管理信息系统的功能定位是辅助企业人力资源规划、工作分析、招聘、员工培训、绩效评估、工资管理等。人力资源管理信息系统的输入系统包括记账子系统、人力资源研究子系统和人力资源情报子系统；输出系统包括人力计划子系统、招聘子系统、人员管理子系统、薪酬子系统和环境报告子系统等。通过中间的数据库将它们联系起来(见图 4-6)。

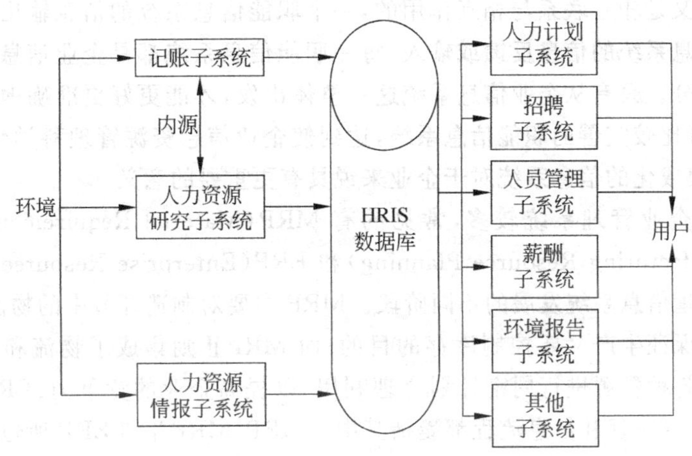

图 4-6　人力资源管理信息系统

1) 输入系统

(1) 记账子系统登记个人数据，如姓名、年龄、生日等，还包括个人会计数据，如小时工资率、现在总收入、收入税等。

(2) 人力资源研究子系统包括晋升提拔的研究，岗位分析和评价，牢骚研究等。

(3) 人力资源情报子系统包括政府各种关于人事情报、人才供应单位、保险公司、人才市场、学校等的信息；工会组织方面的信息，以便更好协调劳资关系；全球团队的信息，如教育、再创新及住房等方面信息；财务社团的信息，以及竞争者的信息。

2) 输出系统

(1) 人力计划子系统包括估计未来的岗位、人力，给出 HRIS 的总要求。

(2) 招聘子系统包括接受外来的申请、跟踪申请者、内部寻找等。

(3) 人员管理子系统是个大的子系统，包括业绩评价、培训、职位控制、任免技术胜任、晋升等。这里业绩评价和培训尤其引人注意。

(4) 薪酬子系统包括工资、功绩考核、行政薪酬、奖金等。工资有时放到会计信息系统但人力资源管理系统往往还保留一些功能。

(5) 环境报告子系统是向政府报告企业的人事政策和实情，也有时向工会报告。这种报告多数是对外的，而不是对内的。

相对于其他信息系统，人力资源管理系统应用计算机的水平是较低的，国外统计只有47%的公司应用，主要原因是这个部门的工作内容非结构性较强。为支援人事管理业务而建立的人力资源管理信息系统，也要根据不同的适用范围(包括未来的发展趋势)，会有各种各样的系统。

4.2 集成化的企业管理系统

根据系统论的观点，观察任何一个职能信息系统都可以发现，系统在一个阶段上的信息输出，又是另一阶段上的信息反馈或信息输入。而且，从企业信息系统整体上来看，各职能信息系统又是相互联系与相互作用的，一个职能信息系统的信息输出同时是另一个或几个职能信息系统的信息反馈或输入，每一职能信息系统都是企业信息系统不可分割的一个组成部分。只有从企业信息系统这一整体出发，才能更好更准确地把握职能信息系统，开发设计比较完善的职能信息系统，达到使企业信息资源管理科学化、完善化这一目的。因此，集成化的信息系统对于企业来说具有更重要的意义。

集成化的企业管理系统较多，常见的有 MRP(Material Requirements Planning)、MRPⅡ(Manufacturing Resource Planning)和 ERP(Enterprise Resource Planning)，这三个是企业管理信息系统发展的不同阶段。MRP 主要对制造环节中的物流进行管理，使企业达到既要保证生产又要控制库存的目的；而 MRPⅡ则集成了物流和资金流，将人、财、物、时间等各种资源进行周密计划合理利用，以提高企业的竞争力；ERP 的概念则将供应链、企业业务流程和信息流程都囊括其中。MRP、MRPⅡ和 ERP 所包含的关系以及各自侧重点如图 4-7 所示。

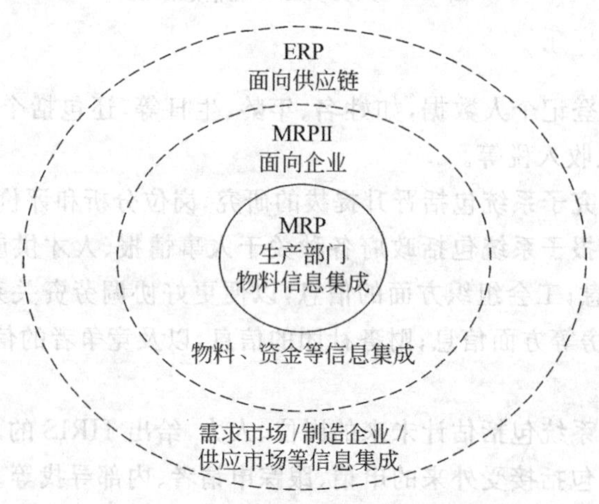

图 4-7 MRP、MRPⅡ和 ERP 的侧重点和包含关系

4.2.1 MRP

1. MRP 的发展背景及相关概念

20 世纪 40 年代初，西方经济学家通过对库存物料随时间推移而被使用和消耗的规律的研究，提出了订货点的方法和理论，并将其运用于企业的库存管理计划中。20 世纪 60 年代中期，美国 IBM 公司的约瑟夫·奥利奇博士(Dr. Joseph A Orlicky)提出物料需

求计划(Material Requirements Planning,MRP)方案。60年代在制造业的生产经营活动中,一方面要对原材料、零部件、在制品和半成品进行合理储备,以使得生产连续不断地有序进行,同时满足波动不定的市场需求;另一方面,原材料、零部件和在制品的库存又占有大量资金,为加快企业的资金周转,提高资金的利用率,需要尽量降低库存。为解决库存问题,维持高的既定服务水平,协调交付安排与制造、采购活动之间的关系,提出了MRP理论。这些目标在其他系统中可能相互冲突,但在MRP中却能同时实现。MRP系统能够回应动态环境的变化而迅速进行重新计划、重新制定时间进度安排的能力。

在生产物流中,物料的需求可分为独立需求和相关需求两种类型。独立需求是指需求量和需求时间由企业外部的需求来决定,如企业产成品需求、维修备件的需求等。独立需求的需求量必须经过预测或收到订单时才能确定。相关需求是指对某种物料的需求取决于由它作为组成部分的更高层次的物料的需求。比如,产品是由零件构成的,对零件的需求取决于对产品的需求,对零件的需求是相关需求。相关需求物资的需求数量和需求时间是在最终产品的生产计划和产品结构已知的前提下计算出来的而不是预测的结果。

对于独立需求物资的库存计划,采用订货点法。订货点法指的是:对于某种物料或产品,由于生产或销售的原因而逐渐减少,当库存量降低到某一预先设定的点时,即开始发出订货单(采购单或加工单)来补充库存,直至库存量降低到安全库存时,发出的订单所订购的物料(产品)刚好到达仓库,补充前一时期的消耗,此订货的数值点,即称为订货点。但是订货点法只能保证稳定均衡消耗情况下不出现短缺,不能保证消耗多变的情况下不出现短缺,也无法起到降低库存的作用,因此它不适用于相关需求物资。

MRP是解决相关需求物资的生产和库存问题而引入的方法。MRP是生产管理领域的一次重大飞跃。MRP以物料为中心的组织生产模式体现了为顾客服务、按需定产的宗旨,计划统一且可行,并且借助计算机系统实现对生产的闭环控制,比较经济和集约化。MRP系统的目标是:围绕所要生产的产品,应当在正确的时间、正确的地点、按照规定的数量得到真正需要的物料;通过按照各种物料真正需要的时间来确定订货与生产日期,以避免造成库存积压。

2. MRP的系统结构及功能作用

要实现对原材料、零部件等物料的控制,首先必须确定最终产品的生产计划,这样才能分配零部件和原材料的需求以及需求时间;同时最终产品包括不同类型产品,应该分别对它们的生产进度做出安排,这样的计划就是主生产计划(Master Production Schedule, MPS)。最终产品究竟需要哪些原材料,要根据产品结构而定,将产品结构进行层次性分解后才能得出需要的零部件数量、种类、型号等,这样形成的产品结构文件或产品结构树称为物料清单文件(Bill of Materials,BOM)。所需要的物料目前在库存中的持有量,在生产计划实施前是否能满足所有需求,这些需要库存记录文件(Inventory Record File, IRF)对库存信息进行准确的记录才能得到。因此,MRP系统需要有三个基本的输入文件(MPS、BOM、IRF)才能顺利地对物料计划作出安排,编制出零件的生产计划和采购计划,这也就是MRP输出的主要报告。MRP的基本系统结构如图4-8所示。

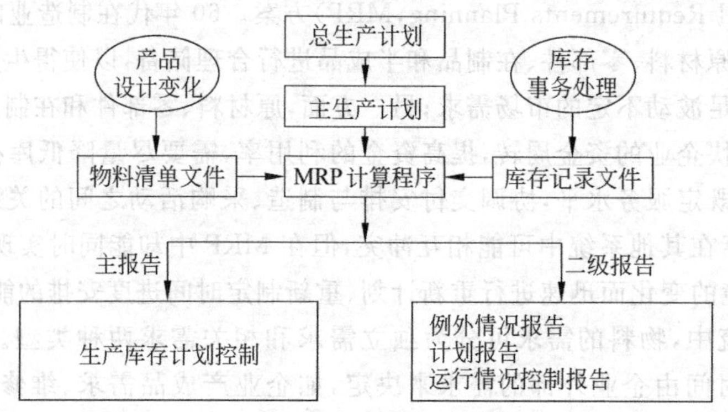

图 4-8　MRP 基本构成图

1）基本输入

总生产计划根据外部因素（市场需求、竞争者行为、原材料供应状况）和内部生产能力（技术、员工、设备等）对需要生产的产品数量、质量、品种以及产出期进行了综合规划，给出了产品概括性的需求品种数量和出产期。但为了给 MRP 提供真正的输入，还必须根据总生产计划对产品型号、类别以及各个时段的需求数量进行具体化，变为可操作的实施计划，这个计划就称为主生产计划（Master Production Schedule，MPS）。总生产计划通常以月为单位，而主生产计划则通常以周或天为计划期。

物料清单文件是一个完整产品的描述，包含生产每一单位产成品所需要的所有部件、组件、零件和原材料的种类和数量，是一个制成品的所有物料或零件的结构清单，也称为产品结构文件或产品结构树。它就像是烹饪中的食谱，食谱中列出了所有配料。每一件产成品都有自己的物料清单。

库存记录文件是保存企业所有产品、零部件、在制品、原材料等存在状态的数据库。它包括三个部分：

（1）主数据部分。主数据部分包括物料编码（为便于计算机识别，必须对物料进行编码。物料编码是 MRP 系统识别物料的唯一标识）、订货或生产提前期、标准成本、型号规则、登记等信息。

（2）库存状态部分。库存状态部分包括各个时段的需求量、现有库存量（仓库中实际存放的物料的可用库存数量）、计划接收量（根据正在执行中的采购订单或生产订单在未来某个时段物料将要入库或将要完成的数量）和订购或生产批量（向供应商订购或要求生产部门生产某种物料的数量）。

（3）辅助数据部分。库存状态部分包括订单的执行情况、库存盘点人员等辅助性的信息。

2）MRP 计算程序

MRP 计算程序根据输入的主生产计划、物料清单文件和库存记录文件进行运算，最终得出各种物料的需求计划。由主生产计划确定各个时段所需的最终产品生产需求数量，物料清单文件列出了制造每一产品所需的物料，而每一种物料的现有数量和已订货数量则包含在库存文件中。MRP 程序从物料清单中计算每种物料的需求量，再按时段从库存文件获得现有库存量计算出该物料的净需求、计划产出量和计划投入量，再按该物料的提前期反向推算得到计划下达订单。

3）输出报告

MRP能够向管理者提供很多信息，这些信息通常被分为主报告和二级报告。前者是主要报告，后者是可选输出。

（1）主报告。生产、库存计划与控制是主报告的重要组成部分，主报告通常包括以下内容：计划订单，包括对所需要的物料订货或生产的数量和时间的安排；订单发布，即执行计划订单的计划下达通知；计划订单的修改、取消报告；库存状态数据。

（2）二级报告。运行情况控制、计划工作和例外情况都属于二级报告。其主要内容：运行情况报告对系统运行状况进行评价，帮助管理者衡量实际偏离计划的程度，包括提前期、数量与成本的偏离情况和缺货等；例外情况报告，主要包括最新订单和到货延迟、过多的残次品、不存在的零件等；预测未来某一时刻的库存和需求量的计划报告。

MRP为生产和供应部门提供准确和完整的物料需求数据，主要包括需求数量和需求时间；利用库存信息来调控采购量和购进时间，充分发挥了库存信息在计划管理中的重要作用，在满足生产需要的前提下最大限度地降低库存，包括中间库存和在制品库存，以减少在库存方面的资金积压；根据产成品的需求，和成品零部件的工艺路线及规定工时，计算出各时段内相关工作中心的生产能力需求量，为下一步能力需求计划的制定提供依据；根据企业实际情况制定零件及半成品生产的优先级，并列出每一时间段内应当完成的生产装配任务，从整体上把握产成品的出产进度，提高计划的可执行性，实现均衡生产。

4.2.2 MRPⅡ

1. MRPⅡ的发展背景及相关概念

20世纪70年代末和80年代初，物料需求计划MRP经过发展和扩充逐步形成了制造资源计划的生产管理方式。MRPⅡ(Manufacturing Resources Planning)是以物料需求计划MRP(Material Requirements Planning)为核心的闭环生产计划与控制系统，它将MRP的信息共享程度扩大，使生产、销售、财务、采购、工程紧密结合在一起，共享有关数据，组成一个全面生产管理的集成优化模式。

MRPⅡ的发展和成长是企业管理人员在实践中不断探索计算机技术如何体现企业管理规律的结果，把客观上本来就存在的制造业业务流程的内在联系，借助计算机这个工具加以规范化和条理化，成为制造业适用的管理信息系统。MRPⅡ来源于企业管理实践又应用于企业管理实践，因而易为企业各级管理人员所接受。这种管理思想最初是美国IBM公司的管理专家及其合作者，在不断探索装配型产品的生产与库存管理问题的基础上创立的。在美国生产与库存管理协会(APICS)大力宣传和组织推动下得到普及和广泛应用。

MRPⅡ的基本思想是：基于企业经营目标制定生产计划，围绕物料转化组织制造资源，实现按需要按时进行生产。MRPⅡ主要技术环节涉及：经营规划、销售与运作计划、主生产计划、物料清单与物料需求计划、能力需求计划、车间作业管理、物料管理(库存管理与采购管理)、产品成本管理、财务管理等。从一定意义上讲,MRPⅡ系统实现了物流、信息流与资金流在企业管理方面的集成。由于MRPⅡ系统能为企业生产经营提供一个完整而详尽的计划,可使企业内各部门的活动协调一致,形成一个整体,从而能提高企业的整体效率和效益。MRPⅡ成为制造业所公认的管理标准系统。

与MRP相比较,MRPⅡ最大的特点就是它运用管理会计的概念,用货币形式表现了执行企业物料计划带来的效益,实现了物料信息同资金信息的集成。具体特点主要表现在:

(1) MRPⅡ增加了对生产能力资源的管理。生产能力包括人力、物力和财力,体现为工时、机时或台时等。基本MRP的输出文件之一是生产任务单,但必须有足够的生产能力才能保证其实施。MRPⅡ的作用就是要回答在系统中有没有足够的生产能力以及怎样充分利用现有生产能力,实现能力与需求之间的平衡问题。

(2) 增加了车间管理。其主要功能是接受MRP投放的生产任务单,制定能力需求计划,安排落实生产任务。

(3) 增加了仓库管理。不仅管理物资,还增加了订货管理和供货商管理功能;将应付账、应收账同供应商和客户的业绩或信誉集成起来,同销售和生产计划集成起来,按照物料位置、数量或价值变化,定义交易行为。

(4) 强化成本管理的功能。在考虑每一道工序时,同时也计算出加工成本,最终计算出产品成本。这就可以进行成本监督和控制,进行资金预算和使用的管理。

(5) 形成闭合的信息反馈系统。由于增加了生产管理和库存管理功能,物料需求计划执行结果的信息可以反馈到系统,为系统提供了信息支持。保证了资金流与物流的同步性、一致性,改变了资金信息滞后于物料信息的状况,便于管理层适时做出决策。

2. MRPⅡ的系统结构与功能

MRPⅡ系统作为一种企业管理信息系统,必然包含企业管理的基本功能。而MRPⅡ作为一种现代化的管理思想和方法,其目标在于合理安排计划,充分利用各种制造资源,提高设备和工时利用率,实现均衡生产,提高"多品种、小批量"生产类型企业的生产组织能力,因而,MRPⅡ的应用不可能有千篇一律的模式。同时,MRPⅡ作为一种管理思想虽具有广泛的适应性,但其应用却与一个企业的生产环境和内部条件密切相关,在MRPⅡ应用中,不同企业有不同的做法,不同的应用阶段也各有其重点。再有,企业的生产需随着市场的变化不断调整和完善,因而,MRPⅡ系统结构也不是一成不变的。

MRPⅡ的系统结构图如图4-9所示,其中逻辑流程包括决策层、计划层和控制执行层,可以理解为经营计划管理的流程。MRPⅡ作为一个比较完整的生产经营管理计划体系,是实现制造业企业整体效益的有效管理模式。从该图可以看出,MRPⅡ的主线是生产计划与控制。到了MRPⅡ阶段,该系统已把企业主要生产职能和管理职能全部包括进来,成为一个完整的企业生产经营计划管理系统。

MRPⅡ系统是站在整个企业的高度进行生产、计划及一系列管理活动的。它通过对企业的生产经营活动作出有效的计划安排,把分散的工作中心联系起来进行统一管理。因而,MRPⅡ是将企业的生产、财务、销售、采购、技术管理等子系统综合起来的一体化系

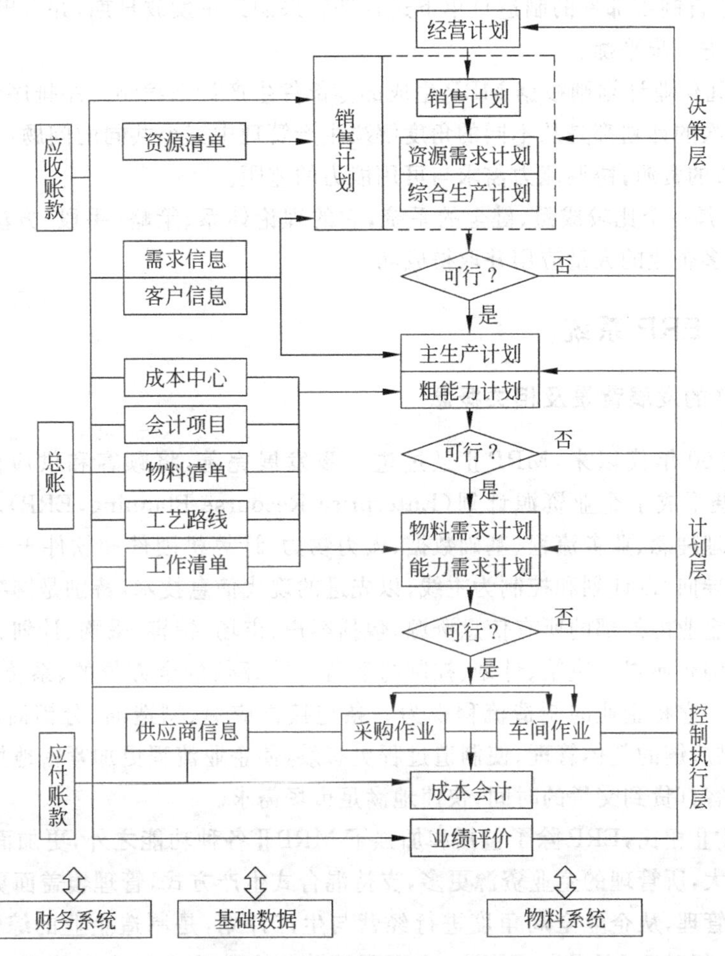

图 4-9 MRPⅡ系统结构图

统，各部分相互联系，相互提供数据。

MRPⅡ的核心在于各级计划系统。计划是为实现一定的目标而制定的行动方案；控制是为保证计划的完成而采取的措施。在 MRPⅡ中，计划按从粗到细，从长期到短期，从一般到具体分为四个层次。

(1) 经营计划是计划的最高层次，是企业总目标的具体体现。企业的最高决策层根据市场调查和需求分析、国家政策、企业资源能力和历史状况、竞争对手情况等有关信息，制定企业的中长期发展规划。它包括未来 2～7 年内，企业产品的品种、市场份额、产品年销售额、年利润、生产率等。经营计划的制定要考虑现有资源及未来可获得的资源，具有较大的预测成分。经营计划是以下各层计划的基础。

(2) 生产计划大纲的任务是根据经营计划，确定未来 1～3 年内，每年、每月生产多少，需要哪些资源。主生产计划以生产计划大纲为依据，把最终产品的数量和交货期分布在每一时间段上，并在生产计划与可用能力之间求得平衡。

(3) 物料需求计划是根据最终产品的数量和交货期，计算零部件及材料的需求数量及时间，直至自制零部件的制造订单下达日期和采购订单发放日期，并做出可用资源与资源需求间的进一步平衡。

(4) 车间作业计划则根据 MRP 生成的零部件生产计划编制工序排序计划。

四个层次的计划都是从不同的角度解决生产管理中三个共同的问题：确定制定的目标；确定制造的资源；协调能力需求与可用能力的差距。

MRPⅡ是一个比较成熟、健全的系统，它的理论体系、策略、手段、方法比较完整，已得到国外许多企业的大量应用并取得成功。

4.2.3 ERP 系统

1. ERP 的发展背景及相关概念

20 世纪 90 年代以来，MRPⅡ经过进一步发展完善，将顾客和供应商的信息加到 MRPⅡ中，便形成了企业资源计划(Enterprise Recourse Planning，ERP)。ERP 系统整合了企业管理理念、业务流程、基础数据、人力物力、计算机硬件和软件于一体，以市场和客户需求为导向，以计划和控制为主线，以先进的现代信息技术，特别是网络技术为平台，全面集成了企业内外部的所有信息资源，包括客户、市场、销售、采购、计划、生产、财务、质量、服务等，为企业提供决策、计划、控制与经营业绩评估的全方位的、系统化的先进管理思想和方法。它将企业的制造流程视为一条连接供应商、制造商、分销商和顾客的供应链，强调对供应链的整体管理，使制造过程更有效，使企业流程更加紧密地集成到一起，从而缩短从顾客订货到交货的时间，快速地满足市场需求。

与 MRPⅡ相比，ERP 除了包括和加强了 MRPⅡ各种功能之外，更加面向全球市场，功能更为强大，所管理的企业资源更多，支持混合式生产方式，管理覆盖面更宽，并涉及了企业供应链管理，从企业全局角度进行经营与生产计划，是制造企业的综合集成经营系统。可以说，相对于 MRPⅡ，ERP 一方面强调跨越企业边界的合作管理，从社会甚至全球的角度进行企业资源优化；另一方面更重视提高企业的柔性、敏捷性、集成性、全球性和对 JIT 等技术的支持。ERP 实施的目标是通过消除企业生产经营过程中的一切浪费，实现信息流、物流和资金流、价值流和业务流的有机集成，最终提高顾客的满意度，提高企业业绩。ERP 是对 MRPⅡ的继承和发展。两者区别如表 4-1 所示。

表 4-1 ERP 与 MRPⅡ的区别

项 目	MRPⅡ	ERP
目的	企业制造资源和生产经营最优化	供应链最优化
应用领域	制造和分销	所有部门、分支
功能	制造、销售、分销和业务流程	跨部门、跨行业
过程	内部的、隐蔽的	与外部交互
供应	封闭的、单一的	基于 Web 的开放式的
数据	内部产生、使用	内部和外部同时产生和发布

ERP 系统又是一种商业战略，它集成了制造、财务和分销职能以便实现动态地平衡和优化企业的资源。ERP 系统是一种集成的应用软件包，可以用于平衡制造、分销和财务功能。当成功地实施了完整的 ERP 系统之后，ERP 系统允许企业优化业务流程、执行各项必要的管理分析以及快速有效地提供决策支持。随着技术的不断进步，ERP 系统不断增强了应对市场变化的能力。ERP 系统既可以在微观的优化业务流程方面发挥作用，也可以有效地在战略方面体现其效用；ERP 系统既是信息技术的集成形式，也是制造、分销和财务等管理功能的集成；ERP 系统既可以对当前企业的经营和管理提供优化、分析和决策支持，还会不断地发展和完善。

2. ERP 的系统结构与功能

ERP 系统是用于改善企业业务流程性能的一系列活动的集合。由基于模块的应用程序支持，它集成了从产品计划、零件采购、库存控制、产品分销和订单跟踪等多个职能部门的活动。在 ERP 中，还可以包括企业的财务管理和人力资源管理模块。这是一个 ERP 系统的基本定义，该定义强调业务流程的活动和业务功能的集合，并且限制了 ERP 的作用范围主要是企业内部的各个职能部门。

ERP 同时也是面向企业所处供应链的全面管理。它将供应商、制造商、企业自身、协作商、用户甚至竞争者都纳入了管理体系中，实现了企业业务流的集成，从而在很大程度上提高了企业的响应速度和能力。ERP 是信息时代的现代企业向国际化发展的更高层管理模式，也代表了当前集成化企业管理软件系统的最高水平。图 4-10 是某 ERP 的系统结构示意图。

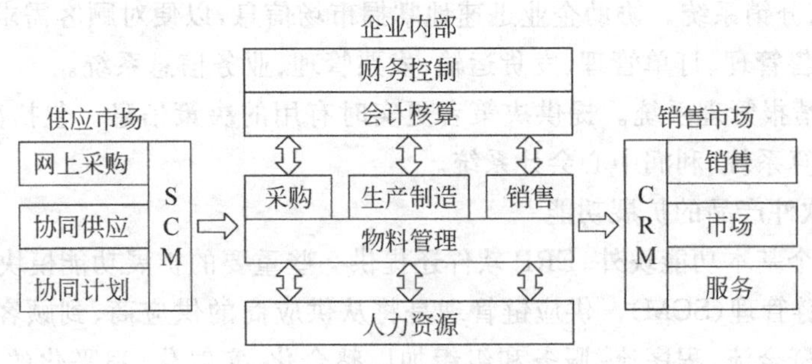

图 4-10　某 ERP 系统结构图

ERP 技术及系统特点包括：

(1) ERP 更加面向市场、面向经营、面向销售，能够对市场快速响应；它包含供应链管理功能，强调了供应商、制造商与分销商之间新的伙伴关系，并且支持企业后勤管理。

(2) ERP 更强调企业流程与工作流，通过工作流实现文字摘录企业的人员、财务、制造与分销之间的集成，支持企业过程重组。

(3) ERP 更多地强调财务，具有较完善的企业财务管理体系。这使得价值管理概念得以实施，资金流与物流、信息流更加有机地结合。

(4) ERP 较多地考虑人的因素作为资源在生产经营规划中的作用，也考虑了人的培训成本等。

(5) 在生产制造计划中，ERP 支持 MRPⅡ与 JIT(Just-In-Time)的混合生产管理模式，也支持多种生产方式(离散制造、连续流程制造等)的管理模式。

(6) ERP 采用了最新的计算机技术，如客户/服务器分布式结构、面向对象技术、电子数据交换 EDI、多数据库集成、图形用户界面、第 4 代语言及辅助工具、电子商务平台等。

ERP 软件的各种功能模块基本上可以分为基本功能、扩展功能两个方面。基本功能是所有 ERP 系统软件必须提供的入门功能，强调将企业"内部"价值链上所有功能活动加以整合；扩展功能则是将整合的触角由企业内部拓展到企业的后端厂商和前端顾客，与后端厂商信息系统加以整合的是属于供应链管理(Supply Chain Management，SCM)方面的功能，加强整合前端顾客信息的则是属于顾客关系管理(Customer Relationship Management，CRM)和销售自动化(Sales Force Automation，SFA)方面的功能，而最近最受瞩目的则是推出了电子商务(Electronic Commerce，EC)方面的解决方案。

1) ERP 软件产品的基本功能

ERP 软件一般至少具备以下五个基本功能：

(1) 物料管理。协助企业有效地管控物料，以降低存货成本。包括采购、库存管理、仓储管理、发票验证、库存控制、采购信息系统等。

(2) 生产规划系统。让企业以最优水平生产，并同时兼顾生产弹性。包括生产规划、物料需求计划、生产控制及制造能力计划、生产成本计划、生产现场信息系统。

(3) 财务会计系统。提供企业更精确、跨国且实时的财务信息。包括间接成本管理、产品成本会计、利润分析、应收应付账款管理、固定资产管理、一般流水账、特殊流水账、作业成本、总公司汇总账。

(4) 销售、分销系统。协助企业迅速地掌握市场信息，以便对顾客需求作出最快速的反应。包括销售管理、订单管理、发货运输、发票管理、业务信息系统。

(5) 企业情报管理系统。提供决策者更实时有用的决策信息。包括决策支持系统、企业计划与预算系统、利润中心会计系统。

2) ERP 软件产品的扩展功能

除上述五个基本功能块外，ERP 软件还提供一些重要的扩展功能模块：

(1) 供应链管理(SCM)。供应链管理是将从供应商的供应商、到顾客的顾客中间的物流、信息流、资金流、程序流、服务和组织加以整合化、实时化、扁平化的系统。SCM 系统的功能可细分为三个方面：供应链规划与执行、运送管理系统、仓储管理系统。

(2) 顾客关系管理(CRM)及销售自动化(SFA)。这两者都是用来管理与顾客端有关的活动。销售自动化系统(SFA)指能让销售人员跟踪记录顾客详细数据的系统；顾客关系管理系统(CRM)则指能从企业现存数据中挖掘所有关键的信息，以自动管理现有顾客和潜在顾客数据的系统。CRM 及 SFA 都是强化前端的数据仓库技术，其通过分析、整合企业的销售、营销及服务信息，以协助企业提供更客户化的服务及实现目标营销的理念，因此可以大幅改善企业与顾客的关系，带来更好的销售机会。

(3) 电子商务(E-Commerce)。电子商务一般指具有共享企业信息、维护企业间关系以及产生企业交易行为等三大功能的远程通信网络系统。目前，ERP 软件供应商提供的电子商务应用方案主要有三种：一是提供可外挂于 ERP 系统下的 SCM 功能模块，如让企业依据整合、实时的供应链信息去自动订货的模块，以协助企业推动企业间的电子商务；二是提供可外挂于 ERP 系统下的 CRM 功能模块，如让企业建置、经营网络商店的模块，以协助企业推动其与个人间的电子商务；三是提供中介软件来协助企业整合前后端信息，使其达到内外传息全面整合的境界。

随着计算机技术的发展和 ERP 实践的深入，ERP 逐渐出现了适应各种行业的版本，主要有离散制造业的 ERP 和流程制造业的 ERP。流程制造业重视对设备的监控、维护和计划维修，以确保设备完好。流程制造业已形成了独特的 ERP 模式，主要功能包括生产计划与统计、生产数据管理、车间管理、库存管理、采购管理、销售管理、质量管理、设备管理、动力管理、账务管理、成本管理、固定资产管理、工资管理和人力资源管理等。

此外，有的 ERP 系统包括了金融投资管理、运输管理、项目管理、法规与标准、过程控制等补充功能。这使得企业的物流、信息流与资金流能够更好地集成。它能更好地支持企业经营管理各方面的集成，并将给企业带来更广泛、更长远的经济效益与社会效益。只有在 ERP 系统的各个组成部分的运行达到协调一致时，ERP 系统才能真正地发挥出自己的效能。

4.3 组织间信息系统

全球经济使更多的企业考虑全球战略，于是出现全球采购、全球产品研发、全球制造、全球市场等，跨地域的商务往来越来越频繁，企业需要求助于先进的信息技术和通信技术进行快速的信息交流。另外，虚拟企业、供应链模式、电子商务等新的组织和经营理念本身就是在信息技术和信息系统的基础上形成的，快速跨地域的信息沟通和信息处理成为当今组织需要解决的首要任务。

组织间信息系统(Inter-organizational Information Systems，IOS)也称为跨组织信息系统，是由许多互相联系的公司(组织)，为了实现共同目标，应用信息技术克服地理位置、组织界限的障碍而组成的协同工作系统。IOS 的使用者，如供应商、制造商、客户就像在一个单一的系统环境里一样。图 4-11 描述了 IOS 在供应商、制造商和客户之间的联系作用。一个 IOS 可以联结相邻两个企业，也可以联结多个企业，如图 4-11 中的 IOS1。

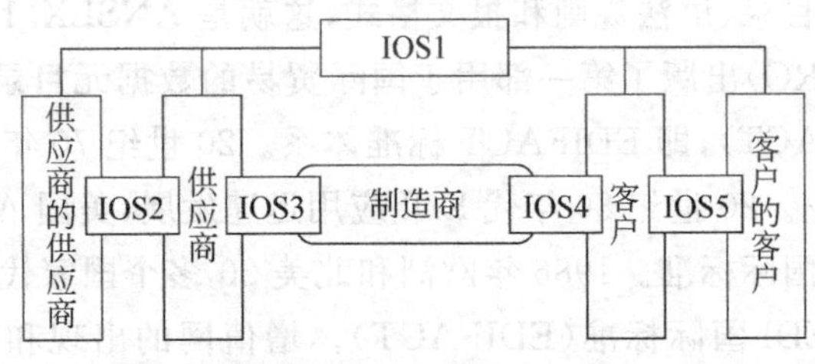

图 4-11　联系供应商、制造商、客户的 IOS

简单地说，所谓组织间信息系统是指跨越组织边界，支持信息在组织间流动，并被组织共享的信息系统。本书认为 IOS 的定义至少可以从技术和经营两个视角去定义：从技术角度看，IOS 是一种基于计算机网络通信技术的、支持组织间信息交换与资源共享的信息系统；从经营角度看，IOS是一个基于信息技术的，为了应对全球经济一体化造成的挑战而生成的实施组织全球战略或组织间合作的组织联盟和管理的解决方案。

与组织内系统相比，IOS的范围更大，并且牵涉目标迥异的各种各样的组织，它们可以处在同一个国家内，也可以是跨国界的。各个组织之间的政治利益关系错综复杂，另外，IOS还受到许多外在因素的影响，主要包括国家政策、经济状况、竞争产业、外汇汇率、国际竞争、技术进步、自然环境和地理等，这大大增加了IOS实施和应用的复杂性。

4.3.1 EDI

1. EDI的发展背景及相关概念

EDI是Electronic Data Interchange的缩写，即电子数据交换，它是一种利用计算机进行商务处理的新方法。EDI是将贸易、运输、保险、银行和海关等行业的信息，用一种国际公认的标准格式，通过计算机通信网络，使各有关部门、公司与企业之间进行数据交换与处理，并完成以贸易为中心的全部业务过程。由于EDI的使用可以完全代替传统的纸张文件的交换，因此，有人称它为“无纸贸易”或“电子贸易”。

工业、交通与通信的发展，全球贸易额的增长率明显高于世界经济增长率，全球贸易额的上升带来了各种贸易与单证、纸面文件的激增。人工处理单证、纸面文件劳动强度大，效率低，出错率高，速度慢，费用大，纸面文件成了阻碍贸易发展的一个突出因素。市场竞争的激烈化使生产和经济活动的组织发生重大变化，生产由大规模批量生产向柔性生产转变，要求小批量多品种，缩短产品上市时间以适应瞬息万变的市场行情。组织形态由大型纵向集中式向横向分散式、网络化发展、制造商、供应商、用户之间、跨国公司与各分公司之间要求提高商业文件传递和处理速度、空间跨度和正确度，追求商业贸易的“无纸化”成为所有贸易伙伴的共同需求。正是这种背景下，以计算机网络通信和数据标准化为基础的EDI应运而生。20世纪60年代末，在美国和欧洲几乎同时出现了电子数据交换(EDI)并显示出强大的生命力。20世纪70年代，随着数字通信网的出现加快了EDI技术的成熟和应用范围的扩大，出现了一些行业性数据传输标准并建立行业性EDI，例如，银行业发展的电子资金汇兑系统(SWIFT)；美国运输业数据协调委员会(TDCC)发展了一整套有关数据元目录、语法规则和报文格式，这就是ANSLX.12的前身；英国简化贸易程序委员会(SIMPRO)出版了第一部用于国际贸易的数据元目录(UN/TDED)和应用语法规则(UN/EDIFACT)，即EDIFACT标准体系。20世纪70年代EDI应用集中在银行业、运输业和零售业。20世纪80年代EDI应用迅速发展，美国ANSlX.12委员会与欧洲一些国家联合研究国际标准。1986年欧洲和北美20多个国家代表开发了用于行政管理、商业及运输业的EDI国际标准(EDIFACT)。增值网的出现和行业性标准逐步发展成通用标准，加快了EDI的应用和跨行业EDI的发展。20世纪90年代出现Internet EDI，使EDI从专用网扩大到互联网，降低了成本，满足了中小企业对EDI的需求。到了20世纪90年代初，全球已有2.5万家大型企业采用EDI，美国100家最大企业中有97家采用EDI。20世纪90年代中期，美国有3万多家公司采用EDI，西欧有4万家EDI企业用户，包括化工、电子、汽车、零售业和银行。

2. EDI的系统结构与功能

一个部门或企业要实现EDI,首先,必须有一套计算机数据处理系统;其次,为使本企业内部数据比较容易地转换为EDI标准格式,须采用EDI标准;最后,通信环境的优劣也是关系到EDI成败的重要因素之一。

所以构成EDI系统的基本要素主要有三个,即通信网络、数据标准化和软件。

1) 通信网络

在传统的商务活动中,贸易单证票据的传递通常由邮政系统或专业传递公司完成。使用EDI技术使得我们在商务活动中能够用电子的手段来生成、处理和传递各类贸易单证。电子通信网络是EDI系统必不可少的组成部分之一。

从EDI所依托的计算机网络通信技术的发展演变看,最初是点到点方式,随后是增值网络(VAN)的方式,进而是电子邮件(E-mail)方式,现今则演变为Internet模式。这一变化趋势使得EDI的推广应用范围变得更加广阔。

传统的EDI系统是基于VAN技术的EDI。在这一模式下,通常需要建立一个区域性的EDI中心,同时建立一个VAN网络。用户首先以会员方式加入EDI中心,并按通用标准格式编制报文才能通过网络传送信息。由此可见,传统的EDI对用户的要求较高,推广应用较难。为此,逐步改变传统EDI系统单纯依靠增值专用网的封闭式传输模式,向基于Internet和Web技术的开放式EDI应用模式发展将是EDI发展信息增值服务的关键。

Internet模式的EDI是指利用先进的国际互联网、服务器等电子系统和电子商业软件运作的全部商业活动,包括利用电子邮件提供的通信手段在网上进行的交易。Internet模式的EDI大大方便了那些中小型企业,不用购买和维护EDI软件,不用进行EDI单证和应用程序接口API(Application Programming Interface)开发,只需利用浏览软件即可应用,而有关表格制作和单证翻译等工作由EDI中心或商业伙伴完成。

2) 数据标准化

在EDI技术构成中,标准起着核心的作用。EDI技术标准可分成两大类。一类是表示信息含义的语言,称为EDI语言标准,主要用于描述结构化信息。另一类是载运信息语言的规则,称为通信标准。它的作用是负责将数据从一台计算机传输到另一台计算机。一般来说,EDI语言对其载体所使用的通信标准并无限制,但对语言标准却有严格的限定。

EDI语言标准目前广泛应用的有两大系列:国际标准的EDIFACT和美国的ANSIX.R。目前,EDIFACT标准作为联合国与国际标准化组织联合制定的国际标准正在为越来越多的国家所接受。

3) 软件

EDI系统通常由"报文生成和处理"、"格式转换"、"通信"、"联系"四个模块构成(图4-12)。

(1) 报文生成和处理模块。其功能是接受来自客户联系接口和其他信息系统,或数据库内部联系接口的命令和信息,然后按照EDI协议标准生成订单、发票、合同、许可证

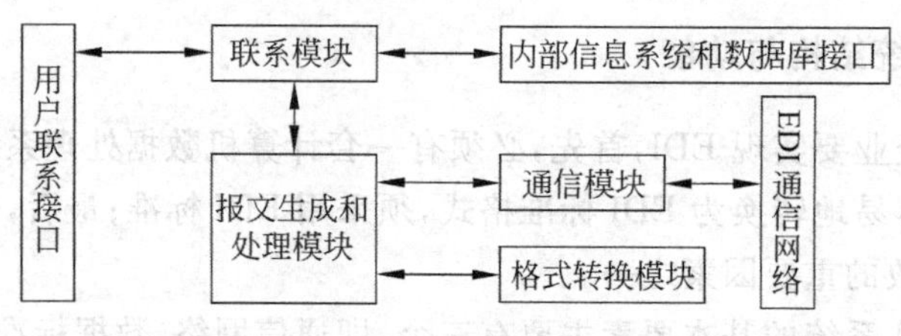

图 4-12 EDI系统结构图

以及其他各种 EDI 报文，为信息的传输做好准备。该功能是将接收到的其他 EDI 系统发来的报文，进行加工处理，按照不同的报文类型、不同的应用过程进行整理。例如，订单统计、发票汇总等。在处理过程中要与本部门的信息系统或数据库相结合，获取必要信息，以回复发方的 EDI 系统，并把有价值的信息送至本部门的信息系统和数据库。但是在信息处理过程中，若遇到意外情况，例如，交货时间变更、产品样式改变等方面问题，需要管理人员决策时，则将这类事件提交给用户联系接口处理。

(2) 格式转换模块。该功能是将各种 EDI 报文，按照 EDI 结构化的要求，进行结构化处理，再遵循 EDI 语法规则进行压缩、重复、嵌套和代码转换，并附加上语法控制后，提交给通信模块，然后发送给其他 EDI 系统的用户；或者将其他 EDI 系统经通信模块接收到的结构化的 EDI 报文进行非法结构化的处理，以便使信息系统或数据库识别。格式转换应该具有相容性，满足不同国家不同地区的 EDI 标准。

(3) 通信模块。它是 EDI 系统与通信网络之间的接口，完成呼叫、应答、自动转发、地址转换、差错校验、出错报警、认证审计、命名和寻址、合法性与完整性检查、发送报文等。由于通信网络的结构不同，对通信模块的要求也不同。

(4) 联系模块。这部分包括用户联系模块和用户内部系统联系模块两个部分。用户联系模块是 EDI 系统与用户的联系接口，它为用户提供了友好的界面和人机会话环境。用户联系方式通常采用菜单驱动方式，使用户方便迅速的实现 EDI 的主要功能。另外联系模块可以完成用户所需的统计查询等工作，以便管理人员做出正确的决策。内部系统联系是 EDI 系统与本部门其他信息系统和数据库的接口，已经处理后的 EDI 报文，经过内部联系模块送往本部门的信息系统或数据库。一个部门的信息系统应用程度越高，内部系统联系模块也就越复杂。

一般来说，通信模块和格式转换模块对于所有的 EDI 系统应该是相同的，而报文生成模块、信息处理模块和联系模块因国家和地区的不同而有所差异，但是随着 EDI 标准化技术的不断发展，这些功能模块也将逐渐规范化。

为实现 EDI 系统的上述功能，必须设计和开发相应的 EDI 软件。EDI 软件的作用是将组织内部的非结构化格式的信息(数据)翻译成结构化的 EDI 格式，然后传送 EDI 报文。这是针对“信息发送方”而言的。对“信息接收方”来说，则需要把所接收到的标准 EDI 报文，翻译成在该部门内部使用的非结构化格式的信息。根据这样的要求，EDI 软件应具有三方面的基本功能：数据转换、数据格式化和报文通信。

4.3.2 SCM

“21 世纪真正的竞争不是企业与企业之间的竞争，而是供应链和供应链之间的竞争”、“市场上只有供应链而没有企业”，这些观点充分说明了供应链及其管理在新经济环境下日渐显著的重要作用。供应链管理是在物流管理和系统论等相关学科相互融合的基础上发展起来的新的管理理念。随着全球竞争的加剧和科学技术的进步，越来越多的企业开始运用供应链管理策略来达成企业内外环境的协同，进行一体化管理，以提高客户的满意度，提升企业的核心竞争力。

1. SCM 的发展背景与相关概念

美国供应链协会对供应链管理的概念给出了解释：“供应链，目前国际上广泛使用的一个术语，它囊括了涉及生产与交付最终产品和服务的一切努力，从供应商的供应商到客户的客户。供应链管理包括管理供应与需求，原材料、备品备件的采购、制造与装配，物件的存放及库存查询，订单的录入与管理，渠道分销及最终交付用户。”

供应链管理是在全球制造出现之后，企业经营集团化和国际化的形势下提出的，它是物流的延伸。从整体系统的观点出发，供应链管理是指通过对从市场到企业及其生产作业直到供应商的整个过程中物流与资金流、信息流的协调，增大物流和资金流的流量和速度，保持各种流的顺畅流通，来实现供需平衡，满足顾客的需要，其最终目的是达到供应链整体绩效的提高。从供应链管理的概念中可以看出，供应链管理始终以客户为中心，强调伙伴间的合作与“多赢”，具体来说有以下特征。

1）以客户为中心

供应链管理压倒一切的目标是提高客户的满意程度，它通过降低供应链成本的战略，实现对客户的快速反应，以此提高客户的满意度，从而提升企业的信誉度，获得竞争优势。例如，对下游企业来讲，供应链上游企业的功能不是简单地提供物料，而是要用最低的成本提供最好的服务。由于满足客户需求与成本支付之间是一对基本矛盾，因此，对客户服务目标的设定，要更关注满足客户需求与成本的平衡。

2）强调物流、信息流、资金流、工作流和组织流的集成

这几个流在企业日常经营中都会发生，但过去是间歇性或者间断性的，因而影响企业间的协调，最终导致整体竞争力下降。供应链管理则强调必须要把这几个流集成起来，只有实现跨企业流程集成化，才能实现供应链企业协调运作的目标。

3）强调伙伴间的合作与共享

在供应链管理中，企业要清楚地辨别自己的核心业务，然后狠抓核心资源，以提高核心竞争力，而非核心业务都采取外包的方式分散给业务伙伴。超越组织机构的界限，与业务伙伴结成新型的共同利益的战略联盟合作伙伴关系，强调伙伴间的合作，强调利益共享和风险共担。合作更需要依赖供应链成员之间对业务过程一体化的共识，需要建立相应的信任机制和协商机制。信任是信息增值交换的基础，只有实现增值信息的共享才能放大供应链上的利润。协商机制是解决核心企业与客户利益冲突关系的基础，包括利益的合理分配、高效的合作和风险共担。

4）强调一体化的精细管理

供应链上的核心企业，除了核心业务外，其余的各种业务都是来自于外部，即按照市场规则将内部业务社会化，按照核心企业需求，将具有不同核心能力的企业的资源整合起来，使得组织边界变得更加模糊，供应链管理则成了一项高度互动而复杂的系统工程。它强调的是一体化的精细的管理，以保证在延迟生产环境下整个供应链的协同运作，各环节的无缝对接。

5）注重信息技术的集成应用

信息技术是提升整个供应链运作效率的重要保障之一。在这个多结点、多合作伙伴组成的复杂网链上，信息技术的支撑，降低了伙伴间的交易成本，可使合作伙伴及时获取有效信息，快速反应来满足客户的需求。同时，基于 Internet 的信息技术的集成（如 GIS、GPS），又可随时对在途物品进行管理，满足物流的个性化需求。

6）更加关注物流企业的参与

过去一谈到物流，好像就是搬运东西。在供应链管理环境下，物流的作用特别重要，因为缩短物流周期比缩短制造周期更关键。美国曾经有人对早餐用的麦片粥从生产厂到超级市场这一过程做过一个统计，要花 104 天。而 104 天里面真正用于生产的时间很短，大部分的时间是用于分销、运输、仓储、再分销、再仓储。过去谈到快速响应市场时，大部分情况下都把注意力放在制造业上，似乎能够快速制造出来就能快速响应客户的需求。实际上，最终给客户的产品不是由单独一家企业完成的，而是从原材料开始一级一级制造并传递过来的，响应周期是多级的“链式周期”，而不是“点式周期”（单个企业的制造周期）。因此，缩短物流周期所取得的效益往往更大。

7）注重供应链的动态优化管理

供应链的整体效率和价值创造能力，是链条上合作伙伴基于一种战略型的亲密关系协同产生的。战略型的亲密关系，是供应链新生产能力不竭的源泉，是取得竞争优势的原动力。要长期保持这种关系，就要注意对伙伴关系的不断优化。这种优化体现在管理与伙伴的关系，对合作伙伴进行阶段性的绩效评估，及时优化关系结构。管理与伙伴的关系，首先在于核心企业与伙伴的诚信交易，共同制定发展目标和行为计划，提供相应的技术支持等。以自己的经营理念、价值观、文化观影响伙伴，创造和谐氛围，形成团队合作竞争机制，从而提升和发展伙伴关系。从知识管理视角看，伙伴关系的提升是开发供应链系统隐形知识资产的过程。对伙伴进行阶段性的绩效评估，也是一种竞争激励，一方面促使伙伴努力提升整体素质；另一方面为了维护供应链所有成员的利益，也将放弃与少部分伙伴的继续合作，从而使合作伙伴的关系结构得以优化。

2. SCM 的系统结构与功能

我国著名的供应链管理专家马士华教授认为供应链管理主要涉及供应（Supply）、生产计划（Schedule）、传统物流（Logistics） 和需求（Demand）四个领域（如图 4-13 所示），包括以下内容：战略性供应商和客户合作伙伴关系管理，供应链产品的需求预测和计划，供应链的设计（结点企业、材料来源、生产设计、分销系统与能力设计、管理信息系统和物流系统设计等），企业内部和企业之间的物料供应与需求管理，基于供应链的客户服务和物流(运输、库存、包装),企业间资金管理,基于 Internet/Intranet 的供应链交互信息管理。

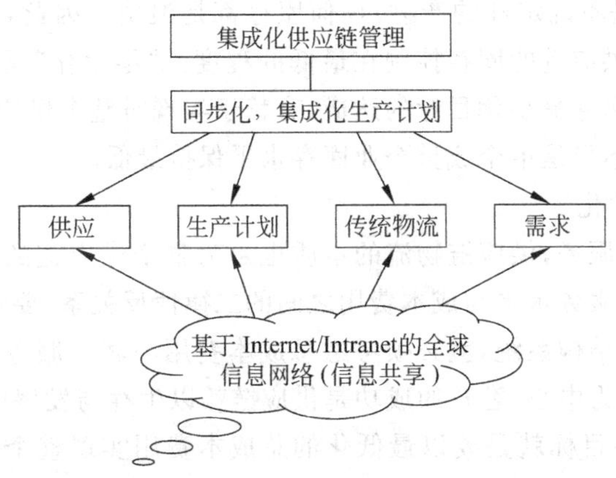

图 4-13　供应链管理系统结构图

供应链管理的目标是最大限度地提高供应链企业的核心竞争能力。这是因为,现今情况下,对于最终用户的产品的竞争力和服务水平,不是完全由哪一个企业自己决定的,而是由供应链这个整体共同决定的,因此,未来的竞争已由单个企业转移到供应链。显然,一个企业要变成供应链的一部分,需要参与者能够从长远的合作过程中取得双赢,而不是一个短期过程。一般而言,改进竞争力的障碍之一是,提供优质的客户服务。同样,一个企业要增加其竞争力,应当实现以最小的成本获得满意的最优客户服务水平。

提高供应链的核心竞争力,应当注重两个方面:一是强化不同组织之间的集成,形成集体优势;二是在物流、信息流、资金流方面进行更好的合作。

简而言之,供应链管理的目标是,集成供应链上的组织单元,协调物流、信息流、资金流,以便更好地完成客户需求,从而增强供应链整体的核心竞争力。是将整个供应链上的所有环节的市场、分销网络、制造过程和采购活动联系起来,以实现客户服务的高水平与低成本,以赢得竞争优势。而供应链管理最根本的目的就是增强企业核心竞争力,其首要的目标则是提高客户的满意程度,即做到将正确的产品或服务,按照合适的状态与包装,以准确的数量和合理的成本费用,在恰当的时间送到指定地方的确定的客户。再具体一点,供应链管理的目标可以说是通过调和总流通成本最低化、总库存最少化、客户服务最优化、总周期时间最短化及物流质量最优化等目标之间的冲突,实现供应链绩效最大化。

1) 总流通成本最低化

众所周知,采购成本、运输成本、库存成本、制造成本,以及供应链物流的其他成本费用都是相互联系的。因此,为了实现有效的供应链管理,必须将供应链各成员企业作为一个有机整体来考虑,并使实体供应物流、制造装配物流与实体分销物流之间达到高度均衡。从这一意义出发,总流通成本最低化目标并不是只使运输费用或库存成本,或其他任何供应链物流运作与管理的成本最小,而是使整个供应链运作与管理的所有成本的总和最低化。

2) 总库存最少化

传统的管理思想认为,库存是维系生产与销售的必要措施,因而企业与其上下游企业之间在不同的市场环境下只是实现了库存的转移,整个社会库存总量并未减少。按照JIT管理思想,库存是不确定性的产物,任何库存都是浪费。因此,在实现供应链管理目标的同时,要使整个供应链的库存控制在最低的程度。“零库存”反映的即是这一目标的理想状态。所以,总库存最小化目标的达成,有赖于实现对整个供应链的库存水平与库存变化的最优控制,而不只是单个成员企业库存水平保持最低。

3) 客户服务最优化

物流的本质就是服务,供应链物流的本质也是为整个供应链的有效运作提供高水平的服务。而由于物流服务水平与成本费用之间的二律悖反关系,要建立一个效率高、效果好的供应链物流网络结构系统,就必须考虑总成本费用与客户服务水平的均衡。供应链物流管理以最终客户为中心,客户的成功是供应链赖以生存与发展的关键前提。因此,供应链物流管理的主要目标就是要以最低化的总成本费用实现整个供应链客户服务的最优化。

4) 总周期时间最短化

在当今的市场竞争中,时间已成为竞争成功最重要的要素之一。当今的市场竞争不再是单个企业之间的竞争,而是供应链与供应链之间的竞争。从某种意义上说,供应链之间的竞争实质上是基于时间的竞争(Time-based Competition),即必须实现快速有效客户反应,最大限度地缩短从客户发出订单到获取满意交货的整个供应链的总周期。

5) 物流质量最优化

企业产品或服务质量的好坏直接关系到企业的成败。同样,供应链企业间服务质量的好坏直接关系到供应链的存亡。如果在所有业务过程完成以后,发现提供给最终客户的产品或服务存在质量缺陷,就意味着所有成本的付出将不会得到任何价值补偿,供应链物流的所有业务活动都会变为非增值活动,从而导致整个供应链的价值无法实现。因此,达到与保持服务质量最优化的水平,也是供应链管理的重要目标。而这一目标的实现,必须从原材料、零部件供应的零缺陷开始,直至供应链管理全过程、全方位质量的最优化。

我们知道,上述目标相互之间对于传统的管理思想而言呈现出互斥性:客户服务水平的提高,总时间周期的缩短,交货品质的改善必然以库存、成本的增加为前提,因而无法同时达到最优。而运用集成化管理思想,从系统的观点出发,改进服务、缩短时间、提高品质与减少库存、降低成本是可以兼得的。因为只要供应链的基本工作流程得到改进,就能够提高工作效率,消除重复与浪费,缩减员工数量,减少客户抱怨,提高客户忠诚度,降低库存总水平,减少总成本支出。

4.3.3 CRM

1. CRM的发展背景及相关概念

CRM(Customer Relationship Management),即客户关系管理,最早发展客户关系管理的国家是美国,在1980年初便有所谓的“接触管理”(Contact Management),即专门收集客户与公司联系的所有信息,后来的关系营销概念,使人们对市场营销理论的研究又迈上了一个新的台阶,到1990年则演变成包括电话服务中心支持资料分析的客户关怀

(Customer Care)，1999 年，Gartner Group Inc 公司提出了客户关系管理概念。

Gartner Group Inc 在早些时间提出的 ERP 概念中，强调对供应链进行整体管理，而客户作为供应链中的一环，为什么要针对它单独提出一个 CRM 概念呢？一方面，在 ERP 的实际应用中人们发现，由于 ERP 系统本身功能方面的局限性，也由于 IT 技术发展阶段的局限性，ERP 系统并没有很好地实现对供应链下游(客户端)的管理，针对 3C 因素中的客户多样性，ERP 并没有给出良好的解决办法；另一方面，到 20 世纪 90 年代末期，互联网的应用越来越普及，CTI、客户信息处理技术(如数据仓库、商业智能、知识发现等技术)得到了长足的发展。结合新经济的需求和新技术的发展，Gartner Group Inc 提出了 CRM 概念。从 20 世纪 90 年代末期开始，CRM 市场一直处于一种爆炸性增长的状态，最近开始在企业电子商务中流行。

CRM 的主要含义就是通过对客户详细资料的深入分析，来提高客户满意程度，从而提高企业的竞争力的一种手段，它主要包含以下几个主要方面(简称 7P)：

(1) 客户概况分析(Profiling)包括客户的层次、风险、爱好、习惯等；

(2) 客户忠诚度分析(Persistency)指客户对某个产品或商业机构的忠实程度、持久性、变动情况等；

(3) 客户利润分析(Profitability)指不同客户所消费的产品的边缘利润、总利润额、净利润等；

(4) 客户性能分析(Performance)指不同客户所消费的产品按种类、渠道、销售地点等指标划分的销售额；

(5) 客户未来分析(Prospecting)包括客户数量、类别等情况的未来发展趋势、争取客户的手段等；

(6) 客户产品分析(Product)包括产品设计、关联性、供应链等；

(7) 客户促销分析(Promotion)包括广告、宣传等促销活动的管理。

2. CRM 的系统结构与功能

图 4-14 可以代表当前人们对 CRM 的主流认识，其中，CRM 的功能可以归纳为三个方面：业务功能——对销售、营销和客户服务三部分业务流程的信息化；接触活动——与客户进行沟通所需要的手段(如电话、传真、网络、E-mail 等)的集成和自动化处理；数据仓库——对上面两部分功能所积累下的信息进行的加工处理，产生客户智能，为企业的战略战术的决策作支持。一般来讲，当前的 CRM 产品所具有的功能都是图 4-14 的子集：

(1) 接触活动。CRM 系统应当能使客户以各种方式与企业接触，典型的方式有呼叫中心、直接沟通、传真、移动销售(Mobile Sales)、电子邮件、互联网以及其他营销渠道，如金融中介或经纪人等。企业必须协调这些沟通渠道，保证客户能够采取方便或其偏好的形式随时与企业交流，并且保证来自不同渠道的信息的完整性、准确性和一致性。今天，互联网已经成为企业与外界沟通的重要工具，特别是电子商务的迅速发展，促使 CRM 系统与互联网进一步紧密结合，发展成为基于互联网的应用模式。

(2) 业务活动。企业中每个部门必须能够通过上述接触方式与客户进行沟通，而市场营销、销售和服务部门与客户的接触和交流最为频繁。因此，CRM 系统主要针对这些

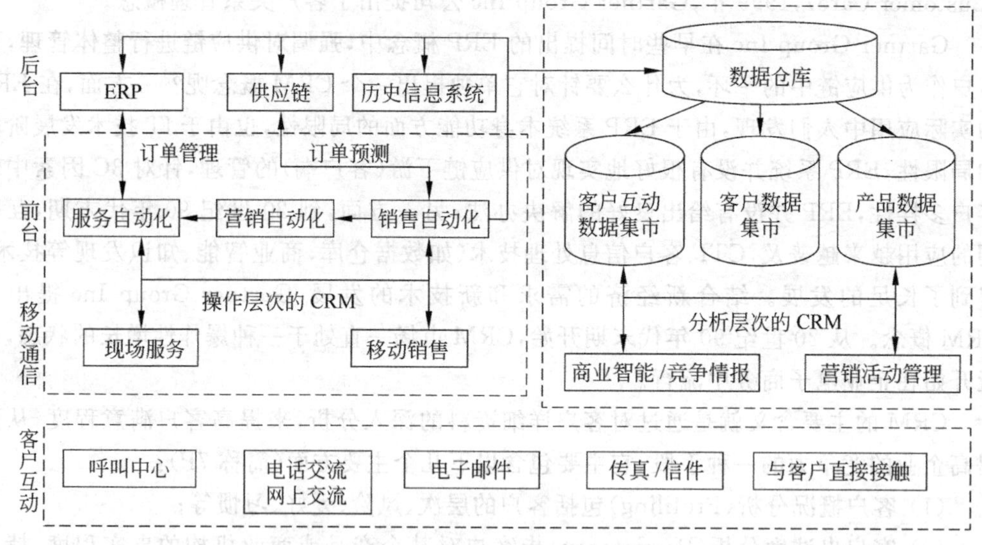

图 4-14　CRM 系统结构图

部门进行支持。然而,并不是所有的 CRM 产品都能覆盖所有的功能范围。一般的,一个系统最多能够支持两至三种功能,如市场营销和销售。因此,在系统评价中,功能范围可以作为 CRM 系统性能评价的重要衡量标准。CRM 系统的业务功能通常包括市场管理、销售管理、客户服务和支持三个组成部分。

(3) 数据仓库。数据仓库在客户关系管理中起着重要的作用。首先,数据仓库将客户行为数据和其他相关的客户数据进行集成,为市场分析提供依据。其次,数据仓库将对客户行为的分析以 OLAP、报表等形式传递给市场专家。市场专家利用这些分析结果,制定准确、有效的市场策略。同时,利用数据仓库、数据挖掘技术,发现增加销售、保持客户和发展潜在客户的方法,并将这些分析结果转化为市场机会。最后,数据仓库将客户的市场机会的反应行为,集中到数据仓库中,作为评价市场策略的依据。

CRM 软件的基本功能包括客户管理、联系人管理、时间管理、潜在客户管理、销售管理、营销管理、电话营销、客户服务等,有的软件还包括了呼叫中心、合作伙伴关系管理、商业智能、知识管理、电子商务等。

CRM 是一种手段,它的根本目的是通过不断改善客户关系、互动方式、资源调配、业务流程和自动化程度等,达到降低运营成本,提高企业销售收入、客户满意度和员工生产力。企业经营以追求可持续的最大营利为最终目的,进行好客户关系管理是达到上述目的的手段,从这个角度可以不加掩饰地讲——CRM 应用是立足企业利益的,同时方便了客户、让客户满意。

根据对那些成功地实现客户关系管理的企业的调查表明,每个销售员的销售额增加 51%,顾客的满意度增加 20%,销售和服务的成本降低 21%,销售周期减少了 1/3,利润增加 2%。归纳起来,客户关系管理的目标有三个方面:

(1) 提高效率。通过采用信息技术,可以提高业务处理流程的自动化程度,实现企业范围内的信息共享,提高企业员工的工作能力,并有效减少培训需求,使企业内部能够更高效地运转。

(2) 拓展市场。通过新的业务模式(电话、网络)扩大企业经营活动范围,及时把握新的市场机会,占领更多的市场份额。

(3) 保留客户。客户可以自己选择喜欢的方式,同企业进行交流,方便地获取信息,得到更好的服务。客户的满意度得到提高,可帮助企业保留更多的老客户,并更好地吸引新客户。

CRM最大程度地改善、提高了整个客户关系生命周期的绩效。CRM整合了客户、公司、员工等资源,对资源有效地、结构化地进行分配和重组,便于在整个客户关系生命周期内及时了解、使用有关资源和知识;简化、优化了各项业务流程,使得公司和员工在销售、服务、市场营销活动中,能够把注意力集中到改善客户关系、提升绩效的重要方面与核心业务上,提高了员工对客户的快速反应和反馈能力;也为客户带来了便利,客户能够根据需求迅速获得个性化的产品、方案和服务。

本章小结

(1) 企业的信息系统建设,需要正确认识各个系统组成部分的功能与作用,才能够正确设计出符合企业战略和业务需求的系统。

(2) 信息系统根据不同的角度出发可能产生对信息系统结构的不同的看法,从用户的角度出发,分离职能的信息系统包括市场信息系统、财务信息系统、生产信息系统、人力资源管理信息系统等。

(3) MRP主要功能是为生产和供应部门提供准确和完整的物料需求数据。

(4) MRPⅡ是在MRP的基础上,将MRP的信息共享程度扩大,使生产、销售、财务、采购、工程紧密结合在一起,共享有关数据,组成一个全面生产管理的集成优化模式。

(5) ERP是在现代企业管理的先进思想的基础上,以市场和客户需求为导向,以计划和控制为主线,以先进的现代信息技术,特别是网络技术为平台,全面集成了企业内外部的所有资源信息、包括客户、市场、销售、采购、计划、生产、财务、质量、服务等,为企业提供决策、计划、控制与经营业绩评估的全方位的、系统化的先进管理思想和方法。

(6) IOS从技术角度看是一种基于计算机网络通信技术支持组织间信息交换与资源共享的信息系统;从经营角度看是一个基于信息技术的,为了应对全球经济一体化造成的挑战而生成的实施组织全球战略或组织间合作的组织联盟和管理的解决方案。EDI、SCM、CRM是其表现的三种形式,各自体现不同的管理理念。

思考题

1. 什么是市场、财务、市场、人事信息系统?各有什么功能?对企业的作用是什么?
2. 什么是MRP与MRPⅡ?各有什么功能?两者的区别是什么?
3. 什么是ERP系统?ERP系统包括哪些模块?分别的功能是什么?
4. ERP的扩展模块包括哪些?体现了哪些管理思想?

5. EDI、SCM、CRM 体现的主要管理思想分别是什么?

讨论案例

YL 公司 ERP 的加减法①

在 YL 全球供应商大会上,董事长公开宣布了 YL 未来发展战略:从区域性连锁转向全国性连锁。三年内,YL 的门店数将从目前的 38 家猛增到 350 家,今年要达到 100 家。与台上雄心勃勃的董事长相比,YL 家电集团的 CIO 却显得忧心忡忡。CIO 心里非常清楚,无论是业务扩张还是集中采购,对于现在 ERP 系统都是巨大的挑战。更何况,从 YL 公司 CIO 手里面得以起死回生的 ERP,并非坚固的城池。

家电销售企业利薄,尤其是像 YL 这样向来以低价取胜的企业来说,其利润来源要靠走量,而走量的最直接手段就是尽量多开店,多铺点,不断扩大经营规模。但是快速扩张就会带来诸如管理混乱、效率低下、服务跟不上等问题。2001 年,空调等家电热销的时候,YL 出了非常多的乱子,货送不到的,货装不到的,货送重复的,货送遗漏的,等等。顾客投诉随之而来。YL 公司 CIO 说:"商家现在口口声声说提高服务,提高服务首先是消除不满意,其次才是让顾客感到满意。要让顾客满意,就要靠 IT 来提高服务的质量,提高 YL 公司的效率。"在 YL 家电销售中,物流费用大概占 10%~20%,如果能实现仓库集中管理,就能实现大宗商品集中发货,从而就能降低物流成本,提高资金周转率。

2001 年初,YL 公司和北京 KY 公司签订了正式协议,实施 ERP 系统。KY 公司是较早涉足连锁行业的软件公司,它的产品主要应用在医药连锁店。YL 家电看中的是其在软件开发方面的实力和连锁经营行业的经验。但开发进展并不顺利。双方在很多方面都存在分歧,导致项目一再拖延,系统运行状况也不好。当时双方几乎都失去了信心。

YL 公司 CIO 说:"YL 公司当时在项目控制上有很多漏洞,对一个项目究竟要控制到什么程度不清楚,自己失去主导,对项目缺乏判断。"而 KY 公司也承认由于对家电行业业务相对陌生,给软件开发带来了相当大的难度。特别是到项目后期,YL 需求不断提高,使得 KY 公司的处境非常艰难。"用户的需求好比上台阶,等站在更高的台阶上,很自然就会有更高的要求,需求总是不断地在变化。"

2001 年底,YL 公司也眼看要困在 ERP 的陷阱中。这样的结果是 YL 公司董事长始料未及的,他非常气愤地对当时刚上任 CIO 说:"这个东西简直劳民伤财,你干脆把它停掉。"YL 公司 CIO 对系统进行调查分析后觉得,把系统完全停掉非常可惜,会给营业造成很大的损失。最后,在 YL 公司 CIO 的坚持下,一个本来要被"叫停"的 ERP 项目被重新启动了。

ERP 减法

2002 年 3 月,双方签订补充协议,重新界定需求,制定了新的项目计划和目标。YL 公司 CIO 提出首先要将数据搞准。将数据搞准,就是将进货、销售、库存、配送、财务等业

---

① 改编自:凡晓芝.家电 ERP 加减法.http://www.ccw.com.cn,2003

务链条上的基础数据记录清楚，然后将业务流程规范，最后才是实现系统互联和优化。基于这样的战略，面对系统的现状，YL 公司 CIO 开始在原来的 ERP 系统上做“减法”，把非核心的应用都砍掉，把力量集中到核心应用上来。

YL 公司 CIO 首先将他认为“华而不实”诸如智能分析、智能决策系统都砍掉。他说：“那些都是非常高级的玩意，立意也很高远，但是现在的情况是数据都没搞准，决策就是形同虚设。”系统中的返点策略、价格保护策略、运输路线规划等都一项一项地“减”掉了，双方把软件开发的主要精力放到前端销售和仓储。

首先是解决前端销售的问题。由于家电销售和医药销售是完全不同的，家电行业毛利低，周转快，所以大型家电不在商店发货，也就是说，交易与发货不是同时发生的，这与药店不一样，所以 YL 公司要求 KY 公司将以前套用的医药连锁的销售流程改变过来。

其次是解决销售数据准确问题。YL 公司 CIO 说：“我们要求把商品销售的数据管细、管准。”家电的销售类型很多，软件销售模块重新对商品、材料配件实行编码、条码管理，包括对名称、规格、单位、颜色等商品属性进行管理；同时对商品、材料配件进行“品种、补差、以销定进、销售返利”分类；对经销、代销、联营的商品进行多种成本核算方法，其中包括先进先出、后进先出、高价先出，以及售价核算等方式。现在，YL 公司任何一种商品的销售状况都一目了然。

在 YL 手工管理的时候，仓库里如果有 100 件货物是分 10 批进来的，那么，到底哪件货是哪批的，哪批货还剩多少，仓库管理员根本不清楚。由于仓库历史数据不清楚，在 ERP 上线的时候，当时的项目负责人就说，“我们就别分这么细致了，全部都搞平均价吧。”但这样做将导致公司资产不准确。比如，昨天 YL 公司进了一部手机 1 000 元，今天进了一个 800 元，如果今天卖掉一个，按平均成本操作的话，出 900 元，剩 900 元，造成库存成本价格高于市场成本价高，利润虚增了。而且，如果这样一错再错，将使这个问题成为 YL 公司的一个痼疾，而解决这一的问题的关键是把仓库的各类数据搞准确。

现在，YL 公司仓库管理员可以在任意条件、任意时间进行仓库盘点，并迅速出具盘点差异表。这个仓库管理系统还对售后服务体系全过程进行基础的管理，包括送货、安装、维修、回访、结算等。系统可以根据客户的联络地址、联系电话、送货日期时间和服务要求等诸多信息制定服务计划。

目前 YL 公司有一个政策，如果说财务结算的时候发现错了，损失由跟该账相关的人来分摊。YL 公司 CIO 说：“在 ERP 系统中，YL 公司的每一笔销售都有清楚的记录，包括出货时间、配送时间、销售的人、开票的人、仓库发货的人等都一目了然，过错责任非常清楚。如果没有 ERP 系统，YL 公司是不敢制定这种政策的。”

新店开张，计算机先行。YL 公司 ERP 系统把运作原则、业务流程等定下来，新的员工经过简单培训就可以上岗，一套 ERP 系统搬过去就把整套的运作模式搬过去了。对于 YL 公司这样的家电连锁企业来说，多个业务系统之间的信息传递，资金流、物流、信息流的畅通都非常重要，而 ERP 系统为信息畅通提供了保障，也为 YL 公司的快速扩张奠定了基础。

ERP 系统对于门店销售来说能提高效率，但是对于配送来说，就不止于此。YL 公司 CIO 介绍说，YL 公司这样的企业只有在系统支持下，才能做集中配送系统。而集中配送系统要比非集中配送资金周转率提高三倍。“1 亿元资金周转一次能够挣来 400 万元，YL

公司去年营业额50亿元,可以算一算这一笔账。”

YL家电上海22家门店没有通过ERP系统实现互联的时候,通常的做法是事先按照经验和估计把家电送到各分店仓库,由于市场变化多端,就往往出现诸如某门店缺货但是另一门店却为库存积压而苦恼的情况。但是现在实现集中配送以后,这样的情况就基本可以避免了。

服务水平的提高也是显而易见的。没有上系统的时候,一个前台销售每天要写掉几本发票,如果某个顾客拿着提单联走了,可能YL公司过一个月都没人会知道。现在YL公司商店里面和配送中心就挂着几百张这样购完货但是没有提货的单子。YL公司CIO说:“几百件大型家电,堆很大一堆,占用仓库不说,等顾客要求送货的时候,到哪里去找根本就不知道。万一不小心把已经预订的一件卖出去了,顾客肯定会投诉的。”

上系统之后的情况是,销售发生后,一组数据去财务部进入销售收入,一组数据就直接流转到配送中心,配送中心进行车辆调度,并给负责配送的员工打出提货单到仓库提货,然后送货,将顾客的单子拿回来,交回客户服务中心,销售、配送、客户服务等信息的流转非常顺畅。如果只拿提单没有提货的话,财务和库存等地方的账就挂着,顾客可以查询自己的货物情况。

ERP加法

YL公司CIO认为YL公司自行开发风险太大,而且凭借目前YL公司信息部门的架构和实力,要构建非常完备的物流系统非常困难,所以YL公司CIO的基本做法是在现有的ERP系统基础上做加法,就是向前端伸展,向后端扩张。首先将供应商管理系统做起来,然后实现库存管理一体化。

由于ERP系统本身的局限,YL目前还没有实现库存的集中管理。比如某店铺现在库里有10台微波炉,而另一门店没有货了,如果通过中央仓库在分店之间进行调配是最理想的状态。YL公司现在的业务流程还是要从一个门店回到总部,再从总部到另外一个门店。也就是说门店之间的货物调配不能实现,YL公司目前的状况是从哪个商店卖就从哪个商店送。比如一个住在A店的顾客,在B店里买东西,那么就一定要在从B店送货,这其实是非常大的资源浪费。

另外,由于不能实现灵活的调配,那么YL公司22家门店都必须要有相当数量的备货,这对于YL公司来说是相当的不利。比如原先每个门店每样商品备5个货,因为库存量有限,YL公司只能做10个品种;而如果只备一个,就可以做50个品种。货物积压越少,物流成本相应就会大大降低。

另外,YL公司基本上都是由厂商来铺货,对任何公司来说,如果备货就要好几千台产品的话,对供应商是很痛苦的事情,因为这些钱是永远结不了的。如果YL公司将库存减少一半,YL公司和厂商谈判的时候要求价格降低一个点或两个点,是完全有可能的,这样的话YL公司将非常具有价格竞争力。“如果YL公司能将门店库存集中管理,建设完备的物流管理系统的话,对于企业将是很大的提升。”

现在物流领域有一个新的概念,就是“供货商管理库存”。比如汽车制造企业自己造一个房子作为原料仓库,仓库里面的东西都不是买来的而是零件供应商放在这里的,数量是他们控制的，这样是物流成本最低，物流供应链最畅通的方式。但是在零售企业中，能做到这一点的还很少，但是，如果YL公司能实现与厂商的库存整合，YL公司就能清楚了解到所有供应商已经发给YL公司的货物量、在途的货物量等信息。目前，还没有一家家电企业能做到这一点。YL公司希望自己的系统能与厂商系统互联，提高信息流。这样，YL公司与供应商之间的电子采购、电子对账会变得比以前快。

YL公司CIO还说："我们有更远的想法，就是类似于区域联盟的想法，其实在YL公司和供应商之间的信息互补性是很强的，YL公司比其他商场更清楚其他厂商产品销售的情况，而供应商更清楚自己产品在其他地方的销售趋势，我们是想做一个协同运作机制，一方面指导我们销售，另一方面也指导厂商的生产。"

案例讨论题：

1. 根据案例描述，请您指出YL公司的ERP系统包括哪些模块。
2. 根据案例描述，请您整理出YL公司实施ERP模块的顺序。
3. 请您分析一下，YL公司从ERP系统中获得了什么样的好处。
4. 谈谈如果您是YL公司的CIO，那么你如何针对企业的需求增加ERP模块，进一步规划ERP的"加法"。

参考文献

[1] 裴有福. CIO故事之九强力开发. IT经理世界，2005,11(5)：92-92

[2] 凡晓芝. 家电ERP加减法. http://www.ccw.com.cn,2003

[3] 陈荣秋，马士华. 生产运作管理. 北京：机械工业出版社，2006

[4] 杨靛青，吴数园. ERP系统分析与设计实验. 北京：经济科学出版社，2008

[5] 闪四清. ERP系统原理和实施. 第2版. 北京：清华大学出版社，2006

[6] 程控，革扬. MRPⅡ/ERP原理与应用. 北京：清华大学出版社，2006

[7] 薛华成. 管理信息系统. 北京：清华大学出版社，1999

[8] 孔庆善. 运作管理. 北京：科学出版社，2006

[9] 周玉清. 解读ERP. 天津：天津大学出版社，2003

[10] 郭东强. 管理信息系统. 厦门：厦门大学出版社，2000

[11] 郑称德. 运作管理. 南京：南京大学出版社，2003

[12] 刘仲英. 管理信息系统. 北京：高等教育出版社，2006

[13] 刘兆毓. 计算机与网络英语教程. 北京：电子工业出版社，2005

[14] 肖彬. 特许加盟实战手册特许商分册. 深圳：海天出版社，2003

[15] 赵吉兴. 电子商务基础. 青岛：中国海洋大学出版社，2003

[16] 杨坚争. 电子商务案例分析. 北京：中国人民大学出版社，2001

[17] 冯耕中. 物流管理信息系统及其实例. 西安：西安交通大学出版社，2003

[18] 刘建萍. 电子商务基础. 北京：机械工业出版社，2004

[19] 贾晶. 信息系统的安全与保密. 北京：清华大学出版社，1999

第5章 制定IT/IS战略与信息系统规划

学习目标

(1) 了解组织战略与信息系统战略的含义
(2) 了解组织战略与信息系统战略之间的关系
(3) 理解如何通过三种通用战略、五力模型和价值链来分析企业战略
(4) 理解如何通过信息系统支持组织过程进而支持组织战略
(5) 掌握企业信息系统规划的主要方法与工具

引导案例

联邦快递的IT应用①

联邦快递(FedEx)是全球最具规模的快递运输公司,为全球超过220个国家及地区提供快捷、可靠的快递服务。联邦快递设有环球航空及陆运网络,通常只需一至两个工作日,就能迅速运送时限紧迫的货件,而且确保准时送达。随着中国经济的发展与物流市场的开放,联邦快递公司的中国战略逐步升温。1999年,联邦快递公司与国内物流企业大田集团合资成立了大田-联邦快递有限公司,并由此逐渐建立并巩固了在中国市场的领导地位。中国战略地位的上升必然要求来自IT部门的强大支持,提升客户的体验及满意度,技术被作为一项具有战略性的业务工具,公司业务与IT战略有效结合在一起。

为了实现"使命必达"的承诺,联邦快递公司在中国不断加强无线手持设备、GPS跟踪系统等最新技术的应用。启用包括诸如掌上计算机、GPRS、蓝牙、区域无线网等最先进的无线移动技术来缩短包裹递送时间,提高递送效率。其中一个典型的例子为"掌上宝",它是由联邦快递公司在GPRS技术基础上自行开发,用于追踪包裹递送状态的一套系统,中国则是联邦快递公司内部首个运用此项先进技术的国家。

中国的手机应用市场很大,无线技术比较流行,因此在中国推广无线技术相对比较容易。联邦快递公司"掌上宝"集成了安全控制、将信息上传下载至公司信息库的多项功能,

① 改编自:中国物流与采购联合会.为战略而生:联邦快递青睐商业科技 http://www.chinawuliu.com.cn,2005

该信息中心实时监控每一个快件的处理过程。通过无线传输，它保证了实时扫描并上传信息。使用这一覆盖广泛并方便可行的设备可取代车载电台、寻呼和手机短信。联邦快递公司“掌上宝”不仅可以传递输送信息，同时还能够加强快件取送及查询的服务。此外，在中国，联邦快递公司的速递员们还在使用着一种个人数据助理设备 FedExPowerPad，它可以挂在递送员腰带上，与 FedExASTRA 打印机进行数据交换，自动打印出包裹的条形码。

自动化技术可以更好地帮助速递公司提高效率，但是，如果有些新技术采用得太早可能会存在风险，比如面向服务架构(SOA)和无线视频识别(RFID)技术。IT 技术关键是要快速进入市场，适应市场的需要，这是最重要的。在推行 IT 战略时，必须要找到业务战略与 IT 战略的最佳结合点，IT 部门经常需要与业务部门举行定期会议，为业务部门提供服务，解决他们的业务问题，IT 员工也定期去拜访联邦快递公司的客户，当他们回来写拜访报告时，就会明白 IT 应该如何更好地配合公司业务战略。

联邦快递的经验证明，在这个信息时代，选择信息技术并非越先进越好，一个公司创造和整理的信息，其价值来自公司内部使用和外部业务支持，企业实施信息系统战略时，需要针对企业战略来制定有效的解决方案。

5.1 信息系统战略规划

随着商业环境的发展，企业已意识到对信息系统进行投资的重要性。但信息系统建设是一项需要耗费大量资金的企业行为，有大量的案例表明，在很多企业，信息系统未按照预期带来明显的投资回报，其中重要的一个原因就是对信息系统的规划不合理。对信息系统进行合理规划，需要结合企业战略来进一步展开。

5.1.1 信息系统战略与组织战略

信息系统战略规划是关于信息系统长远发展的计划，是企业战略规划的一个重要部分。制定信息系统的战略，它是在理解企业的发展战略、业务规划的基础上，为了支撑企业的商业规划模式而形成信息系统，通过形成信息系统的企业组成架构、信息系统的逻辑关系。在信息系统战略规划过程中，将组织目标、支持这些目标所必需的信息以及提供这些信息的计算机系统的实施相互联系起来的信息系统战略，是面向组织中信息系统作用的一个系统开发计划。正确应用信息系统战略规划方法，可以充分利用信息系统来规划组织内部管理，提高组织工作效率和顾客满意度，为组织获取竞争优势，从而实现组织的宗旨和目标。

信息系统规划是信息系统设计实践中的主要问题，也是现在管理信息系统研究的主要课题之一。现代企业用于信息系统的投资越来越多。信息系统的建设是个投资巨大、历时很长的工程项目，规划不好不仅造成自身损失，由此而引起企业运行不好的间接损失更为巨大。通常人们有一种认识，假如一个操作错误可能损失几万元，那么一个设计错误就能损失几十万元，一个计划的错误就能损失几百万元，而一个规划错误的损失则能达到千万元，甚至上亿元。所以我们应克服那种重软硬件、轻管理的片面性，把信息系统的规划摆到重要的战略位置上。

信息系统战略规划，是指在企业的发展远景和业务规划的基础上，形成信息系统的远景和组成架构，以支持企业战略规划的形成，换句话说，就是为了解决企业到底需要什么样的信息系统这一问题而进行的规划。信息系统战略规划的主要目的是，在有限资源的基础上，如何决定信息系统投资的优先级别来获得期望的收益，如何用信息来支持企业的业务需求以取得竞争优势。

信息系统不仅仅是在企业既定的经营战略制定后构建的一种技术解决方案，更是同企业经营战略同步的一项活动。它同组织战略应该是一种匹配关系，即看信息系统同企业的外部定位和企业内部架构是否适应和匹配。其中外部定位指的是企业如何在面临的商业环境中参与竞争，产品和服务如何投放市场，如何制定战略决策从而形成战略竞争优势，还包括一些获取必要资源(如采购、企业联盟)的决策；内部是指企业如何决定确定组织结构、关键业务流程设计(如产品销售、质量控制)等。

信息系统对组织战略进行支持，主要通过构造组织的信息支撑系统，改变组织目标、操作方法、产品和服务，以及与外部环境的关系，以确立组织的竞争优势。另外，信息系统还可以通过对组织的产品和服务以及内部流程改造，推进组织进入新的行为模式，在此过程中组织必须改变内部工作流程以充分利用信息系统优势，加强管理者和员工与客户和供应商的关系。信息系统紧密地同一个组织集成在一起，以至于几乎所有规划的变动都需要新的信息系统或对已有的信息系统进行改进。另外，信息系统本身经常是组织系统战略规划制定的推动力。

5.1.2 信息系统战略规划方法

企业战略的制定，必须确保企业创造竞争优势。一个企业的产品或服务比竞争对手更具有竞争力，那么该企业就拥有竞争优势。对于如何选择企业战略，有专门的分析方法来辅助决策者来制定，如利益相关者分析法、五种力量模型分析法、SWOT 分析法、公司业务组合矩阵法和雷达图分析法等。而如何通过信息系统来辅助企业战略，有三种工具可以用来分析企业的竞争优势，它们分别是五力模型、三种通用战略、价值链。

1. 五力模型分析方法

波特提出的五力模型(见图 5-1)，对于分析企业战略提供了有力的分析工具。该模

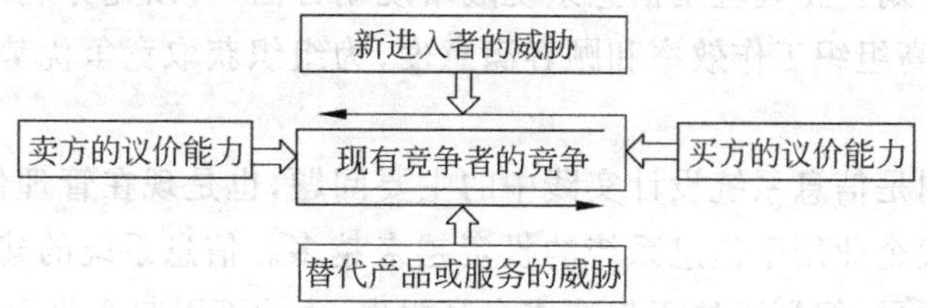

图 5-1 波特竞争力(五力)模型

型针对企业的行业现有的竞争状况、供应商(卖方)的议价能力、客户(买方)的议价能力、替代产品或服务的威胁和新进入者的威胁这五大竞争驱动力,决定企业的盈利能力,并指出公司战略的核心,应在于选择正确的行业,以及行业中最具有吸引力的竞争位置。对竞争环境中的五力进行分析,有利于企业确立在该行业中的竞争优势,并采用相应的信息系统来确立竞争优势。

(1) 购买者议价能力。当企业所在市场上购买者可选的产品或服务较多时,购买者的议价能力较高。企业如果想创造竞争优势,必须比其他竞争者更能吸引客户。基于 IT 的例子如忠诚计划,像旅游服务公司的 IT 客户服务系统,通过分析客户的特征,在提供给客户免费机票或免费住宿等优惠后,就会使这些客户对该公司产生多次交易而成为常客,再比如连锁店开发的积分奖励可锁住部分客户,这样就削弱了购买者的议价能力。

(2) 供应商议价能力。在可选的产品或服务较多时,供应商议价能力较低,反之,供应商议价能力就高。将更多信息送达买家手中和替代的增多会削弱卖方能力,如 B2B 市场可聚集大量供应商和买家,如汽车制造业内的网络采购代销商 Covisint 公司运用网络技术加速供应链中原材料的流动,加快对客户需求的响应速度,并以更快于以往的速度推出新产品。网络技术可起到相当大的作用,因为信息公开,买家通过价格、性能等的比较而增强自身的能力。

(3) 替代产品或服务的威胁。如果可选的产品或服务较多,那么替代产品或服务的威胁就大;反之,替代产品或服务的威胁就小。在这种情况下,企业可以通过提高转换成本来创造竞争优势,让客户不愿意再接受另外一种产品或服务。这种战略被一些电子商务服务公司广泛采用,例如亚马逊(Amazon. com)、淘宝(taobao. com)等,并加强网站平台的建设,对长期的购物者形成与购物有关的习惯,当这些用户采用其他网站时,就会感到不习惯,这样就形成了转换成本,这种转换成本阻碍了替代服务的进入。

(4) 新进入者的威胁。当新的竞争者容易进入市场时,新进入者威胁较大,反之,新进入者威胁较小。容易进入的行业往往充斥着大量的竞争者,成功的公司竭力想利用信息技术来构建行业进入壁垒。如吉列剃须刀,运用信息技术增加刀片的精度和刀片与刀架的吻合度,在相当长一段时间内无替代品出现。

(5) 现有竞争者的竞争。目前大部分行业的市场竞争都比较激烈。信息技术可让一家公司拥有很多方式在高强度的竞争中更好地应对竞争对手。如同类产品在特价连锁店的价格往往会低于一般便利店,因为特价连锁店使用信息系统,从而可获得高效和低成本。

2. 三种通用战略分析方法

波特把企业战略分为三种:成本领先战略、差异化战略、集中化战略。企业必须从这三种战略中选择一种,作为其主导战略。要么把成本控制到比竞争者更低的程度;要么在企业产品和服务中形成与众不同的特色,让顾客感觉到公司提供了比其他竞争者更多的价值;要么企业致力于服务于某一特定的市场细分、某一特定的产品种类或某一特定的地理范围。这三种战略架构上差异很大,成功地实施它们需要不同的资源和技能,由于企业文化混乱、组织安排缺失、激励机制冲突,夹在中间的企业还可能因此而遭受更大的损失。

针对三种不同的战略,可适当选择信息系统来支持战略的实施。

如何分析并确定企业的战略,可采用战略分析工具,如SWOT分析法、PEST分析法等,具体方法可参照企业战略方面的资料。信息系统规划应该在企业战略制定的同时,根据企业的战略来制定。可采用的方法为:将三种通用战略同五力模型结合起来,研究在每一战略条件下,在每一环节如何选择适合的信息系统,从而决定信息系统规划的策略,每一种战略可参照的策略如表5-1所示。

表5-1 三种通用战略和五力模型结合的策略

策略	消费者	供应者	竞争者	新入侵者	替代品
策略目标	吸引新客户;提供灵活成本;建立关系	建立关系;灵活成本	与客户和供应者建立关系抵制	设置进入障碍	使替代品没有吸引力
成本战略	低成本	帮助降低成本	迫使降价	投资无效益	无经济优势
差异战略	高质量;独特特点和服务	帮助改进服务	削弱竞争者的独特性	复杂进入决策	提供替代品的特征
集中化战略	新产品和服务;开发新市场	建立独特服务和联盟	迫使竞争者提供不合时宜产品	进入入侵者的业务	生产替代品

(1) 低成本战略下的信息系统。在低成本战略下,可采用信息系统来全方位地辅助企业降低成本。如沃尔玛公司拥有世界上最大的私有卫星系统,与3 800家供货商实现计算机联网,其信息技术应用可归结为:"天上一颗星"——通过卫星传输市场信息;"地上一张网"——有一个便于用计算机网络进行管理的采购供销网络;"送货一条龙"——通过与供应商建立的计算机化连接,供货商自己就可以对沃尔玛的货架进行补货;"管理一棵树"——利用计算机网络把顾客、分店或山姆会员店和供货商像一棵大树有机地联系在一起。该公司做到即时销售,大大压缩产品时间成本,减少库存风险,加速资金周转,很好的实现了低成本战略。类似的系统还有ERP系统等。

(2) 差异化战略下的信息系统。企业如果在价格战为主的激烈市场竞争中,可使用信息技术来开发并支持一个以差别为基点的战略。例如亚马逊(Amazon.com),所出售的都是日常用品(书、CD和影碟),这些东西本身没有差别,但亚马逊采用网络销售的方式与传统销售有差别,它不仅为顾客提供丰富的信息,并且易于检索,同时采用非常复杂的软件使网站能适合每个顾客的个性,从而做到生意好,价格却不低。类似的还有Dell的直销与个性化服务,Levis公司的个人库型服务系统。

(3) 集中化战略下的信息系统。在集中化战略中,信息系统可以瞄准某个特定的用户群体,某种细分的产品线或某个细分市场可采用的技术,如销售数据分析、市场分析技术、数据挖掘技术(Data Mining)等,实现精确营销、个性化服务等。例如Sears公司采用市场焦点的差异化战略,采用信息系统对4 000万条零售顾客进行管理,联邦快递公司针对特定客户的关怀计划等。

3. 价值链分析方法

企业的业务流程是一系列相互联系相互作用的标准化活动,这些活动目的是为了完成企业的具体任务，一个组织的经营活动可由这些活动环节构成的一个链条来表示，企业的活动沿着这条链条，可实现产品和服务的价值增值，这条链条就称之为价值链。

波特教授在1989年提出的价值链理论，可以用来评估业务的有效性。该方法可以帮助分析组织在产业中、在组织之间的关系中以及在业务本身中信息所担任的角色，向组织展示需要什么信息、信息的来源和由谁处理信息，确定组织内联和互联系统如何改善其竞争地位。除了组织内部分析之外，价值链分析还能够根据组织如何增加价值和成本如何构成来帮助定义业务的战略，有助于建立与顾客、供应者的关系和竞争者的相对地位，以及在产业结构中如何提高和保持其地位。

企业要理解并执行指定的商业战略，需要理解企业的每个活动环节，这些环节是影响着战略实施的效果的基本元素。企业的业务流程的系列标准化活动，是企业战略的基本环节，由这些基本环节构成的价值链在企业创造竞争优势中起着重要的作用。因此在信息系统规划中，分析企业价值链，可分析出价值增值的重要活动过程。找出关键价值链环节，确定企业最重要的增值环节，并通过信息系统支持这些环节，可有效增强企业产品和服务的增值活动。

企业的基本活动包括基本价值活动和支持价值活动。通过该工具首先把企业业务过程分为基本价值活动和支持价值活动，并对两种活动进行环节细分，对每一个环节的评价因素进行考察，并量化增值程度，在得出的价值链划分图上，企业可以发现自己的竞争优势和劣势，并提出相应的整改方案。

由于资金、技术、组织现状等因素的影响，企业信息系统的建设，需要根据企业的实际需要逐步进行，将企业的活动形成价值并分为几个环节，有助于企业找出需要信息系统支持的重要环节。价值链分为增值过程和减值活动，当将信息系统用于价值增值环节时，可增加产品或服务的附加价值；将信息系统用于减值环节时，可以使该环节变得有效，增加客户的满意度。

如何确定价值链各个环节的贡献度，需要采用调查研究的方法，其中主要的一种方法为客户调查研究法。这里以增值活动的方法为例，主要过程为：①调研企业内部情况，划分企业业务流程。②调查客户，让客户针对价值链的环节分别打分。具体做法是让客户评定每个环节对他们接受的产品或服务的贡献度，例如，将100分平均分配到各个环节，调查一定样本量的客户后，将其平均或加权平均得出价值链上各个环节所获得的分数，这个分数反映了各个环节的贡献程度。这样就得出了哪个环节对客户最重要，也就是能够最大实现产品或服务价值的环节，针对这个环节进行信息系统建设，能够充分发挥信息系统的杠杆作用。对于增值过程，还可以采用专家咨询意见法、公司历史数据调查法等，或者综合采用上述方法。减值过程的评定也采用同样的方法，只是在评定标准指定时，将价值增加的贡献度变为价值减少的贡献度。企业内部价值链增值过程如图5-2所示。

价值链上的每个环节都可以由信息技术支持。要对信息系统进行支持，需要判断哪一个企业流程最需要信息系统的支持，需要了解有哪些信息技术，这些技术对每个价值过程能够提供怎样的支持，是否能够起到增加价值的作用。信息技术对价值链每个过程的支持如表5-2所示。

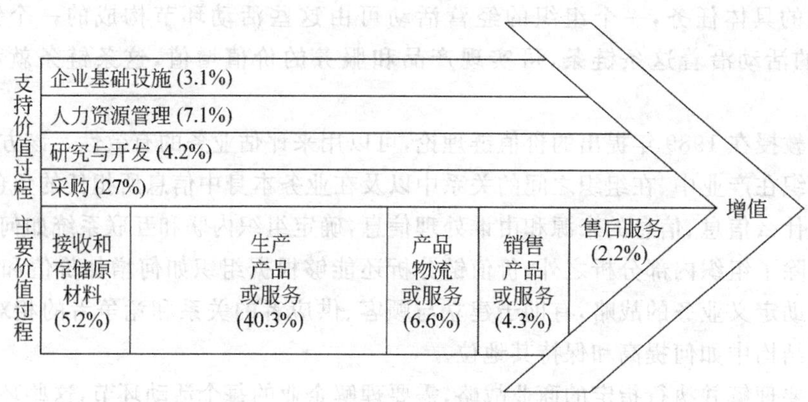

图 5-2 企业内部价值链增值过程

表 5-2 信息技术对价值链每个过程的支持

价值过程	价值过程含义	可用信息技术示例
企业基础设施	管理、会计、财政、法规	办公自动化
人力资源管理	招聘、培训、薪酬管理	人事管理系统、人事资料数据库
研究与开发	改善产品与制造工艺	计算机辅助设计与制造
接收和存储原材料	物料进货、存储及向制造部门分配	库存管理系统
生产产品或服务	生产最终产品或服务	过程控制、制造控制
物流	运送产品或服务	在线订购系统、物流跟踪系统
销售产品或服务	市场分析、销售统计	市场销售系统
售后服务	维护或增加产品价值的服务活动	客户关系管理系统(CRM)

对于每一种产业,都有一个价值链来体现最终的产品或服务是如何从原始资源发展而成的。该链由一系列阶段联结而成,其中每一阶段都增加价值并形成成本价值链,这种考虑到外部可能增值过程的价值链被称为外部价值链。企业外部价值链是指与企业具有紧密联系的外部行为主体的价值活动,主要包括供应商价值链、渠道价值链以及消费者价值链。内部价值链是一种初级的过程思想,它主要针对企业内部业务过程以消除无效、浪费达到降低产品成本的目的,而外部价值链则体现了一种进化了的过程思想,它把一种超越企业自身的、全面的作业链导入业务过程,是一种高级的、战略性的过程思想。如图 5-3 所示的供应链价值链,就体现了该管理思想。

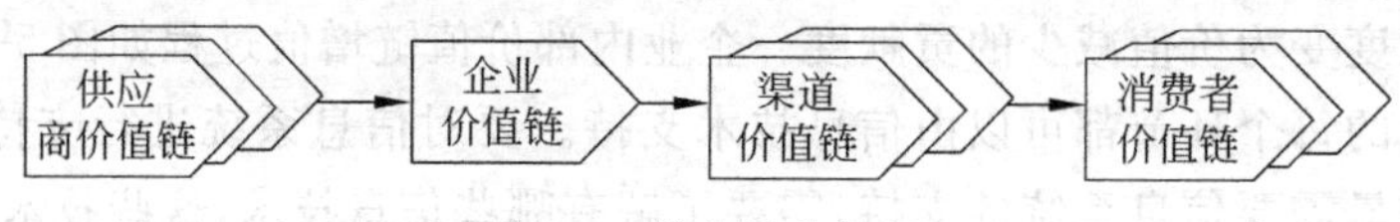

图 5-3 供应链价值链

如图 5-4 所示,现代企业完整的价值链系统是由内部价值链系统和外部价值链系统构成的一个有机整体。企业在对顾客价值、外包战略、战略联盟和品牌战略等外部价值链系统的拓展上有着巨大潜力，企业只有通过不断挖掘价值链系统的潜力才可在激烈的竞争中立于不败之地。产业的价值链非常复杂，它涉及制造商、批发商、业务提供商、熟练的工人和资本以及原材料、装备和厂房等。信息技术和网络技术使企业价值链系统向外拓展可以突破时间和空间的局限，因此拓展企业的外部价值链系统成为提升企业价值的新趋势。企业可根据外部价值链进行分解，选择合适的信息系统来降低产品或服务成本，增强企业产品或服务的附加价值，如供应链管理系统、供应商管理系统、客户关系管理系统、市场信息系统、企业战略联盟信息共享系统等。

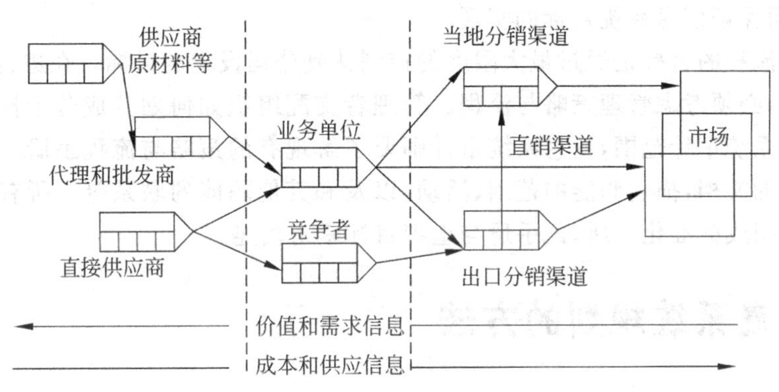

图 5-4 企业外部价值链分解

5.2 信息系统规划的内容

管理信息系统的战略规划包含内容较广，它不仅仅是软硬件购买的规划，还涵括从企业的总目标到各职能部门的目标，政策和计划，直到企业信息部门的活动与发展。一个管理信息系统的规划应包括组织的战略目标、政策和约束、计划和指标的分析；应包括管理信息系统的目标、约束以及计划指标的分析；应包括应用系统或系统的功能结构，信息系统的组织、人员、管理和运行；还包括信息系统的效益分析和实施计划等。

信息系统的战略规划既包括三年到五年的长期规划，也包括一年到两年的短期规划，长期规划重点为信息系统战略发展总的方向，短期规划重点为资源分配的依据。战略规划应包括如下内容：

(1) 信息系统的目标、约束、及总体结构。其中信息系统的目标确定了信息系统应实现的功能；信息系统约束包括实现环境、条件（如管理规章制度、人力、物力等）；信息系统总体结构主要说明信息系统的主要类型和主要子系统。

(2) 组织的状况。包括现有计算机软硬件情况、专业技术人员的配备情况以及开发费用的投入情况。

(3) 业务流程的现状、存在问题和不足，以及如何在新技术条件下进行业务流程重组。根据信息系统的特点，对原有业务流程进行根本性的再思考、再设计。

(4) 对影响规划的信息技术发展的预测。计算机各项技术需要在战略规划中有所反应，这些技术包括软硬件技术、网络技术、数据处理技术，这些技术与管理信息系统的性能有着密切的联系，决定着信息系统的优劣。

信息系统的战略规划帮助管理层建立以组织战略为导向、以外界环境为依据、以业务与IT整合为重心的观念，从而正确定位IT部门在整个组织的作用，保证信息系统的战略目标能够和组织发展目标相协调。

保障规划目标能够在企业内推行，需要有信息化领导小组保证总体战略目标能够从上而下贯彻执行，使决策层的意图能够贯彻到企业的执行层，并通过执行层提供决策和评估活动所需要的信息。下层应用要和企业总体目标采用相同的原则，提供评估业绩的衡量方法，从而保证信息系统目标的实现。

策略与流程的目标是通过最大限度的控制达到公司设定的目标。在进行外部审计和内部管理时，必须考虑管理策略与流程。管理者支配组织如何划分成若干控制组。为准确评估信息系统审计范围，信息系统审计师要了解现有的策略与流程手册。策略与流程应该是完备的文档，描述职能的范围、活动，以及和其他职能的联系等。所有策略和流程都应该被组织成标准化手册，此手册与组织目标紧密相连。

5.3 信息系统规划的方法

本章第2节提供的分析工具主要用于企业选择信息系统的决策依据，本节的分析工具主要用于具体信息系统的规划。

管理信息系统规划的方法很多，主要是关键成功因素法(Critical Success Factors，CSF)、战略目标集转化法(Strategy Set Transformation，SST)和企业系统规划法(Business System Planning，BSP)。其他还有企业信息分析与集成技术(BIAIT)、产出/方法分析(E/MA)、投资回收法(ROI)、征费法(Chargeout)、零线预算法、阶石法等。目前用得最多的是前三种。

5.3.1 关键成功因素法(CSF)

哈佛大学William Zani教授在MIS模型中用了关键成功变量，这些变量是确定MIS成败的因素。后来麻省理工学院John Rockart教授把CSF提高成为MIS的战略。应用这种方法，可以对企业成功的重点因素进行辨识，确定组织的信息需求，了解信息系统在企业中的位置。

关键成功因素，就是关系到组织的生存与组织成功与否的重要因素，它们是组织最需要得到的决策信息，是管理者重点关注的活动区域。不同组织、不同的业务活动中的关键成功因素是不同的，即使在同一组织同一类型的业务活动中，在不同的时期，其关键成功因素也有所不同。战略分析法或称关键成功因素法指出：一个组织的信息需求是由管理者的几项关键性成功因素(CSF)决定的。CSF是公司中起决定性作用的一些目标。如果这些目标能够实现，公司或组织就必定成功。CSF是由行业、公司、管理者以及大范围环境所决定，包括企业所处的行业结构、企业的竞争策略、企业在本行业中的地位、市场和社会环境的变动等。这种方法之所以称为“战略性”，因为它较前面提到的方法有更广阔的分析范围。采用这种方法的一个重要前提是存在这样少量的目标，这些目标能被管理者容易地识别并且能得到信息系统的支持。

CSF 是通过分析找出企业成功的关键因素，然后再围绕这些关键因素来确定系统的需求，并进行规划(图 5-5)。其步骤如下：

(1) 了解企业和信息系统的战略目标。

(2) 识别影响战略目标的所有成功因素。

(3) 确定关键成功因素。

(4) 识别性能指标和标准。

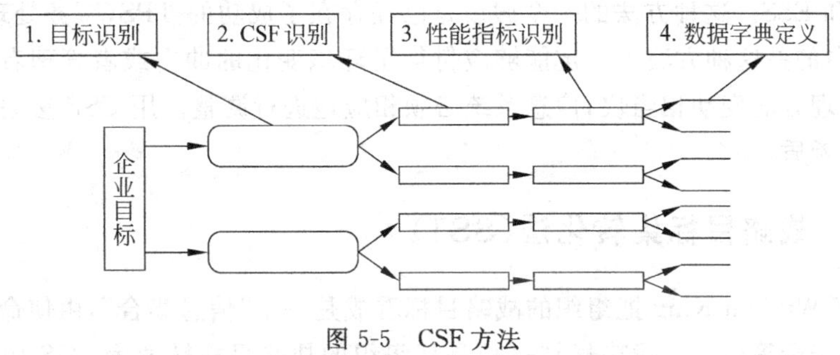

图 5-5　CSF 方法

确定关键成功因素所用的工具是树枝因果图。例如，某企业有一个目标，是提高产品竞争力，可以用树枝图画出影响它的各种因素，以及影响这些因素的子因素(图 5-6)。

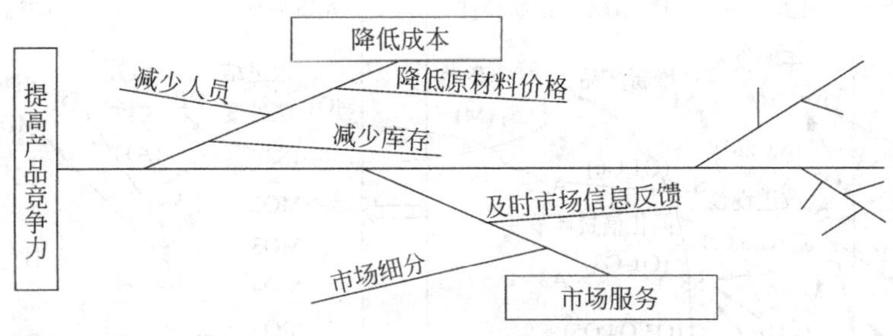

图 5-6　CFS 规划树枝因果图

如何评价这些因素中哪些因素是关键成功因素，不同的企业是不同的。对于一个习惯于高层人员个人决策的企业，主要由高层人员个人在此图中选择。对于习惯于群体决策的企业，可以用德尔斐法或其他方法把不同人设想的关键因素综合起来。在高层中应用关键成功因素法，一般效果好，因为每一个高层领导人员日常总在考虑什么是关键因素。一般不大适合在中层领导中应用，因为中层领导所面临的决策大多数是结构化的，其自由度较小，对他们最好应用其他方法。

在 CSF 分析中用到的主要方法是进行三到四次人员访问，通过访问高级管理者，了解他们的工作目标以及 CSF。这些人员的 CSF 被汇总形成一个公司的 CSF 蓝图。然后开发信息系统，使之为实现这些 CSF 提供信息。

CSF 法的一个独特之处是它考虑了组织和管理者必须应付的环境变化。这种方法明确要求管理者观察环境，并且考虑如何针对环境变化形成对信息的要求。CSF 法尤其适用于高层管理部门以及 DSS(决策支持系统)和 ESS(高级经理支持系统)的开发工作。

还有一点就是，这种方法就衡量一个组织成功的最重要因素方面在高层管理者之间达到了一致，使高层管理者清楚应考核哪些方面来判断组织的成功。

这种方法的不足之处在于，分析和处理过程类似于艺术创作，没有一个特定的严格规则用于决定怎样把个人的 CSF 集中上升为一个公司的 CSF。其次，在访问者（被访问者）之间常常就个人 CSF 与组织 CSF 产生混乱。这两者不一定相同，对个人来说很重要的因素对组织可能并不那么重要。另外，这种方法明显倾向于高层管理者的意见，因为他们是被访问的那部分人（通常是唯一的一部分）。事实上，这种方法似乎是适用于管理报告系统、DSS 和 ESS。这种方法的一个假设是已经存在了成功的 TPS（事务处理系统）。最后，应该明白的是这种方法不一定能够应付得了环境变化的冲击或者管理者的变动。由于环境和管理者的变动相当快，信息系统必须相应地进行调整。用 CSF 法去开发系统无法缓和这个矛盾。

5.3.2 战略目标集转化法（SST）

1978 年 William King 把组织的战略目标看成是一个“信息集合”，由使命、目标、战略和其他战略变量等组成。战略规划过程是把组织的战略目标转变为 MIS 战略目标的过程（图 5-7）。

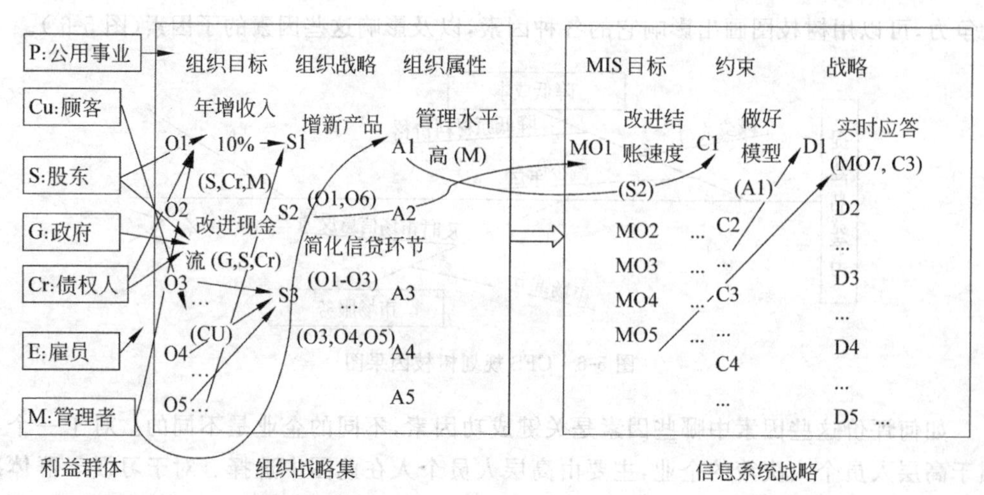

图 5-7 SST 法

例如，图 5-7 的目标分解，组织目标下一年收入增长 10%由股东 S、债权人 Cr 以及管理者 M 引出；组织战略 S1 由目标 O1 和 O6 引出，依次类推。这样就可以列出 MIS 的目标、约束以及设计战略。

这个方法的第一步是识别组织的战略集，先考查一下该组织是否有成文的战略或长期计划，如果没有，就要去构造这种战略集合。第二步是将组织战略集转化成 MIS 战略，MIS 战略应包括系统目标、系统约束以及设计原则等。这个转化的过程包括对应组织战略集的每个元素识别对应 MIS 战略约束，然后提出整个 MIS 的结构。第三步选出一个方案送总经理。

这种方法的优点是和企业战略结合紧密，容易找出企业需要解决的关键战略性的问题，保证信息系统能够为企业战略服务，能够反映不同层次不同角色的战略要求，并比较全面地转化为信息系统目标的结构化方法。但这种方法不能清晰地描述企业战略到执行时需要解决的关键问题，并且企业各个利益群体容易产生冲突。

5.3.3 企业系统规划法(BSP)

企业系统规划法(Business System Plane, BSP)是由 IBM 公司于 20 世纪 70 年代提出的一种企业管理信息系统规划的结构化的方法论。它与 CSF 法相似，首先自上而下识别系统目标、识别业务过程、识别数据，然后自下而上设计系统，以支持系统目标的实现(图 5-8)。

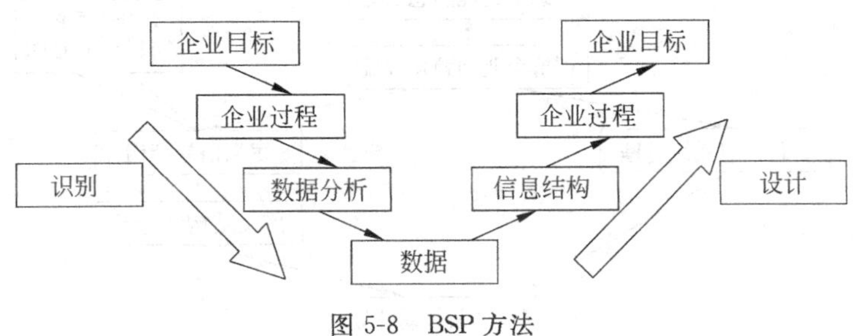

图 5-8 BSP 方法

BSP 法从企业目标入手，逐步将企业目标转化为管理信息系统的目标和结构。它摆脱了管理信息系统对原组织结构的依从性，从企业最基本的活动过程出发，进行数据分析，分析决策所需数据，然后再自下而上设计系统，以支持系统目标的实现。BSP 的主要步骤如图 5-9 所示。

1. 研究开始阶段

成立规划组，进行系统初步调查，分析企业的现状、了解企业有关决策过程、组织职能部门的主要活动、存在的主要问题、各类人员对信息系统的看法。要在企业各级管理部门中取得一致看法，使企业的发展方向明确，使信息系统支持这些目标。

2. 定义业务过程

定义业务过程(又称企业过程或管理功能组)是 BSP 方法的核心。所谓业务过程就是逻辑相关的一组决策或活动的集合，如订货服务、库存控制等业务处理活动或决策活动。业务过程构成了整个企业的管理活动。识别业务过程可对企业如何完成其目标有较深的了解，可以作为建立信息系统的基础。在业务过程定义的基础上，分析哪些过程是正确的；哪些过程是低效的，需要在信息技术支持下进行优化处理；哪些过程不适合计算机信息处理，应当取消。检查过程的正确性和完备性后，对过程按功能分组，如经营计划、财务规划、成本会计等。

3. 确定数据类

确定数据类是 BSP 方法的另一个核心。所谓数据类就是指支持业务过程所必需的

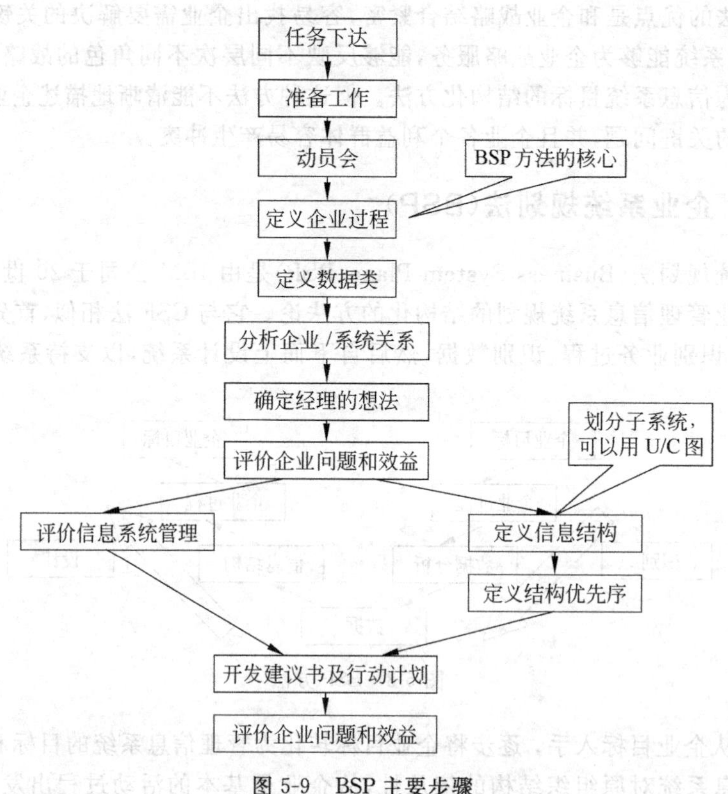

图 5-9 BSP 主要步骤

逻辑上相关的一组数据。例如，记账凭证数据包括了凭证号、借方科目、贷方科目、金额等。一个系统中存在着许多数据类，如顾客、产品、合同、库存等。数据类是根据业务过程来划分的，即分别从各项业务过程的角度将与它有关的输入输出数据按逻辑相关性整理出来归纳成数据类。

4. 设计管理信息系统总体结构

功能和数据类都定义好之后，可以得到一张功能/数据类表格，该表格又可称为功能/数据类矩阵或 U/C 矩阵。设计管理信息系统总体结构主要工作就是可以利用 U/C 矩阵来划分子系统，刻画出新的信息系统的框架和相应的数据类。工作步骤分为五步：U/C 矩阵的建立，U/C 矩阵的正确性检验（完备性检验，一致性检验，无冗余性检验），求解 U/C 矩阵，系统功能划分和确定数据的分布，通过对 U/C 矩阵的求解过程，最终得到子系统的划分。

1) U/C 矩阵的建立

图 5-10 是某公司的功能/数据类图，标明每个数据类都由哪些业务过程产生，图中用 U 表示；要被哪些业务过程使用，图中用 C 表示。该图也常被称做 U/C 矩阵。

2) U/C 矩阵的正确性检验

在画 U/C 矩阵时，需要对其进行完备性检验、一致性检验和无冗余检验。其中完备性检验指对具体的数据项必须有一个产生者(C)和至少一个使用者(U)，功能则必须有产生或使用(U 或 C)发生。一致性检验指对具体的数据项必须有且仅有一个产生者(C)。无冗余性检验指 U/C 矩阵中不允许有空行和空列。

3) 求解 U/C 矩阵

U/C 矩阵的求解过程就是对系统结构划分的优化过程。U/C 矩阵的求解过程常通过表上作业法来完成。具体操作方法是:调整表中的行变量或列变量,使得“C”元素尽量地朝对角线靠近,然后再以“C”元素为标准,划分子系统,如图 5-11 所示。

功能	数据类																
	客户	订货	产品	工艺流程	材料表	成本	零件规格	材料库存	成本库存	职工	销售区域	财务计划	计划	设备负荷	物资供应	任务单	列号Y
经营计划		U				U						U	C				1
财务规划						U				U		C	C				2
资产规模												U					3
产品预测	C		U								U						4
产品设计开发	U		C	U	C		C						U				5
产品工艺			U		C		C	U									6
库存控制							C	C							U	U	7
调度			U	U				U						U		C	8
生产能力计划				U										C	U		9
材料需求			U		U			U								C	10
操作顺序				C										U	U	U	11
销售管理	C	U	U						U		U						12
市场分析	U	U	U								C						13
订货服务	U	C	U						U		U						14
发运		U	U						U		U						15
财务会计	U	U	U						U	U		U					16
成本会计		U	U			U						U					17
用人计划										C							18
业绩考评										U							19
行号X	1	2	3	4	5	6	7	8	9	10	11	12	13	14	15	16	

图 5-10　U/C 矩阵

功能	数据类															
	计划	财务计划	产品	零件规格	材料表	材料库存	成品库存	任务单	设备负荷	物资供应	工艺流程	客户	销售区域	订货	成本	职工
经营计划	C	U												U	U	
财务规划	U	C													U	U
资产规模		U														
产品预测			U									U	U			
产品设计开发	U		C	C	C							U				
产品工艺			U	U	U	U										
库存控制						C	C	U		U						
调度			U				U	C	U		U					
生产能力计划									C	U	U					
材料需求			U		U	U				C						
操作顺序								U	U	U	C					
销售管理		U	U				U					C	U	U		
市场分析		U	U									U	C	U		
订货服务			U				U					U	U	C		
发运		U	U				U						U	U		
财务会计	U	U	U				U					U		U		U
成本会计	U	U	U											U	C	
用人计划																C
业绩考评																U

图 5-11 U/C 矩阵的行列调整

4）系统功能的划分

在求解后的 U/C 矩阵中划出一个个的方块，每一个小方块即为一个子系统。划分时应注意：沿对角线一个接一个地画，既不能重叠，又不能漏掉任何一个数据和功能；小方块的划分是任意的，但必须将所有的“C”元素都包含在小方块内(图 5-12)。

功能		数据类															
		计划	财务计划	产品	零件规格	材料表	材料库存	成品库存	工作令	机器负荷	材料供应	工艺流程	客户	销售区域	订货	成本	职工
经营计划	经营计划	C	U												U	U	
	财务规划	U	C													U	U
	资产规模		U														
技术准备	产品预测			U									U	U			
	产品设计开发	U		C	C	C							U				
	产品工艺			U	U	U	U										
生产制造	库存控制						C	C	U		U						
	调度			U				U	C	U		U					
	生产能力计划									C	U	U					
	材料需求			U		U	U				C						
	操作顺序								U	U	U	C					
销售	销售管理		U	U				U					C	U	U		
	市场分析		U	U									U	C	U		
	订货服务			U				U					U	U	C		
	发运		U	U				U						U	U		
财会	财务会计	U	U	U				U					U		U		U
	成本会计	U	U	U											U	C	
人事	人员计划																C
	人员招聘/考评																U

图 5-12　U/C 矩阵的模块划分

5）子系统的划分

所有数据的使用关系都被小方块分隔成了两类：一类在小方块以内；另一类在小方块以外。在小方块以内所产生和使用的数据，则主要放在本系统中处理；而在小方块以外的"U"，则表示了各子系统之间的数据联系，这些数据资源今后应考虑放在网络上供各子系统共享或通过网络来相互传递数据(图 5-13)。

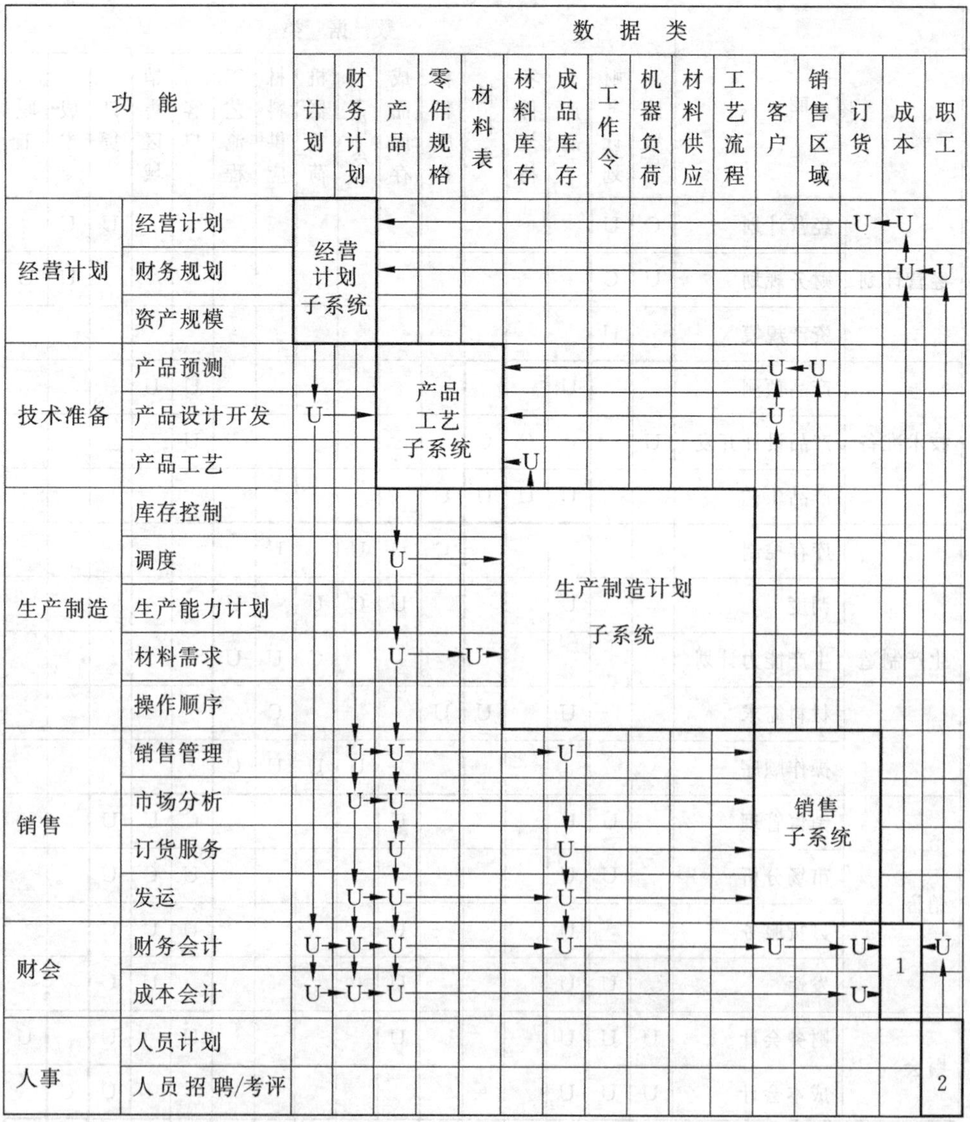

功能		计划	财务计划	产品	零件规格	材料表	材料库存	成品库存	工作令	机器负荷	材料供应	工艺流程	客户	销售区域	订货	成本	职工
经营计划	经营计划	经营计划子系统													U	U	
	财务规划															U	U
	资产规模																
技术准备	产品预测			产品工艺子系统									U	U			
	产品设计开发	U											U				
	产品工艺						U										
生产制造	库存控制						生产制造计划子系统										
	调度			U													
	生产能力计划																
	材料需求			U		U											
	操作顺序																
销售	销售管理		U	U				U					销售子系统				
	市场分析		U	U													
	订货服务			U				U									
	发运		U	U				U									
财会	财务会计	U	U	U				U					U		U	1	U
	成本会计	U	U	U											U		
人事	人员计划																2
	人员招聘/考评																

注：1—财会子系统；2—人事档案子系统

图 5-13　U/C 矩阵的模块命名与模块间数据传递关系

5. 确定子系统实施顺序

由于资源的限制，信息的总体结构一般不能同时开发和实施，总有个先后次序。划分子系统之后，根据企业目标和技术约束确定子系统实现的优先顺序。一般来讲，对企业贡献大的、需求迫切的、容易开发的优先开发。

6. 完成 BSP 研究报告，提出建议书和开发计划

企业分析法的一个优点在于它综合全面地考虑了一个组织对系统数据的使用及不

足。企业分析法特别适用于组织新创立或者做重大变动。通常企业以前从未对其自身的信息需求做全面的分析，通过利用企业分析法，才对它本身如何利用信息有了一个全面的认识和了解。企业分析法的另一个优点是靠许多经理和用户的参与来帮助组织内产生一致意见。通过要求众多的经理去考虑信息，企业分析法从信息处理的角度帮助组织确定应该做什么。

企业分析法的缺点是它需要搜集和分析的数据量大得惊人，且花费太高。它是一个耗费巨大、偏重于高层管理部门和数据处理的技术。大多数的访问是在高、中层管理者中进行的，忽视了在职员和基层管理者中搜集信息。更严重的是，这种方法不能导出管理的关键目标和最需要信息的地方，因为调查只是在当前已有的系统中进行的。结果所有现存的手工作业得到了自动化，但在很多情况下，改进现行的企业运作所需要的全新方法却不能产生。

5.3.4 综合方法

CSF 方法能抓住主要矛盾，使目标的识别突出重点。用这种方法所确定的目标和传统的方法衔接得比较好，但是一般最有利的只是在确定管理目标上。

SST 方法从另一个角度识别管理目标，它反映了各种人的要求，而且给出了按这种要求的分层，然后转化为信息系统目标的结构化方法。它能保证目标比较全面，疏漏较少，但它在突出重点方面不如前者。

BSP 方法虽然也首先强调目标，但它没有明显的目标引出过程。它通过管理人员酝酿“过程”引出了系统目标，企业目标到系统目标的转换是通过组织/系统、组织/过程以及系统/过程矩阵的分析得到的。这样可以定义出新的系统以支持企业过程，也就把企业的目标转化为系统的目标，所以我们说识别企业过程是 BSP 战略规划的中心，绝不能把 BSP 方法的中心内容当成 U/C 矩阵。

将 CSF、SST 和 BSP 三种方法结合起来使用，称为 CSB 方法(图 5-14)。这种方法首先用 CSF 方法确定企业目标，然后用 SST 方法补充完善企业目标，并将这些目标转化为信息系统目标，用 BSP 方法校核两个目标，并确定信息系统结构，这样就补充了单个方法的不足。当然这也使得整个方法过于复杂，而削弱了单个方法的灵活性。

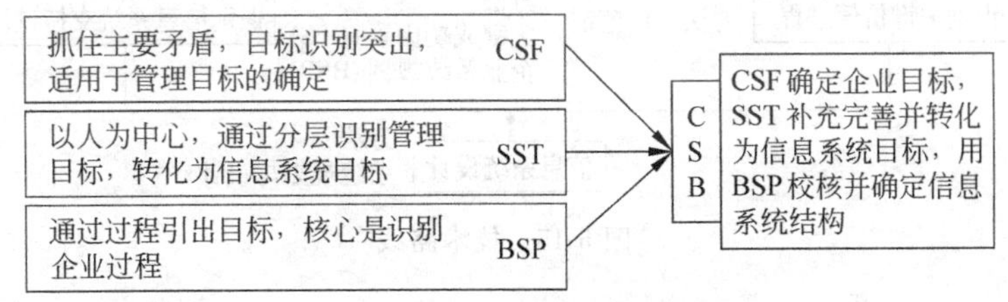

图 5-14 CSB 规划主要步骤

由于企业活动的复杂性，到目前为止，信息系统战略规划没有一种十全十美的方法。由于战略规划本身的非结构性，可能永远也找不到一个唯一的规划解决方案。进行任何一个企业的规划均不应照搬以上方法，而应当具体情况具体分析，选择以上方法的可取的思想，灵活运用。

5.4 信息系统规划实例——K公司的ERP系统战略规划

5.4.1 引言

信息技术快速发展的今天，如何利用好信息技术获取竞争的优势，如何让信息技术适应管理的需要，是许多公司共同面临的课题。在这个阶段，企业的信息战略如果运用得当，就会以信息技术的领先取得竞争优势地位。

K公司从过去20年至今，经历了高速发展的阶段。公司从原本位于北美的本地公司，逐渐成长为一个跨国界的、跨文化的国际化公司。随着公司规模的不断扩大，公司面临的首要问题是管理问题，即如何通过有效的管理给公司提供持续发展的动力。

针对以上问题，公司以ERP为基础的信息系统需要彻底的改革，如何建成全球相对统一的ERP系统，选用何种ERP系统，如何去在全球范围内进行ERP的规划，如何进行ERP系统的实施，都是公司要面对的问题。研究步骤具体如下。

(1) 对公司的战略情况进行分析。采用SWOT矩阵分析、PEST分析等，分析出企业下一步的战略；针对目前公司的业务流程现状进行价值链分析，制定出信息系统规划战略。

(2) 对信息系统进行规划。分析信息系统状况，找出问题的根本原因，然后根据公司的战略，进行信息系统战略规划。

(3) 对信息系统进行方案设计。在整体的信息战略和信息系统规划战略制定后，对公司ERP系统进行规划，这种规划是基于公司整体战略的，使公司ERP系统应用处于一个领先的位置，最终为公司的持续增长提供动力。

主要研究技术路线如图5-15所示。

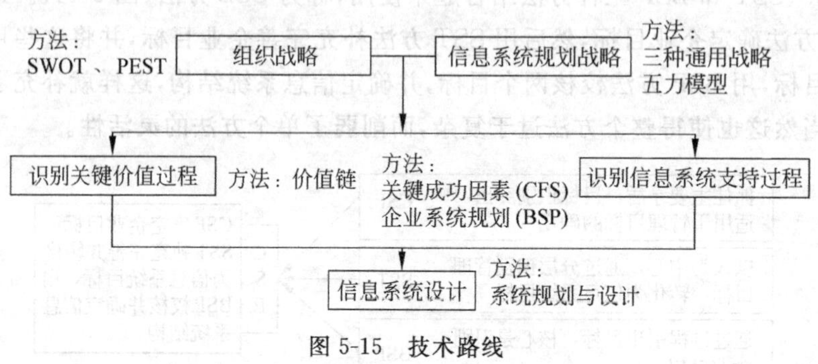

图5-15 技术路线

5.4.2 K公司组织战略与信息系统战略分析

1. 公司背景

K公司是机械管道连接领域里的世界领袖，公司在成立之初，只在美国有一个工厂，随着北美业务的发展，公司先后在美国建立了 6 个工厂，同时在加拿大收购了一家工厂。随着公司的发展，该公司也从过去的一个基于美国的本地公司逐渐发展成了一个跨国公司。该公司不断拓展其业务领域，其产品与服务覆盖了诸多工业领域，主要包括消防系统、空调系统、工业输送、矿业通风、水系统、电力、化工、海水淡化等。进入 21 世纪，该公司的业务得到了空前迅猛的发展，销售收入每年以超过 15%的速度增长。公司业务的高速增长，对公司的管理水平提出了新的要求，如何提高公司的管理水平成为了该公司迫切需要解决的问题。

2. 企业的竞争环境分析

1) SWOT 矩阵(或 PEST 等战略分析工具)

SWOT 矩阵包括分析企业的优势(Strength)、劣势(Weakness)、机会(Opportunity)和威胁(Threats)，是对企业内外部条件各方面内容进行综合和概括。PEST 分析是指宏观环境的分析，包括政治(Political)、经济(Economic)、社会(Social)和技术(Technological)，通过这四个因素来进行分析企业所面临的状况。这两种方法是常见的制定企业战略的分析工具，如果采用其他分析工具亦可，其目的都是为信息系统的战略规划提供企业战略的分析。

2) 五力模型分析

该公司属于传统的制造业，进入 21 世纪后，产业内的竞争越来越激烈，按照波特的五种竞争力的理论，其外部竞争环境分析如下：

(1) 潜在竞争对手进入的风险。由于该产业是传统的制造业，近些年来发展中国家的一些中小企业纷纷进入这一行业并逐渐发展起来，该公司先前在质量和成本上的优势已经越来越小，也就是说企业没有绝对的成本领先优势的壁垒保护，潜在的竞争对手进入的可能性较大。

(2) 产业内现有的竞争强度。先前由于 K 公司在世界各地都取得了当地权威认证机构的认证，使其品牌形象和竞争力有较强的优势，但近些年来，越来越多的行业内企业认识到了这一点，也都纷纷通过各种认证，使该公司在世界各地面临着越来越多的竞争，以中国为例，目前 K 公司只有在产品高端市场具有优势，在中低端市场已经毫无竞争力可言。

(3) 购买者讨价还价的能力。该行业近乎是一种完全竞争的行业，这使购买者，也就是客户的讨价还价的能力较强，这使得该公司的利润空间容易受到挤压。

(4) 供应商讨价还价的能力。该行业大多数原料来自于生铁，众所周知，近年来铁矿石的价格一直被世界三大铁矿石供应集团所控制，对于该行业来说，几乎没有对供应商讨价还价的能力，只能随行就市，加之铸造行业属于高能耗的产业，能源的价格是该公司在供应成本上的另外一个难题。总之，资源和能源的稀缺性是形成该行业对供应商讨价还价的能力较弱的主要原因。

从产业生命周期的角度来看，K 公司所处的行业属于成熟的行业，而越是成熟的行业越容易受到宏观的经济环境的影响，经济的衰退对成熟行业的影响是巨大的，以 2008 年末金融危机为例，K 公司在 2008 年第四季度停止了增长。进入 2009 年，北美市场遭遇前所未有的低迷，尽管公司采取了各种各样的措施，仍然在上半年不可避免地出现了30%的负增长。

综上，K公司所处的行业的外部竞争力量是非常强大的，这就意味着如果要生存下去，必须在经营和管理上进行创新，通过信息系统对企业进行业务支持，给企业注入更多的竞争力，从而使企业保持不败之地。

3. 企业价值链分析

1）企业内部价值链分析

公司内部主要价值链环节包括如下几方面。

(1) 生产方面。随着其他区域业务的快速成长，公司先后投资在波兰、中国，建立了较大的制造基地。另外，处于成本的考虑，2007年公司在南美建立目前为止最大的工厂，陆续将原来在北美制造的产品转移到南美，从而减低产品成本，增强了企业的竞争能力。另外，由于南美在地理位置上距离美国本土较近，产品的转移并不会对产品交货和客户服务产生大的影响。到目前为止，该公司基本形成了一个覆盖全球的，成本结构合理的制造系统。

(2) 仓储方面。目前该公司在北美区共设有11个分销仓库，欧洲区设有7个分销仓库。在亚太地区设有7个分销仓库，其中在中国设有4个分销仓库。另外，在拉丁美洲和南美也设有2个分销仓库。

(3) 研发方面。在技术研发上，在美国总部设有大型的研发中心，负责新产品开发和产品的升级。2005年在印度成立了设计服务中心，负责给全球范围内的客户提供管道系统的设计服务。

(4) 销售方面。目前该公司在全球销售共分为四个区域，具体如下：

- 北美地区，主要包括美国和加拿大，其业务量占集团公司的60%左右；
- 欧洲地区，主要包括欧洲，中东和非洲，业务量约占集团公司的20%；
- 亚太地区，主要包含亚洲和澳洲，约占全球业务量的15%；
- 拉丁美洲和墨西哥，以制造为主，其销售额只占全球总量的5%。

(5) 营销策略。公司采取拓宽销售渠道的方式，从而保证公司的销售业绩，另外，公司比较重视服务，强调要把货物存放在距离消费点最近的地理位置。公司在世界各地设有很多分支销售机构和分销仓库，形成了第一个层次的销售渠道。通过给客户提供快速的服务，来增加产品的附加价值，提高企业的竞争力。

根据客户调研反馈(调查问卷法)和公司高层管理者专家意见法(德尔菲法)，得出公司内部价值链(图5-16)。

2）企业外部价值链分析

随着信息技术的发展、电子商务的发展，越来越多的企业重视对外部价值链的整合。K公司也逐渐对外部价值链的延伸和整合过程加以重视。从五力模型可以看出，K公司的购买者和供应商的讨价还价能力都比较弱，因此，公司也考虑采用ERP系统来管理与供应商和消费者之间的关系，减少业务复杂度，增加顾客与供应商的忠诚度，其目的在于削弱两者的讨价还价能力，外部价值链分析如图5-17所示。

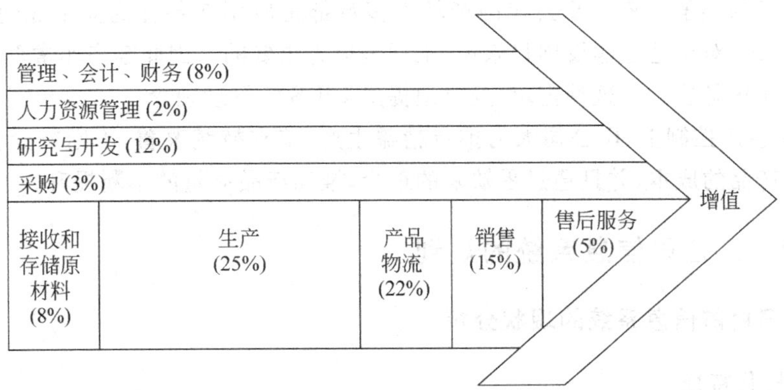

图 5-16　公司内部价值链分析

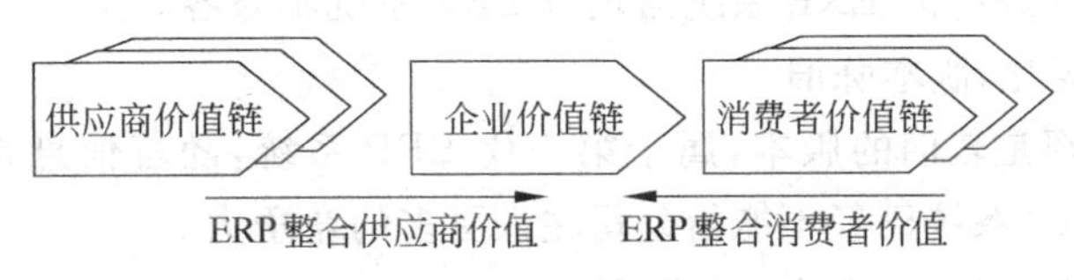

图 5-17　外部价值链的分析

4. K 公司的战略选择与对策

1) 企业战略选择

综合 SWOT、PEST 等分析工具对企业战略分析的结果(该过程略)来看,K 公司适合从波特的三种战略选择低成本战略。而从公司的竞争优势来看,企业属于行业的龙头地位,产品多元化,成本优势和质量优势是企业竞争力的重要因素,K 公司需要通过在这两方面的努力来强化其产品与服务的竞争力。从企业内部价值链分析上来看,企业的生产、物流、销售的价值链环节对于企业增值过程起着重要的作用,而对于外部价值链,运用电子商务等技术传递数据,也具有整合的机会与可能。

2) 战略对策

为了保持在产业上的领先优势,以应对外部竞争力带来的威胁,K 公司用精益生产(Lean Production)的理念为基础进行一系列改革措施,追求以客户需求为导向,坚持以人为本,减少所有形式的浪费,在质量上追求零缺陷,主要体现为:

(1) 提出基于供应链思想的生产发货系统(Intergraded Production Delivery System, IPDS)规划。因建设项目受季节因素影响较大,导致在一年中的需求波动很大,不像普通消费品,需求是基本稳定的。对于大多数竞争对手来说,及时交货一直是一个难以解决的问题,K 公司通过推行 IPDS 系统,来提高整个供应链的效率,提高及时交货率,使之形成企业独特的竞争优势,给原本普通的产品增加了附加价值,影响了客户对产品的价值判断,最终给企业带来卓越地盈利能力。

IPDS 实际上是一种供应链的概念,就是将生产发货整个流程结合在一起,建立一个快速反应的供应链系统,目标是快速响应客户的需求,提高客户满意度,增加产品附加价值,赢得市场的竞争优势。K公司的产品大多数都是应用在各种商业工业建筑,以及基本设施的建设,对于这些建设项目来说,工期是最为重要的。因此客户非常重视产品的交货期,K公司正是看到了这种需求,及时地提出IPDS的管理理念。

(2) 在生产控制上,K公司大力推行精益生产,追求持续改善,不断减少各种形式的浪费,降低产品的成本,并且通过零缺陷的理念,推动产品质量的不断提升。

5.4.3 K公司信息系统的规划

1. 公司目前信息系统的现状分析

1) 多样化特征

由于各区域在选用ERP时没有作全球化的考虑,并且在公司发展过程中发生多次公司并购,新收购公司原有的ERP系统与现有ERP系统不兼容。

2) 技术相对老化,版本陈旧

目前的ERP都是较旧的版本,属于第一代ERP系统,随着信息技术快速发展的今天,这些陈旧的ERP系统已经不能给公司注入更多的竞争力。

3) 新公司面临ERP系统的选型问题

2008年,公司进行较大规模的扩张,这些新的分公司面临着ERP选型问题,对全集团来说,也是一个极好的机会,可以利用这个机会对ERP系统进行全球整合。

2. 信息系统对公司关键成功因素的支持

ERP需要支撑的企业目标。综合战略选择和企业价值链增值环节来看,全面降低成本,提高产品和销售质量对企业增值过程有着重要的作用,从供应链的角度,全面提高企业各个环节的价值,是信息系统规划应注重的重要环节,因此,建立体现全面供应链管理的ERP系统,是企业信息系统规划的重要工作。

ERP需要支撑的关键战略成功因素。K公司的信息系统发挥关键作用,需要覆盖企业经营活动的每个领域,包括库存管理,供应商管理,物料管理,产品定价,产品销售,客户服务,生产管理等。随着改革的深入,企业需要逐渐形成高效率的、反应迅速的供应链系统,并以此作为企业的独特竞争力,持续发展和保持较强的盈利能力。

ERP支持的性能指标。在ERP系统的具体实施过程中,提高客户响应的速度主要是靠信息技术来实现,ERP贯穿整个工作系统,ERP系统的好坏直接关系到整个企业的效率。ERP系统是否有效,主要在于看ERP系统是否会帮助公司提高服务水平,降低运营成本,在价值链上起到杠杆的作用。

3. 信息系统(ERP)的规划目标

1) 通过发展ERP系统提高效率,降低成本

近些年来,K公司越来越重视ERP系统对提高效率和降低成本所起的重要作用,提倡“发展ERP系统为人工作,而不是人为系统工作的理念”,主张ERP系统要适应企业业务流程,适应企业的管理需求,不应该因为ERP的局限性而阻碍业务的改善和公司的发展。

2) ERP 系统的持续改进

新的管理理念,不断发展的管理模式,对 ERP 系统的要求是不断的改进。在 K 公司从传统制造业向现代制造业的转换中,对 ERP 系统要求也是不一样的,传统 ERP 系统更加注重服务于财务,而现代 ERP 系统更强调效率的提高。因管理模式的转变,K 公司对 ERP 系统提供的数据分析也在变化,公司希望系统能给管理层提供有价值的信息,而管理层的数据需求也是随公司发展不同阶段,有所侧重,这就要求 ERP 系统是一个基于较先进程序平台的,而且是容易改进和改善的。

可用 BSP 法进一步展开论述,详情参见"5.2.3 企业系统规划法(BSP)"小节,在此不再赘述。

5.4.4 K 公司 ERP 系统方案设计

1. ERP 对企业内部关键过程的支撑

根据上一章节对公司内部价值链的分析结果,K 公司为加强其行业的竞争力,需要提高内部价值链的各个环节以达到降低成本的要求,因此,公司进行了如下方面的流程变革,并采用 ERP 系统对如下关键业务流程进行了支撑。

1) 推行 LEAN 生产供应方式

(1) 彻底摒弃传统的推动式的生产供应方式,采用拉动式的生产供应方式。历史上 K 公司和大多数美国公司一样,采用传统的制造系统,以 MRP 作为企业的计划系统,随着公司规模的扩大,传统的推动式的生产模式便产生诸多弊端,主要表现在库存过剩、库存结构不合理、交货不及时,以 2001 年为例,当时的全公司的库存周转率只有 2.3,而平均交货率也只有 67%,资金周转率较低,客户抱怨很多。

在 ERP 的制造系统下,K 公司的各个工厂不在设有任何的产成品库存,由需求来拉动整个系统运行,只生产与需求完全匹配的数量。为保证交货期,在工厂里备有原材料和组装部件的库存,这一库存水平是根据供应商的交货期、平均需求量以及考虑需求的起伏,为满足一定交货服务水平而设定的,并且根据其批量、容量来确定为一个看板,看板的大小(Size)和看板的数量(Quantity)就代表了缓冲库存的水平。

(2) 采用新的库存策略。在拉动式生产系统之下,所有制造工厂不再存有任何产成品和库存,采取有订单有需求再生产,生产完毕后直接发货,取消仓库环节,使效率更高,操作更简便。

近些年来,公司不断致力于减少库存,关注剩余库存、库存天数、库存速率、理论库存周转率,模板从管理的角度要求 ERP 系统给库存管理提供有力的支持,同时为减少库存占有的资金,公司和产品供应商达成了 VMI 协议,ERP 系统提供给供应商一个终端,使其能容易地查询所供应产品的库存情况,从而进行适当管理和补充。

2) 建立快速的供应链系统(IPDS)

精益化管理要求尽量减少中间环节,主张简单是最有效率的工作方法,在系统和实际物流中尽可能减少中间步骤。例如,在中心仓库,对需要再分拨(Redistribute)的货物,全部采用 Cross dock,即在收到货物后,在系统中甚至不做收货动作,直接放在发货区中,用时间最近的一班货车发出去，在最终目的地做系统内收货。再如，多采用 Drop shipment 方式将货物直接发到最终用户手中，要求 ERP 系统在客户订单输入时，就能定义 Drop shipment 的订单类型，在订货仓库中方便系统自动做收货、发货动作，即使货物是直接发到客户手中。通过 ERP 系统支撑的新的业务操作模式可提高运营效率。

目前，在公司大多数工厂和大型分销中心，都已经开始使用无线扫描，通过对产品看板，货物甚至是容器进行扫描，从而更新系统中的状态，传统的方式是工作人员填写手工记录，再送到办公室，进行计算机录入，效率极低且容易出错，新的扫描系统和 ERP 结合起来，形成了有效的、即时的工作模式。建立快速反应的供应链系统，需有高度自动化的系统来取代人工操作，这样才可能达到高速高效的目的。具体到对 ERP 系统，就是要求系统能根据企业的要求自动地做事情，而唯一的需要人做的工作仅仅是设定而已，系统设定好了，就会按设定去自动运行，如现今 ERP 系统中的订单自动分配、采购订单的自动生成和定期发送等。

综上所述，ERP 系统是建立快速反应供应链系统的关键因素，没有好的 ERP 系统，快速反应系统只能是一种空谈而已。

2. ERP 系统对外部价值链的延伸整合

通过上一章节对企业外部价值链的分析，可以得出结论，好的 ERP 系统能够把客户和供应商紧密相连，贯穿供应链的始末，是一个跨组织的系统，有着强大的信息处理功能，整合了从供应商到客户的信息，做到精确控制，其中准确供货法和零库存供货法，正是这方面的体现。K 公司还通过 EDI 和电子商务的手段把 ERP 系统向供应商和客户两边延伸，从而形成了供销一体的独特的商业模式，在传统行业里，打破了竞争的格局，使企业形成了较为持久的竞争优势，充分体现了企业整合外部价值链的思想。

1）向供应商延伸的策略

K 公司在注重发展快速反应的供应链系统同时，也注重发展本公司 ERP 系统与供应商相连接的问题，传统的方式是发订单给对方，对方录入系统并发回订单确认，待货物准备好后，做好发货通知，备好发票、装箱单等单据，快递到公司，操作整体效率低下，尤其在 K 公司这种公司，产品种类繁多，人工操作订单往来、收货及发票匹配异常烦琐。公司采取了如下两种方式进行改进，首先，对规模较大的供应商采用 EDI 电子数据交换的方式来提高双方的效率，对于较小的供应商，不具备做 EDI 的条件，公司则采取把 ERP 终端放在供应商处，让供应商从 ERP 终端处读取采购订单信息，等到发货时，由供应商在系统中更改订单状态，而货物到了 K 公司后，仓库只需录入供应商提供的发货号，就可以一次性将本批货物收入仓库，不需要一件一件的收货，通过以上两种方式，K 公司大大提高了采购收货的效率。

2）向客户端延伸的策略

早在 1998 年，K 公司为提高客户服务水平，在与一些较大的客户的数据交换中，采用了 EDI 方式，因为 EDI 的种种局限性，注定它只能服务大型客户，不能覆盖更多的中小客户，因此在最近三四年间，北美公司开始大力发展与客户间的电子商务，即 B2C 类型的电子商务，通过实行 B2C 的电子商务，客户可以在网上下订单，在网上进行查询、咨询。K 公司通过在北美地区实行电子商务，收到了良好的效果，具体体现在订单处理成本降低、交货周期减少和客户满意度明显提高。

（在此亦可就 5.4.4 部分继续就信息系统的实施过程展开论述，例如项目管理、组织变革、实施效果、信息系统评价等，或者论述信息系统模型、信息系统概念结构功能设计等。详细论述方法请参考本教材相关章节。）

本章小结

(1) 信息系统的规划需要同企业的战略相结合，信息系统要为企业的战略服务。

(2) 企业的战略分析可为信息系统分析提供依据。如何通过信息系统来辅助企业战略，有多种工具可以用来分析企业的竞争优势，常用的三种工具分别是五力模型、三种通用战略、价值链。

(3) 管理信息系统的战略规划涵括企业的总目标到各职能部门的目标，政策和计划，指导企业信息部门的活动与发展。

(4) 要使开发出的系统符合组织的目标，需要制定良好的开发计划。计划中应说明如何用信息技术去支持那些目标，应包括开发的方向、策略和预算，还应提出用户对信息的需求。信息需求可以由战略规划法、企业分析法和关键成功因素法，或者综合三种方法的 CSB 法来导出。

思考题

1. 什么是信息系统规划？信息系统规划与企业战略有什么关系？
2. 如何将企业信息系统规划与企业战略有效结合？请选择一个实际例子说明。
3. 信息系统计划的主要内容是什么？
4. 信息系统分析与信息系统设计有何区别？

讨论案例

携程旅行网电子商务模式的信息系统实施

携程旅行网是一家吸纳海外风险投资组建的旅行服务公司，创立于 1999 年初，是目前国内最大的旅游电子商务网站，最大的商务及度假旅行服务公司，提供酒店、机票、度假产品的预订服务，以及国内、国际旅游实用信息的查询。

携程利用互联网等先进技术平台来为商旅客人及旅游爱好者提供旅行服务。通过与业务伙伴和旅游产品供应商的策略联盟，已建成了快捷有效、体贴周到的服务体系，并一直坚持“以客户为中心”的原则。该网站结合网上服务平台和网上的各种软、硬件设施，满足顾客的旅行需求。不断创新和前瞻性的思考保证了携程能快迅速成长，推陈出新的产品、服务和设施使其在日新月异的互联网时代能够满足日益多样化的客户需求。

利用互联网和电话呼叫中心系统等先进技术平台及各类软硬件，携程给客户提供全天候 24 小时的网上网下预订服务。结合业务的性质、客户的需求以及强大的技术及软件开发力量，已建成了业内最为完善的服务体系。携程拥有国内旅游行业最大的Call-Center，采用先进的朗讯交换机和自行开发的应用软件，拥有500个坐席，具有自动语音系统和独创的自动传真系统，并开发了先进的实时监控管理系统，包括先进的客户关系管理系统(CRM)、预订服务质量监控体系、独特的房态管理系统e-Booking和网络实时预订系统。携程利用高效的互联网技术和先进电子资讯手段，为商务散客与休闲客人提供快捷灵活、优质优惠、体贴周到又充满个性化的旅行服务，从而建成国内成功的旅行服务公司。

携程的主要目标用户群是个人旅游爱好者、家庭或者团体，这些用户具有较强的消费能力，而且对携程网提供的业务具有需求，使用频率高。携程网利用高科技的运作手段、精细化的管理模式和先进的服务理念将酒店预订、机票预订以及旅游项目三个模块利用电子商务结合在一起，依托与酒店、航空公司以及各地旅游局的合作伙伴关系，通过强大的技术力量搭建了度假产品查询、预订界面的度假超市，用技术去制造优质服务。

携程网的利润来源主要是四块：酒店预订代理费，基本上是从目的地酒店的盈利折扣返还中获取的；机票预订代理费，从顾客的订票费中获取的，等于顾客订票费与航空公司出票价格的差价；自助游中的酒店、机票预订代理费以及保险代理费，其收入的途径也是采用了盈利折扣返还和差价两种方式；在线广告。

携程网希望利用它所掌握的旅游资源提供更多具备更高附加值的服务，比如它的自助度假业务就将机票和酒店业务整合在一起获得了更高的利润。携程的发展证明了高科技和传统产业的结合是大有所为的：不仅在存活率不到1%的网络公司中成为盈利规模最大、稳定性最好的互联网创业公司，而且在短短的3年时间内逼近了传统公司几十年的发展规模，使宾馆分销成为重要的旅游服务领域。携程以高科技的运作手段、精细化的管理模式和先进的服务理念为旅游服务企业的超常规发展拓展了新路子。

案例讨论题：

1. 请根据案例描述绘制携程旅游公司的内部价值链。
2. 请根据案例描述绘制携程旅游公司的外部价值链，并具体分析哪些可通过信息技术增加企业附加价值。
3. 请结合分析携程旅游公司信息技术对企业战略的支撑作用。
4. 请分析携程网电子商务信息技术设施的成功原因。
5. 请分析如何有效针对旅游市场作进一步的信息系统规划。

参考文献

[1] 中国物流与采购联合会. 为战略而生：联邦快递青睐商业科技 http://www.chinawuliu.com.cn，2005
[2] 陈国青，李一军. 管理信息系统. 北京：高等教育出版社，2006
[3] (美)哈格等. 管理信息系统——商务驱动的技术. 高阳等编译. 北京：高等教育出版社，2008
[4] 黄敏学. 电子商务. 武汉：武汉大学出版社，2000
[5] 杨路明，劳本信. 电子商务对传统旅游价值链的影响. 中国流通经济，2008，4：38-41

第6章 信息系统开发策略与方法

学习目标

(1) 了解信息系统的生命周期及信息系统开发的一般过程
(2) 理解信息系统开发与组织变革之间的关系
(3) 理解各种信息系统开发方法的利弊及适用场合
(4) 掌握几种信息系统开发方式的适用情况及利弊

引导案例

铁路货车维修信息系统的规划与开发①

铁路货车是载货的重要工具，全路44多万辆国有铁路货车和参与铁道部营业线运营的近11万辆企业自备车承担了国民经济中70%左右的货运周转量。铁路货车无固定配属，全线通用；无固定修理地点，维修费用统一清算。

由于铁路货车维修信息具有较高的复杂性，加之长期以来货车维修信息采用电话、表格、铅笔、尺子等落后的管理手段，使得我国以车为单位的车辆技术设备情况基本上是个空白。这是因为货车技术设备情况是依靠车辆清查而获得的，由于货车数量多，分布广，车种、车型复杂，而且车辆设备类型在维修过程中不断地进行加装改造或修理，因此，以车为单位的车辆技术设备情况单纯依靠手工方法是无法完成的，在历史上曾几次试图解决这一管理问题，总因缺少先进的技术手段而以失败告终。

1992年初，铁路运营管理系统被列为国家"八五"重点科技攻关项目，取名为"铁路货车实时信息系统"，后根据铁道部的总体设计定名为"铁路运输管理信息系统"，简称TMIS。在TMIS建设的过程中，涉及全线货车维修的管理信息系统(CMIS)也于1992年开始建设。另外，受全国信息化建设热潮的影响，许多线路段都自行摸索并开发了一些小型、主要针对本单位使用的信息系统，为本单位培养了一些信息技术人才。

由于铁路各级车辆部门应用的一些信息系统大多数是孤立开发的，未能顾及系统间的联系和信息的共享，为了实现全线货车维修信息的动态实时管理，有必要在全线建立分

---

① 改编自：李东. 企业信息化案例. 北京：北京大学出版社，2002

层次的网络系统,这样,原系统的规模就必须扩大。另外,1998 年底,政府机构改革已经基本结束,改革后货车处 7 个人要完成原来改革前近 30 个人的工作任务。每天要看的报表相当多,还要录入大量基层单位(如车辆局)报来的数据,并进行统计。因此,铁道部开始进行新一代的 CMIS 系统的规划和开发。

货车维修信息系统的最终目标是考核每个员工的生产率;中间目标是在确保修车质量的情况下控制成本,并能对每辆车的修车成本进行核算,能对统一更换全线货车的某一种部件的投入进行测算;最基本的目标是了解故障发生规律,以利于寻找减少故障发生的方法,为零部件的技术创新和产品创新提供依据。新的系统实现了线路段、车辆局和铁道部就货车维修业务的三级联网,下级部门将数据按时上传,上级部门按时自动生成汇总结果,并能对结果进行相应分析,从而将货车处的同志和领导从数据处理中解脱出来,可以花更多的时间用于决策思考。

2000 年 7 月 27 日,北京铁路局组织各方面的专家对该项目一期工程的第一阶段进行阶段评审,结论是:从采用技术的先进性、业务流程的合理性、数据的基础性、系统的综合性、应用的简便性等五个方面考察,该系统在全线属于领先水平,专家组一致同意通过评审。

从铁路货车维修信息系统,我们可以看到一个新的系统开发过程的诸多因素。建立这个新系统需要分析现有信息系统存在的问题,估计人们在信息系统方面的需要,选择合适的技术,并且对业务过程进行重新设计(业务流程再造)。管理工作应该监督系统建立工作并且估计新系统的收益及耗资。新系统的建立体现了一个有计划的组织变动过程。

本章描述了新系统是如何进行设计、开发以及安装的,介绍了组织变化的类型及业务流程再造的问题,并且介绍了信息系统开发的主要方法(如传统的结构化方法、原型法、快速应用开发方法、面向对象方法)以及信息系统开发的主要方式(如利用软件包开发、最终用户开发及信息系统的资源外包)。

6.1 系统开发的一般过程

假如你的上司要求你用 Web 化的模式从公司销售人员那里获得并发布信息,你该如何着手,你将做些什么,你是否仅凭埋头苦干就期望提出合理的解决方案,如何知道你的方案是否适合公司的要求,你是否会想到可能有一种系统方法能够按照上司的要求设计出一个好的解决方案?这就是解决问题的过程,被称为系统方法。当用系统方法解决问题并将其应用在开发信息系统解决方案以解决商业问题时,这种方法被称为信息系统开发。系统开发是指针对组织的问题和机会而建立一个信息系统的全部活动。

6.1.1 信息系统的生命周期

任何一个系统都有发生、发展和消亡的过程,新系统是在老系统的基础上产生、发展、老化、淘汰,最后又被更新的系统所取代,这个系统发展更新的过程被称为系统的生命周期。

生命周期的概念从20世纪70年代被使用以来，已成为控制和管理工程项目开发的重要手段，在管理信息系统开发初期最常用的方法就是生命周期法。它将信息系统比作生物的一个生命周期，有开始、中间及结束等各个不同的阶段。每个阶段都有特定的工作内容，完成本阶段的工作以后才能进入下一阶段。如图6-1所示，生命周期法把信息系统的生命周期分为六个阶段，即项目定义、系统分析、系统设计、编程、安装以及实施与评价。

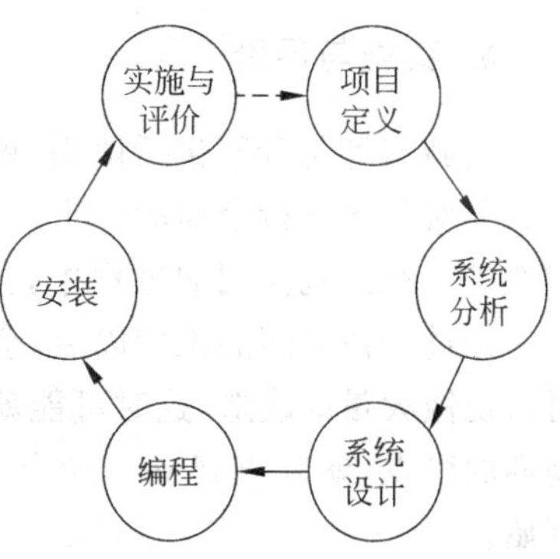

图6-1　信息系统的生命周期

1. 项目定义

项目定义阶段的任务是论证建设一个新的信息系统的必要性，并提出一个初步的设想。这个阶段要分析组织中存在的问题，解决这些问题是否必须建立一个新的信息系统，还是只需对原有系统进行改造。此外，还要提出新系统或改造后的系统的目标、范围以及系统建设的初步计划。所有这些内容都以"项目建议书"的形式书面提交管理部门审批。

2. 系统分析

系统分析的任务是通过对原有系统存在问题的分析，找出解决这些问题的各种方案，评价每种方案的可行性，提出可行性分析报告和用户需求报告。

系统分析人员要对原系统进行详细的调查，通过交谈、观察原系统的运行过程，收集各种报告、表格和文档，以及发调查问卷等多种形式，分析并确定系统的优点、缺点和问题，以及用户有哪些信息需求必须被满足。

3. 系统设计

系统设计阶段要在系统分析提出的逻辑模型的基础上，科学合理地进行物理模型的设计，生成系统物理设计的规格说明书，其中包括系统的功能结构图设计、系统物理配置方案设计、代码设计、数据存储设计、输入/输出设计、处理流程图设计等。

4. 编程

编程阶段的任务是把设计阶段完成的规格说明书转换成软件的程序代码。系统分析与设计人员要同程序员一道共同完成每个程序的程序说明书，根据这些说明书，程序员再写出相应的程序代码。程序说明书中要说明每个程序的功能、所使用的编程语言、输入输出的内容与格式、处理的过程与顺序以及必要的控制等。程序员将用第三代语言和拥有更大生产率的第四代语言完成代码的编写。大型系统含有成千上万行的程序，需要由许多程序员组成的团队来共同完成。程序说明书就成为设计人员与编程人员的主要沟通工具。

5. 安装

安装阶段包括测试、培训和转换三项任务。测试用来验证新系统技术上和业务功能上的正确性;培训要对系统维护人员和最终使用该系统的直接用户分别进行;转换要对旧系统向新系统过渡所需要的所有活动排出一个详尽的转换计划,确保转换的平稳性与安全性。

6. 实施与评价

实施与评价阶段包括使用、评价和维护等内容。当系统投入使用后,用户与系统技术专家要对系统进行全面的评审,以确定新系统是否达到了预想的目标,是否需要一些修正和改进。在系统使用的过程中,为改正错误和提高系统的效率,需要不断对系统进行维护。经过一段时间的维护以后,会发现为了进一步提高效率,更好地满足用户的要求,要对系统做大量的改造,这时可能就快要达到这个系统生命周期的终点了。一旦到达生命周期的终点,就有再建立一个新的信息系统的必要了,这时一个新的生命周期便从头开始。

6.1.2 系统分析

系统分析是对需要用信息系统去解决的问题的分析。它包括对问题的定义、原因的确定、解决办法的说明以及解决该问题所需提供的信息的确定。

开发大型信息系统的关键之一是能否对原系统及其所属的组织有一个彻底的理解,这是系统分析员的主要任务。首先,系统分析员要绘制一些图表,确定该组织的数据的属主(拥有或产生这些数据的机构、部门和个人)和用户(使用数据的人),这些人将直接受到新系统的影响,对新系统的开发也最为关切。其次,系统分析员要分析原系统存在的问题。这可以通过多种途径来完成,比如,查阅文档、了解业务流程、观察业务人员工作、与关键的人员(领导和职员)交谈等。除此之外,还要简单记述原系统采用的信息技术状况,包括软件和硬件。通过综合分析,最后提出解决方案,方案可能是开发一个新的信息系统,也可能是改进原有的老系统。

1. 可行性分析

可行性分析是系统分析的一项内容,主要应分析系统分析中提出的解决方案所需的条件和资源是否具备。一般应分析三方面内容:

(1) 技术可行性。解决方案所需软硬件和有关技术是否可以得到,是否成熟可靠。

(2) 经济可行性。解决方案的效益是否大于成本。

(3) 操作可行性。解决方案在当前的管理体系和组织形式中是否比较理想。

通常系统分析都会提出几个可供选择的解决方案,然后逐个分析其可行性。这些方案一般可划分为三类:

(1) 维持原系统不变。原系统未充分发挥作用,只需发挥原有系统的作用。

(2) 改进原系统。不必进行新系统开发,只需对原有系统进行适当调整或修改。

(3) 开发新系统。拟开发项目有必要也有可能进行。

对第二类和第三类方案,都应在书面报告中分析它们的成本、效益和优缺点,然后提交到管理部门综合分析成本、效益、技术特征和企业形象等因素,最后决定取舍。

2. 信息需求分析

信息需求分析也叫用户需求分析，这也许是系统分析中最困难的任务，是确定满足所选择方案的特定的信息需求。它是许多大型信息系统花费精力最多的领域。一个信息系统的信息需求至少应该包括：谁、在什么地方、什么时间、用什么方式、需要什么信息等。需求分析要仔细地定义出新系统的目标，要详尽地描述出新系统必须完成的各项功能，还要考虑经济的、技术的以及时间上的各种约束，当然也不能忽略组织原来确定的目标、业务过程和决策过程。

错误的需求分析是导致系统失败以及系统花销过高的主要原因。依据错误的需求分析所设计的系统要么因性能差而不得不放弃，要么就需大幅度地修正。因此，需求分析的重要性绝不能轻视。

确定信息需求要做大量的调研和反复的分析工作。一项业务职能可能过程十分复杂，又难以准确地定义；手工工作流程可能缺乏一定的规范；业务过程可能因人而异；最糟糕的是用户常常不能准确地说出他们究竟需要什么。这些情况迫使系统分析员要与用户密切地合作。尽管这样做很麻烦，但与后期返工或者推倒重来相比，这种付出还是值得的。

在很多情况下，业务流程不明确或者用户对于怎么做以及应该如何做彼此意见不一致。由于系统分析员在信息需求分析中澄清了用户的工作流程，统一了组织内做事的方法，他们常常为组织做出额外的贡献。在很多情况下，建立一个新的信息系统的同时，就提供一个重新定义业务流程的机会。

有些问题不需要一个信息系统的解决方案，而是需要做一些管理上的调整，或者是做一些附加的培训，或者是对当前组织进行精简。如果问题与信息有关，系统分析员可能仍然需要参与问题的诊断，并寻求适当的解决方案。

6.1.3 系统设计

系统分析描述了一个系统为满足信息需求应做什么，系统设计要描述应怎样做。一个信息系统的设计是系统的总体方案和模型。就像一栋建筑物的蓝图，它包括了对系统形式与架构的所有规格说明，以便实现系统分析所确定的功能，并且这些规格应注意到系统解决方案中组织、管理、技术方面的所有问题。

正如建筑物，信息系统也可能有多种设计，每种设计都代表着科技与组织因素的独特融合。一项系统设计优于其他设计，就在于能以简单并有效的方式，在一组特定的技术、组织、财务和时间限制条件下满足使用者的需求。

1. 系统设计的目标

系统设计有以下三个目标：

首先，系统设计者要负责考虑用来实现和开发系统分析员所描述的系统的技术配置方案。它包括不同硬件和软件的性能分析、系统的安全性分析、网络结构与系统硬件的可扩充性分析。

其次，设计者要负责系统技术实现的管理与控制。它包括详细的程序编制说明、数据代码、文档编制、测试和培训。此外，设计者还要负责聘请有关的顾问，获取系统所需的软件等工作。

最后，设计人员要按系统分析中确定的各项系统功能，写出详细的设计说明书，说明该方案中涉及的管理、组织和技术问题如何实现。

2. 最终用户的作用

信息系统设计不能由技术专家独自承担，它要求最终用户的高度参与和控制。正是用户的信息需求决定并且推动着所有的系统开发工作。用户对系统的设计过程必须有足够的控制，以确保系统反映出他们的业务和所需要的信息，而不仅仅是技术人员偏颇的想法。用户参与设计工作，增加了用户对系统的理解程度和系统的可接受性，减少了因权力转移、部门间的冲突以及对新系统功能和流程的不熟悉而可能引发的各种问题。系统设计阶段，用户不充分的参与是系统失败的主要原因之一。

有一些管理信息系统的专家提出，系统设计应该是用户导向。但是其他一些专家则指出，系统开发不是一个完全理性的过程。更多的情况是，用户参与设计往往会受个人好恶的影响或者渗入了个人对权力的兴趣，而不是为了强化组织的目标。用户介入设计可能会破坏或严重妨碍系统的构造。

在设计过程中，用户的参与性和程度随系统不同而变化。精细、复杂、需求定义模糊的系统需要更多的用户参与，对于那些简单和明确的需求，则不一定需要。与战略规划、决策支持系统相比，事务处理和操作控制系统需要用户的参与就比较少。结构化程度差的系统需要更多的用户参与，以便共同完成需求定义和对设计方案的修改，而设计中不同的用户参与程度反映了不同的系统开发方法(将在本章后续内容介绍)。

6.1.4 系统实现、运行与维护

系统实现是系统分析与系统设计完成以后系统开发中的又一阶段，系统实现的主要内容是将系统分析与系统设计阶段提出的方案说明书转换为一个完全可以操作的实际的信息系统。这一阶段的工作内容包括编程、测试和转换。

1. 编程

把设计说明书转化为计算机软件的过程是一个比设计甚至测试更小的系统开发周期的一部分。正是这一部分工作提供了操纵机器的实际指令，形成系统的心脏。设计阶段完成的设计说明书里已经含有了关于文件、数据库、事务和报告的详细格式设计，在此基础上，就可以形成系统中每个程序的程序说明书，并将它们转换成具体的程序代码。

有些系统开发项目把编程任务指定给专人完成，让他们只负责代码的编制工作；还有些项目让程序员与分析人员一起既参加设计又参加编程。大型系统需要数千甚至几十万行代码的编制，常常需要编程小组来完成。有些系统可以只由一个人独自编程完成，但如果让工作组来共同完成的话，软件的质量会更高。

2. 测试

对所有编好的程序都必须进行详尽彻底的测试，以确定系统是否能产生正确的结果。

在系统的项目规划阶段，往往总是低估了测试工作所需花费的时间。大约有50%的软件开发预算花费在测试上。测试是一项耗费时间的工作：测试用的数据要仔细地准备，结果要反复地检查，要修正系统。在有些情况下，系统的某些部分还要重新设计，忽略此项工作的代价将是巨大的。

测试包括模块测试、系统测试和验收测试。

模块测试也叫程序测试，任务是分别测试系统中的每一个程序模块，以确保它们没有错误。完全消灭程序中的错误实际上是难以做到的，我们应该把模块测试看做是排除程序中错误的一种方法，尽量找出程序可能出错的所有方面并加以验证。

系统测试是从整体的角度验证系统的功能。它用来确定分散的模块是否按规划的那样共同完成预定的功能。所要检查的方面包括执行时间、文件存储能力、处理满负荷的能力、恢复和重启动的能力以及人工介入的流程。

验收测试为系统准备实际投入使用提供最终的证明。验收测试由用户评估，当用户认为各个部分都令人满意时，该系统就达到了验收的标准，可以实际安装了。

为确保系统测试的成功，开发小组与用户应共同制定一个系统的测试计划。该计划应包括上述各项测试的所有准备工作。

3. 转换

转换是用新的管理系统替代老系统的过程。可以采用四种转换策略：平行转换策略、直接转换策略、试点转换策略和分阶段转换策略。

1）平行转换策略

在平行转换策略中，新系统投入运行时，老系统并不停止，而是与新系统并行运行一段时间，新老系统并存直到确定新系统性能良好。这是最安全的转换方法，因为在出现故障或新系统崩溃的情况下，老系统可以作为备份来使用，这样可以保持系统转换期间工作不间断，并且新老系统还可进行比较。但是，这种方法开销很大，需要配备额外的人员和资源以运行另外一套系统。

采用平行转换策略一般可以分两步进行，第一步：以原系统作业为正式作业，新系统处理作校核；第二步：以新系统处理为正式作业，原系统作业作校核。

2）直接转换策略

直接转换策略是在某一天由新系统完全替代老系统，这种策略似乎比平行转换策略成本较低。但是，它是一种很冒险的方法，如果新系统发生严重的问题，它比平行转换的耗费更大。因为没有其他系统可以回到初始状态，混乱、崩溃、修改所需付出的代价可能是巨大的。一般只有在老的系统已完全无法满足需要或新系统不太复杂的情况下才采用这种方法。

3）试点转换策略

试点转换策略是把新系统引入一个组织的有限区域，比如一个单一的部门或操作单元，当系统在那儿运行状态良好时，再逐步地或同时地安装到组织的其他部分。

4）分阶段转换策略

分阶段转换策略是把系统分阶段引入，或按功能，或按组织单元。例如，如果分阶段引入一个新的工资系统，开始时可用于每周开支的计时工，六个月后再应用于每月开支的薪金工。如果系统按组织单元引入，公司总部可能首先使用，四个月以后，再转换基层单位的系统。该种策略避免了直接转换的危险性，费用比并行方式省，但是接口复杂，当新老系统差别太大时，不宜采用此法，实际工作中可与其他转换方式混合使用。

四种系统转换策略示意图如图 6-2 所示。

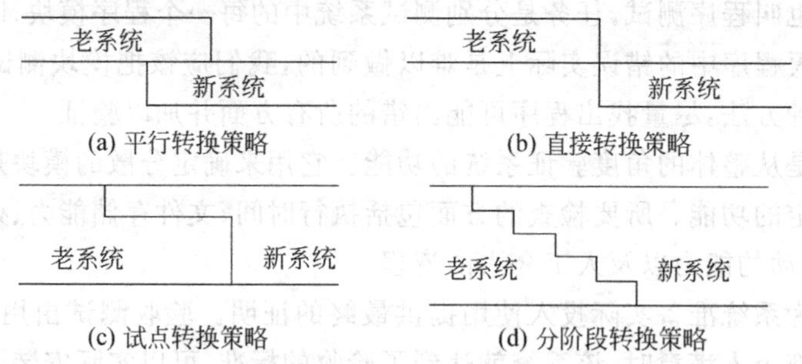

图 6-2 四种系统转换策略示意图

在系统开发周期中，最耗费时间的活动通常是数据的转换。老系统的数据必须转换到新的系统上，通过人工转换或通过特殊的软件，把老系统中的数据转换到新系统中，然后对转换后的数据进行仔细地验证，检查其正确性和完整性。

从老系统转换到新系统，还要求对使用新系统的用户进行培训。在转换期间，要写出为培训和将来日常使用所需的详细文档和说明书，应从用户和系统技术人员的角度分别描述该系统是如何工作的。

4. 运行与维护

新系统安装完毕，转换完成以后，系统便投入运行。在此阶段，系统将由用户和技术专家来审查，以确定它在多大程度上满足了最初的目标以及决定是否需要做出一些修正和完善。为修正错误、满足新的要求和提高处理的有效性，而在运行阶段对系统硬件、软件、文档所做的修改都被称为"维护"。

在运行和维护阶段，据调查大约有 20%的时间花在排除运行中出现的错误，20%的时间用在用户数据、文件、报告、硬件和系统软件的改变，60%的维护工作是为了提高运行效率而对系统中部分程序重新改写。通过更好的系统分析以及用户参与系统设计，可以明显减少第三类维护的工作量。

表 6-1 总结了系统开发的步骤与内容。

表 6-1 系统开发的步骤与内容

任务阶段	主要内容
系统分析	确定问题 制定解决方案 建立信息需求
系统设计	创建设计规格
程序编写 测试	将设计规格转为程序代码 模块测试 系统测试 验收测试
转换	制定转换计划 准备文档 培训用户及技术人员
运行与维护	系统运行 系统评估 系统完善

6.2 系统开发与组织变革

6.2.1 系统开发是有计划的组织变动

信息系统是一个兼有技术和社会因素的社会化实体——社会技术系统。一个新的信息系统的开发涉及的不仅是添置新的软硬件设备,它还包括了在工作岗位、技能、管理以及组织结构等多方面的变动。从社会技术系统的角度来看,在采用一项新技术时,必须同时考虑到使用技术的人。设计一个新的信息系统的同时,也在进行着组织的重新设计。

新信息系统的开发过程是一种有计划的组织变动,更通俗地说,新的系统意味着新的工作方式。各项任务需要完成的速度、监控的频度和强度,谁应该拥有哪些信息等,都应该在新系统的开发过程中重新确定。系统对组织的这种影响在建设现代信息系统时尤其深刻,因为现代信息系统会深深地作用于组织的许多方面。系统的开发者必须清楚新系统将如何作用于整体组织,特别要注意组织在决策过程中可能发生的冲突及变动。开发者还应该考虑在新系统的影响下,各职能部门应如何变化以及这些变化是否能为组织所接受。

有些系统也许在技术上是成功的,但在组织上是失败的,因为忽视了系统所具有的社会性和政治性。分析设计者应该负责确保一个组织的主要成员参与设计过程,并且允许他们对系统的最终形式发表意见。

6.2.2 组织变化的类型

信息系统是组织变化的强大工具,它能够促成不同程度的组织变革,范围可以是渐进式的也可以是很深远的。图 6-3 显示了四种风险收益各不相同的组织变化,即自动化、业务流程合理化、业务过程的再设计(业务流程再造)和异化。

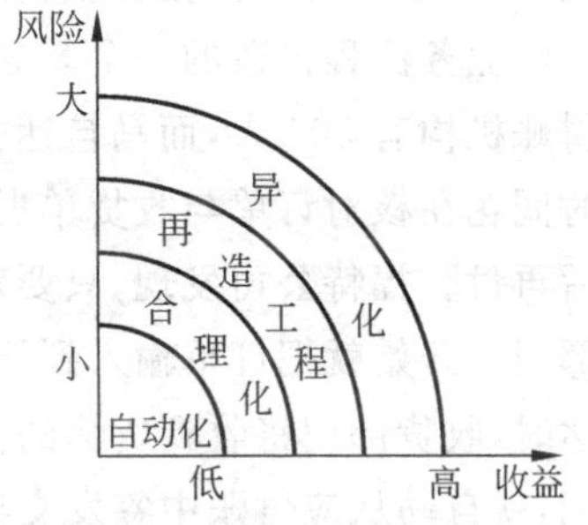

图 6-3 组织变化的四种类型

1. 自动化

自动化是指利用计算机来提高完成某项业务的效率。这是信息技术所引起的组织变化的最普通的形式,如民航订票系统、会计记账系统、生产统计系统等。这好比是给现有的汽车装上一个更大的发动机。

2. 流程合理化

合理化是将标准的业务操作程序做进一步的精简和改进,消除明显的瓶颈,使自动化的效率更高。自动化往往使原有的业务流程产生新的瓶颈,或显得有些烦琐。

3. 业务流程再造

业务流程再造也叫业务流程再设计,这是组织变动中更有力的一种类型。为降低费用，提高服务与工作质量，扩大信息技术带来的效益，需要对原有的提供产品和服务的业务过程进行分析简化和重新设计。为避免大量的纸面上的重复性工作，需要消除或合并一些业务步骤。所谓业务过程是指为提供某项业务成果而必须完成的一系列逻辑相关的任务。例如，开发一项新产品、完成一笔订货、支付一笔保险赔款等。表6-2列出了信息技术影响组织变化的若干途径。

表6-2 信息技术的能力及其对组织的影响

信息技术	对组织的影响
事务处理	可将无结构的处理转换成日常管理的例行事务
跨地域	快捷方便地跨地域处理业务
自动化	取代或减轻手工处理任务
分析计算	可完成复杂的分析计算过程
信息处理	可将大量的细节信息用于处理一项业务过程
处理顺序	能改变许多任务的处理顺序，可同时完成多项任务
知识处理	能获取和传播知识与经验，并将其用于改进处理过程
跟踪	能对系统的状态和输入输出信息进行跟踪
不需要中介	能直接联结原来需经由内部和外部中介的沟通才能完成的部门的处理任务

利用信息技术，组织可以对它们的业务过程进行反思，优化并提高这些业务过程的执行速度和服务质量。业务再造活动对工作流程进行的重组，合并了一些工作任务，减少了浪费、重复和一些纸面工作，有时甚至取消了某些工作岗位。显然它比工作流程合理化更进一步，它要对工作流程重新进行组织。

业务流程再造的一个著名例子是福特汽车公司的“无发票过程”。福特公司的北美应付账机构有500人，而马自达公司却只有5人。对业务的管理活动分析发现，职员大部分时间花在核对订单与收货单据及发票上，核对一致的才付款，不一致的调查原因，弄清以后再付。福特公司发现，只要对业务过程重新进行设计，就有可能避免差错，方法是采购部门一开始就把订单输入到能同时被收货部门核对的联机数据库中，当订单上的货物到达时，收货部门将收到货物的信息输入系统，系统将自动地与订单进行核对。只要能相匹配，就自动从应付账中签发支票，送达供货商。这样，也就不需要供货商的发票了。这项支付应付账款的业务再造不仅使该公司减少了75%的业务费预算，还使公司可以得到比过去更精确的财务信息。

4. 异化

异化是组织改变更彻底的一种类型，它是从根本上重新考察组织的业务和组织本身。重新定义组织的业务，也重新规划了组织。例如，银行可以完全放弃对它所有分支机构中出纳员业务的自动化、合理化以及业务的再造，转而去考虑是否可以改变他们的业务方式，取消所有的分支机构，集中精力去寻求更廉价的资金来源，如国际贷款，然后通过信息系统，让所有最终用户通过 Internet 和专用网来同银行打交道，完成所有的银行业务。这时银行已从组织上和业务上发生了根本的变化。这就好比我们不是在反思如何改进一部汽车，而是在考虑整个交通的问题。

当然，事情不会那么简单，异化及业务再造常会失败。一些专家估计，70％的尝试是失败的。之所以仍有许多组织在不断尝试，是因为他们看到，成功后的回报相当诱人。

6.2.3 业务流程再造

1. 业务流程再造的概念

业务流程再造(Business Process Reengineering，BPR)是重新考虑、重新设计企业的业务过程，使企业在成本、质量、速度以及服务方面得到显著的提高，这种改造是完全而彻底的。因此，可以说 BPR 是对促进企业创新和改进企业业务流程的战略综合。综合了这两方面特征的 BPR 可以使企业成为市场中一个更强大而成功的竞争者。

通过考察企业过程的发生、发展和终结，确定、分析、分解整个企业过程，重构与企业过程相匹配的企业运行机制和组织机构，实现对企业全过程的有效管理和控制。BPR 创建全新的组织机构，打破以专业分工理论为基础的职能部门管理框架，建立以过程工作小组为单元的管理模式，形成扁平式管理机构，压缩了管理层级，提高了管理效率，增强了组织柔性，而且节约了中间管理层所产生的巨额费用。图 6-4 所示的是一个 IBM 信用公司业务流程再造的例子。

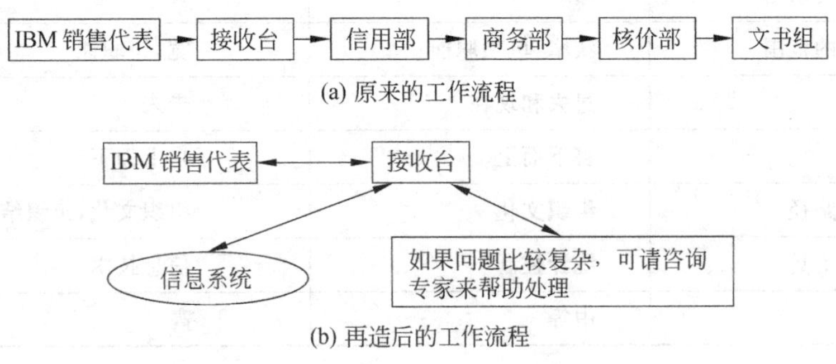

图 6-4 IBM 信用公司业务流程再造

为了推销产品，IBM 公司设立了信用公司，这样可以贷款给客户，让他们来购买自己的产品。开始时的贷款工作流程如图 6-4(a)所示。某一地方销售代表在有业务到来时，先打电话给公司总部的经办员，经办员记录下电话，填写书面申请单，送到楼上的信用部。信用部设有专人将其录入到计算机中审查信用情况，再将结果以书面形式送给商务部。商务部的人员将数据再录入计算机中，然后拟定贷款合同，送给核价部。核价部的估价员再把数据录入自己的计算机中，计算客户应承担的利率，然后将其写在纸上，连同其他文件送到文书组。最后，再由文书组的专人汇总所有资料，形成报价函，送到特别专递公司，递送给地方销售代表。这个过程平均需要 6 天时间，有时甚至是 2 个星期。在此期间，顾客与销售代表不停地催问，有时不耐烦的顾客会转向其他公司。

后来，两位经理经过摸索和试验，改革了工作流程，用一个称为交易员的人代替原流程中的专业人员（信用审核员和估价员），而把那些专门人员做的工作交给计算机处理，在计算机中装入顾客信用系统、标准化的申请表、具有基本条款的合同样本与利率测算程序等，还可装入有关的专家系统，这样一个人就可以完成所有的工作，并把处理时间缩短为4个小时。两位经理测试过，真正有效的工作只需要90分钟。再造后的流程如图6-4(b)所示。

然而，通过表6-3可以看出，BPR的潜在回报率有多高，其失败的风险和对组织环境的破坏力就有多大。对业务流程做巨大的改变以大幅度提高企业的效率和效果并非一件易事。例如，很多企业应用具有交叉功能的企业资源计划（ERP）软件，实现生产、分销、财务和人力资源管理等业务流程的重组、自动化和整合，虽然许多公司从此类ERP重组项目中获得了可喜的成果，但也有不少企业遭受了惨败或没有实现预期的改进目标。

表6-3 业务流程再造与流程改进的不同

对比项目	流程改进	流程再造
变化程度	小步改进	剧烈变革
流程的变化	业务流程的改进版本	崭新的业务流程
起始点	现有的业务流程	推倒重来
变化的频度	一次性或连续性	周期性的一次性变化
时间要求	短	长
典型的范围	狭窄，单项职能	宽，跨职能
视野	过去和现在	未来
参与	自下而上	自上而下
实现路径	组织文化	组织文化，组织结构
主要工具	统计控制	信息技术
风险	中等	高

2. 业务流程再造的原则

业务流程再造应当遵循以下几个原则：

(1) 以过程管理代替职能管理，取消不增值的管理环节。以前的管理大部分采用的是职能管理，而不是过程管理。职能管理是一种用静态的眼光来看待管理问题的方法，优点是相对简单、容易划分职责范围，缺点是其中包含较多不增值的环节，并且对外界用户来说并不友好。过程管理是一种动态的管理，优点是节省外部用户的时间，没有不增值的环节，难点是管理相对复杂一些，需要支持的技术要多一些。现在经济的全球化发展，对管理提出了更高的要求，以前的职能管理已不太适应这种情况，需要以过程管理代替职能管理，这是现代管理发展的必然趋势。

(2) 以事前管理代替事后监督，减少不必要的审核、检查和控制活动。事后监督是一种被动的管理方式，是当问题出现后的一种补救措施，事前管理是一种主动管理，事先要预测可能发生的问题，采取预防措施。

(3) 取消不必要的信息处理环节，消除冗余信息。信息处理环节越短，信息的作用就越大，信息的真实性和可靠性也越强。如工厂里出现事故，如果依层次向上汇报，事故的处理就不可能及时。冗余的信息也是造成信息处理效率低下的主要原因之一。

(4) 以计算机协同处理为基础的并行过程取代串行和反馈控制过程。要提高信息处理效率，加快信息处理的速度，并行处理代替串行处理是必然结果。这方面的处理技术发展很快，要想应用到管理信息系统中来，其前提是必须先将业务流程理顺。

(5) 以信息技术实现过程自动化，尽可能抛弃手工管理过程。

采用信息技术实现过程自动化是加快流程的有效手段之一。

3. 业务流程再造的步骤

业务再造活动要设计出一个新的业务模型，描述各项业务活动各自的功能，分析各业务部门之间的相互关系，完成原业务流程的改造，使其能减少冗余的业务活动，使业务活动更加有效。业务再造一般可分为五个主要步骤。

1) 拓展业务的视野和目标

高层管理人员应在战略高度拓展业务的视野，提出组织的目标。实现这个目标往往要考虑业务过程的再设计。例如，三菱重工(Mitsubishi Heavy Industries)的高层管理者寻求一个低成本并加速产品开发的突破性重大发展，以使公司能重新登上造船业的市场领导地位。该公司重新设计了其整体的生产流程，利用机器人与计算机辅助设计工具取代昂贵的劳动力密集的工作。对于公司来说，应当去寻找一些核心的企业流程来重新设计，从而取得最大的潜在利润与战略价值。

2) 确定要再造的业务过程

公司应该确定少数几个可能有较大回报的业务过程作为再造的候选对象。这些业务过程可能含有过多的数据冗余，可能需要多次地将一些信息重新输入计算机，可能要花大量时间去处理各种例外的和特殊的情况，总之有许多改进的余地。还要分析这些业务过程归哪个部门主管，需要哪些部门的配合才能完成，还要做哪些改变等。

3) 理解并评价已有业务过程的执行效果

最好能进行定量的评测。例如，如果业务再造的目标(目的)是减少新产品开发所耗费的时间和成本，那么就应对原工作过程的时间和成本进行估测。

4) 找出利用信息技术的机会

设计系统的传统方法一般是先弄清业务职能和业务过程的各种信息需求，然后考虑怎样用信息技术支持这些信息需求。显然，这样的系统设计是建立在已有的业务过程基础上的。而那些业务过程又被许多长期存在的假设前提所限定，一旦这些前提被信息技术所推翻，原有的业务过程就完全有可能被重新设计成更理想的方式。表 6-4 给出了信息技术向这些传统假设挑战的例子。

表 6-4 信息技术对传统假设的挑战

传统假设	信息技术	新的选择	实例
需有办公室来储存、传输和接收信息	无线通信	人们可在任何地方传输和接收信息	IBM 销售公司 E & Y 公司
信息只能在一个地方出现或只能出现一次	共享数据库	人们可在不同地方共享信息,共同完成一个项目	Odense 船厂 BOM 银行
人们必须弄清事情发生的地点	自动识别跟踪技术	事情能告诉人们它在何处发生	联合包裹服务公司 斯克尼德公司
要经常查看库存状态,防止发生缺货	远距离通信网与 EDI 技术	准时交货制与无库存供应	沃玛特超市 巴克斯特公司

5) 建立新业务过程的原型

新的业务过程应先建立一个实验的原型系统,然后不断完善、改进,直到被批准。

经历上述步骤以后,仍然不能确保业务再造的成功,它不像工程设计那样,总有一些明确的规则和参数,只要正确地遵循它们,就能得到预期的结果。事实上,大多数业务再造项目都没有能取得重大的效果。据美国一些这方面的专家估计,约有 70%的项目是不成功的。再造工程存在的问题是组织变革的大问题中的一部分。组织变革对信息系统的开发成功是非常重要的,其实质是引进所有可能的创新,包括引进信息系统这样一个复杂的变革过程。它所遇到的问题不会像工程技术项目那样内容直观明了。业务过程的再造,或者说一个新的信息系统的建立,不可避免地会引起原有的工作岗位、工作人员、所需的技能、工作流程和各部门原有的隶属关系发生变化,直接或间接地影响到一些人和部门的权、责、利,对这种未来变化的担心和害怕,会滋生抵触和消极情绪,严重时甚至会发生有意的对抗,这些都会成为实行变革的阻力。

4. 业务流程再造适用的情况

进行业务流程再造是一项涉及面广、阻力多、难度大的工作。因此,企业是否实施业务流程再造需要慎重考虑。一般来说,以下四种类型的企业有实施业务流程再造的必要:

(1) 企业濒临破产,不改革只能倒闭。

(2) 企业竞争力下滑,企业调整战略和进行重构。

(3) 企业领导认识到 BPR 能大大提高企业竞争力,而企业又有此扩张需要。

(4) BPR 的策略在自己相关的企业获得成功,影响了本企业。

总之,企业应把实施业务流程再造看做是提高自身竞争力的一种机会、一种手段,通过实施业务流程再造来提高自己的业绩,加大竞争优势。BPR 是一种管理思想,是对现有组织从思想观念、业务流程、组织结构等方面进行彻底的、根本的变革,以获得巨大的效益。它可以独立于 IT,但 IT 的应用使得 BPR 的实现更加有效。BPR 的实施,不仅需要全面考虑其实施的可能性,还需要组织决策者的学识、胆识、决心、勇气和毅力。

6.3 信息系统开发的方法及方式

6.3.1 信息系统开发的方法

信息系统依据其规模、技术复杂程度、外部环境和需要解决的问题不同而有所不同。在信息系统建设的长期实践中，针对这些不同的系统和它们不同的开发背景发展了不同的系统开发方法。应当特别指出的是，没有任何一种方法能适用于所有类型的系统，相反，有些类型的系统至今仍缺少有效的开发方法。

1. 传统的结构化方法

早期的编程并没有什么方法可言，用户的要求是通过交谈和询问收集的，事后根据谈话写成的文字也很难理出头绪。程序代码复杂而难以理解，逻辑流程像面条一样互相缠绕在一起。这样的程序被称做“意大利面条”式的程序，它们几乎无法维护。

为了解决这些问题，到 20 世纪 70 年代，产生了“自顶向下”和“结构化”的方法。所谓“自顶向下”是指从抽象的高层向具体的低层逐层展开；所谓“结构化”是指把复杂的事务和活动分解成一系列小的步骤，每一步都建立在上一步的基础上。将这两种思想广泛地用于系统开发的各主要阶段，形成了结构化分析、结构化设计和结构化编程等一系列能改善开发人员之间的沟通、提高设计与程序的可读性的开发方法与工具。尽管这些方法与工具都是面向过程而不是面向数据的，它们却一直被使用了 30 多年。今天我们所使用的大部分软件仍然是用这种传统的自顶向下的结构化方法开发出来的。

1）结构化分析

A. 业务流程分析

业务流程分析可以帮助分析人员了解该业务的具体处理过程，发现和处理系统调查工作中的错误和疏漏，修改和删除原系统的不合理部分，对原系统的业务流程进行优化，常用的分析工具是业务流程图(Transaction Flow Diagram，TFD)。TFD 是一种描述系统内各单位、人员之间业务关系、作业顺序和管理信息流向的工具，利用它不仅可以描述“数据”的流程，也可以同时描述“物流”和人的活动，比较容易为用户所理解，所以在系统分析中常作为同用户交流的工具。

业务流程图图例如图 6-5 所示。图 6-6 描述了宜家家居(IKEA)的退货业务流程。一般顾客需要携带商品和购物小票到客服处办理相关手续。顾客需填写退货单，并注明退货原因。客服部在每天下午五点左右，将有瑕疵的商品和相应的退货单交给处理区工作人员，由处理区工作人员决定是销毁还是降价处理。没有拆开包装的商品和相应的退货单交到物流部，物流部办公人员会将相应商品重新计入到卖场数量中，然后将商品送到部门产品集中区，由各部门员工将自己部门的产品拿回摆放。

B. 数据流程分析

面向数据流的分析方法是结构化分析方法中最为流行的一种类型，具有明显的结构化特征。结构化分析广泛地用于自顶向下定义系统的输入、处理过程和输出。它用一种

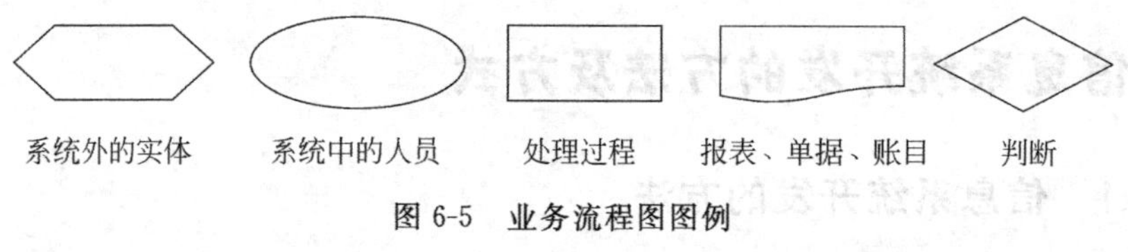

图 6-5 业务流程图图例

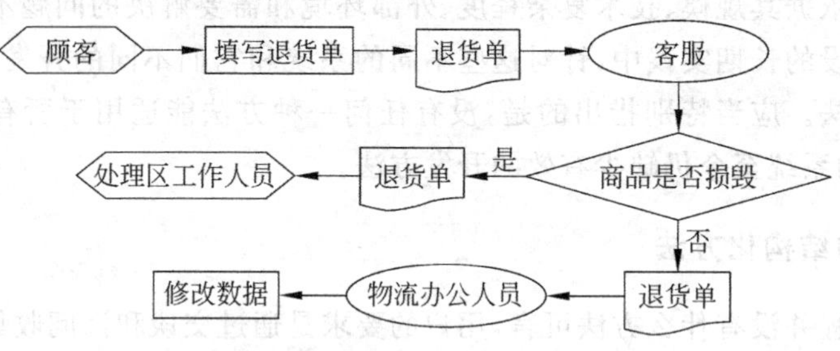

图 6-6 宜家家居退货业务流程图

图示的方法建立起信息流动的逻辑模型，这种工具即“数据流图”(Data Flow Diagram, DFD)。数据流程图是一种能全面地描述信息系统逻辑模型的主要工具，它可以用少数几种符号综合地反映出信息在系统中的流动、处理和存储情况，是系统分析结果的表达工具，它是系统设计的重要参考资料，也是系统设计的起点。

数据流程图用四种符号来描述数据流入、流出一个系统和在系统内被转换的过程。常用数据流程图的基本符号如图 6-7 所示。

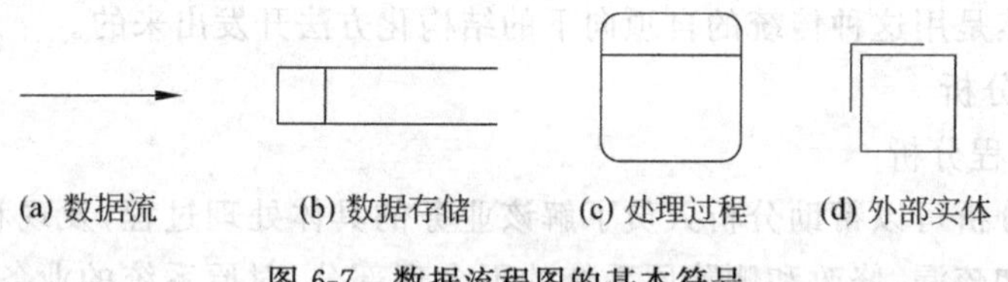

图 6-7 数据流程图的基本符号

- 数据流。数据流用带箭头的线条表示数据在处理过程、数据存储和外部实体之间的流动。数据流代表着一种手工和计算机产生的文件、报告或其中的部分数据，有一个与所代表的内容相适应的名字注在箭头的旁边。在数据流程图中，数据流符号用于连接其他三种基本符号，在连接时应当注意，数据流不能从外部实体直接连接到外部实体，不能从数据存储直接连接到数据存储，也不能从数据存储直接连接到外部实体，其中至少有一个端点必须与加工符号连接。

本质上，数据流代表一个或多个数据项。例如，在宜家家居库存管理系统中数据流可以代表一个单独的数据项(如商品号)，而数据流退货单信息则代表商品号、购买单据号、退货原因、退货处理结果等多个数据项的集合。

- 数据存储。数据存储表示系统内需存储保留的数据。它既可以表示计算机形成的数据存储，如计算机文件、数据库，又可以表示手工形成的数据存储，如装订好的纸质账册以及报告、缩微胶片等。当然，数据流程图并不关心数据存储的物理特征，而只关心逻辑模型，逻辑意义上的数据存储环节，即系统信息处理功能需要的、不考虑存储物理介质和技术手段的数据存储环节。每个数据存储都应当有编号和名称，写在数据存储符号中。

使用数据存储时需注意：数据存储不能直接和数据存储相连，也不能直接和外部实体相连，数据存储只能通过数据流符号和处理过程连接起来，表示存储处理过程的结果或向处理过程提供数据。

- 处理过程。处理过程用以描述对输入数据进行加工处理的逻辑功能。每个处理过程都应该有一个由动宾词组（例如"打印成绩单"、"计算工资"等）或动名词（例如"退货管理"、"出库管理"等）构成的名字和一个能够与其他处理过程相互区分的编号。

处理过程接收输入数据，进行处理后产生输出结果。一个处理过程可以有一个或多个输入的数据流、一个或多个输出的数据流，不能只有输入数据流而没有输出数据流，也不能只有输出数据流而没有输入数据流。

- 外部实体。外部实体是系统输入数据的提供者或系统输出信息的接收者。它可能是组织外部的顾客、供货方、政府机构，也可能是组织内部的雇员或组织的其他部门，还可能是一个与本系统有数据传递关系的其他系统。

图 6-8 给出了宜家家居库存管理系统出入库管理的数据流程图。该 DFD 中有两个外部实体，即物流办公人员及顾客。物流办公人员要向系统输入入库单信息，处理过程 P1 将入库单信息记入数据存储入库单数据中，同时在库存数据中检索到相应入库产品的当前库存量，将其修改后再回写到存储库存数据中。

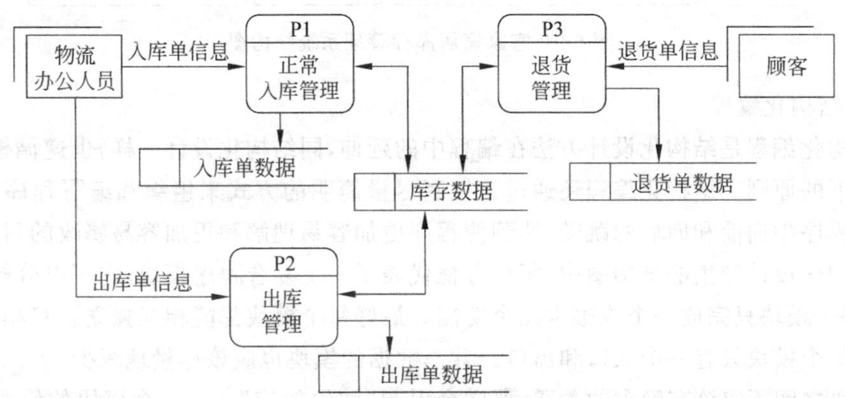

图 6-8 宜家家居出入库管理数据流程图

数据流程图中每一个过程都可以分解成更详细的下一层的 DFD，这样逐层分解下去直到最详细的底层为止。系统分析人员可以借助数据流程图，减少与用户沟通时的困难与误解，还有助于进行子系统的划分。

结构化系统分析还要用到的工具是数据字典和处理过程说明。

数据字典定义了数据流程图中的数据流和数据存储的内容，使系统开发者能准确地知道每个数据流和数据存储中具体包含了哪些数据。数据字典同时也提供了每一个数据项的含义与格式。

处理过程说明描述最底层的数据流程图的每个处理过程中的处理逻辑，描述了如何将输入的数据流加工成输出的数据流，通常描述处理过程的工具有决策树、决策表及结构英语表示法。

结构化系统分析的结果将提交一套结构化的说明书，其中包括描述系统功能的数据流程图，描述数据流和数据存储的数据字典，描述处理过程的说明书，输入输出文档以及安全、控制、运行和转换方面的其他要求。

2）结构化设计

结构化设计是一种自上而下逐层展开的设计方法。它包括一整套规则和技巧，通过增加程序的清晰度和简明性来达到减少编程、调试和维护工作量的目的。设计时首先考虑主要的功能，然后将主要功能分解成下层的子功能，再对子功能进行分解直至最底层。如果做过结构化的系统分析，分析的结果——结构化说明书就可以成为结构化设计的依据。

结构化设计的结果可以用结构图来表示。结构图是一个自顶向下的图，表示出每一层次的设计（图 6-9）。

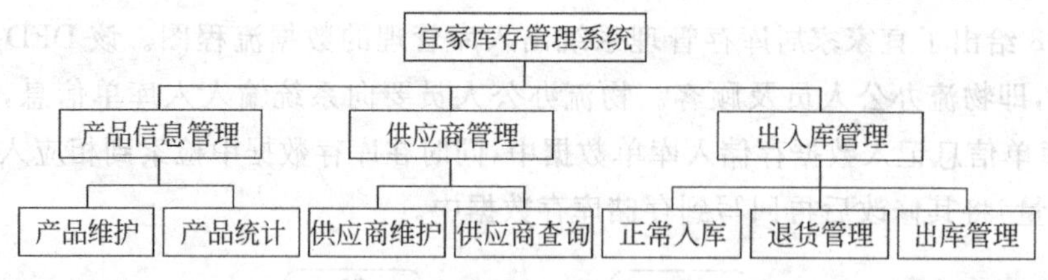

图 6-9 宜家家居库存管理系统结构图

3）结构化编程

结构化编程是结构化设计方法在编程中的延伸，同结构化设计一样，也遵循模块化和自顶向下的原则。结构化编程还通过让控制尽量简明的方式来组织和编写程序，减少甚至消除程序中向前和向后的跳转，达到使程序更加容易理解和更加容易修改的目的。

结构化设计产生的结构图中，每个方框代表了一个复合程序模块，它可以分解成多个模块，每个模块只完成一个或很少几个功能。最好每个模块都能相互独立。互相连接时，尽量使每个模块只有一个入口和出口。共享数据的模块也应该尽量地减少。

模块之间不应该有隐含的关联，那样会引起“波纹效应”——一个模块的修改会影响到其他模块，产生意外的结果。减少和消除这些有害的隐含关联，也就减少了错误扩散的途径。

每个模块的大小应该便于管理，以一个人能方便地读懂它的功能为原则。模块内的指令流也应该保持自上而下的顺序，避免任意转移。许多“结构化语言”就取消了 GO TO 之类的无条件转移语句。

4）结构化方法的优点及缺点

结构化方法的优点主要表现在以下几个方面：

(1) 阶段的顺序性和依赖性；

(2) 从抽象到具体，逐步求精；

(3) 逻辑设计与物理设计分开；

(4) 质量保证措施完备；

(5) 适合于大型信息系统的开发。

尽管结构化方法已经产生30多年了，但只有很少的组织使用过这种方法。一项调查发现，在被调查的组织中，只有15%～20%的组织自始至终坚持结构化的分析与设计方法。综合来看，结构化方法主要存在以下缺点：

(1) 预先定义需求困难；

(2) 未能很好地解决系统分析到系统设计之间的过渡；

(3) 该方法文档的编写工作量极大；

(4) 开发周期长，系统难以适应环境的变化，近年来，随着经济生活节奏的加快，企业组织结构及管理模式也变得越来越灵活，结构化方法由于过于严谨而导致的较长的开发周期，已经难以适应组织中快速变化的业务；

(5) 开发成本较大。

结构化方法是一种线性化的方法。分析、设计与编程每一阶段都要在上一阶段完成之后才能开始。在长达数年的开发过程中，组织中不可避免的变化要求系统不断做出修改，这些修改都必须依次通过分析、设计与编程各个阶段。进入20世纪90年代以后，组织中业务变化越来越频繁，引起修改量越来越大，开发成本迅速上升。这常常导致严格的结构化方法在整个开发过程中不能贯彻始终。

5) CASE工具

计算机辅助软件工程(Computer Aided Software Engineering, CASE)，有时也被称为计算机辅助系统工程，是一种自动化或半自动化的系统开发环境，目的是减少重复工作量。通过将许多常规化的开发工作自动化和强化设计，可使开发者解脱出来，将精力集中到更需要创造力的工作中。CASE工具能够方便地产生清晰的技术文档，并使团体的工作更加协调一致。共同分担开发工作的程序员通过相互审阅和修改已经完成的工作文件，使合作变得更加容易。CASE工具及其开发出的系统已被证明更为可靠，所需的维护也更少。多数CASE工具都是以微机为基础并有很强的图形能力。

CASE工具提供了自动绘图功能，用以产生图表、流程图，并支持屏幕及报表生成器、数据字典、高效报表工具、分析校验工具及代码和文档生成器。多数CASE工具是以一种或多种流行的结构化设计方法为基础的。一些CASE工具已经开始支持面向对象的开发，并且具有了支持建立客户/服务器模式应用的能力。CASE工具一般是通过以下几种途径来提高生产率和质量的：

(1) 支持一种标准的开发方法和设计原则，使设计和整个开发过程更具有整体性；

(2) 改进用户和技术专家之间的交流，以使大型开发团体和软件工程能更有效地协调；

(3) 通过设计库将系统设计的各个部分组织并联系在一起，对其进行快速处理；

(4) 自动消除分析与设计中的冗余及错误。

为了更有成效，与传统的手工开发方式相比，使用CASE工具时，开发组应更加强调组织纪律，而不能单凭个人方式行事。工程项目的每一位成员都应遵循一套统一的通用命名规则、标准以及开发方法。缺少这一原则，分析员与设计者在开发过程中就会固执于原有的系统开发方法，并将旧方法与CASE工具混在一起。这样做事实上只会降低开发效率，因为老方法与新工具之间是不兼容的。好的CASE工具都强调通用方法及标准的作用，因此，如果缺乏开发的组织纪律，只会阻碍这些工具发挥作用。

尽管CASE工具在系统开发的一些方面提供了便利，它能够加快分析和设计的速度，利于重新设计，但它并不能做到系统设计的自动化，并且无法使业务上的需要自然而然地得到满足。系统设计者仍需了解一个公司业务上的需要以及业务是如何运作的。系统分析和设计工作仍然要依靠分析与设计者的分析技能。

2. 原型法

原型法是针对生命周期法的主要缺点而发展出来的一种快速、廉价的开发方法。它不要求用户提出完整的需求以后再进行设计和编程，而是先按用户最基本的需求，迅速而廉价地开发出一个实验型的小型系统，称做“原型”。然后将原型交给用户使用，通过用户的使用启发出用户的进一步需求，并根据用户的意见对原型进行修改，用户再对改进后的系统提出新的需求。这样反复不断修改，直至最后完成一个满足用户需求的系统。与生命周期法相比，原型法的用户需求是动态的，系统分析、设计与实现都是随着对一个工作模型的不断修改而同时完成的，相互之间并无明确的界限，也没有明确的人员分工。系统开发计划就是一个反复修改的过程。它把生命周期法中所有“计划外的修改”变成了“有计划的修正”。

1）原型法的开发步骤

原型法的开发流程如图6-10所示，具体可以归纳为四个步骤。

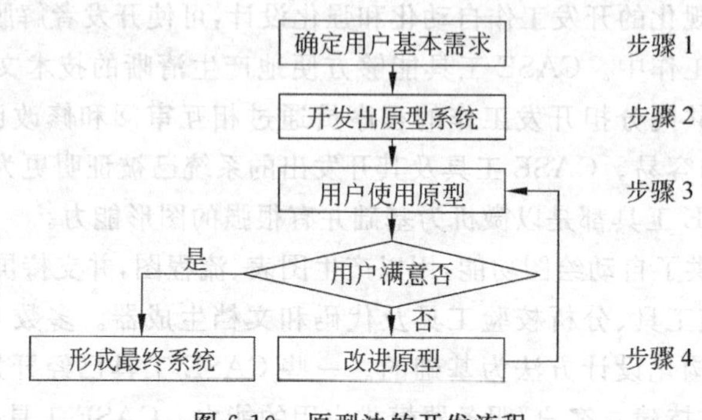

图6-10 原型法的开发流程

(1) 初步确定用户最基本的需求；

(2) 据此快速开发一个原型系统(一般应采用第四代生成工具)；

(3) 将原型交付用户使用，启发用户提出新的要求；

(4) 按新的要求改进原型，然后再交付给用户试用。

反复更迭第(3)、第(4)两个步骤，直到满足用户的所有要求。

2) 原型法的适用场合与局限性

原型法适合于需求不确定和解决方案不明确的系统的开发(如决策支持系统),完整的用户需求和解决方案可以通过原型与用户反复交互来导出。原型法还适用于开发信息系统中的最终用户界面(用户接口)。当用户事先说不清系统界面的具体要求,或者虽然说明了要求,开发者却把握不准的时候,使用原型法特别有效。用户和开发人员喜欢原型法的原因主要如下:

(1) 加强了开发人员和用户之间的沟通;

(2) 开发人员可以更好地确定用户需求;

(3) 用户在系统开发中扮演了更为积极的角色;

(4) 减少了开发人员和用户在系统开发上花费的时间和精力;

(5) 实施更为容易,因为用户知道会发生什么。

这些优点使原型法得以缩短开发周期,削减开发费用,提高用户的满意度,尤其是提高最终用户的满意度。

尽管原型法有上述优点,但它仍然不能代替仔细的需求分析和结构化设计的方法,不能代替严谨的正规文档,也不能取代传统的生命周期法和相应的开发工具。第四代开发工具虽然能使原型的生成与修改变得更为快捷,但是仍然克服不了原型法的一些重大的局限性。

首先,原型法不适于开发大的系统。除非做了彻底的需求分析,否则,人们至今尚不知道应该如何生成大系统的原型。如果能把大系统分解成一系列的小系统,就可以用原型法对每个小系统进行有效的开发,但是这种分解工作是十分困难的,一般也需要先做彻底的需求分析。对于批处理系统和含有复杂的逻辑处理功能的系统以及含有大量计算的小系统也不宜采用原型法开发。

其次,原型法开发的时候,测试和文档工作常常容易被忽略。开发者总是倾向于把测试工作简单地推给用户,这使测试工作进行得不彻底,将给系统留下隐患。开发者也容易忽略正式文档的编写,他们认为编写文档太费事,系统又太容易改变,即使做了文档又会很快地失效。由于缺乏有效完整的文档,使系统运行后很难进行正常的维护。

最后,原型法的另一个缺点是运行的效率可能会比较低。最原始的原型结构不一定是合理的,以此为模板多次改进后的最终系统会保留这种结构的不合理性。用户一般都意识不到重新进行编码的必要性,而满足于系统已经具有了所需要的功能。当系统运行于大数据量或者是在多用户环境中的时候,运行的效率往往会降低。这种结构不合理的系统通常也是难以维护的。正确的方法是将其重新编写,但这要付出额外的代价。

此外,由于用户会为原型感到兴奋不已而可能导致对产品系统的不切实际的期望,某些原型法工具提供的人机界面不一定能反映良好的设计技巧等也是原型法存在的潜在缺陷,用户和开发人员在选择采用原型法时,应该充分考虑这些潜在缺陷。

3. 快速应用开发方法

快速应用开发(Rapid Application Development,RAD)与原型法有同样的目标,即对用户需求做出快速反应,但它范围更广泛。RAD 被用来描述在非常短的时间内创造可运行系统的过程,包括使用可视化编程及其他工具来建立图形化用户接口、主要系统组件的重复原型、自动化生成程序代码及使用者与信息系统专家间的密切合作。简单的系统一般由事先建造的组件组合而成,流程不需要顺序处理且开发的关键部分可以同时发生。RAD 的基本逻辑就是用户的参与程度越高,尤其是在早期阶段,系统开发就越快。该方法强调用户参与和开发速度上的特点使得它极其具有吸引力。

在 RAD 中,除了要明确用户需求外,还需要有 CASE 工具、原型技术、一支能突击完成任务的队伍以及一套能快速实现用户要求的形式化软件开发技术。RAD 使用更简练的形式方法学,并通过重用软件构件更快地得到应用系统。

1) RAD 的要素

RAD 有 4 个要素,即管理、人员、方法和工具:

(1) 管理。管理者尤其是高层管理者应当是喜欢采用新的方式做事的试验者,或者是能很快知道如何使用新方法的早期采用者;

(2) 人员。比起由单个小组开展所有的系统开发的生命周期活动,RAD 认识到由几个专门小组完成工作会更为有效。这些小组的成员精通完成指定任务所需的方法及工具。因此,RAD 的完成阶段比传统生命周期要快;

(3) 方法。基本的 RAD 方法是 RAD 生命周期。RAD 生命周期包括需求计划、用户设计、构建及完成四个阶段,并且除了构建阶段,用户都起了主要作用;

(4) 工具。RAD 工具主要包括第四代编程语言、配合原型开发和代码生成的 CASE 工具。

由此可以看出,RAD 的主要贡献在于通过基于计算机的工具和专门项目小组,加快系统投入使用的速度。

2) RAD 成功的关键因素

RAD 成功的关键因素包括以下几个方面:

(1) 制定明确、大胆的目标。

(2) 对每一个“步骤/重复周期”设置时间表和期限。在 RAD 项目中,大多数过程是“有时间限制的”,应为项目完成和其中的活动步骤设置时间期限。在这个时间期限内任何不能交付的特征或功能都应该被删除或推迟到将来的发布中。

(3) RAD 支持工具。RAD 工具应该为开发人员提供使用基于构件的架构来加快开发过程,支持 RAD 的需求获取,能使开发人员方便地在原型中添加和删除功能,相关的活动要在无须大量重新编写代码的情况下完成。此外,RAD 工具还应该支持使用第三方构件来实现用户需求。

实施 RAD 方法应保证多个开发人员能在同一个应用程序平台上工作,并且这些开发人员能够在他们的团队中扮演很多角色。例如,一个开发人员为正在讨论的应用程序创建了构架,并设计了用户界面和后台代码,而同一个资源可能还在被用于开发测试计划,用于测试应用程序,书写文档,并最终培训用户。

(4) 管理层的支持和有力的开发团队。管理层的支持是 RAD 成功的保障。另一个关键环节是在 RAD 流程中使用“混合”小组,每个小组由 5～6 人组成,包括系统开发人员和用户以及其他有决定权的人。

4. 面向对象方法

结构化方法是面向过程的方法，它的侧重点在于数据转换过程，而不是数据本身。人们逐步认识到，数据的处理过程是不稳定的、变化的，而数据本身却相对地比较稳定，也更有价值。一个部门产生的数据可以供给许多部门共享，只是它们各自对数据的处理方式不同而已。例如，产品质量数据可以被生产部门、研究部门、销售人员、高层管理人员，甚至顾客们分别用各自的方式加以利用，就连产生数据的部门自身，也要不断地用各种经常变化的方式使用这些数据。当业务过程发生变化时，改变的往往是对这些数据的处理方法，而不是这些数据本身。显然，采用面向数据的开发方法，可以使系统更加精简，更加灵活，更加易于修改，更能够对企业的经常变化做出快速反应。

面向对象系统开发方法(Object-Oriented Method，OO 方法)是从 20 世纪 80 年代末各种面向对象的程序设计方法(如 Smalltalk、C++ 等)逐步发展而来的，随着应用系统日趋复杂、庞大，面向对象方法以其直观、方便的优点获得广泛应用。面向对象方法从另一个角度为我们认识事物，进而开发管理信息系统提供了全新的思路。

1) 面向对象方法的基本思想

面向对象方法认为，客观世界是由许多各种各样的对象所组成的，每种对象都有各自的内部状态和运动规律，不同的对象之间的相互作用和联系就构成了各种不同的系统。当我们设计和实现一个客观系统时，如能在满足需求的条件下，把系统设计成由一些不可变的(相对固定)部分组成的最小集合，这个设计就是最好的。因为它把握了事物的本质，因而不再会被周围环境(物理环境和管理模式)的变化以及用户无休止的需求变化所左右。而这些不可变的部分就是所谓的对象。面向对象方法具有以下四个要点。

(1) 客观世界是由各种对象组成的，任何事物都是对象，复杂的对象可以由比较简单的对象以某种方式组合而成。

(2) 对象是由属性和方法封装在一起构成的统一体，属性反映了对象的信息特征，如特点、值、状态等，而方法则是用来定义改变属性状态的各种操作。

(3) 所有对象都可划分成各种类，按照子类与父类的关系，可把若干个对象类组成一个层次结构的系统，通常下层的子类完全具有上层父类的特性，这种现象称为继承。

(4) 对象彼此之间仅能通过传递消息互相联系，而传递的方式是通过消息模式和方法所定义的操作过程来完成的。

2) 面向对象方法的开发过程

面向对象的系统开发可分为三个阶段：面向对象分析(OOA)、面向对象设计(OOD)以及面向对象系统实现(OOP)。

(1) 面向对象分析。这一阶段主要采用面向对象技术进行需求分析，对问题领域进行分析，明确问题是什么，以及为了解决问题需要做些什么，即在繁杂的问题域中抽象地识别出对象以及其行为、结构、属性、方法等。

(2) 面向对象设计。这一阶段要解决的问题是如何把分析阶段确定出来的对象和类配置起来以实现系统功能，并建立系统体系结构，即对分析的结果作进一步的抽象、归类、整理，并最终以规范的形式将它们确定下来。

(3) 面向对象系统实现，即采用面向对象的程序设计语言将上一步整理的范式直接映射(即直接用程序语言来取代)为应用程序软件。具体操作包括：选择程序设计语言编程、调试、试运行等。前面两阶段得到的对象及其关系最终都必须由程序语言、数据库等技术实现，但由于在设计阶段对此有所侧重考虑，故系统实现不会受具体语言的制约，因而本阶段占整个开发周期的比重较小。

3) 面向对象方法的特点

面向对象开发方法具有以下几个特点：

(1) 系统开发人员通过面向对象的分析、设计及编程，将现实世界的空间模型平滑而自然地过渡到面向对象的系统模型，使系统开发过程与人们认识客观世界的过程保持最大限度的一致。

(2) 利用面向对象开发方法得到的信息系统软件质量高、系统适应性强，在内外环境变化的过程中，系统易于保持较长的生命周期。

(3) 在开发过程中，分析与设计更加紧密难分，程序设计比重愈来愈小(主要由于重用性提高)，系统测试简化，可维护性好，易改进，易扩充，开发模型愈加注重对象之间交互能力的描述。例如，当美国邮政系统将邮编从5位升至9位时，也许会导致一个公司内部的所有程序均需改动，但如果其程序是采用面向对象方法开发的，那么程序员只需要在相应的对象中改动有关邮编的代码，这种局部变化便会在所有引用该对象的程序中得到体现。

4) 运用面向对象技术的障碍

虽然对面向对象技术及编程工具的培训需求越来越大，但面向对象的软件开发技术仍处于不成熟阶段，要让大多数公司采用，还需要做大量的验证。尽管人们曾提出过几种面向对象方法，但目前还没有公认的标准。许多公司在试用这种方法时犹豫不决，还因为这需要人员的广泛培训并抛弃原有的传统方法。管理部门已意识到，完全转变到面向对象开发方法需要一个很长的阶段。多数公司在现有的结构化系统中投资巨大，这些系统必须继续维持，直到它们到了该淘汰的时候为止。到那时，信息系统部门也许必须在结构化及面向对象的设计方法之间做出选择。

6.3.2 系统开发的方式

信息系统的开发是一项复杂而艰巨的软件产品生产过程，如何确保软件系统的质量，始终是软件行业的一个课题。先进的开发技术与恰当的生产工具不但能明显提高开发效率、降低成本，而且能保证软件系统的质量。常用的系统开发方式主要有利用软件包开发、最终用户开发以及信息系统的资源外包。

1. 利用软件包开发

应用软件包是预先编制好的、能完成一定功能的、供出售或出租的成套软件系统。它可以小到只有一项单一的功能(比如打印邮签)，也可以是有50万行代码的、400多个模块组成的复杂的运行在主机上的大系统。现在市场上各种专用的软件包日益增多，利用软件包实现组织的信息系统已经成为一种可行的开发策略。因为软件包已经完成了设计、编码和测试工作，又有完整的文档供培训和维护使用，所以用它来开发信息系统，时间会大大缩短。大多数软件包都是用来完成许多组织都将用到的一些公共的通用功能的，销售量的增加使软件包的购买(或租用)费用下降，一般都低于自行开发。

1) 软件包开发的适用情况

在下列三种情况下可以优先考虑选择使用软件包开发系统的策略：

(1) 需要开发的系统功能是多数组织都要用到的一些通用功能。比如，工资管理、人力资源管理、财务管理、应收应付账款管理等。因为这类软件包很多，有比较宽的选择余地，成本也不会很高。

(2) 缺少组织内部的开发人员。不是每个组织都有足够的内部信息技术专业人员可以承担系统开发任务的，这时就可以考虑全部或部分地选用软件包来开发自己的信息系统。

(3) 开发的系统属于微机系统。因为目前出售的绝大多数应用软件包都是运行在微机环境下的。

2) 利用软件包开发的优点

利用现成的软件包开发信息系统有许多明显的优点。

(1) 缩短开发时间。系统设计与测试的工作量一般会占系统开发全过程的50%以上。软件包的供应商在提供软件包的时候已经把设计说明书、文件结构、处理关系、事务定义和报告输出等的设计问题解决了。软件包在上市以前都经过了充分的测试，已经消除了绝大多数技术问题。稍微复杂的软件包(如小型机上的MRPⅡ系统)供应商还会负责协助用户进行安装。安装后的测试，因为有供应商的协助也会变得相对简单和快捷。所以用户能在较短的时间内迅速地将系统投入运行。

(2) 可以得到比较好的维护。供应商不仅提供长期的系统维护，还提供优惠的定期更新和系统升级服务。这对于因为缺少内部专业技术人员而无力维护的组织来说无疑会有很大的帮助。即使组织内部有一些维护人员，也不如由供应商提供的维护更为专业、更为有效，也更为节约。

(3) 能减轻组织内部对系统开发的阻力。系统开发过程是一个组织变革的过程。改变组织中人们的工作惯例、改变部门之间的制约关系都会遇到阻力。在传统的系统设计过程中，设计人员为了说服用户接受新系统的运行模式，常常会同用户产生矛盾，有时还不得不做出一些让步和折中，这都会增加系统开发的阻力，降低系统的效能。如果利用软件包来开发，情况就会有所不同。软件包是由供应商在总结了大多数同类业务以后，站在较高的位置上设计出来的，有较大的普遍性和适应性。组织决定采用软件包以后，就不需要再与最终用户讨论，而是要求用户直接接受它。从心理上讲，用户也更容易接受一个第三方提出来的新的工作模式，当新模式具有较强说服力的时候更是如此。开发中出现矛盾的时候开发人员和用户都倾向于把原因归咎于软件包功能的不完善，有了这样一个“出气筒”，可以减缓组织内部开发人员与用户之间可能产生的矛盾与对立，这种对立常常是导致系统失败的因素之一。组织的管理层在做出开发决策的时候，由于软件包的成本相对比较明确，开发过程的管理也比较简单，很容易被组织的决策层所接受。开发阻力的减少意味着成功率的提高。

3）利用软件包开发的缺点

尽管软件包的采用已经很普遍，但是这种方法仍有以下不可忽视的缺点：

（1）功能较为简单。市售的软件包主要是为满足某一特定功能而设计的。每个组织在开发系统时常常有多个功能目标要实现，软件包不具备的功能就需要用其他方法另外开发，将不同方法联合使用。例如，买到的财会软件包可能只满足用户记账和报表的功能，用户不得不自行开发成本核算和财务分析的功能。

（2）难以满足特殊要求。软件包能够满足不同组织的共同的通用要求，但难以满足各自的特殊要求。为解决此矛盾，软件包的开发商不得不根据用户的具体情况提供修改软件包的手段和方法。为适应用户特殊需求而对软件包做必要的修改和补充称做软件包的客户化。少数开发商可以向用户提供部分源代码，允许用户根据自己的需要对软件包的部分功能进行修改。显然这会破坏原来软件包的功能完整性，所以开发商一般不再提供对改后软件的技术服务和支持，这使用户处于两难的境地。更多的开发商会提供多种可选的功能，以尽可能地满足用户的特殊需求。例如，有些 MRP 软件包就提供 2～7 种作业调度模型和多种库存模型由用户选用。另一种做法是在软件包中留出一些“用户接口”，允许用户利用这些接口自行开发处理程序，对软件包处理的数据进行干预。如果软件包没有留接口，就只能采取最传统的方法——加前端和后端程序来完成客户化。例如，工资处理的软件包可以开发一套前端处理程序，完成员工特定的分类以后再转给软件包处理，处理的结果还可能要再开发一个后端处理程序完成工资向银行账户的划转工作。

（3）实施的费用随客户化工作量的增大而急剧上升。软件包的安装及客户化都是十分耗资耗时的，当客户化工作量较大时，所耗费的成本将大大超过购买软件包的成本，使原来的预算被突破。例如，某公司安装六个软件包（包括制造资源计划、总分类账、应收款账、固定资产账等），最后的实施成本分别是每个软件包购买成本的 1.5～11 倍，第一年的维护费用是购买软件包成本的 2 倍。

4）选择软件包开发要考虑的因素

为了避免软件包的这些缺点，必须对软件包进行仔细的评价和选择。选择时需要考虑下述因素：

（1）功能。用户的功能要求哪些能够满足，哪些需要修改，哪些根本就不支持？

（2）灵活性。哪些可以客户化，修改是否方便，供应商是否能替客户修改？

（3）友好性。是否容易使用，要多大的培训量？

（4）软硬件环境要求。所需计算机软硬件平台以及网络的要求。

（5）对数据库和文件结构的要求。所需数据库和文件结构能否满足用户的需要，能否允许用户的非标准数据输入？

（6）安装维护的承诺。安装转换的难度如何，维护是否方便，用户要有什么样的专业人员（程序员、系统分析员、数据库专家）才能胜任维护工作，供应商提供什么程度的服务，能否及时地得到软件包的升级和更新？

（7）文档的完整。技术说明书及使用说明书是否完整，是否容易使用？

(8) 供应商的状况。信誉、背景、历史、规模及服务承诺。

(9) 价格。尤其要注意一次购买后的后期费用(客户化、实施、安装、维护等)。

5) 利用软件包开发系统的步骤

利用软件包开发系统时也要经历与生命周期法类似的步骤,只是每个阶段的工作内容稍有一些不同,最大的不同是系统设计的指导思想。利用软件包开发系统,不能像传统的设计那样尽量地把系统设计得与组织相匹配,相反,通常是要重新设计组织和业务流程,让它们尽量与软件包的要求相吻合。下面列出各步骤的一般内容:

(1) 系统分析。明确原系统的问题和需求,提出解决方案,比较不同的开发策略,确定是否应该利用软件包开发,选择软件包的供应商,评价并选择软件包。

(2) 系统设计。裁剪用户的需求,以适应软件包的功能;培训技术人员,完成客户化设计和新的业务流程设计。

(3) 编程、调试、转换。安装、修改、设计程序接口、做文档、切换、测试、培训用户。

(4) 运行与维护。改错与升级。

2. 最终用户开发

最终用户开发是指系统的最终用户在没有或只有很少技术专家正式协助的条件下,自行完成系统开发的一种开发策略。

1) 最终用户开发的可行性

随着第四代开发工具的不断改革与发展,应用程序的编写变得越来越容易,这促使一些最终用户尝试自行完成一系列应用系统的开发。虽然第四代工具产生的代码效率比较低,但是近年来硬件系统的迅速发展已经明显地克服了这一缺点,使得用户自行开发在技术上变得更加可行。

第四代开发工具能方便地存取数据、生成报表、绘制图形,还能自动生成一些菜单、屏幕格式或者简单的事务处理的程序代码。这些特性大大地提高了编程的效率。有些研究表明,使用第四代工具能使编程的效率比用传统的结构化语言提高3～5倍。这并不意味着它能够使系统开发速度提高相应的倍数,因为第四代工具主要是提高编程的效率,而对于系统分析、设计、用户业务流程和组织的再造等那些更为消耗时间、更为复杂的开发过程,却几乎提供不了任何帮助。另外,第四代工具还不能应付复杂的应用,所以,第四代工具目前仍旧不能取代常规的工具。

最终用户常常会自行开发一些局部的小的应用系统,开发速度快但不很正规。开发速度快的原因是用户十分清楚自身的需求,了解原系统的问题,他们可以把常规的系统分析工作几乎完全省略。系统设计工作由于不需要与专业技术人员反复交流也会大大加快进度,同时还避免了交流可能带来的误解。用户开发最直接的好处是减少开发中用户可能产生的阻力和开发计划拖期现象的发生,增加了用户的满意度——用户当然更喜欢自己开发出的产品。

2) 最终用户开发的风险及对策

最终用户开发的风险是缺乏正规化的控制而引起的。由于缺乏独立的、充分的系统分析过程,用户自己的目标不一定符合组织的目标,用户做的需求分析不够完整全面。由于缺乏标准和严格的文档,系统界面以及数据代码的一致性和统一性就难以保证。严重的时候会使系统数据难以与其他部门共享,还会使系统将来的扩充与升级变得非常困难。用户开发的系统内会产生一些私人的信息系统,它们没有被记入文档,只供个别人使用。当这些人离开以后,这些系统很难移交给继任者。

克服这些缺点的方法之一是在组织内部成立以咨询服务为主要职能的“信息中心”,集中少量的系统开发专家,负责对用户进行必要的开发培训,提供开发工具与指导,协助建立质量标准。对于复杂系统的开发,信息中心还可以直接参与系统分析与设计,使自行开发的过程尽可能正规化。

3. 信息系统的资源外包

如果一个企业不想用自己的资源建立并且运行一个信息系统,那么它可以去雇用一个专门提供这类服务的专业公司或机构来完成这项工作。将一个企业计算中心的运营、远程通信网的管理和应用软件的开发全部交由外部专门机构负责的做法称为信息系统的资源外包。

信息系统在现代企业中有着重要的地位,许多大企业花在信息技术上的投资将占到总投资的1/2。管理者已不再把信息系统的费用当做运营费用看待,而是把它们看做一种投资。随着系统功能的不断增强,所需要的费用也迅速上升,企业的管理者们一直在寻求控制这些费用的办法,资源外包就是可供选择的方法之一。

许多组织发现,资源外包的投资效益更佳。资源外包服务的提供者都是一些专业机构,它们可以用相同的知识、技术和能力,同时为许多不同的客户提供信息服务,从而获得“规模经济效益”,降低所收取的服务费用。资源外包允许用户按使用信息系统服务的多少差别付费,而组织自己建立的内部系统,不用的时候也需要空运转的费用。还有一些公司是因为自己的内部人员无法跟上信息技术的发展而转向资源外包。

并非所有的组织都可以从资源外包中获得利益,如果不能充分理解和管理外包的缺点,则可能给组织带来严重的问题。很多组织低估了确认和评估信息技术服务提供商、转换至新的服务提供商、监控服务提供商以确保其履行合约义务等活动产生的相关费用,而这些“隐藏费用”可以很容易地降低外包可能带来的利益。

1) 资源外包的优缺点

资源外包的优点可以归纳如下。

(1) 经济。靠资源外包的“经济规模效益”,可以使用户节约15%～30%的费用,最高的可以达到50%。

(2) 服务质量好。用户可以用相同的和较低的成本获得更好的服务。因为资源外包服务的提供者是有竞争的,而用户内部的系统却缺乏这种竞争。

(3) 可预见性好。资源外包合同有明确的服务费用,便于做预算。

(4) 灵活。随着业务的成长,不需要对组织的信息系统做重大的改变,只需要调整资源外包的费用和能力就能满足需要。

(5) 使原来的固定成本变成了可变成本。用户可以按接收信息服务的多少来付费。

(6) 更有效地利用人才。用户可以让原来用于运行内部信息系统的那些高级专业技术人员去做一些更有价值的工作,充分发挥他们的潜能。

(7) 盘活资产。有些资源外包协议可以规定,用户把他们的计算机系统及相关的硬件设备连同信息系统的开发与服务,一揽子委托给外部的专业机构,外部机构可以利用这些设备向更多的客户提供服务,同时向这些设备的提供者支付一定的款项。

资源外包的缺点也是很明显的,任何一个公司都不希望将自己的战略信息转入他人之手,而资源外包有可能使管理失控。为了避免将命运交给外部机构,就必须很好地把握资源外包的范围、条件与时机。

2) 资源外包的适用情况

当一个内部系统运行得很好的时候,一般是没有必要转向资源外包的。

确实需要资源外包的时候,应该考虑是否要做适当的保留。对企业竞争力有重大影响的战略性的应用系统,像工程设计、生产计划等,不宜采取资源外包;对公司战略目标影响较小的系统,如工资计算,就可以考虑资源外包。选择资源外包的另一个因素是系统失效后的危害程度,一旦系统中断,会给企业带来严重后果的系统不宜资源外包,像民航订票系统就不能资源外包。而类似于保险赔付、食堂用餐结算系统等,就很适合资源外包。有些组织把资源外包当做更新旧系统,跟上技术发展的一种策略,在资源外包的过程中同时完成系统升级与更新。

显然资源外包不能完全取代内部系统的位置,实施资源外包的组织也可以仍旧保留有内部系统。对资源外包的系统要加强管理、授权、安全、考核、后备等工作,不应该完全交由外部人员来承担。组织内部继续保有一定数量的系统专业人员是必要的。

表 6-5 列出了本节介绍的各种系统开发方式的特征和优缺点。通常在管理实践中经常遇到这样的挑战:即难以找到一种系统开发策略既符合组织的信息结构,又符合组织的战略计划。最终用户开发、使用软件包、资源外包都是短期的解决办法,他们都会产生许多没有联系的应用,这些应用很难集成为全公司的信息结构。所以组织要仔细地评价它们所使用的开发策略的远期影响。

表 6-5 各种系统开发方式的比较

系统开发方式	特点	优点	缺点
应用软件包	商业软件包可以避免内部开发软件的需要	减轻了设计、编程、安装和维护工作量;开发通用业务能节约时间和成本;降低对内部信息系统资源的需求	可能会满足不了组织特有的需求;可能不会很好完成某些功能;客户化量大时会急剧升高开发成本
最终用户开发	由最终用户使用第四代软件开发工具完成;快速但不正规;信息系统专家作用小	用户控制开发;节约开发时间及成本;减少拖期	可能导致失控;有时不能满足系统的质量标准
资源外包	系统建设和运行由外部组织完成	可以降低和控制成本;内部资源不能用或者技术过时的组织仍然能够建成系统	容易失控;依赖于外部组织的技术指导和成功

本章小结

本章主要介绍了以下内容：

(1) 系统开发的一般过程。了解系统的生命周期及系统开发的一般过程。系统开发的主要活动是系统分析、系统设计、编程、测试、转换、运行和维护。

(2) 系统开发与组织变革。建立新的信息系统会引发组织和管理活动的改变，是有计划的组织变革。这种变革可以有四个层次：自动化、合理化、业务再造和异化。而业务流程再造是重新考虑、重新设计企业的业务过程，是对促进企业创新和改进企业业务流程的战略综合。

(3) 信息系统开发的主要方法。了解信息系统开发的不同方法、各种方法的利弊及适用场合。包括传统的结构化方法、原型法、快速应用开发方法(RAD)以及面向对象方法。

(4) 信息系统开发的主要方式。了解信息系统开发的主要方式及每种开发方式的适用场合，包括应用软件包法、最终用户开发以及信息系统的资源外包。

思考题

1. 假设有以下几种系统转换的情况：用于记录股票买卖的系统、化工厂的过程控制系统、有 2 000 名学生的中学考勤系统、将 10 个分厂的总分类账进行汇总的会计系统，分别应采用哪一种转换策略？为什么？

2. 许多调查表明，使用原型法能够改善用户和系统设计人员之间的沟通关系，但是设计人员却难以管理和控制开发过程。就这一问题进行讨论。

3. 有报道说，即使在最好的情况下，对于已经有可以利用的软件包的系统，如果采用人工另行开发，将比使用软件包多花 15 倍的成本和 3～4 倍的时间。请对此加以讨论。

讨论案例

中国海洋石油总公司的信息系统建设之路[①]

公司的成立及开发信息系统的背景

中国海洋石油总公司(CNOOC)是经国务院批准于 1982 年 2 月 15 日成立的国家石油公司。成立之初，公司的主要经营范围是海上石油、天然气的勘探、开发、生产和销售；炼油、石油化工，天然气加工利用及其产品销售；以及为用户提供与石油天然气勘探和开发生产相关的服务。公司把降低成本作为一项长期的根本战略，把与国际接轨，重视科技，思维超前作为公司成立之初的重要特色来建设，而这些特色本身需要通过公司对信息

① 改编自：李东. 企业信息化案例. 北京：北京大学出版社，2002

化的重视体现出来。公司的信息系统建设也就是在这一氛围下开始的。

公司在20世纪80年代开展对外开放时起就开始使用计算机，先后投资建设了三个大型计算中心，引进了当时国外先进的CYBER730等系列大型计算机，以及各种地震资料处理和物探解析软件，以满足生产和技术的需要。1984年，公司首次购置了一批IBM PC，用于公司的经营管理，其主要应用是简单的计算和文档管理工作。80年代后期微机开始大量应用于财务会计电算化、办公自动化和库存管理等领域。从90年代开始，随着微机的更新换代，特别是由于硬件性能和软件技术的提高，公司不少下属单位自主或合作开发了一些MIS，它们主要应用于设备管理、采办管理、计划管理、作业管理等。部分单位还建成计算机局域网，如渤海、西部两个研究院以及西部采油公司实现了通过网络开展专业应用的功能。1994年，公司投资2 000多万元建设海洋石油勘探开发管理信息系统。1997年公司投入2 500万元建设公司的广域网和总部智能大厦局域网，同时花费2 800万元用于公司财务管理信息系统的开发。

信息系统的成功建设，使公司的竞争优势和管理水平上了一个新的台阶。1998年，通过公司体制改革的不断深化和资产重组的不断加强，中国海洋石油总公司明确了投资中心、利润中心和成本中心的职能划分；通过精简机构，减少层次，实现了减人增效，逐步形成了适应国际合作和市场竞争的管理体制；与此同时，通过剥离辅业，突出公司主业，提升了整体的集中度和竞争优势。公司开始实施以突出核心优势产业为目标的经营战略。

管理信息系统的开发进程

1. 海洋石油卫星通信网的建设

对于石油行业来说，一个重要特点是地域分布广，人员比较分散。因此，通信联络特别是海上的通信非常重要。公司先后投入200万美元建设卫星通信网，使全公司的海上油气田和钻井船全部覆盖于其中。建设工作从1991年11月23日签订合同开始，到1993年5月开始正式运行。在卫星网的建设过程中公司自行解决了不等位电话号码直拨、连接多种型号的程控交换机、异地备份等关键技术问题，并分别在蛇口和塘沽设立了两个网控站，运行互为备份的两个数据库。

后来也就是在这个卫星通信网上的基础上，孕育了公司的电视会议系统。然而，为什么公司没有先在卫星网上建设计算机网络并开展其应用，而是最先实现了一个电视会议系统呢？就这个问题当时公司曾有过一番争论，但公司信息技术管理部坚持认为，如果先做计算机网络，所遇到的大量问题可能不是技术问题，而是应用问题。当时公司刚刚开始体制改革，许多管理体制和机制还没有到位，特别是集权化的管理体制还没有形成，计算机应用技术当时也不尽如人意，用户的计算机应用还很不普遍。在这种环境下建设大型的网络，可能会事倍功半，欲速则不达，风险太大。基于初战必须慎重的原则，公司没有急于在卫星网刚刚建成时就去建设计算机网，而是选择了在卫星网上建设电视会议系统作为下一个目标。经过两年多的调研，电视会议工程终于在1995年启动。可以说，早在1993年就开始探讨电视会议应用，是具有非常敏锐的超前意识，而且技术风险也很大。

“但是,技术风险是我们可以控制的。这要比我们无法控制计算机网络应用风险好得多。”公司信息技术管理部经理说。

2. 广域网和局域网建设

在电视会议系统的建设过程中,公司基本掌握了卫星信道数据传输的机制,这为后来建设计算机网络打下了良好的基础。等到1996年公司决定建设公司总部大厦时,建立海洋石油信息网络工程的时机已成熟。公司领导提出,此项工程的目标不仅在于要把公司总部大厦建设成智能化大厦,更重要的是要以此为中心,使整个公司各层机构的信息化建设形成一个总体规划。

基于这个指导思想,历时11个月的《中国海洋石油总公司信息网络建设总体规划纲要》于1997年11月出台。规划纲要中强调:海洋石油信息网络的建设要遵循“统一领导、统一标准、统一规划、分级负责、分工管理、分期实施”的三统三分原则;基础设施要高标准、高质量、一步到位;应用系统要分期实施,不能一蹴而就,海油大厦的建设和广域网及地方局域网的建设要同步进行等。

在大的方向明确后,接下来的工作就是具体的设计和开发。经过7个月的调查研究和征求意见,1997年6月19日,公司正式成立了海洋石油大厦信息项目组,并确定了公司的网络拓扑结构。公司广域网为星型结构,通过公用数据网、电话网、卫星专网以及有线电视等几条通道完成网络连接,其中包括电视电话会议系统、Internet系统和Intranet系统,通过128K、384K以及更宽的带宽,公司分布于渤海、塘沽、上海 、广州等地的7个结点与北京连接起来。

系统的开发框架分为五层,最底层是关系数据库、数据仓库、文档型数据和Lotus Notes;第二层是业务数据查询,研究应用和文档数据检查;第三层是信息、导航机制、工作流程控制和通信控制;第四层是综合信息服务系统,包括决策支持服务系统、办公自动化系统等;第五层是用户界面、客户端和浏览器。

在网络通信基础设施的建设完成后,公司自行开发了第一个办公自动化系统——海洋石油信息网络应用系统。它由电子邮件、工作流管理及数据库系统三大部分结合而成。电子邮件解决通信问题,工作流管理解决协同工作问题,数据库存放结构化数据,NOTES存放非结构化数据。电子邮件和工作流管理由公司统一实施,完成了总体设计后,分步分阶段完成实施计划。在总公司、四个地区公司、燕郊和高碑店分别建立7个数据中心,存放公共信息和综合管理信息,实现基础设施和信息资源的共享。

公司的又一办公自动化系统——文档管理系统的开发从1998年5月成立项目组开始开展调研,并于1999年1月完成调研报告和概念设计。

在有了一定的技术积累以后,公司酝酿实施两个大型的管理信息系统。一个是勘探开发系统,另一个是财务管理系统。勘探开发系统从1994年自行组织力量开始建设,先后建立了勘探数据库、开发数据库、生产动态信息库。该系统已应用于公司的相关部门和所属分公司,主要服务于管理层和技术层。财务管理系统的开发经历了多个阶段。20世纪80年代后期,公司曾组织过一次财务信息系统的开发,系统是在DOS环境下运行的单机版,并在部分下属单位推广应用,尽管没有成功,却为公司的会计电算化打下了良好的技术基础。后来，公司又组织由财务人员和计算机技术人员参加的项目组，开发了一套在微机 UNIX 主机终端环境下运行的多用户版，这套软件经许多下属公司实施或二次开发后一直使用，提供了财务工作中大量的账务处理和报表功能。1996 年，在公司领导的主持下，财务管理系统完全外包给用友集团，包括日后的应用系统的维护工作。财务管理系统是为满足企业管理对财务信息的需求而开发的，它是提供决策支持的必备手段。它可通过汇总信息辅助决策，通过远程查询帮助解决问题，通过预算跟踪加强预算控制。财务管理系统有计划预算、收款、付款等 19 个功能模块，由一个 6 人小组配合实施，实施后由财务部负责录入数据，用友负责应用软件维护，各网络中心管理数据库系统、操作系统及网络的运行。按计划，该系统于 1999 年第 4 季度进行联网调试，2000 年开始全面使用。

此外，计划资金的工作流管理，由业务部、信息技术管理部门和中软集团三结合进行可行性研究，经批准立项后由三结合的项目组实施，并采用类似财务系统的运行维护管理模式。

存在的问题及今后的发展

尽管项目开发的成绩斐然，经验丰富的开发人员的脸上依然愁眉不展，他们若有所思地提出了一系列有待于进一步探讨的问题。可以看出，在这些问题的处理上，就连他们也没有找到确切的答案。具体说来，它们既包括系统的总体把握，也涉及开发中的细节选择。

(1) 设计指导思想问题。如何掌握设计标准，是一个值得反复研究的问题。到底是追求设计方案的先进完美，还是强调实际应用的切实可行呢？为了较好地解决这个问题，公司拟在信息项目组聘请一两个对信息工程有较丰富实践经验的专家把关，同时留有充分的时间进行设计和设计审查。

(2) 进度计划与控制问题。计划没有变化快，如何充分考虑不可控制因素，制定出切合实际的进度计划是又一个值得探讨的管理问题。在公司部分项目实施过程中，曾经由于受不可控因素的制约，整体进度一再推迟，最长的延后一年多，从而严重影响了总体战略规划的按时完成。

(3) 软件开发与用户参与问题。应用软件的功能是要实现用户的需求，在公司的办公自动化应用开发过程中，往往由于用户参与过少，使得开发的系统难于满足实际需求，程序需要经过多次修改，开发周期拖得很长。因此，调动用户的积极性，形成项目管理、开发承包商和用户的统一体是公司要继续努力的方向。

(4) 开发方法选择问题。是采用生命周期法还是原型法要根据项目的性质等实际情况进行权衡。公司有几个采用生命周期法开发的项目，均由于时间拖得太长，适应不了企业组织和管理流程的变化而告失败。可以说，这方面有着血的教训。

温故而知新，针对以上种种弊病公司都作出了相应的补救措施。今后，在信息技术应用方面，公司将根据发展战略，组织修订信息系统建设的总体发展规划。并按照公司改革和发展思路，进行企业业务流程重组工作。在信息技术方面，特长的发挥应该充分考虑公司业务发展需求、高标准应用项目管理水平和联盟外部服务公司的组织水平。在应用系统开发管理方面，必须考虑到业务流程重组等问题，不断从外界引入先进的管理理论，建立应用软件项目开发管理流程，并强化训练信息技术部门，随之推广到公司业务部门，使之成为公司新的管理理念。2000年，公司在以上方针的指引下开始进行人力资源管理系统和油气销售管理系统项目的开发。

案例讨论题：

1. 企业应根据什么原则来选择有待开发的系统？你认为中国海洋石油公司没有先在卫星网上建设计算机网络并开展其应用，而是最先实现了一个电视会议系统的做法在当时是否合理？

2. 你如何认识在财务管理系统的开发过程中中国海洋石油公司同用友集团以及中软集团的合作？

3. 采用生命周期法还是原型法或者是其他开发方法应根据什么条件而定？参考中国海洋石油公司的具体情况，你认为财务管理系统的开发应选用什么样的开发方法？

参考文献

[1] 仲秋雁，刘友德. 管理信息系统. 第5版. 大连：大连理工大学出版社，2006：221-275

[2] 詹姆斯·奥布莱恩，乔治·马拉卡斯. 管理信息系统. 第7版. 北京：人民邮电出版社，2007：42-44

[3] Frye, Colleen. Imaging Proves Catalyst for Reengineering. Client/Sever Computing, November, 1994

[4] Kenneth C. Laudon, Jane P. Laudon. 管理信息系统——管理数字化公司. 第8版. 北京：清华大学出版社，2005：430-433

[5] Raymond McLeod, Jr. , George Schell. 管理信息系统. 第10版. 北京：电子工业出版社，2000：127-128

[6] 薛华成. 管理信息系统. 第4版. 北京：清华大学出版社，2003：328-329

[7] James A. O'Brien. 信息系统概论. 第12版. 北京：机械工业出版社，2006：325-326

[8] 陈晓红. 管理信息系统. 北京：高等教育出版社，2006：89-92

[9] 黄梯云，李一军. 管理信息系统. 修订版. 北京：高等教育出版社，2003：4

[10] 耿骞，韩圣龙，傅湘玲. 信息系统分析与设计. 第2版. 北京：高等教育出版社，2008：2

[11] 李东. 企业信息化案例. 北京：北京大学出版社，2002

第7章 信息系统管理与控制

学习目标

(1) 明确信息系统评价的主要内容、评价指标和评价方法

(2) 了解影响信息系统失败和成功的主要因素

(3) 掌握信息系统开发、实施和运行管理的主要内容和主要过程

(4) 理解IT服务外包的含义、特征和价值

(5) 掌握信息系统控制的主要技巧,区分一般控制和应用控制

(6) 了解信息系统审计及审计实务

引导案例

创业银行内部控制缺陷

创业银行是创建于19世纪60年代的一家欧洲著名银行,是有着150年历史的老牌欧洲银行,分别在纽约、东京、巴黎的证券市场挂牌上市,在世界80多个国家拥有500多家分支机构。创业银行提供从传统商业银行到投资银行的全面、专业的金融服务,通过多年的努力,逐渐占据了世界上最大衍生交易市场领导者的地位,也一度被认为是世界上风险控制最出色的银行之一。

哈维2000年进入创业银行,在监管交易的中台部门工作5年,并于2005年调入前台,负责最基本的对冲欧洲股市的股指期货交易业务。凭借着自己在中台部门工作时积累的丰富的流程控制方面的经验,利用创业银行内部控制系统在对交易员盘面资金的监督、资金流动的跟踪、后台与前台完全隔离规则的遵守、信息系统的安全及密码保护等多个环节存在的漏洞,通过侵入数据信息系统、滥用信用、伪造及使用虚假文书等多种非法手段,在2007年到2008年初的1年多的时间里,哈维在未经授权的情况下大量购买欧洲股指期货,形成了49亿欧元的巨额亏空,创下了世界银行业迄今为止因员工违规操作而蒙受的单笔最大金额损失,引起了法国乃至整个欧洲的金融震荡。

作案期间,为了确保虚假操作不被发现,哈维连续屏蔽了创业银行对交易操作的性质进行的检验和监控。在买入金融产品时,哈维刻意选择那些没有保证金补充警示、不带有现金流动和保证金追缴要求,以及不需要得到及时确认的操作行为,大大降低了虚假交易

被检测到的可能性。此外,哈维还盗用他人的计算机账号,编造来自创业银行内部和交易对手的虚假邮件,对交易进行授权、确认或者发出具体指令,以掩盖他的越权和违规行为。最终酿成了前面提到的堪称史上最大的金融悲剧。

7.1 信息系统成败分析

有不少企业不太重视对信息系统的评价。但是通过对信息系统进行评价,可以检查新系统是否达到了预期目标,是否充分利用了系统内各种资源(包括计算机硬件资源、软件资源和数据资源),系统的管理工作是否完善,并能为系统改进和扩展指明方向。因此信息系统评价是十分必要的。技术因素只是新系统成败的原因之一,管理和组织的因素往往起到更大的作用,因为信息系统建设过程是一个有计划的组织变动的过程。本节将讨论信息系统评价的内容以及信息系统失败与成功的原因。

7.1.1 信息系统的评价

信息系统,特别是复杂、大型的信息系统的开发是一个系统工程项目,需要花费大量的资金、人力、物力和时间。因而无论对于开发者还是对于使用者来说,在系统建成以后,都急于想知道系统对组织的贡献有多大,系统性能怎样,系统运行效果如何,是否达到设计目标,还存在哪些不足等。要回答这些人们关心的问题,就必须进行系统评价工作。

1. 信息系统评价的必要性

目前,仍有不少企业不太重视对信息系统的评价,分析起来可能有以下几个原因:

(1) 企业的相关人员对实施结果不满意,担心分析和评价会暴露出更多的问题,影响有关人员的业绩;

(2) 时间已经严重超期,上上下下已经把信息系统的开发看做是陷阱,希望早些结束项目实施,早日摆脱出来;

(3) 比较公正和有经验的分析评判者不多,评判的结果不一定科学;

(4) 一般的分析和评判对企业的形象没有直接的好处,可能还要花不少钱。

然而,从项目管理的角度出发,对信息系统的实施结果进行分析和评价是必要的,因为进行分析和评价的目的是要使企业和系统建设人员知道以下几点:

(1) 整个系统实施工作和计划目标的吻合程度;

(2) 系统的实施效果;

(3) 系统还需要提高的方面;

(4) 如果可能,还可以从中总结出一套适合本企业信息系统的经验教训。

基于以上四点原因考虑,信息系统的建设需要科学地评价。

2. 信息系统评价的定义及主要内容

信息系统评价是对一个信息系统的性能进行全面估计、检查、测试、分析和评审，包括用实际指标与计划指标进行比较，以确定系统目标的实现程度，同时对系统建成后产生的效益进行全面评估。

信息系统在运行与维护过程中不断地发生变化，因此评价工作并不是一次性的工作。系统评价应定期地进行，或当系统有较大改进后进行。信息系统的第一次评价一般安排在系统开发完成并运行了一段时间，进入相对稳定状态后进行，通常第一次评价的结论将作为系统验收的最主要的依据。

系统评价工作由系统开发人员、系统管理与维护人员、系统用户、用户单位领导及系统外专家等共同参与，评价方式可以是鉴定或评审等，评价的结论以书面的评价报告或评价意见等形式提出。评价结论也是系统的重要文档，应予以收存归档，统一保管。

信息系统的评价应该从技术和经济两个方面进行。

1) 技术上的评价

信息系统技术上的评价内容主要是对系统性能进行评价，具体包括：

(1) 系统的总体水平，如系统的总体结构、地域与网络规模、所采用技术的先进性等；

(2) 系统功能的范围与层次，如系统功能的多少与难易程度或对应管理层次的高低等；

(3) 信息资源开发与利用的范围与深度，如企业内部与外部信息的比例、外部信息的利用率等；

(4) 系统的质量，如系统的可使用性、正确性、可扩展性、可维护性、通用性等；

(5) 系统的安全性与保密性；

(6) 系统文档的完备性。

2) 经济上的评价

信息系统经济上的评价主要是评价系统的效果和效益，包括直接的与间接的评价两个方面。直接的评价内容有系统的投资额、系统运行费用、系统运行所带来的新增效益、投资回收期等。间接的评价内容有对企业形象的改观及员工素质的提高所起的作用、对企业的体制与组织机构的改革及管理流程的优化所起的作用、对企业业务部门间及人员间协作精神的加强所起的作用等。

3. 信息系统的成功标准

如何判定一个信息系统是否成功，这是一个较难回答的问题。因为系统成功与失败的问题是一个多元化、多视角的问题。对同一个系统，高层领导与低层直接用户的评价会不一样，刚毕业的 MBA 学生与有着多年工作经验的管理人员的意见有可能相悖，甚至同一个组织中的不同管理人员，因为他们的决策风格不同(比如，一个习惯于靠经验和直觉，而另一个倾向于靠数据)，也会得出不同的结论。尽管如此，信息系统专家们还是总结出了若干评价的准则。

(1) 系统的使用率。可以通过用户调查、发放问卷、统计在线完成事务处理的数量

(例如,联机订票量)等方式加以测量。

(2) 用户对系统的满意度。通过问卷或面谈,了解用户对系统性能的意见,它包括信息的准确性、及时性和实用性,是否提高了工作的效率和质量。另外,还要特别注意管理者们的意见,他们认为系统在多大程度上满足了他们的信息需求。

(3) 用户对系统的态度。用户是否对系统以及系统的工作人员持肯定的和积极的态度。

(4) 实现目标的程度。运行新系统后,用户组织运营的绩效与决策过程的改进,都能够反映出系统达到预期目标的程度。

(5) 财务上的收益。包括降低成本、增加产量和利润等。

需要注意的是,第五项准则要恰当地运用,不是系统所有的效益都能量化成财务收益。人们对系统的评价已经越来越多地看重系统对组织运营以及组织中的成员所产生的影响等无形效益。

7.1.2 信息系统失败的原因

信息系统的建立动因来自于组织内部的需求与外部环境的压力,信息系统的失败也同样源于内部与外部的抵制。

一个组织一旦引入了一套信息系统,该系统就会对这个组织的管理和行为产生重大的影响。组织内个人与团体之间的人际关系会发生变化,为管理组织的各种资源所需要的信息处理方式也会发生变化,这些变化最终将导致权力的再分配,并引起一些内部工作人员对系统的抵制,严重时会使一个各方面都不错的信息系统搁浅。这些系统都有一个共同的特点:为实现某个特定的系统功能,系统要求它的使用者必须改变他们的行为,即改变他们原有的工作方式和工作习惯。

除了由于内部的抵制会引起系统失败以外,还有一些其他的原因。我们常常会发现,在一些十分类似的组织中,同样的一个系统,在有些组织中获得了成功,而在另一些组织中却失败了。这又是为什么呢?一种解释是,他们采用了不同的实施方式。

1. 实施的概念

实施是一个组织将一项创新或建议从概念转化成现实的全部活动。包括对创新的采纳、管理和例行化三个阶段。不同的学派对实施活动的研究有不同的侧重点,他们从不同侧面研究了实施的成功要素。

一些学者认为,实施的效果主要依靠人的作用。要成功地实施一个系统,首先必须精心挑选出一些实施活动的骨干,这些人应在组织中有一定的地位,有较高的学历,有良好的技术素养和丰富的社会与组织经验。他们能在组织中积极而又稳妥地推进改革,确保实施的成功。这些骨干的带动作用在实施的前两个阶段(采纳与管理)尤为重要。

另一些学者则关心改革的策略。一个系统的实施,可能是自上而下贯彻,也可能由基层开始推广,但不论是哪一种情况,如果缺少上层领导的支持,系统从实施的开始阶段就注定了失败的命运。这已经被大量的实例所证明。我国学者在20世纪80年代末提出的“一把手原则”就是强调了高层领导的作用。另一方面,如果缺少基层的最终用户的参与,也会导致信息系统的失败。

第三种观点认为，一个成功的信息系统的实施，取决于组织的一系列关键活动。这些活动都对创新内容能否变成该组织长期的例行行为有决定意义(表 7-1)。

表 7-1　成功的实施所需要的活动和标志

活　　动	标　　志
有专用基金的支持	改变组织内的权力分配
更新组织机构	培训由组织内部完成
稳定的供应与维护	能不断地更新系统
调整人员的级别	对关键人员进行激励
得到广泛的使用	系统的生存不依赖于最初的开发者

某些学者在研究了系统分析人员在整个实施过程中的作用以后认为，他们是变革的某种催化剂。系统分析员不仅要提出新系统的技术方案，而且要提出新的组织方案。他们要提出新系统环境下机构应如何设置、每个人的职务与职责有什么变化、各部门之间应如何制约、权力应如何调整。系统分析人员要在各部门以及最终用户之间不断进行沟通，以确保新系统带来的组织上的各种变化能最终让所有部门和成员接受。显然这是一个十分艰巨的任务。这不仅对系统分析人员提出了很高的学识和能力上的要求，也说明了为什么系统实施会有那么多的失败。

另有些学者通过建立一些描述实施的不同阶段当中系统设计人员、用户、决策者之间相互关系的模型对实施过程进行研究。尽管他们的模型各不相同，但归纳起来主要集中于下列几个问题：

(1) 技术人员以技术为中心和用户以业务和组织为中心的观念的冲突；

(2) 信息系统对组织结构、工作群体和行为的影响；

(3) 系统开发活动的计划与管理；

(4) 用户在系统设计与开发过程中参与的程度。

2. 信息系统的问题

据调查，约有 75%的大系统是失败的，尽管这些系统可能也在运行。它们或者是大大超出了预计的时间和经费，或者是没能实现预期的功能。对美国联邦政府项目的研究表明，有许多项目处在不良状态。有的设计不良，有的数据不准确、不完整，有的交付以后没有使用，有的超过预算并且严重拖期，更严重的需要返工重来，甚至不了了之。

系统失败，并不一定指系统彻底崩溃。它们或者是明显地不能按约定方式使用；或者是根本就不能用，用户不得不开发一些手工过程与系统一起运行；或者是产生出的各种报告对决策者没有帮助，根本就没有人去看；或者是因为系统内所用的数据不准确，使人们感到系统不可靠；或者是系统不够"健壮"，经常"死机"，需要重新启动，使系统的维护人员总是处于处理和应付日常操作当中发生的各种意外，修补程序和数据的问题。所有这些情形，都可以看做系统失败的表现。

系统为什么会失败呢？

引起信息系统失败的问题是多方面的，主要可以归纳为设计、数据、费用和运行四个方面。这些问题的产生不仅有技术上的原因，也有许多非技术因素，尤其是组织方面的因素。

1）设计问题

设计中容易产生两类问题，一类与技术有关，另一类是非技术问题。比较明显的技术问题是功能问题。由于设计上的缺陷，系统功能不能满足用户的基本需求。比如，响应速度慢，达不到用户要求；提供的信息不明确，不便于理解和使用；系统不能提高组织的运转效率，也不能改进管理的质量。用户接口设计不良也是常见的技术问题之一。有些用户界面设计得过于复杂，窗口排列混乱，容易误操作；还有的菜单嵌套层次太深，排列不合理，操作程序烦琐，造成用户不便于使用，甚至不愿意使用。数据库设计不良是更为严重的技术问题，存在有害的数据冗余，缺少数据完整性控制，代码设计不周全等都会成为系统潜在的威胁。

非技术性的设计问题与管理和组织理论有关。管理和组织理论认为，信息系统是组织的密不可分的一个组成部分，它与组织中的其他要素，如结构、任务、目标、人员、文化等都有着内在的、紧密的联系，应该完全相容。当组织中的信息系统发生变化时，必然会影响到组织的结构、任务、人员、文化等发生相应的变化，系统建立的过程就是一个组织再设计的过程。如果新的信息系统不能与组织中的其他要素相容，这个系统也被视做是失败的。人们总是倾向于对系统设计中的技术问题给予较多的关注，后果是会产生一些技术上先进但与组织的结构、文化和目标却不相容的系统。这种系统没有给组织带来协调和高效，而是产生了紧张、不安、抵触和冲突。

2）数据问题

数据方面的问题容易被开发人员忽略，到正式运行后才越来越严重，最后可能导致系统失败。系统中数据的不准确（含有错误）、不确切（有二义性）、输入不完整（缺项）、不一致等都会导致系统不能正常工作。这些问题如果不能及时地得到解决，用户会丧失对系统的信任，最终将放弃使用。首次开发的新系统和新录入的数据更容易发生数据问题。

3）费用问题

有些系统开发得很好，运行得也很好，但是运行成本过高，超过了原来的预算；还有些系统在开发时就产生了超支现象。这两种情况都不能算作成功。

4）运行问题

系统运行得不好是最令人烦恼的。经常死机、重新启动会导致用户不能及时获得信息。在线联机系统如果响应时间过长，也会有类似的后果。尽管这些系统功能的设计可能是正确的、完美的，但是最后也会被这些运行问题所拖垮。

3. 信息系统实施中的抵制行为分析

从本质上说，企业员工对信息系统的抵制与对其他新技术的抵制并没有区别。但是因为信息系统几乎影响企业的每一项业务、每一个人，所以，对信息系统的抵制就会格外的强烈。正确理解和有效管理员工的抵制行为也就成为系统实施中的重要工作。

要研究系统实施中的抵制行为，首先要分析系统给企业组织带来的变化。信息系统所具有的主要特点是：使组织的主要业务流程集成化和自动化，在整个企业组织内共享数据和业务活动的结果，以及在实时环境下产生和获取数据。学术界普遍认为，无论企业是否在实施信息系统的同时，进行正式的业务流程重组，信息系统的这些特性都将不可避免地引发组织变革。这些变革归纳起来有如下四个方面。

1）原有业务流程的改变

为了实现信息系统所蕴涵的"最佳业务实践"，并将企业主要业务流程集成在一起，企业将不可避免地改变原有的业务流程，这也是信息系统最大的优势所在。业务流程的改变程度，取决于企业所选择的信息系统的复杂程度、实施模块的多少以及企业原有流程与系统的协调程度。有的企业可能进行全面的业务流程重组，有的企业可能只需要对原有流程进行部分改变，但是，即使是部分地改变业务流程，也意味着角色、责任、权力关系等产生一系列的变化，还会威胁到一部分员工的工作安全感，这些变化将不可避免地受到利益受损者的抵制。

2）在分散责任的同时加强了集中控制

信息系统使整个企业组织共享数据和业务活动结果，并且使其能在实时环境下产生和获取数据，这使得基层经理和员工有更多的信息来进行自主决策，促进了向基层业务单位的授权。同时，高层领导可以直接通过信息系统迅速有效地了解整个企业的生产、经营情况，加强了集中控制能力。信息系统这种分散责任而同时加强集中控制的能力，不但会改变企业的决策方式，还会影响企业的组织结构，有助于企业减少管理层次，一些中层经理将因此失去原有的权力甚至职位。尤其是信息系统使企业的信息流标准化、自动化，各种数据一次完成输入，使一些以数据收集、整理、报告为主要责任的部门的功能弱化，这些部门甚至可能会被撤销。如果这部分人（部门）得不到其他的激励和补偿，他们也会反对系统的实施。

3）改变原有的工作方法和技能要求

信息系统使企业大部分工作自动化，提高了对数据准确度的要求；同时加强了各项工作之间的集成度。这样，很多员工必须改变原来的工作方法，甚至需要承担额外的工作，例如数据输入。信息系统使有些工作对技能的要求提高，同时使另一些工作简单化而对技能的要求降低。这使得部分员工不得不学习新的技能，这些人如果对自己掌握新技能的能力没有信心，或者厌恶学习，就会抵制系统实施。而另一部分工作变简单的员工则会担心自己丧失基于原有技能的地位，或者成为可被替换的人。这种对未来的恐惧，也会成为抵制的原因。

4）促进信息和知识共享，增加工作透明度

信息系统使企业信息和业务流程自动化、标准化、集成化，一些原来由个人（部门）占有的信息和知识转移到中心数据库中，整个企业都可以利用。员工可以更容易地了解其他员工（部门）的工作状况，这样，工作的透明度就会增加。有些人会因此失去对信息和知识的独占权，进而会失去原有的利益和地位，这部分人也可能抵制信息系统的实施。

总之，信息系统对企业影响的范围之大、程度之深，决定了系统实施过程中产生抵制行为是不可避免的，而且还可能会很激烈。抵制行为可以有多种表现形式，例如：公开的抱怨，预言新系统不会成功或有很多问题；回避对新系统的学习和使用，消极配合或者干脆拒绝合作；不怀好意地顺从，讨价还价，甚至辞职等。有些抵制行为是公开的，例如公开抱怨、拒绝配合、要求调动或辞职等；而有些则是非公开的，例如恶意的顺从、消极回避等；有的抵制行为甚至抵制者本身都没有意识到。一般认为，非公开的抵制更不容易克服。

如果缺乏有效的应对抵制的管理策略，这些抵制行为对系统实施会造成非常不利的影响。抵制可能会降低员工的士气和工作满意度，使员工对信息系统的自愿使用减少，延缓实施的进程，增加额外的成本，使企业无法实现系统的潜在效益等等。总之，抵制行为的直接后果就是使系统实施的难度加大，甚至导致实施失败。实际上，信息系统实施过程中出现的很多管理问题都与员工的抵制有着密切关系，甚至有人认为系统实施的过程实际上就是变革管理、克服抵制的过程。图 7-1 反映了员工抵制对信息系统实施的影响。

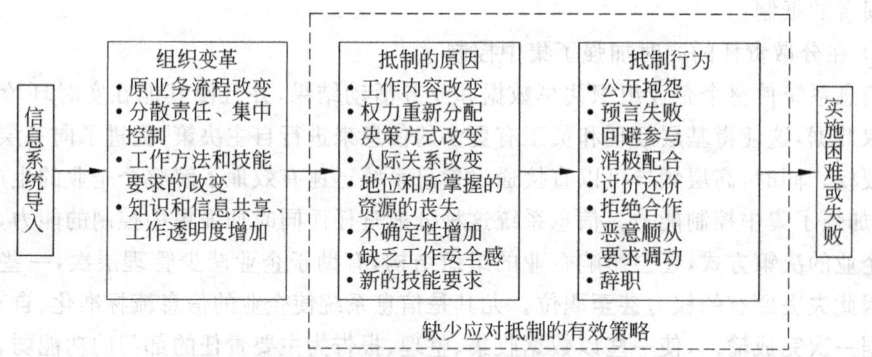

图 7-1 抵制行为对信息系统实施的影响模型

7.1.3 信息系统成功的因素

信息系统成功的因素主要有技术因素、组织和管理因素。下面分别对它们进行介绍。

1. 技术因素

影响系统实施工作的技术因素主要包括以下三个方面。

1）数据整理与规范化

信息系统的成功实施，依赖于企业准确、全面、规范化的基础数据。系统的硬件、软件是可以花钱买到的，而企业的基础数据只有靠企业自己去整理和规范化，是金钱买不到的东西。信息系统是一个数据加工厂，没有高质量的数据原材料，就不可能有高质量的信息产品。

2）软硬件及网络环境的建设

建设信息系统的软件、硬件及网络环境是一项技术性高、工作量大的任务。它是信息系统运行的基础设施和平台，如果它不能很好地工作，信息系统就不能很好地工作，因而它是企业应用系统的前提和基石。

3）开发技术的选择和使用

系统实施最主要的任务就是编写应用系统的应用程序。根据系统的设计文档，如何快速开发信息系统，实现其预定的功能和性能，并且有可扩充性和易维护性，符合开放系统的标准是系统实施面临的主要问题。

2. 组织和管理因素

影响系统实施工作的组织和管理因素主要包括如下五个方面。

1）领导因素

东西方学者一致认为，实施信息系统是关系到企业全局的问题，绝非一蹴而就。只有高层领导的充分理解、持续支持、亲自参与才能成功。因此，信息系统项目往往被称为"一把手工程"。高层领导的支持是指高层领导为促进项目成功提供必要资源和权威的意愿。信息系统项目投资大、周期长，高层领导保证有足够的人力、物力、财力投入，是系统顺利实施的基本保障。高层领导的作用不仅体现在资金预算上的支持，还体现在实际参与系统的实施过程，给实施团队提供及时的指导和帮助。只有总经理级的领导才有资格协调系统实施过程中所出现的业务和技术冲突。从风险的角度看，企业实施信息系统不仅有技术风险，还有商业风险和组织风险。如果仅仅依靠技术专家来进行信息化建设，那么企业往往会忽视商业风险和组织风险，只有高层领导才有资格和能力进行全面的信息化管理。这就要求高层领导对信息系统本身要有一定的认识水平和驾驭能力，正确理解系统可能给企业带来的利益和风险。

归纳起来，领导因素有三个方面：高层领导对信息系统项目的总体支持；高层领导对信息系统实施过程的实际参与；高层领导对信息系统本身的了解和认识。

2）业务流程重组(BPR)

信息系统的成功实施往往需要对企业的原有业务流程进行重组。虽然企业可以通过系统配置对信息系统进行一定程度的客户化(customization)，但是完全改变信息系统以适应企业原有的组织和业务特性是不现实的。一方面，对大型软件包进行较大修改或二次开发是非常困难的，而且会给日后的系统维护和升级带来很大麻烦。另一方面，开发商在设计信息系统时已经在系统中体现了所谓的"最佳业务实践"(best practice)。企业如果过多的修改系统，就难以实现系统的潜在利益。因此，信息系统软件往往被看成是一种能带来根本性组织和管理变革的新技术。甚至有的学者认为实施信息系统本身就是一种BPR。很多信息系统项目失败的原因就是管理者对BPR缺乏足够的重视，为了减少BPR带来的管理负担，过多的要求信息系统去适应原有的业务流程和工作方式，没有对企业的管理模式、业务流程和组织机构进行根本性改造。结果造成系统功能难以完全发挥，企业无法从信息系统项目中获利。

BPR有两个维度：①BPR意愿，指当信息系统使用与原有业务流程发生冲突时，企业倾向于进行BPR，而不是修改信息系统以适应原有流程；②BPR程度，指企业为了发挥信息系统的作用，对原有管理模式、业务流程和组织机构进行改变的程度。

3）项目管理

作为信息化项目，实施信息系统投资大、周期长，几乎涉及企业经营发展的各个方面。

因此，必须有完善有效的项目管理战略，才能保证信息系统的成功。信息化项目管理首先要有明确的项目目标规划和正式的实施计划安排。明确的目标规划指明了企业实施信息系统希望达到的商业目标，这个目标必须与企业的长期发展战略保持一致。如果没有明确的商业目标，那么系统实施就会成为一个单纯的软件安装项目，实施人员的努力方向就会出现偏差，无法保证系统给企业带来真正的利益。正式的实施计划安排是项目成功的保证，它包括明确的实施范围和时间表、里程碑规划、资源保证计划、责任权利界定等。此外，由于系统实施的复杂性，项目经理既要具备深厚的IT功底，又要熟悉企业的经营业务和组织环境，具备良好的沟通技巧。同时，对项目经理进行授权也非常重要，项目经理必须有权力及时处理系统实施过程中产生的问题。因为对信息化这样的长期项目而言，任何的决策延误都可能造成非常不利的影响。

有关项目管理的关键成功因素有4项：①明确的项目目标规划；②正式的实施计划安排；③具有综合能力的项目经理；④对项目经理充分授权。

4）变革管理

信息系统实施所伴随的组织变革的复杂性和必然性决定了变革管理，尤其是对抵制行为进行管理的重要性。员工抵制信息系统实施的真正原因，是系统的实施会引起组织中角色、责任、权力关系的变化，进而使员工感觉到其个人（或部门）的利益受到了威胁。信息系统项目失败的一个重要原因就是管理者忽视了对变革管理等“软因素”的关注，而实际上系统实施所面临的很多障碍都与员工对变革的抵制有关。因此，有效的变革管理就成为系统实施成功的又一保证。变革管理包括管理者为了促进企业向信息化顺利转型，减少组织抵制所采取的所有与人员、文化和政治有关的活动。因此，将所有有利于减少抵制和混乱，有利于企业顺利适应信息化环境的管理方法和活动都视为变革管理的范畴。具体包括：

（1）树立明确的信息化项目愿景；

（2）用户参与信息系统的实施过程；

（3）充分的教育和培训；

（4）有效的交流沟通；

（5）争取企业各阶层的支持。

5）外部支持

外部支持主要包括咨询公司的支持和帮助，及软件供应商的支持和帮助。

由于信息系统实施的复杂性，仅靠企业自身的力量通常无法取得系统的最后成功，企业需要获得外部支持。外部支持既包括软件供应商的支持又包括第三方咨询公司的帮助。咨询公司往往对某个行业有深入的了解，或对某种信息系统软件有丰富的实施经验。因此，可以在系统选型、安装、测试、评估等环节提供专业服务，并且在企业的业务流程重组和管理变革中贡献力量。同样，来自软件供应商的支持和服务也是系统成功不可缺少的因素。系统的安装、设置以及新旧系统的切换都离不开软件供应商的帮助。企业与软件供应商之间的良好合作关系是系统的关键成功因素之一。

7.2 信息系统的管理

信息系统的管理是系统生命周期中占据时间最长的工作，其成效对系统的建设和运行有着尤为重要的影响。信息系统管理的内容比较广泛，本节主要就信息系统开发管理、信息系统实施管理、信息系统运行管理展开讨论。

7.2.1 信息系统开发管理

信息系统的建设一般按总体规划和分步实施的原则开展；信息系统的开发则一般以项目的形式组织和落实，一个项目完成一个信息系统的开发。信息系统开发管理是一种工程项目的管理，是应用科学的项目管理方法，在有限的资源条件约束下，对信息系统开发全过程进行有效地计划、组织、协调、领导和控制的系统管理活动。

1. 项目计划的制定

信息系统与其他技术系统相比有许多差别，其中计划要素的不确定性是信息系统开发的一个显著特点。为了尽可能地有序展开信息系统的开发工作，有必要为系统开发制定一份工作计划，以便对项目的落实进行组织、监督和控制。

信息系统开发的计划大体上可分为进度计划、质量保证计划、费用计划、风险管理计划和人力计划。

在项目计划的编制过程中应遵循以下原则：全过程计划（总体计划）应保持大体上稳定，并尽可能留有一定余地和弹性，以预防可能出现的意外情况；阶段性计划或子系统计划按近期精细、远期概略方法展开。

通常信息系统开发计划的管理包含以下工作：

(1) 项目计划编制，由项目经理或子项目负责人负责；

(2) 计划执行控制，定期检查、督导，并制定项目进度周报、月报等相关制度；

(3) 计划变更处理，尽可能保证进度、费用和系统目标不变，运用一定的方法和理论应对和处理各种复杂情况；

(4) 计划文档管理，计划文档应包含各类项目计划文本、计划执行检查情况记录及统计、计划变更、调整记录等。

2. 信息系统开发管理的协调工作

在信息系统开发管理中，存在着大量的管理协调工作，主要涉及需求方与开发方的关系、需求方项目管理人员与使用人员及决策层的关系、项目管理人员与软件开发人员的关系、系统性能与灵活性的关系。

1) 需求方与开发方的关系

需求方与开发方是对立的统一体，二者都有一个相同的目的，即双方均希望将开发项目做好。但需求方可能对信息开发技术缺乏全面的了解，而开发方可能对需求方的需求细节了解不充分，使得双方对开发过程的理解存在差异。这种认识上的差异与理解的不同会导致开发结果与实际需求偏差甚远。因此信息系统开发管理的重要任务之一就是建立一个便于开发方与需求方之间进行交流的环境。在系统需求分析阶段,开发方与需求方的深入交流是项目获得成功的关键。但是这种交流却经常由于各种误解而难以有效地进行,开发方的分析人员总是先把精力集中在整个系统的总需求上,而不会对具体的细节做过多考察,而需求方管理人员刚开始时往往只能提出粗糙的系统需求。同时因为需求方期望值过高,容易过高的估计计算机软件的开发能力,认为它一定能实现所需功能,所以经常会对所设计的软件大失所望。总之,需求方与开发方的关系是信息系统开发管理中所要处理的重要关系之一,增加沟通和减少误解是处理好这个问题的关键。所以要有效地安排开发方软件技术人员与需求方系统使用人员进行交流,并保证有畅通的交流渠道。在交流中需求方要尽量避免含糊不清的需求,而开发方要杜绝敷衍了事、得过且过的行为。

2) 需求方项目管理人员与使用人员及决策层的关系

信息系统的使用一方面减轻了工作强度、提高了工作效率,而另一方面也改变了现行的工作管理模式,改变了原有的一些工作流程和工作习惯。但是信息系统的成功与否仍有赖于需求方员工的检验。特别是在信息系统试运行阶段,员工对信息系统的使用实际上是系统的深入测试,有助于帮助开发方进一步完善系统功能,提高系统的实用性、稳定性及可靠性。因此如何鼓励员工使用信息系统,帮助他们克服对新工作模式的畏惧情绪也是项目管理的任务之一。需求方的决策者是需求方项目管理人员的领导,而行政手段是保证信息系统应用的有力手段之一,他们对项目的支持是信息系统开发成功的保证。因此需求方项目管理人员应随时与决策层沟通,取得其鼎力支持。

3) 项目管理人员与系统开发人员的关系

项目管理人员与系统开发人员的关系将直接影响系统开发人员的积极性。当需求方对系统提出问题和改动要求时,系统开发人员往往找出各种理由予以否定,而这正是引起开发方与需求方矛盾的最常见的原因。在信息系统项目开发中,项目管理人员需要经常协调使用人员和系统开发人员的关系,既要满足需求方的需求变化,又要充分调动开发人员的积极性。在实际的运作过程中需求方管理人员应尽早介入开发工作,及时发现问题,解决问题。这样既满足了需求方对系统改动的需求,又不会因不规则地打断开发人员的正常开发工作,使开发人员处于不断修改状态而失去耐心。

4) 系统性能与灵活性的关系

性能与灵活性是系统设计中的一对矛盾,在项目管理中应充分考虑性能与灵活性的关系。性能是系统可用性的重要因素,很难相信一个响应速度很慢的系统能够得到最终用户的认可,而灵活性是系统适应变化能力的重要因素,一个无法适应工作模式变化的系统也是难以得到认可的。

3. 项目进度与风险控制

信息系统开发过程中的控制主要针对进度、质量、成本和风险四项内容。在实际中几乎没有一个企业的信息系统开发项目能按计划进度完成,由此常常导致成本增加或项目规模缩小。信息系统的质量是最为重要的评价内容,进度上的延误有时可以承受,但是质量的欠缺是不能允许的。另一方面，由于信息系统的投入较难估计，所以成本的控制也是项目管理的重要内容。企业对于信息系统项目风险的认识非常薄弱，诸如项目无法按时完成或遥遥无期、系统质量远离预期或不能令人满意、成本超出预算甚至变成无底洞等问题都是典型的风险问题，因此风险控制涵盖了项目进度、系统质量和项目成本的事前控制。

1）信息系统的成本管理

信息系统的成本随着系统的类型、范围及功能的不同而有较大差异。我们可以将其分为开发成本和运行维护成本两大类。信息系统的成本估算通常需要遵循三个原则，即真实性与预见性原则、透明性与适应性原则、方便性与稳定性原则。

信息系统开发过程中，常见的有 4 种成本估算方法：

(1) 类比估算法：参照已完成的类似项目，估算软件开发成本和工作量。

(2) 分解估算法：将项目分解成若干子系统，先估算每个子系统成本和工作量，再估算整个软件开发成本。值得注意的是，采用分解估算法估算时应考虑系统集成时需要的工作量。

(3) 周期估算法：将系统按照系统生命周期分解为若干阶段分别估算，然后汇总出总工作量和成本。

(4) 经验估算法：根据实验或历史数据给出软件开发工作量或成本的经验估算公式。

2）信息系统的质量管理

信息系统项目开发的质量控制是保证整个信息系统质量的关键。

规划阶段主要对如下质量问题进行控制：决策目标和解决手段是否正确合理、系统结构是否合理、系统资源的可利用性如何、信息系统开发的基础是否确实具备、工程计划安排是否切实可行。

系统分析阶段要控制的问题包括现行系统描述是否正确、新系统功能是否十分明确、新系统逻辑模型是否合理、子系统的划分是否合理。

系统设计阶段要控制的问题包括：模块的划分是否合理、数据结构设计是否合理、信息规范化程度如何、测试方案和测试用例是否完整。

程序设计和测试阶段要控制的问题包括程序的结构化程度如何、程序的正确性如何、运行的速度如何、测试报告、技术指标的考核。

3）信息系统的进度管理

信息系统开发项目的进度控制通过工作计划执行情况的监督和检查、计划延误的分析和解决等活动实现。信息系统开发项目工作计划执行的监督与检查的方法与其他开发项目类似，但方法应用的有效性差别很大，主要是信息系统开发项目阶段成果的无形和隐形特点使得进度情况难以评判和把握。

鉴于信息系统开发项目的特点，进度控制的着重点应该放在项目计划及其管理的结构化程度的提高上。事前管理重点在于提高项目计划本身的结构化程度，而事中管理的重点则在于提高工作子项产出成果标准的结构化程度。结构化的项目计划和阶段成果标准的结构化使项目计划执行情况的监督和检查有据可循。目前，阶段成果或工作子项成果的评判依据主要是文档资料，项目前后阶段和工作子项也主要依靠文档资料的传承。

当项目工作计划发生延误时，要进行具体原因分析。一般来讲，信息系统开发进度的拖期，除了有环境变化、资金不到位、人员变动等与其他工程项目类似的原因外，还有一些特殊原因，主要表现在以下几方面：

(1) 各项开发活动的工作量是凭经验估计的，实际工作量与预计数发生较大的差异。

(2) 开发过程中产生不少事先未估计到的活动，使工作量增加。

(3) 由于需求或其他情况发生变化，使已完成的成果要做局部修改，造成返工。

上述导致计划不能如期进行的风险很多是不能或不易于避免的，但哪些活动延误，什么原因造成延误，必须分析清楚。只有在明确问题的前提下，才能选取对策，或解决问题、或修改计划，在总体上把握开发进度，以使延误造成的损失减至最小。

4) 信息系统开发的风险管理

信息系统项目的风险是发生预知不足的对项目造成严重损失的可能性。信息系统开发项目风险控制的目的是为了尽可能地降低风险事件发生的概率，以及在发生风险时尽可能地减少损失。理想的风险控制能间接地减轻其他控制活动的压力。

有关信息系统开发项目风险控制的活动主要是风险的识别、引起风险的因素分析和风险规避措施的运用。信息系统的风险就是进度、质量和成本等脱离预期的问题，因此可以根据这些方面的预期，运用逆向思维来识别。

Whitten 等学者从外部集成、内部集成、规范的计划和规范的控制四个方面提出了相应的使风险最小化的控制方法，这些方法比较切合信息系统的实际，可操作性较强，可以为人们参考和应用，详见表 7-3。

表 7-3 信息系统风险管理的方法

外部集成	由用户作项目经理	规范的计划方法	使用科学的项目计划工具
	实行设计改变责任制		规范的项目审批程序
内部集成	项目进程状态检查制度	规范的控制方法	项目进度与计划比较
	安排有合作关系的人作为项目成员		项目阶段成果的规范表达

4. 信息系统开发的文档管理

信息系统的文档是记录系统从无到有的整个发展与演变过程，描述系统各个状态的文字资料。从信息系统总体规划、系统分析、系统设计到实施应用的整个过程中会形成很多的文档资料，例如，各种图表、文字说明材料、数据文件、报告等。这些都是未来进行系统维护、升级或扩展的重要参考资料。可以说文档管理是信息系统管理中非常重要的工作。

在信息系统建设过程中涉及的文档资料很多，资料的格式、内容、载体等都有很大区别。为了做好系统文档的管理工作，方便归档和将来使用，必须对它们进行妥当的管理。系统文档是比较稳定的，但是随着系统的运行及情况的变化，需要有局部的修改与补充，当变化较大时，系统文档需要重新编写。系统文档的管理工作主要有以下几类：

(1) 文档标准与规范的指定或采用；

(2) 文档编写的指导与督促；

(3) 文档的收存、保管与借用手续的办理等。

文档的标准与规范要依据国家相关规定，并结合具体系统的特点在系统开发前或至少在文档产生的阶段前制定，用于指导与督促系统开发人员及系统使用人员及时编写有关的文档资料。为保持文档的一致性与可追踪性，所有文档都要收全、集中、统一管理。

文档的管理虽不是一件日常性工作，但是对系统的质量至关重要，必须由专人负责，并形成制度化。

7.2.2 信息系统实施过程的管理

信息系统的实施过程其实是一项非常复杂而艰巨的工作。通常，在信息系统的需求分析阶段已经做了大量、有效的沟通，并采用适当的技术与手段，但是仅仅这些是不够的，还需要具有条理、切合实际情况、可操作性强的实施计划，才能保证信息系统成功的实施。

1. 信息系统实施过程

在一般情况下，信息系统实施计划可分为三个过程，即启动过程、制订和确认实施计划过程以及验收过程，各个过程的工作都应尽量具体、明确。

1）启动过程

该过程包括以下工作重点：

（1）成立新系统实施领导小组，开发单位与使用单位的主要领导应为小组领导或成员，组织相关人员编制新系统实施计划，检查、协调系统实施的开展。

（2）详细核查组织现有的硬件配置（包括网络布局）、系统软件环境是否满足应用软件的安装运行要求。

（3）确认软件运行需要的特殊硬件是否到位。特殊硬件可能包括票据打印机、条码扫描器、读卡器、宽幅扫描设备、POS机、税控机等。因为有些设备有可能需要订货，所以实施前要事先考虑到订货周期这一重要因素。比如，采购服务器等系统硬件需要一个较长的周期，项目启动时可能没有到位，为了不影响项目进度，可以使用符合要求的替代设备等。

2）制订和确认实施计划的过程

该过程包括以下工作内容：

（1）需要新系统实施领导小组协商确定双方接洽人以及各个环节（子系统）的直接负责人，在条件允许的情况下，应争取有第二负责人，这样可以使实施工作的分工更加明确，避免遇到问题无人解决或无法做最后的确认。

（2）沟通实施工作计划。一定要提前把实施工作计划提交给双方的负责人，计划应包含起止时间、具体工作内容、应配备的资源等。此时“起止时间”、“用户配合人员”可能无法确定，但这对大局的影响并不大。提前提交计划的目的是保证软件实施期有充足的启动准备时间，在正式讨论实施计划前对工作内容有一个充分的了解，便于安排负责人员和工作日期，避免在讨论时浪费时间。制订实施工作计划可以参考使用下面的内容：起止时间、工作内容、应配备的资源、用户配合人员、负责技术人员、预期效果。

（3）确认实施计划。确认时可以围绕软件系统实施计划表，把实施范围、具体内容等沟通清楚，目的是让双方根据计划明确各自的职责范围和工作内容。确认过程可能会遇到麻烦(双方有些部门之间会相互扯皮),这时,提前将软件实施计划提交给双方负责人的作用就完全体现出来了。另外,高层管理者应该明确表明自己对新系统的支持态度,这样信息系统的实施过程会减少很多阻力。

要想完成一个高质量的软件系统,在实施过程中要定期进行小结。参与人员的范围不需要太大,目的是把应用过程中出现的问题反映出来,分析问题产生的原因,给出解决办法和意见。这种小结会应该至少一周一次,而且每次形成小结报告后,要提交给新系统实施领导小组,确保要让双方清楚的了解实施进度、出现的问题以及接下来的工作的重心。

在实施过程中,大部分的系统都会涉及软件修改的问题,此时,新系统实施领导小组要把握好以下两个方面的内容:

(1) 是否有必要修改程序。如果是软件本身的缺陷或 BUG,应将缺陷或 BUG 结果修正并反馈;如果是使用者为了偷懒或其他个人原因,想要打破原有的业务规则或业务逻辑,那么要和使用者沟通清楚,引导使用者的需求往合理化方向走,对于不合理的需求必须说服使用者尽量放弃或暂缓,毕竟采用一些软件是为了规范流程。使用者的合理需求要尽可能满足,不能满足的需求可以使用变通的方式或客户化开发的方式给予解决。开发方如果对原先的程序进行了修改,还应考虑避免出现新的缺陷或问题。

(2) 重大的修改要慎重。通常人们最不愿意看到的就是对软件的重大修改。由于程序开发人员对具体业务的理解有偏差,或不同使用者需求的差别,有时早晨的需求和下午的需求就截然不同。遇到这些情况时,开发方应重新了解使用者的需求,考虑解决方法,请双方的主要负责人和系统管理员参加讨论,形成决议后再考虑如何对程序进行修改,形成处理文档。要防止偏听偏信,因为有时候可能是误解,如操作人员并不理解管理层的实际意图等。

实际的实施工作中,琐碎细节还有很多。比如:要协调不同部门的工作、人际关系,如何向双方领导汇报工作等。但是只要把握住工作重点,注意工作细节和工作方法,双方就能够建立很好的沟通和信任关系,项目的实施也就能够比较顺利了。通过本阶段,不仅项目实施涉及的所有人员有机会建立良好的关系,而且要让软件的问题充分暴露,为后续的验收工作做好准备。

3) 验收过程

信息系统实施的最后一项工作是验收,通常新系统的第一次总体评价与系统的验收同时进行。参加验收工作的人员应包括双方领导、负责人和其他的主要人员及专家,为此也要进行相应的准备工作,比如做好验收前的策划,建立一个评价标准或指标,以方便判断新系统是否可以投入使用。具体包含以下工作重点:

(1) 详细整理各阶段验收文档,包括系统使用说明与系统功能操作手册、源程序清单等系统文档。

(2) 重点考虑系统验收后的运行管理与维护,开发方应提供的后续技术支持、服务保证等,要保证系统的正常运行,消除使用方的后顾之忧。

(3) 提前邀请需要参加验收的上级领导和专家,一方面表示尊重,另一方面让领导和专家有充足的时间来为验收工作做准备。

(4) 组织召开一个验收前的讨论会，确保各项目验收准备工作已经完成。

(5) 软件系统的验收应包括对系统各方面的验收，如系统建设方面，包括规划目标实现度、开发效率、先进性、经济性、资源利用率、运行管理的科学性、系统建设的规范性等；系统功能方面包括系统功能应用程度、用户应用界面等；系统性能方面包括系统可靠性、系统效率(响应速度)、系统可维护性、可扩充性、可移植性、系统的安全保密性等。

(6) 软件系统的验收还应包括对系统的评价，如经济效益、社会效益、管理科学性和用户满意度等。

2. 控制风险因素

每个系统的开发项目都有许多不确定的因素，因而会有不同程度的风险。根据产生风险的原因，可以将风险分成不同的类型和级别，并采取不同的管理策略与工具对风险进行控制。有四种项目管理的策略与工具可以用来控制风险因素，它们是外联策略、内聚策略、正规计划工具和正规控制工具。表 7-4 给出了在不同风险等级下，如何选取这些策略与工具。

表 7-4 控制实施风险应采取的策略与工具

结构化程度	技术水平	项目规模	风险程度	应采取的策略与工具
高	低	大	低	充分利用正规计划和控制工具
高	低	小	很低	充分利用正规的控制工具 适当利用正规的计划工具
高	高	大	中	适当利用正规计划和控制工具
高	高	小	中偏低	采用高度的内聚策略
低	低	大	低	采用高度的外联策略 充分利用正规计划和控制工具
低	低	小	很低	采用高度的外联策略 充分利用正规控制工具
低	高	大	很高	采用高度的外联策略 采用高度的内聚策略
低	高	小	高	采用高度的外联策略 采用高度的内聚策略

1) 外联策略

外联策略是将项目开发组的工作在组织内各个层次上都与用户紧密相联系的一种策略。对于结构化程度较低的系统，实施过程中需要广泛动员用户参与到系统设计中去，将组织变动和用户需求中的各种不确定因素降到最低，这时就可以采取这种外联策略。外联策略包括下述基本内容：

(1) 用户代表参与项目领导班子，可以直接担任项目组组长或副组长；

(2) 建立用户方的项目领导小组，对系统设计方案进行评审；

(3) 用户可以成为项目组当中的骨干；

(4) 项目的规格说明都可以要求用户正式地审批；

(5) 与设计有关的重要会议记录在用户间广为散发；

(6) 用户可以直接向他的领导提出进展情况报告；

(7) 可以委托用户去负责系统的安装和培训工作；

(8) 用户进行变革的控制。最后的系统设计一经完成，用户便可以负责控制变革的过程，对一些不重要的变动，也可以延缓或者是取消。

2) 内聚策略

内聚策略要求项目组全体工作人员要高度集中，紧密配合，协调一致，凝聚成一个整体来完成整个实施活动。这种策略适用于那些技术含量较高的项目。高技术含量项目的成功主要依靠对技术复杂性的良好管理与协调。这要求项目的领导者既懂技术又懂管理，既能与项目组共同探讨技术问题，又能够理顺以技术人员为主的项目组成员之间的相互关系。这种策略的要点如下：

(1) 项目组成员都应该是富有经验的行家；

(2) 项目组的领导应该有很高的技术水平和丰富的项目管理经验；

(3) 项目组应经常开会沟通，重要的会议记录和设计方案要分发给有关人员；

(4) 项目组要经常检查自身的技术状况；

(5) 项目组中大部分成员都有过良好的相互配合工作的历史；

(6) 项目组成员应该参与各项工作目标和完成期限的计划制定；

(7) 项目组缺少的重要技术和技巧，必须有办法从外部来获得。

3) 正规的计划与控制工具

项目的计划工作包括将项目分解成各项任务，确定这些任务的完成顺序，估计完成这些任务所需的时间与资源，分派人力、经费、技术等各项资源到各项任务。项目的控制工作包括对项目进展的监督以及必要的调整。计划与控制工具可以直接采用项目管理中常用的正规管理技术，如网络计划(PERT)、甘特图(Gantt Charts)等。

这些工具特别适合于管理那些结构化程度高、技术又不很复杂的规模比较大的项目。这些项目没有技术难点，需求相对比较确定，只要利用这些管理工具排定计划，就比较容易获得成功。

4) 克服用户的阻力

用户的阻力是项目实施中普遍存在的一种风险。阻力可能是由于对用户的教育、培训、说明不当而引发的，也可能是因为用户个人的原因。用户参与的效果并不都是积极的，把握好用户参与的时机与条件，是克服用户阻力的策略之一。

用户参与实施过程的益处体现在，能使系统更真实地反映用户的需求，使用户感到他们能够驾驭该系统而增加对系统的信任和支持等。除了能带来积极的影响外，用户参与实施过程也可能产生一些负面的影响，如有时用户会利用自己的地位，按个人的喜好来设计系统，或者希望新系统能够扩大自己的权力。新系统的最后方案确定以后，在受到一部分人支持时，也常常会引起另一些人的反对。这可能是新系统影响了他们的利益，影响了他们的权力，或者是因为改变了他们惯有的工作方式与习惯，给他们带来了新的学习成本。如果新系统的使用是自愿的，反对者将选择不使用新系统；如果新系统使用不是自愿的，反对者就会以各种不同的方式表达他们的不满。常见的现象有日益提高的出错率，经常性的中断，不断地抱怨“太麻烦”、“太不合理了”，甚至会故意破坏。显然只靠用户参与是不能完全解决用户抵制问题的。

为解决这类抵制实施的问题，学者们提出了三种理论解释抵制产生的原因：

(1) 基于人的理论认为产生抵制的原因完全来自于用户本身，他们不能克服人的缺点。例如，他们懒惰，不愿意学习新的工作方法。因此，为克服用户阻力可采取的策略有：对用户进行良好的培训、用法令和行政手段强制执行、说服教育、鼓励用户参与并承担一些义务。

(2) 基于系统的理论认为产生用户抵制的原因来自于系统设计不良。例如，用户界面混乱、学习操作困难等。为此，可采取以下策略来克服用户阻力：对用户进行教育、改进人机界面、用户参与设计的改进、必要时对系统进行修改以满足组织的要求。

(3) 交互理论认为用户的抵制是系统因素与人的因素交互作用的结果。例如，一个设计良好的系统只得到一部分人的欢迎，另外一些人因为担心新系统会削弱自己的特权和取代自己的位置，因而采取抵制态度。可采取以下策略来克服用户阻力：应用新系统前先解决好组织问题、重新设计用户的激励办法与制度、重新确定用户与设计者之间的关系、在适当的时候鼓励用户参与实施。

7.2.3 信息系统运行管理

信息系统在运行阶段将发挥作用，产生效益，但预定的目标并不一定能完全实现。开发出的系统再好，如果运行不好，新系统的优越性也无法体现，信息系统的运行管理就是要解决这方面的问题。信息系统的运行管理从系统投入运行开始，一直延伸到被更好的系统替代为止。运行管理的目的是使信息系统在其生命周期内保持良好的可运行状态，保证其功能的全面发挥。

1. 系统用户的培训

信息系统是一个人机系统，用户是信息系统的核心，不同的用户使用同样的信息系统会产生不同的效果。对企业来说，信息系统是一种复杂的新事物，为使投运的系统能产生最大的效益，在系统投运的前后，有必要学习和掌握信息系统的基本知识和应用技能。即使在系统运行一段时间后，也有必要进行更有针对性的培训或交流。

系统用户的培训应该与系统的应用紧密结合起来，用户的培训不局限于一般的系统操作，而是将信息系统中的管理新思想、新方法深入地融合到用户的工作中，只有这样用户在信息系统中的核心地位在系统运行中才能得到真正的体现。

信息系统的知识非常广泛，因此用户培训的内容要根据实际情况有所侧重。大体上，培训的内容可分为信息系统的基本知识和信息系统的应用两大部分。其中信息系统的应用知识应该紧密结合系统的目的和功能，介绍相关的管理思想和管理方法、信息系统推进企业变革的作用机理以及应用信息系统后的管理创新启示等内容。一般的用户培训内容建议如下：

(1) 企业信息化与信息系统的基本概念。介绍信息、信息技术与信息系统的基本概念、作用与价值，以及常见的信息系统的简介等。

(2) 新系统的目的、结构、功能和原理。以项目所开发的信息系统为对象，讲解开发和应用系统的出发点与实质意义、系统的基本构造和特点，包括系统功能及其相互关系、系统的作用机理等。

(3) 新系统的操作方法。详细地讲解新系统的应用步骤和操作方法，有必要通过演示和举例等形式，进行直观的教学。对一些操作比较复杂的功能应该安排上机实践。

(4) 管理新思想、新方法。比照新旧系统，介绍新系统的功能如何实现了新的管理模式、管理思想和方法，尤其是对旧系统的管理过程和管理方法做了变革的部分，要有详细的说明。

(5) 系统操作中的问题及创新应用。系统运行一段时间，用户有了足够的感性认识后，处于求知的活跃时期。这时要抓住培训对象的学习积极性，及时对应用做总结，解释出现的系统问题和应用问题，为深入地创新应用提供方向性的指导知识。

一个供参考的信息系统用户培训安排见表 7-5。

表 7-5 信息系统用户培训表

内　容	培训时间	阶 段
企业信息化与信息系统的基本概念	1～2 个单元，3 小时	投运前
新系统的目的、结构、功能、原理和操作方法	2～3 个单元，6 小时	投运前或投运后
管理新思想、新方法	1～2 个单元，3 小时	投运前或投运后
新系统操作中的问题及创新应用	1～2 个单元，3 小时	投运后

关于用户培训，习惯上都委托给信息系统的开发商或实施商，因为他们具有较全面的信息系统基本知识。但用户培训不单纯是信息系统的内容和管理的内容，还有信息系统与管理结合的内容，比较理想的培训机构是既熟悉用户所在行业实际情况又具有较丰富的信息系统知识的组织。

由于企业管理人员的工作一般都比较繁忙，尤其在月末与月初，因此对他们的培训不易采用连续的授课方式，最好以讲座形式进行。根据不同的内容分解成多个前后自然衔接的讲座，分别安排在系统运行前后的适当时期。

2. 信息系统的维护管理

信息系统的维护管理是系统投运后最主要与最频繁的系统管理工作，其目的是使系统始终保持良好的可运行状态。系统维护管理是企业信息部门的主要工作。系统维护管理的具体工作有信息系统日常维护管理以及信息系统运行情况记录。

1) 系统日常维护管理

信息系统投入使用后日常维护管理的工作量巨大，运行管理人员必须完成数据文件的维护、硬件设备的维护、例行的信息处理及服务工作、系统的安全管理等。

A. 数据文件的维护

数据文件维护工作一般是由数据库管理员负责，主要负责数据库的安全性和完整性以及并发性控制。用户要向数据库管理员提出数据操作请求，数据库管理员要负责审核用户身份，定义其操作权限，并依此监督用户的各项操作。同时数据库管理员还要负责维护数据库中的数据，当数据库中的数据更新后，要负责修改相关的数据库、数据字典，并通知相关人员。

B. 硬件设备的维护

硬件设备的维护工作包括设备的使用管理、定期检修、备品配件的准备及使用，各种消耗材料的使用及管理，电源及工作环境的管理等。其中最主要的两类维护工作，一种是定期的设备保养性维护，保养周期可以是一周或一个月不等，维护的主要内容是进行例行的设备检查与保养；另一种是突发性的故障维修，即当设备出现突发性故障时，由专职的维修人员或请厂商来排除故障，这种维修活动所花时间不能过长，以免影响系统的正常运行。

C. 例行的信息处理及服务工作

例行的信息处理及服务工作包括例行的统计分析、报表生成、数据的复制及保存、与外界的定期数据交流等。这些工作，一般都是要按照一定的规程，定期或不定期的运行某些事先编制好的程序，这是由系统操作人员完成的。这些工作规程，应该是在系统分析和开发过程中已经详细规定好的，操作人员也应该经过严格的培训，清楚地了解各项操作规则，了解各种情况的处理方法。

D. 系统的安全管理

系统的安全管理是日常维护工作的重要内容之一，是为了防止系统外部对系统资源不合法的使用和访问，保证系统的硬件、软件和数据不因偶然或人为的因素遭受破坏、泄露、修改或复制，维护正常的信息活动，保证信息系统安全运行所采取的手段。信息系统的安全性体现在保密性、可控制性、可审查性、抗攻击性等方面。

上述的四项任务是日常维护中必须认真组织、切实完成的。作为企业信息系统的主管人员，必须全面考虑这些问题，组织有关人员按规定的程序实施，并严格要求、严格管理。否则，信息系统是很难发挥应有的实际效益的。另外，常常会有一些例行工作之外的临时性信息服务要求信息系统满足，这些信息服务的作用往往要比例行的信息服务大得多。随着管理水平的提高和各级领导信息意识的增强，这种要求还会越来越多。因此，努力满足这些要求，应该成为信息系统主管人员特别注意的问题。

信息系统的日常维护工作是十分繁重的，不能掉以轻心。特别要注意的是信息系统的管理不只是对机器的管理，更重要的是对人员、数据及软件的管理。

2) 信息系统运行情况的记录

信息系统运行情况的记录是对系统管理、评价十分重要的资料，是确保信息系统的正常运行而必须掌握的系统运行轨迹。信息系统的主管人员应该从系统运行的一开始就注意积累系统运行情况的详细资料。

在信息系统运行过程中，需要收集和积累的资料包括以下五方面。

A. 有关工作数量的信息

此类信息如开机时间、每天提供的报表的数量、每天录入的数据量、系统中积累的数据量、修改程序的数量、数据的使用频率、满足用户临时要求的数量等,反应系统的工作负担、所提供的信息服务的规模以及信息系统功能的最基本的数据。

B. 工作效率

工作效率即系统为了完成所规定的工作,占用了多少人力、物力及时间。如完成一次年度报表的编制,用了多长时间、多少人力。又如,使用者提出了一个临时的查询要求,系统花费了多长时间才能给出所要的数据。此外,系统在日常运行中,例行的操作花费的人力是多少、消耗性材料的使用情况如何等。

C. 系统所提供的信息服务质量

信息服务和其他服务一样,应保质保量。如果一个信息系统生成的报表,并不是管理工作所需要的,管理人员使用起来不方便,这样的报表生成得再多再快也是毫无意义的。同样,使用者对于提供的方式是否满意,提供信息的精确程度是否满意,信息提供是否及时,临时提供的信息需求能否得到满足等,也都在信息服务质量范围之内。

D. 系统的维护、修改情况

系统中的数据、软件和硬件都有一定程度的更新、维护和检修,这些工作要有详细、及时的记载,包括维护工作的内容、情况、时间、执行人员等。这不仅有利于保证系统的安全和正常运行,而且有利于系统的评价及进一步扩充。

E. 系统的故障情况

无论大小故障,都应该及时地记录,记录内容应包括故障发生的时间、故障的现象、故障发生时的工作环境、处理的方法、处理的结果、处理人员、善后措施、原因分析等。

对于信息系统来说,这些信息的记载可以通过系统设置自动记录的功能来实现,就目前的技术而言,是完全可行的,系统日志是最常见的运行记录手段。但作为一种责任与制度,一些重要的运行情况及所遇到的问题,仍应做书面记录。系统运行情况无论是自动记录还是由人工记录,都应作为基本的系统文档,长期保管,以备系统维护时参考。

3. 建立健全系统运行管理制度

建立和健全信息系统管理制度,有效地利用运行日志等对运行的系统实行监督和控制,这是系统正常运行的重要保证。手工管理方式相应的有一整套管理规则,明确规定了各类人员的职权范围和责任,出现问题也有一套规则进行处理。用计算机实现的各类管理活动也同样需要一套管理制度,规定什么用户拥有什么样的操作权限,在什么时间、什么条件下应该完成什么工作,如果出现问题应如何处理。当有新的信息需求时应该遵照怎样的管理程序向信息管理部门提出,作为信息管理部门又如何处理这些信息需求。其内部的各类人员又应该遵照什么要求和规则开展各项工作等。作为高层领导的经理要定期检查系统运行情况,发现问题及时处理,而信息部门的负责人除了要负责监督系统运行外,还要对本部门各类人员的工作进行检查和监督,积极做好各类人员的管理工作,只有这样才能保证信息系统为各层级管理服务,充分发挥信息资源的作用。

7.3 IT服务外包

1. IT服务外包的含义

从概念上说,IT服务外包(IT Outsourcing),又称为IT资源外包,就是企业将信息系统或信息功能整体或部分地移交给外部的专业性公司管理与执行,由其按照双方约定的条款,承担起企业IT硬件设备、应用软件甚至业务流程的日常管理和维护,来替代原来内部IT部门或人员的工作,以精简机构、降低费用、提高效率的服务模式。严格意义上的IT服务外包,意味着将企业信息技术部门(包括设备和人员)整体交由外部服务商来管理,直至成为后者的一个部门。

从企业管理的角度来看,相对于企业内部组织而言,如果外部服务商能以更富有效率和更低成本的方式完成某项信息技术任务,则该任务应交由外部服务商来完成;反之,则应保留在企业内部完成。IT服务外包的真正意义是对于企业非核心事务的进一步压缩,将非核心领域但又非常重要的业务和管理,外包给擅长该业务的公司去完成,利用专业化分工,以更低的价格,获得更为专业和灵活的IT应用服务和IT系统维护服务,从而使企业行为变得更有效率,产品更加专业化,更具有竞争实力。因此IT服务外包更准确的解释是战略性的使用外部资源,整合利用企业外部最优秀的IT专业化资源、从而提高效率、降低成本、充分发挥企业自身核心竞争力和增强企业对外部环境的应变能力。

2. IT服务外包的分类

IT服务外包可以包括以下内容:信息化规划(咨询)、设备和软件选型、网络系统和应用软件系统建设、整个系统网络的日常维护管理和升级等。在实际中,根据客户的不同需求,将IT服务外包分为以下四类。

1) IT服务整体外包

这是指企业将与信息技术相关的所有工作,如IT系统咨询、规划、采购、实施、运维、培训等整体服务外包给专业的公司管理,而企业专心从事其核心业务。IT服务整体外包适用于不想成立IT部门或雇用IT工程师,并迫切希望降低运营成本的公司。

2) 单项IT技术外包

这是指企业将部分IT业务外包,如网络建设、硬件设备维护、数据中心、单项软件开发等外包给专业公司。适合于企业内有少量的计算机人员,但难以应付日常的各种繁杂事务的情况。目前这类外包在国内比较常见。

3) IT运维外包

这是指企业在IT系统建设完成后,将系统的日常运行和维护外包给专业公司,这样企业可以专注于核心业务而不是IT系统运行过程中所可能出现的技术问题以及细节化的技术维护工作。IT运维外包适合于企业内的维护人员日常工作不多,有了问题时又忙不过来的情况。

4）IT 行业信息咨询

这是指企业通过咨询公司获得需要的产品与技术、IT 行业前沿技术动态等信息，以及系统解决方案。目的是根据企业网络实际情况及时、有效地提出合理的优化、升级方案书，使企业网络系统总是处于最佳状态。

选用哪种外包方式，需要结合客户自身情况而定，并且有可能会从一种方式转化到另一种方式。

3. IT 服务外包的特征

IT 服务外包作为专业服务的一种，一般具有以下几个特征。

1）基于企业战略发展的选择

尽管 IT 外包的出现是源于降低企业在系统运营维护方面的日常开支，缩减管理成本，但是现在企业选择外包服务更多的是出于培育企业核心竞争力的考虑。企业将更多的精力和资源投入到自己擅长的核心业务中，而辅助性的、非核心的业务则交给外部的专业人士来承担，以获得更高的整体运营效率。IT 服务外包正成为企业实施长期发展战略的重要选择。

2）属于市场交易行为，双方关系由合同确定

外包合同是外包管理中最重要的文件之一，是企业控制外包服务商进而降低外包风险的主要杠杆，同时也是约束外包方的重要手段。外包服务提供方根据合同规定的服务水平协议，提供资源和专业技能，交付相应的服务。

3）履行服务的时间一般比较长

IT 服务外包是一种长期的委托行为，一般合同履行的时间比较长，三年、五年或者十年、几十年。但也有些合同比较短，在一年以内。许多 IT 服务外包合同都会规定一段时间的试用期，作为对外包服务商的考察和绩效指标体系设计的基础。

4）IT系统或 IT 系统之上的业务为外包对象

IT 服务外包的外包对象是针对 IT 系统或者 IT 系统之上的业务流程。随着 IT 服务外包的发展，特别是业务流程外包的发展，IT 服务外包里包含的内容更加广泛，介入用户内部管理的层面更加深入。

4. IT 服务外包的价值

1）获得外包服务商的规模经济效应

考察微观经济学的生产函数可知，当产出超出一定范围时，平均成本会下降，此时产品或服务的生产过程就表现出规模经济性。随着产出的增加，平均成本（Average Cost）下降，边际成本会小于总平均成本。信息技术外包服务商能够实现规模经济是整个外包行业的商业逻辑。其规模经济性主要表现在基础设施的建造、对 IT 专业人员的培训以及提供低成本高质量的服务等方面。

首先，在基础设施建造（包括硬件配置、软件开发及应用、系统维护等）方面 IT 外包服务商具有明显的规模经济效应。对于企业来说，IT 基础设施的建造成本过于高昂并且大都是沉没成本，而且这种投资是昂贵且没有必要的，而由于外包服务商大都已经具备了

必要的基础设施，实施IT外包后，企业只需分摊服务商的固定投入成本即可。而对于外包服务商来说，其基础设施被外包给越多的企业，固定成本被分摊的也越多，从而其规模经济性也会越明显。

其次，在对IT专业人员的培训方面，由于信息技术自身的特点，它要求其从业人员必须具备一定的专业技能，而对员工培训这一复杂而又系统的工程来说，外包服务商相对企业也已形成了更合理、更有效的培训体系，能为员工提供更多的专业知识和技能，这在一定程度上也是规模经济性的表现。

最后，信息技术外包服务商在提供服务方面也具有规模经济效应。很多情况下，外部服务商为新客户企业提供的服务是已为现有客户提供过或正在提供的相同服务，因此，签订合同的客户企业数量越大，服务商提供服务的次数越多，其管理经验和知识就越丰富，获得的投资回报也就会越大，从而提供服务时的规模经济效应也越明显。

2) 规避或降低经营风险，适应市场变化

随着IT技术的日新月异，市场环境瞬息万变，要求企业开发各种信息技术产品的周期越来越短，而企业在技术、资金和人才等方面缺乏充足的准备和必要条件，不可能在短时间内掌握所需的所有最新信息技术，因此，大量新的技术产品使企业无所适从，自己开发和维护信息系统同专业的IT公司相比没有比较优势。

为了提高技术含量，缩短开发周期，适应竞争的需要，减少信息技术投资风险，选择IT外包无疑是解决这些问题的有效途径。选择IT外包可将由于自身不足可能带来的风险转嫁给外包服务商，而服务商恰恰具备降低此类风险的能力。

3) 降低成本，获得成本优势

削减信息系统开发和运行维护费用是多数企业选择IT外包的重要因素。一般情况下，即使内制和外包的质量完全相同，企业IT内制费用仍然要超过外包所需费用，节省项目费用的主要原因是外包服务商的规模经济、技术专业化和信息技术特有的重要性。

4) 培育和提升企业核心竞争力

企业中支撑各个系统正常运行的维护人员是非常缺乏的，难以完全支持所有系统的运行维护。通过统计发现，从事IT的员工也经常发生流动，这使得企业自有的IT支持服务不具有连续性。另外企业应用系统、业务系统、网络系统、综合办公系统等多种技术相结合的、多协议、多功能、多层次的综合IT服务体系的专业性与复杂性让越来越多的企业认识到自身不是全能的信息技术公司，不可能承担所需的全部IT技术工作。企业在面临着人员少、系统多、任务重的情况下只有把有限的资源集中在核心能力上，才能在竞争中保持和发展优势。大企业，在努力发展自己IT力量的同时，外包自己尚不能提供的那一部分IT服务；而中小企业，部分或全部外包服务，可以集中有限的资源，建立自己的核心能力，并使其得到不断的提升。

5) 提高企业的IT服务水平

IT服务商具有一般企业所不具备的技术、管理和业务流程再造等方面的丰富经验和专业能力，可以为企业开发信息系统并且进行运行和维护，从而能够提高IT服务的质量。并且他们会不断跟踪领域内的最新技术，以保证他们的技术具有竞争力。企业内的IT部门却难以做到这一点，因为他们可能没有足够的时间和能力，或者疲于满足用户不断提出的需求。通过IT外包,能够快速地进入先进的IT技术领域,加速企业的IT学习过程,学习IT服务商先进的管理经验,最终提高自己的服务水平。

6) 精简企业的组织,增强组织的灵活反应能力

IT服务的外包往往伴随着企业的IT资产和人员交由IT服务外包商管理等一系列活动,因此,IT服务外包可以减小企业的规模,精简企业的组织,从而减轻由于规模膨胀而造成的组织反应迟钝,缺乏创新精神等问题,使组织更加灵活地应对各种变化。同时,规模偏小的组织,管理事务比较简单,更易于企业专注于自己核心能力的培养。依照组织规模与组织官僚性之间的关系,企业要想在激烈变化的环境里实现成长,就必须尽量控制规模,以确保灵活反应的能力,服务外包在该方面具有非常重要的意义。

7.4 建立控制环境

一个组织建立了信息系统后,它的数据处理工作将或多或少地依赖于基于计算机的信息系统,因此这个组织就在某种程度上依赖于信息系统。但是计算机的信息系统是脆弱的,经常面临很多威胁,比如说计算机软硬件故障、突发火灾等自然灾害、通信混乱、人员安排不当或终端存取控制不力、数据盗窃,当然还有令人头痛的日新月异的计算机病毒等。这些威胁都会导致信息系统运行不正常或者不能运行。为了使系统发生错误、灾难、计算机犯罪或安全受到破坏的可能性降到最低,必须在信息系统设计和实施的过程中考虑并制定专门的规章制度。所谓控制是指采取人工和自动化相结合的措施,保护信息系统,确保系统按照管理的标准运行。或者说,控制就是所有确保组织财产安全、记账资料准确可靠、管理标准贯彻落实的方法、政策和组织规程。

过去,人们把信息系统的控制看做是事后的事,只在实施阶段的后期,系统快要安装运行时才提出来。但现在组织愈来愈依赖于信息系统,必须尽早地找出系统的薄弱环节,并制定相应的控制措施,信息系统的控制必须成为系统设计中不可或缺的内容。系统的用户和开发者都应在系统生命周期的各个阶段对控制问题予以足够的重视。

对计算机系统的控制分为一般控制和应用控制。事实上,计算机系统的控制是一般控制和应用控制的结合。

7.4.1 一般控制

一般控制是在全组织范围内对计算机程序的设计、安全和使用的控制,以及数据文件安全的控制。总的来说,一般控制适用于所有计算机应用,组织应该建立一种控制环境,既要在技术上通过系统软件来控制,也要在管理上制定相应的规章制度来控制。一般控制包括:系统开发和实施过程控制、软件控制、硬件控制、系统访问安全控制、管理控制等,下面分别介绍这几个方面。

1. 系统的开发和实施过程控制

在系统开发的过程中,审计等相关人员要参与系统控制功能的设计,因地制宜地制定有效的内部控制方案,并将定制的控制方案在系统中实现。

实施控制是指在各个关键点上审计系统开发过程,确保整个过程受到严格的控制和

管理。系统开发审计在系统开发的各个阶段寻找正式的控制点，使用户和管理部门能够明确赞成或反对系统的实施。系统开发审计还应在每个实施阶段检查用户的参与程度，以及在程序的开发、转换和测试过程中，控制技术和质量，明确技术应如何使用。

系统开发和实施控制还应重视有关文档的建立，文档应从技术和用户两个角度说明系统是如何运行的。如果没有这样的文档，信息系统是难以运行、维护和使用的。表 7-6 列出了信息系统运行和维护所需的各种文档。

表 7-6　信息系统所需的文档

技术文档	用户文档
系统流图	报表/输出示例
文件设计	输入表格/屏幕示例
记录设计	数据准备指南
程序/模块清单	数据输入指南
程序结构图	报表使用指南
程序/模块描述	安全性
源程序清单	系统功能描述
模块调用关系	工作流程
错误条件	错误改正规程
异常中断处理	职责分工
工作启动准备	处理程序描述
工作运行日程	控制清单及描述
责任程序员联系表	责任用户联系表
工作控制语言清单	
备份/恢复规程	
运行控制规程	
文件存取规程	
硬件/操作系统需求	

2. 软件控制

对计算机系统中使用的各类软件进行控制是必要的。软件控制就是监控计算机系统软件的使用过程，防止未经许可的人访问系统软件或应用程序，软件控制又分为系统软件控制和应用程序安全控制。

系统软件控制负责对操作系统软件实施控制，以及对编译程序、实用程序、运行报告、文件建立和传输等进行控制。系统软件控制是软件控制非常重要的一个方面，因为操作系统是规划和管理计算机资源，确保应用程序执行的软件，是负责直接对数据和数据文件进行处理的程序，所以对其控制是必要的。

应用程序安全控制针对已经投入运行的系统的程序实施控制，防止对程序进行未经许可的修改。

3. 硬件控制

为了保证计算机硬件资产的安全，企业应当制定硬件管理制度，对硬件进行控制。硬件控制可确保系统物理安全性，使计算机硬件正确运行。计算机硬件在物理上应当是安全的，只有许可使用的人才能接触到硬件。例如，计算机操作室应限制只有计算机操作人员才能进入，计算机终端或微机应放置在专门的固定的房间里，计算机设备管理应特别注意防火、过热、过潮。硬件控制还包括硬件运行环境管理。计算机硬件应当放在适当的物理环境中，那些对计算机依赖性很强的组织还必须采取措施，配备不中断电源供给，以便在停电或电源故障等紧急情况下对数据做备份或其他保护。

4. 系统访问安全控制

访问安全控制包括操作控制、数据安全控制和系统维护。计算机操作控制适用于计算机部门的工作，确保相应的规章制度能够始终正确地应用于数据存储和处理控制。计算机操作控制包括：计算机处理程序安装控制，运行软件的控制，计算机运行控制以及异常中断情况时数据及程序的备份和恢复控制。

运行计算机工作的指令应全部形成相应的文档，认真复核审查，并经负责此事的领导批准。对运行软件的控制也包含为防止和发现错误而设计的手工管理程序，主要有专门的系统软件操作指令、重启动和恢复程序、对磁带/磁盘的保存和管理、特殊应用程序。

系统软件可以建立系统日志，详细记载处理过程中的所有活动。日志可以打印出来，在系统发生故障时，用做分析问题原因的依据，调查了解问题是由硬件故障、异常中断，还是由操作人员错误操作引起的。应为系统备份和恢复设计专门的指令，以便系统软硬件发生故障时能够恢复系统，又不使系统原有的程序、系统软件和数据文件有较大的改动。对于操作人员，要建立严格的账号、密码及授权管理制度，确保操作人员只能在权限范围内进行操作。计算机操作错误可以给组织带来很大的损失，例如，美国壳牌管道输油公司，由于其计算机操作人员的失误，公司把 93 000 桶润滑油错运给别人，给公司造成了 200 万美元的损失。

数据安全控制是数据文件在使用和存储时实施的各种控制，确保在计算机存储介质上的各种有价值的商业数据文件不被非法存取、修改或破坏。在采用批处理方式的系统中，数据控制是比较容易的，因为在这种情况下，只允许执行批处理工作的操作人员对数据文件进行存取。而在在线或实时处理系统中，系统存在多处薄弱环节，因为系统在运行过程中，数据文件可以在各个终端被所有操作人员存取。

在在线或实时处理系统中，当计算机终端处于数据可输入状态时，必须防止未经许可的人输入数据。为此，需在各个层次采取保护措施：

(1) 限制计算机终端，只有经过许可的人可以接近；

(2) 可在系统软件中使用口令，口令只授予允许使用系统的人，软件检查用户的口令，确保没有合法口令的人不能进入系统；

(3) 在上述两层控制的基础上，还需为一些特殊的系统或应用制定另外一组口令和安全限制。例如，数据安全控制软件可以限制用户对特定文件的存取，像会计应收账款系统中的文件，只有授予了修改权的人才可修改它，其他人只能读这些文件，有的人甚至连读也是不允许的。

系统维护可以保障信息系统的安全运行，消除潜在的危险，从而以较小的成本来获得良好的控制效果。维护人员可以使用系统自身提供的安全性能，在系统中设置安全参数以加强系统访问安全。连接互联网的，应加强防火墙、路由器等网络安全方面的管理。

5. 管理控制

管理控制通过制定正式的控制标准、规则、工作规程和制度，保证组织的一般控制和应用控制的贯彻落实和实施。最重要的管理控制有三点：职责分解，制定工作标准和管理规章制度，监督管理。

职责分解是所有组织进行内部控制的基本方法，从本质上讲，工作职责的划分应使出错或欺骗性操作的风险最小。输入、处理和输出工作通常应分开，由不同的人来完成，并限制一个人不可单独处理系统的数据。例如，通常的做法是信息系统部门的人负责数据和程序文件，终端用户负责初始化输入事务及改错。在信息系统部门，程序员、系统分析员的责任与计算机设备操作人员的责任是分开的。

为了控制信息系统的运行，必须建立正式的控制标准，制定工作程序和规章制度。这些工作程序和规章制度必须以书面形式正式形成，并由相应的管理部门下达执行，责任和义务必须清楚明确。

控制规程中还应包括监督管理，确保信息系统的控制有目的地贯彻落实。有了监督管理，才能发现错误，改正错误，找出违背标准规章制度之处。如果没有监督管理，控制就可能流于形式。表 7-7 归纳了一般控制不力将产生的影响。

表 7-7 一般控制不力产生的影响

控制方面	影响
系统开发和实施过程控制	新建或改建系统中可能出错，或不能按期望的方式运行
软件控制(程序安全性)	在处理过程中可能出现未经允许的修改、组织无法确认哪个程序或子系统被修改了
软件控制(系统软件)	这些控制对单个应用可能没有直接的影响，但一般控制的其他方面对系统软件有很大的依赖性，因而系统软件控制不力将减弱其他一般控制
物理硬件控制	硬件故障对系统的影响很大，它可能使整个系统瘫痪，产生大量错误，或毁坏计算机中保存的数据
系统访问安全控制	由于操作不当，系统可能发生各种错误，它们大多数是可以改正的，但偶尔可能不能改正
管理控制	管理控制不当，所有其他控制将不能有效落实并发挥作用

7.4.2 应用控制

应用控制是在每一个单独的计算机应用中所采取的特定的控制措施，如工资、应收款和订货处理等。应用控制包括自动化的和手工的两种控制规程，保证只有允许的数据才能被相应的应用程序完全地正确地处理。每个应用的控制都应考虑整个处理的先后次序，从最初开始准备到最后结果的生成和使用，包括手工处理和自动化处理。

应用控制的目的，第一是保证输入和修改的完整性，即保证所有当前事务进入计算机，并完整地记录到相应的计算机文件中；第二是保证输入和修改的准确性，计算机必须准确地获得数据，并正确地记录到相应的计算机文件中；第三是保证数据的有效性；第四是保证数据的可维护性，计算机文件中存储的数据不是一成不变的，数据应可以修改，以继续保持其正确性和实时性。

应用控制分为三种：输入控制、处理控制和输出控制，它们有各自的控制措施。下面我们将具体介绍各种应用控制，这些控制措施并不是在所有的信息系统中都用到，有的系统采用得多些，有的少些，这取决于数据的重要程度和应用的特点。

1. 输入控制

当向系统输入数据时，输入控制负责检测数据的准确性和完整性，对数据输入的权限、数据转换、数据编辑和出错处理等不同的处理过程，有专门的输入控制措施。

(1) 数据输入的权限。当要将原始文档的数据输入计算机时，输入操作必须严格地审核、记录和监控。例如,建立正式的规章制度,只允许销售部门指定的人员为定货输入系统准备销售事务,销售输入表格应顺序编号,并分成批记入日志,以便跟踪。每批数据须签字批准,才可输入计算机。

(2) 数据转换。原始输入必须按要求转换成计算机事务,从一个表格改写到另一个表格要保证没有错误发生,如果输入事务是从原始文档直接输入计算机的,则可避免或减少抄写错误。

(3) 校验审核。应在数据处理前执行各种例行程序校验输入数据是否有误,不符合标准的事务拒绝执行,同时校验例行程序列出需改正的错误。最主要的校验技术有以下几种:

- 合理性校验。有些数据可以预见其取值范围,这样的数据可以事先设置输入的上限和/或下限,不在此范围内的数据拒绝接受。例如,对按百分制考核的学生成绩输入事务,如成绩一项输入的数据小于 0 或大于 100,则是无效数据,应拒绝接受。
- 格式校验。格式校验负责检验输入数据的类型、长度等内容。例如,目前我国的居民身份证号码由 18 位数字组成,不含有 x 之外的字符。
- 存在性校验。将输入数据和专门的对照表或主文件中存储的输入参考数据比较,保证输入的数据是有效的。例如,学生学籍管理中,输入的所选课程号应存在于课程主文件中,否则输入的课程号是非法的。
- 依赖性校验。对相同事务的相关数据的输入应检验其相互的逻辑关系是否仍然存在,如果不是,则拒绝执行该事务。例如,会计记账系统输入会计凭证事务,每一个凭证的借方金额与贷方金额应平衡。
- 校验位。在输入数据的后面引入称为校验位的附加数字位,使其与输入的其他位的数据保持一定的数学关系。增加的校验位与数据一起输入,计算机重新计算输入数据,计算结果与输入的校验位比较,比较结果相同,则接受输入数据。例如,某代码为四位数字,每位码的权重系数分别为 9、7、5、3,校验位为一位数字,按下面的规则产生:代码的每一位乘以各位的权重,将每位乘积的结果累加起来,用累加和除以 11,再用 11 减去除得的余数,结果即为校验位的值。如代码 3 807,其校验位为 6,计算过程如下:

$$3\times 9+8\times 7+0\times 5+7\times 3=104$$

$$104/11=9\text{ 余数为 }5$$

$$11-5=6$$

在线实时系统的优点是可以先进行校验,每项事务输入时,就可以校验,如果发现错误,立即通知终端操作员。如果终端操作员不改正错误,系统将拒绝其继续输入,直到改正错误;或者系统打印一份出错清单,供别人检查。

2. 处理控制

处理控制负责在数据修改过程中保证数据是完整和准确的。主要的处理控制有运行总数控制、计算机匹配、校验。

运行总数控制是要保证输入数据项总数与已更新了相应文件的数据项的总数一致。例如,某库存管理系统某天输入了 50 笔出入库事务,则处理控制必须保证这 50 笔出入库数据全部记入相应的账中，更新了相关的数据文件。可以在处理过程中生成控制总数，例如，已被处理的事务总数或一些关键量的总数等，用手工或计算机比较这些控制总数，不一致的记录下来，并提示有关人员做相应的检查。

计算机匹配是指把输入数据与主数据文件中的数据进行对比，将不匹配的数据项记录下来，并提示有关人员检查。多数的匹配比较在数据输入时进行，但有些情况下，也可在修改时检验数据完整性时使用。例如，匹配程序可以将雇员的时间卡与工资主文件比较，指出遗漏或重复的时间卡。

编辑校验负责检查数据的合理性和一致性，多数校验在数据输入时进行，但有些应用也在数据修改时检验数据的合理性和独立性。例如，公用电力公司可以利用一致性检验，将顾客的电费与上一笔比较，如果这个月的电费比上个月高500%，这笔电费暂不处理，待重新检查电表后再处理。

3. 输出控制

输出控制是为了保证计算机的处理结果准确、完整和正确传输，输出控制主要包括以下内容：

(1) 平衡输出总数及输入和处理总数；

(2) 复核计算机处理日志，检查是否所有该由计算机完成的工作都已严格地执行了；

(3) 审核输出报告，确保结果的总数、格式和关键的细节是正确的，并且与输入是符合的；

(4) 审核授权专人接收输出报告、凭证或其他重要文档的正式的规章制度和文件。

7.5 信息系统的审计

近些年来，信息系统审计发展的非常迅速，并且越来越受到人们的重视。信息系统控制环境建立起来以后，为了检测系统的有效性，组织必须进行全面、系统的审计。信息系统审计是指对信息系统有影响的所有的控制进行审查，评价其有效性。

7.5.1 信息系统审计的由来与发展

信息系统审计最早称为计算机审计或电算系统审计，是随着计算机在财务会计领域的应用而产生的。严格意义上讲，早期的信息系统审计就其范围和目的而言，与我们现在的信息系统审计是不同的。那时的信息系统审计作为传统审计业务的一部分，主要关注对被审计单位电子数据的取得、分析、计算等数据处理业务，还称不上信息系统审计。从财务报表审计的角度来看，这一阶段的主要业务内容是对交易金额和账户以及报表余额进行检查，审查其准确性和真实性。

20世纪80年代以来，随着信息技术的进一步发展与普及，企业的运营越来越依赖信息系统，人们开始更多地关注信息系统的安全性、可靠性、完整性及其实现企业目标的效率等问题。同时计算机对被审计单位各个业务环节的影响越来越大，计算机审计所关注的内容也从单纯的对电子数据的处理，延伸到对信息系统的可靠性、安全性进行检测和评价。风险基础的审计模式的采用以及信息技术在被审计单位的各个领域的广泛应用,使得信息系统的安全性、可靠性与其所服务的组织所面临的各种风险的联系越来越紧密,并且直接或间接地影响到财务报表的真实性和公允性。在这种情况下,对被审计单位风险的评估必须将计算机信息系统纳入考虑范围。发展到这一阶段,计算机审计的业务范围已经覆盖了一项审计业务的全过程,计算机审计这一概念已经不能反映这一业务的全部内涵,于是信息系统审计这一概念便应运而生了。

到目前为止,国际上对信息系统审计还没有固定、统一的定义。信息系统审计与控制协会(ISACA)将它定义为"信息系统审计是一个获取并评价证据,以判断计算机系统是否能够保证资产的安全、数据的完整以及有效利用组织的资源并有效地实现组织目标的过程"。国际信息系统审计领域的权威专家 Ron Weber 将它定义为"搜集并评价证据,以判断一个计算机系统(信息系统)是否有效地做到保护资产、维护数据完整、完成组织目标,同时最经济地使用资源"。1996 年日本通产省情报处理开发协会信息系统审计委员会则将它定义为"为了信息系统的安全、可靠与有效,由独立于审计对象的信息系统审计人员,以第三方的客观立场对以计算机为核心的信息系统进行综合的检查与评价,向信息系统审计对象的最高领导层,提出问题与建议的一连串的活动"。

在建立信息系统审计制度,开展信息系统审计研究方面,美国走在了前面。美国自计算机进入实用阶段就开始提出了系统审计(System Audit),从 1969 年成立电子数据处理审计协会(ISACA 的前身)以来,美国从事信息系统审计活动已有 40 年左右的历史了,成为信息系统审计的主要推动者。信息系统审计与控制协会(Information System Audit and Control Association)即 ISACA,总部设在芝加哥,目前在全球 100 多个国家设有 160 多个分会,是全球公认的在 IT 的管理、控制和保证等领域的权威。它推出了一系列信息系统审计准则、职业道德等规范性文件,并通过设立了信息系统审计与控制基金会,开展了大量的理论研究。ISACA 是从事信息系统审计的专业人员唯一的国际性组织,CISA (Certified Information System Auditor)也是这一领域的唯一职业资格,并且在世界各国都被广泛地认可。

我国在 1999 年颁布了独立审计准则第 20 号《计算机信息系统环境下的审计》。但是我国的信息系统审计工作目前还处于起步探索阶段,审计技术、审计规范、审计制度等都有待研究,也没有形成一支能够全面开展信息系统审计业务的人才队伍。随着我国信息化水平的提高,对信息系统的审计与控制将会逐渐成为研究热点。

7.5.2 信息系统审计实务

信息系统审计实务主要包括信息系统的战略规划与组织审计、技术基础平台建设审计、应用系统建设审计、信息系统管理和运营审计、信息系统控制审计、灾难恢复与业务持续计划审计等。

1) 信息系统的战略规划与组织审计

信息系统战略规划是组织针对信息系统的建立和发展所作的一种战略性规划,即从组织的宗旨、目标和战略出发,构架企业基本的信息体系结构,对企业内、外部信息资源进行统一规划、管理与应用,利用信息控制企业行为,辅助组织进行决策,帮助组织实现战略目标。

信息系统战略规划可以使信息系统的发展与组织整体战略规划相一致，并为信息系统的开发提出方向，保证开发工作支持组织的目标。信息系统的战略规划对后续信息系统的开发和设计工作的影响至关重要，如果规划不当，很可能会产生一些潜在问题：

(1) 成本过高，预算透支，项目拖延；

(2) 缺少有经验的员工，依赖个别关键人员；

(3) 较高的员工辞职率，士气低落；

(4) 系统响应时间长，异常报告多，用户请求积压；

(5) 未对异常报告进行追踪，缺乏持续规划；

(6) 最终用户不满意。

因此信息系统审计人员需要对组织规划进行全面的审计，在审计过程中应该着重审查以下几个方面：

(1) 信息技术战略、规划和预算所提供的规划和管理、控制信息系统环境的证据；

(2) 安全策略文档是否能辨别谁负责保护公司资产，包括程序和数据，它还应该声明所有安全风险所对应的职位，声明预防违规的防范措施以及对违反人员应采取的惩罚，鉴于这个原因，安全策略文档应该列为机密文档；

(3) 组织章程应该给信息系统审计人员提供理解特定部门的汇报关系，描述部门的责任划分，给出组织内部职责划分的程度；

(4) 指导委员会（信息化领导小组）的报告应该提供关于新系统项目的文档化信息，这些报告应由高层领导审阅，并分发给各业务部门。

信息系统审计人员在进行规划和组织审计时，主要采用两种方式：①审查文档。文档的审查需要管理层授权，要有目的性并且要及时更新。通过审查工作描述的文档可以识别这些员工所要汇报的对象的职位。②观察。观察是最好的考察形式，通过与信息处理人员和管理者面谈等方式进行观察，确认员工是否具备履行该项工作所必需的技能，是否具备安全意识，职责划分是否落在实处等。

对于进行IT服务外包策略的企业，还要对外包合同进行审计。信息系统审计人员必须了解不同形式的外包和相关风险，并要注意到计算机软件、硬件、信息系统服务合同中不同阶段的风险。信息系统审计人员还需要证实管理层是否参与合约过程，并且在适当水平上进行了一致性评价。审核者可以通过对合同抽样等方式来审查合同履行情况。

2）技术基础平台建设审计

技术基础平台建设审计主要是审计技术基础平台建设的安全性、有效性和效率，保证能够充分支持组织的业务目标。主要包括以下内容：

(1) 软硬件获取审计。确定被审计单位的软硬件计划是否合理并且适合整个组织的计划，被审计单位是否按照相应的软硬件获取计划取得软硬件，这些软硬件是否满足组织的需求。软硬件是否经过测试，与组织其他的软硬件是否兼容。软硬件是否能够有效支持系统的业务处理过程和业务需求，并与组织的战略协调一致。

(2) 软硬件维护和管理审计。被审计单位是否有维护计划，并且按照维护计划进行了维护。软硬件的使用与管理政策是否合理，所使用的软件是否经过授权，重要数据是否具有安全的备份计划等。

3）应用系统建设审计

建设新的应用系统是一项成本高并且耗时的工作，包括系统开发方法的选择、系统开发工具和效率目标、系统开发的过程控制、项目管理的有效性、软件开发的过程改进等工作。信息系统审核者可以通过审核系统开发过程，保证开发完成的系统与组织战略及标准一致。在审核系统开发过程中，要注意以下几个方面：

(1) 风险评估。评估系统开发过程中可能的过程风险和项目风险。比如缺少战略方向、缺少开发标准，缺少高层管理者的大力支持，缺少终端用户的参与等；

(2) 系统开发过程审计。通过审查组织现有的标准与开发过程，分析其控制环境，评估这些标准与过程的完整性及执行效率。系统开发的各个阶段是否按照正确的流程进行，是否进行了必要的控制以预防可能的损失或严重错误；

(3) 项目管理审计。通过与职能部门的沟通等手段，评估开发各个阶段的相关风险，确认已建立适当的控制机制，并且避免成本太大的控制。

4）信息系统管理和运营审计

信息系统管理和运营控制对信息系统硬件及软件的日常运行具有很重要的作用，主要有以下几个方面：

(1) 网络操作控制的审计。组织中的分布式数据处理网络是否有操作规则，是否存在控制机制，以保证在复杂情况下数据能够正常传输；网络中所有的敏感数据是否都经过加密处理，且满足安全性要求；分布式网络的设计是否能够保证各部门都已建立重启和恢复机制，并且一个部门出现的问题，对别的部门影响程度最小。

(2) 信息系统操作审计。观察IT部门人员执行任务的情况，判断是否有足够的控制以确保操作的正常进行，是否遵守已制定的规则，信息管理层的监督是否足够，数据的正确性和安全性是否得到保证。

(3) 紧急情况操作的审计。软件出现问题时，是否具备授权管理员以远端访问方式控制系统的能力。针对重要的软件应该有适当的程序变更控制和访问控制，并在软件升级后，进行测试。问题处理后，要有翔实的处理报告记录本次事故的处理过程。

5）信息系统应用控制审计

信息系统审计需要对信息系统有影响的所有的控制进行审查，评价其有效性。为了做到这一点，审计人员必须充分了解系统的各种操作、物理设备、通信、控制系统、数据安全性的要求、组织结构、人员安排、手工处理过程和每个具体的应用等。应用控制审计包括以下内容：

(1) 应用系统文档审计。通过收集并分析所有关于某个信息系统的资料，如用户手册、系统开发方法文档、功能设计说明书、系统文档、输入输出实例以及完整性控制的有关文档等，找出重要的应用组件和事务流，了解系统应用。

(2) 用户操作程序的审计。审计都需要观察和测试一些用户的操作情况，以审核以下内容：职责划分是否能够保证每个人的职责都在授权范围内并且没有任何用户同时具备数据建立、授权、核查等权限；输入控制程序是否能够确保所处理的每个事务都被准确完整地输入、处理与记录，能否保证只有有效授权的信息被输入，并且事务只被处理一次；输入授权是否能够保证所有事务都是经过合法授权，并且在整个处理过程中授权数据都未被非法篡改；错误报告机制是否建立，错误是否能够得到有效的控制，错误的修改是否都经过授权并且被翔实地记录下来。

(3) 数据完整性测试。数据完整性测试主要为了验证数据范围的完整性、数据关系的完整性、实体完整性以及索引的完整性等。

(4) 应用系统测试。审计人员通过跟踪实例事务在整个系统中的处理流程实施审计，如果需要的话，可以使用自动化审计软件测试其结果。通过审计，找出所有控制环节的不足，对这些问题进行排序，并估计问题发生的几率，然后评价它们对组织管理和效益的影响。

另外需要特别注意的是，控制审计中非常重要的一点是数据质量的审计分析。数据质量审计有三个途径：调查用户对数据质量的理解和认识，审查整个数据文件，检查数据文件中的数据。通过上述调查分析，可了解信息系统中数据的准确性和完整性。

除非进行定期的数据质量审计，否则组织无法掌握其信息系统有多少不准确、不完整或模糊的信息。有些组织建立了数据质量审计规程，例如，美国社会保障局就建立了相应的数据质量审计规程，该规程每个月要审计 20 000 个与案例有关的记录，以此来控制系统数据处理的质量。相反，美国联邦调查局的档案系统在 1984 年以前一直没有意识到数据质量审计的重要性，几乎没有数据质量控制，因而后来发现其罪犯档案系统存在严重的问题。

对美国联邦调查局的计算机罪犯档案系统的一项研究发现，在国家罪犯信息中心系统中保存的档案有 54.1%是不准确、不完整或模糊的，而联邦调查局的半自动化识别系统中 74.3%的档案有严重的质量问题。对此，联邦调查局采取了一些改正问题的措施，但系统中的数据质量低劣的问题已经产生了不好的影响。

不准确、不及时或与其他信息源不一致的数据也会给组织信息系统的运行或企业的经济效益带来严重的问题。如果不良的数据在组织中传递却未被发现，则可能导致不良的决策，甚至造成经济上的损失。例如，纽约的一家广告代理商，由于其开票系统不能处理客户六位数字的付款，一年就损失了 250 万美元，尽管公司用其利润补偿了客户的损失，但一些客户还是决定转到其他广告公司。1992 年，加利福尼亚大学做了一项调查研究发现，超级市场中使用激光扫描仪的结账柜台，错误发生率为 9%，其中 1/3 属少收钱款，而另外 2/3 为多收钱款，原因是许多商品在数据库中的价格比货架标签上标的价格高。

6) 灾难恢复与业务持续计划审计

灾难恢复审计中，审核者要确认灾难恢复计划是否适应企业的要求，灾难恢复计划的实施是否可行并且有效，关键数据是否做好了备份。审核业务持续计划时需要评估以前的测试结果并检查已更正的项目是否已经纳入整个计划中。审核者还需要评估异地存储的情况。首先要审计异地存储设施，以检查重要的介质和文档的存在、同步和实时性，审核者需要检查这些设施的可用性，以确保设施符合组织和管理层的要求。除此之外，异地存储场所的安全性也需要进行审计评估，以便检查它是否有适当的安全和访问措施，以及是否存在潜在的风险。

本章小结

(1) 理解信息系统评价的定义、主要内容、指标体系以及评价方法。信息系统评价是对一个信息系统的性能进行全面估计、检查、测试、分析和评审,包括用实际指标与计划指标进行比较,以确定系统目标的实现程度,同时对系统建成后产生的效益进行全面评估。对系统的评价主要是从技术与经济两方面进行,根据信息系统质量评价指标体系和运行指标评价体系,运用定性或定量的方法,对信息系统进行评价。

(2) 影响信息系统失败以及成功的因素。信息系统失败通常源于内部和外部的抵制。引起信息系统失败的问题是多元的,主要可以归为设计、数据、费用和运行等四个方面。而信息系统成功的因素主要有技术因素、组织和管理因素。技术因素主要包括数据整理与规范化,软硬件及网络环境的建设,开发技术的选择和使用。组织和管理因素则主要包括领导因素、业务流程重组、项目管理、变革管理和外部的支持等方面。

(3) 信息系统的管理是系统生命周期中占据时间最长的工作。主要分为信息系统开发管理、信息系统实施管理和信息系统运行管理。

(4) IT 服务外包是战略性的使用外部资源,整合利用企业外部最优秀的 IT 专业化资源、从而提高效率、降低成本、充分发挥企业自身核心竞争力和增强企业对外部环境的应变能力。

(5) 说明控制在保护信息系统中的作用。控制是由所有确保组织财产安全,会计记录准确可靠,以及坚持管理标准的方法、政策和组织的规章制度组成的。对计算机化的信息系统,控制是由手工的和程序化的规程组成的。在今天的在线网络环境中,确保信息系统安全的控制尤为重要。

(6) 区分一般控制和应用控制。一般控制用于控制整个设计过程、安全性,以及组织作为一个整体如何使用计算机程序和数据文件。一般控制包括:系统开发和实施过程控制、软件控制、硬件控制、系统访问安全控制、管理控制等;应用控制专门负责对计算机化的应用进行控制。它们主要集中在输入、修改和维护的完整性和准确性,以及信息在系统中的合法性控制等方面。应用控制包括:输入控制、处理过程控制、输出控制等。

(7) 信息系统审计实务主要包括信息系统的战略规划与组织审计、技术基础平台建设审计、应用系统建设审计、信息系统管理和运营审计、信息系统控制审计、灾难恢复与业务持续计划审计等。

思考题

1. 什么是信息系统评价?
2. 影响信息系统失败的因素有哪些?
3. 信息系统成功的因素有哪些?
4. 信息系统开发管理包含哪些内容?如何进行项目的风险管理?
5. 信息系统实施包含哪几个阶段?主要内容是什么?

6. 信息系统日常维护管理主要有哪些工作？

7. IT 服务外包的含义是什么？有什么特征？

8. 一般控制和应用控制的区别是什么？

9. 信息系统审计实务主要包括什么内容？

讨论案例

ANC 电子有限公司的 ERP 系统建设

引言

夜已经深了，郭总还在忙于处理 ERP 失败而带来的全厂停产整顿事宜。他累了一天，倒在沙发上，眼前浮现出 ERP 建设过程中的种种情景。在这 4 个月建设实施过程中，他遇到了前所未有的困难，公司上下人心慌乱；质量监督不但没有起到作用，新的质量问题还层出不穷；采购成本仍然居高不下……本来寄希望于 ERP 能给公司带来新气象，结果却恰恰相反，公司好像被一条绳索绑住，挪不动步了。一想到这儿，郭总就感到很困惑，难道公司上马 ERP 系统真的错了吗？

ANC 电子有限公司

ANC 电子有限公司成立于 1995 年，是集研究、开发、生产、经营、服务为一体的不间断电源(UPS)专业厂商。其产品已形成 7 个系列近 80 个品种，从小容量的个人计算机到大型数据中心使用的大容量不间断电源保护系统(产品自 500VA～60kVA)。年产整机 5 000 多台，年销售额 2 000 多万元。公司以市场为导向，形成了以市场为核心的组织结构。采取总经理负责制，下设 10 个部门，分别为开发部、财务部、生产部、品管部、市场部、销售部、行政部、总办、客户服务部和物控部。

ANC 公司从 1995 年成立时只有几台 PC 机到现在建成了 Intranet 环境下的企业信息系统，经历了一番从技术到管理观念的变化。1998 年根据当时的市场状况和企业的自身实际情况，公司引入了金蝶财务系统和文惠管理系统，分别应用在财务管理和库存管理上，但是销售、市场、售后服务等环节没有引入信息系统。后来公司组建了小型企业网，但没能利用这个网络集成信息，模块之间彼此孤立。尽管如此，这两个系统在公司成长过程中，仍然发挥了相当大的作用。

公司面临的问题

近几年来，随着新进入者的增多，UPS 行业竞争变得异常激烈。更糟糕的是，铜、铝等原材料成本飞涨，有时涨幅甚至高达 200%，尽管行业成本普遍上升，但是整机的价格却因为激烈的竞争而不断下降。

作为行业较早的进入者，经过十多年的历练，ANC 公司在技术上处于行业中等偏上的位置，但规模始终都处于行业中等水平。无论规模还是成本与行业领先者相比都有一定的差距。目前竞争日益激烈，不但要“抵御”国外企业的强大攻势，还要提防新进入者的挑战。为了应对市场激烈竞争的局面。公司成立了成本中心、利益中心，但是这些中心孤立运行，仅仅通过领导口头发布命令已起不到作用，竞争力提高效果不明显。郭总意识到必须通过更有效的办法来帮助公司全面控制成本，快速响应市场。

ERP 实施过程

经过高层领导讨论，公司制订了 ERP 系统实施的基本思想：通过 ERP 系统，整合企业资源，使企业的销售、生产、计划、采购、客户服务数据集中，保证数据的准确、及时；资金运作科学有序，减少资金的积压；管理更加规范，使各项工作更加有预测性、计划性，从而使企业实现物流、资金流和信息流一体化管理，全面增强企业内部资源管理，使公司每个部门都成为质量控制和成本控制的相关部门。

为了保证系统从开发到实施的有效进行，公司专门成立了 ERP 项目小组。郭总任项目经理，王副总、张经理为项目副经理，项目组成员包括网管小胡和开发部的雷工。由于郭总经常出差在外，把执行任务交给了小胡，并要求各部门积极配合开发商的分析设计工作。

小胡是公司的老员工，已经入厂 5 年了。最初只是一个普通的生产工人，由于工作能力强，被提拔到仓管部做仓储专员，后来又在市场部工作过一段时间，由于有很多计算机和网络知识，被调到行政部，成为公司的网管。

2004 年 12 月份完成了系统的需求分析工作，在此期间为了配合开发商执行项目，各部门分别整理各自的业务流程与业务需求，最后由小胡负责整合公司的整体流程图。2005 年 1 月份完成了系统的详细设计。根据公司提出的要求和系统分析情况，开发商设计了系统的模块。

2005 年 3 月系统进入了全面测试阶段，经过短暂测试后，准备试运行。公司在系统投入运行前进行了集中培训，主要是进行动员教育、讲解系统操作规则。

经过以上步骤后，开始运行系统。首先在物料管理模块和生产管理模块上运行，财务部独自用金蝶软件测试。原本要在第二阶段运行所有模块，但是由于第一阶段实施效果不好，第二阶段的计划实施时间一再被推迟，很多模块直接被删减了，系统一直停留在完善修改过程中。

实施 ERP 后出现的问题

公司万万没想到实施 ERP 后，各部门不同程度地出现了很多问题。

财务部的张经理说，以前财务部的工作流程是：其他部门把每月的销售、采购、库存等数额统计出来，上交财务部后，财务部进行一些核对、记账；而现在要根据采购、销售模块中的每笔记录进行统计后再核对，因此财务部必须对每个部门的流程都很了解，还要了解产品型号、编码等。财务部感觉难度太大，不会做账了。市场部经理也有同感，“以前临时报价都是根据物控部统计出来的成本报价的，现在物控部不直接提供采购成本了，我需要自己到系统中查询情况，统计成本，然后再报价，市场部与物控部工作界限与以前不一样了”。由于各部门都很看重以部门内部主要职责为考核指标的硬性规定，把运行 ERP 看成是部门职责外的工作，因此对于运行 ERP 系统都采取了“见缝插针”的态度，没有时间就停置系统。

尽管采购部系统运行比财务部顺利一些，但是公司的采购方式受到了较大的影响。运行系统后，采购员需要对 UPS 所用原料的结构及供货商情况进行全面地分析。例如：

主板上的某种原料下达采购订单后，供应商送货到工厂验料合格后交由外协厂加工，再返还工厂，等到其他原材料到位后开始组装。即所有半成品和原材料到达的时间是整机生产开始的时间。这要求物控部对产品结构、所需各种原材料及其供应商、生产流程都有一个完整和详细的了解。由于原材料成本上涨很快，有的时候，明明系统显示缺料，但此时原料价格正处在高峰期，物控部为了降低采购成本，就人为的改变采购周期，这恰恰违背了系统的订货要求。

最突出的问题出现在生产部门，很多生产员工没有时间接触计算机，计算机操作熟练程度不高，系统操作相对比较复杂，员工一时很难接受，都觉得系统不实用，有些员工尝试一次就不用了。另外根据系统要求，为了完成生产计划，需要按照工位设置工人。但是公司为了降低人工成本，精简生产线工人数量，哪个工位有需要，工人就流动到哪个位置。当订单多时，工人没有固定的工位，就会忽略系统设计的依照每个工位进行质量检测的要求，等组装完后一起检测。但是一旦最后检测发现问题，就得回到原来的工序检查，造成工作的大量重复。“但是有的时候为了赶工，缩短出厂周期，我们不得不绕过系统。”生产线长说。

系统增加的质量监控系统也出现了严重的问题。为了严格控制产品质量，当同一型号的产品出现同一问题三次，系统就会自动上锁并提示工人进行质量整改，以至于全套系统都运行不下去。这个周末的赶工中，又遇到了这个问题。生产工人小李把主机线路板的线连接反了，系统报警提示出现问题，整个系统锁定了，员工立即把线重新连接，测试后无问题，但是 ERP 系统却不能继续运行。于是他上报线长，线长也拿这个问题没有办法，只好反映到生产部经理，“发货期就要到了，员工一直加班生产，不能因为 ERP 系统自动上锁，就全场停产吧。再说，这个小的质量问题已经维修好并检验通过了”。生产经理不敢果断地说放弃系统，只能上报王总，王总批准先放弃系统，但是他没有密码，只能给远在异地开会的郭总打电话，郭总这一阵一直忙于投标，根本没有时间管理系统运行的事情。遇到这种尴尬的情况，他感到很棘手，不给密码只能延长交货期，给了密码，那以后这种监控能力不就丧失了吗？最后他考虑到还是交货期为重，就把密码告诉了王总，由他亲自去开锁。但是，这种情况出现的次数多了，密码一级一级传达，最后它已经成为公开的“密码”了。

系统运行两个月来，小胡有很大的压力，甚至有种苦不堪言的感觉。郭总虽然授权自己全面负责系统的推行工作，但是自己仅是一个网管，哪有权力调动各个部门的经理，给部门经理们安排培训经常有人推托请假，甚至有些人还放出了“就搞形式主义培训”的微词。再说王总全面负责生产管理，他当初在郭总提出建立 ERP 系统时就有点反对，现在他对 ERP 的运行情况不闻不问，工作重点仍然放在生产效率和产品及时交货上，并以此作为生产工人的考核标准，遇到问题，总是让 ERP 给生产部开绿灯。郭总经常出差在外根本不了解自己的境地，只是听各种人汇报说 ERP 不好。于是小胡向郭总递交了一份系统进程汇报书，把现在遇到的问题向经理汇报了一下，谁知早有其他部门的人向经理汇报过了。郭总回厂后，深入工厂调研了情况，他意识到问题的严重性。现在面临着是继续使用系统规范流程还是回到原流程的抉择。为了开发这个系统公司已经花了几万元钱，不能就这么让钱白白花掉吧。但是系统的操作人员反对的呼声非常大，不愿意继续使用。为了保持生产的稳定并兼顾已经开发的系统，郭总决定让开发商按照员工的要求对系统进行全面的修改。修改后的系统取消了质量检查、财物管理等很多模块。

另外，最近几年来公司内部员工流动性比较大。在 ERP 建设初期，生产部的赵工代表生产部来参加讲座，但是系统刚开始实施，他就离职了，这个时候只能换其他人来代替赵工运行系统。为了让系统能够进行下去，小胡又临时培训几个操作人员，但他们根本不了解这个系统到底是什么，有什么重要作用，对其他的共享信息模块也不熟悉。结果实施时经常录入错误的数据，造成大量的返工。

目前，公司的外部市场开拓压力非常大，但 ERP 系统运行经常出错，搅得郭总不能专心投入市场开拓，他感到骑虎难下，只能委托开发商按照员工的要求对系统进行大量的修改，可是修改的次数多了使得开发商也失去耐心，最后他们单方面放弃系统的维护。使 ERP 项目陷入到无法继续完善也难以进行后期维护的境地。

系统运行至此，公司交货周期变得难以控制，采购周期也失去了弹性；各部门受系统流程的影响，对自己部门内的职责变得不明确；由于前一段时间大量加班，员工的工作压力越来越大，参与性大大降低，工作情绪受到了严重影响。然而，市场环境的竞争程度丝毫没有减弱，公司随时都面临着被人抢走市场的威胁。面对内忧外患，郭总既着急又郁闷，事到如今，公司下一步到底该怎么办呢？

案例讨论题：

1. 公司实施 ERP 后出现的问题可以分为哪几个方面？为什么会产生这些问题？
2. 你认为在实施 ERP 之前，能够或者应该采取哪些措施来防止 ERP 出现问题？
3. 公司下一步应该怎么办？

参考文献

[1] 仲秋雁，刘友德. 管理信息系统。第 5 版. 大连：大连理工大学出版社，2006
[2] 孙强. 信息系统审计：安全、风险管理与控制. 北京：机械工业出版社，2003
[3] 左美云，邝孔武. 信息系统的开发与管理教程. 北京：清华大学出版社，2001
[4] 程学先，宋克振等. 管理信息系统及其开发. 北京：清华大学出版社，2008
[5] 陈智高，刘红丽，马玲. 管理信息系统. 北京：化学工业出版社，2007
[6] 孙滨丽，杜栋等. 管理信息系统基础. 北京：清华大学出版社，2008
[7] 孙雷. IT 服务外包动因及风险问题研究. 大连：东北财经大学，2006
[8] 肖慧倩. 银行 IT 服务外包的价值. 决策管理，2007，(13)：23-24
[9] Kenneth C. Laudon, Jane P. Laudon. Management Information Systems-Organization and Technology. Fourth Edition. Prentice Hall Internatioral Inc. ,1998
[10] 李松. 管理信息系统实用教程. 北京：北京大学出版社，2008
[11] 梅姝娥，陈伟达. 管理信息系统. 北京：石油工业出版社，2003

第8章 电子商务

学习目标

(1) 理解电子商务的概念、分类、基本构架
(2) 了解电子商务的演进和发展趋势
(3) 理解商务模式的内涵、掌握商务模式分析工具,并运用于电子商务模式的分析
(4) 了解企业电子商务战略规划和项目规划的相关概念
(5) 了解移动商务的特点、发展趋势、市场应用等问题

引导案例

反向拍卖网站 Priceline.com

网上拍卖是成长最迅速的电子商务业务。数以百万计的人群每年都在消费者拍卖网站上买卖各种商品。在众多的网络拍卖形式中,反向拍卖最具有创新性,充分体现了互联网的特性和能力。

在反向拍卖中,多个卖家向代表买家的拍卖员出价,是对买家指定数量的要采购的商品出价。随着拍卖的进行出价不断降低,直到没有卖家愿意降价为止。美国的Priceline. com(www. priceline. com)就是有名的反向拍卖网站,它开发了"客户自己定价格"(name your price)的独特商务模式和定价系统,并获得了此项模式的专利。Priceline. com 依托信息共享和互联网的强大交流功能创造了对商品和服务计价的全新方式,成为连接生产者和消费者的桥梁、网络、中间商,帮助消费者进行购买决策和满足需求,使客户可以对旅游项目、酒店、租车甚至是家庭金融服务报出价格。同时 Priceline. com 通过向卖主(航空公司、酒店、金融服务公司)询问是否有商家接受客户提出的报价,帮助生产者掌握产品销售状况,降低生产者为达成与消费者交易的成本费用。

Priceline. com 开拓了一种创新的零售渠道和零售价格系统:通过建立的网络平台,使得客户在商品的品牌、特性与(或)卖主的低价格之间求得平衡;客户可以通过Priceline. com 提出他们的期望价格和产品;卖方通过 Priceline. com 获得市场需求信息(产品需求和价格),再根据客户的需求特征提供客户所需要的产品,实现获利;正因为满足了这种供需需求,得以使 Priceline. com 这一平台获得了生存空间。

8.1 电子商务概述

社会的网络化、经济的全球化和贸易化,已演变成为20世纪末到21世纪初人类社会发展的三大趋势。这三大趋势融合的直接产物是电子商务(electronic commerce,EC)的发展。电子商务不仅改变了人们的购物方式,还引发了一场崭新的工业革命和流通革命,其影响远远超过了信息技术(information technology,IT)与商务本身,给社会生产、生活、法律制度、文化教育和政府职能带来了深远的影响。电子商务的应用绝不是简单地购买一些计算机硬、软件,制定一些标准和建立通信网络所能实现的。电子商务的开展过程是商务管理、商务活动、商务理论与信息技术、电子工具的有机结合。

8.1.1 电子商务的定义

事实上,今天还没有一个较为全面、具有权威性的、能够为大多数人接受的电子商务的定义。各种组织、政府、公司、学术团体等大都是依据个人理解和需要为电子商务下定义的。以下是一些较为系统和广为接受的定义。

加拿大电子商务协会给出了电子商务的较为严格的定义:电子商务是通过数字通信进行商品和服务的买卖以及资金的转账,它还包括公司间和公司内利用电子邮件(e-mail)、电子数据交换(electronic data interchange,EDI)、文件传输、传真、电视会议、远程计算机联网所能实现的全部功能(如市场营销、金融结算、销售以及商务谈判)。

联合国经济合作与发展组织(OECD)在有关电子商务的报告中对电子商务的定义是电子商务是发生在开放网络上的包含企业之间(business to business,B2B)、企业和消费者之间(business to consumer,B2C)的商业交易。

全球信息基础设施委员会(GHC)电子商务工作委员会报告草案中对电子商务定义如下:电子商务是运用电子通信作为手段的经济活动,通过这种方式人们可以对带有经济价值的产品和服务进行宣传、购买和结算。这种交易的方式不受地理位置、资金多少或零售渠道的所有权影响,公有、私有企业、公司、政府组织、各种社会团体、一般公民、企业家都能自由地参加广泛的经济活动,其中包括农业、林业、渔业、工业、私营和政府的服务业。电子商务能使产品在世界范围内交易并向消费者提供多种多样的选择。

一些跨国公司在实施电子商务战略时也给出了自己的电子商务定义,如IBM公司认为电子商务(e-business)是"使用互联网技术进行的关键业务流程转型"。HP公司提出电子商务(e-commerce)、电子业务(e-business)、电子消费(e-consumer)和电子化世界(e-world)的概念。它对电子商务的定义是:通过电子化手段来完成商业贸易活动的一种方式,电子商务使我们能够以电子交易为手段完成物品和服务等的交换,是商家和客户之间的联系纽带。

因此,狭义地说电子商务是对贸易实现电子化;广义地讲,电子商务是一种现代商业方法,这种方法通过电子媒介改善产品和服务质量,提高服务传输速度,满足政府、组织、厂商和消费者降低成本效率的需求。电子业务(e-business)是一个更宽泛的概念,除了买卖商品和服务外，还包括客户服务与商业伙伴之间的业务流转，以及在机构内部进行的电子交易。IBM公司前首席执行官Lou Gerstner的看法是："e-business涵盖了生产周期、速度、全球化、提高生产效率、赢得新客户，以及在机构间共享知识从而获取竞争优势的方方面面。"

8.1.2 电子商务的分类

依据不同的分类标准可以将电子商务划分成不同的类型（如按商业活动运作方式可分为完全电子商务和不完全电子商务）。通常人们认为可以按交易或商业环节的参与方对电子商务进行分类，因此可以得到五类电子商务类型，分别是企业与消费者间电子商务（B2C）、企业间电子商务（B2B）、企业业务流程、消费者间电子商务（C2C）、企业与政府间电子商务（B2G），其中最常见的是企业与消费者间电子商务、企业间电子商务和消费者间电子商务。

(1) 企业与消费者间电子商务（B2C）。企业对消费者之间的电子商务主要是电子零售业，典型的应用为网上购物，企业、商家利用电子商城提供的网络基础设施、支付平台、安全平台、管理平台等共享资源有效地、低成本地开展自己的商业活动，这是我国最早产生的电子商务模式。目前在Internet上遍布着各种类型的商业中心，提供多种商品和服务，如鲜花、书籍、计算机、汽车等。开展企业对消费者的电子商务活动，阻力最少，潜力最大。就目前发展来看，这类电子商务具有推动其他电子商务活动发展的趋势。

(2) 企业间电子商务（B2B），企业间使用互联网向供应商订货和付款。企业之间可使用网络进行订货，单证交换和付款。企业往往会设立专门的部门负责同供应商谈判采购交易。这些部门就是供应管理部或采购部。因此，企业间电子商务（B2B）通常也称为电子采购。通过B2B企业之间的交易减少了许多事务性的工作流程和管理费用，降低了企业经营成本。网络的便利性及延伸性使企业扩大了活动范围，企业跨地区跨国界发展更方便，成本更低廉。

(3) 企业业务流程，除了采购和销售活动外，企业往往还需要一系列活动来完成生产，比如管理员工、租赁仓库、运输、会计记账、购买保险、开展广告活动等营销活动。这些交易和业务流程大部分都可以在互联网上进行。所有这些沟通、控制及交易相关活动都是电子商务的重要组成部分。有些人把这些活动归入企业间电子商务的范畴，另一些人则认为这些活动应作为辅助性或支持性的业务活动。

(4) 消费者间电子商务（C2C），即在个人之间进行买卖，如某人通过拍卖网站向他人销售商品。

(5) 企业与政府间电子商务（B2G），即企业与政府机构进行交易，作为新近出现的电子商务模式，它的概念是企业和政府机关使用中央网站来交换数据并且与彼此做生意，而且比他们通常离开网络更加有效。一个提供B2G服务的网站可以提供一个单一地方的业务，为一级或多级政府（城市、州或省、国家等）来定位应用程序和税款格式、提供送出填好表格和付款的能力、更新企业的信息、请求回答特定的问题，等等。也可能包括电子采购服务，通过它商家可以了解代理处的购买需求，并且向代理处请求提议的回应。美国很多州政府都建立了网站来帮助企业完成同政府机构之间的交易，如美国加州的

CAL-Buy网站方便了企业与加州政府间的交易。表8-1总结了这五类电子商务。

表8-1 电子商务的类别

类 别	描 述	例 子
企业与消费者间电子商务(B2C)	企业向消费者个人销售产品或服务	Walmart. com通过网站向消费者销售商品；卓越、当当的网上书城
企业间电子商务(B2B)	企业向其他企业销售产品或服务	Grainger. com通过网站向其他企业销售工业品；阿里巴巴搭建了全球企业间的电子商务平台
企业的业务流程	企业及其他组织用信息对客户、供应商和员工进行识别和评估，目前开始逐渐同自己的客户、供应商、员工及业务伙伴共享这些信息	Dell公司通过安全的互联网连接同自己的供应商共享销售进展及市场预测信息，供应商可以利用这些信息制定自己的生产计划，并及时将正确数量的计算机零部件交付给Dell；联想在供应商管理方面的系统可以实现对供应商管理的规范化和流程化，从而更好地做到对供应商状况的考评，能够更好地和采购量有一个直接的挂钩，并且在供应商端设立相应的采购平台，可以实现与供应商的协同
消费者间电子商务(C2C)	网上集市的参与者可以彼此买卖商品	消费者和企业在eBay. com网上集市里彼此进行交易；淘宝网是国内最大的个人电子商务网站
企业与政府间电子商务(B2G)	企业向政府机构销售产品或服务	CAL-Buy门户网站允许企业在网上向加州政府销售产品；中国招标采购在线网，为企业和政府提供招标信息发布

8.1.3 电子商务基本架构

1. 电子商务的框架

电子商务涉及的领域很广泛，包括多种类型的活动、组织机构以及技术。许多人认为电子商务就是建立Web站点或公司门户网站，但实际上电子商务远不局限于此。电子商务的应用丰富多样，其他的电子商务应用包括在线购物、求职、拍卖、在研发活动中进行电子化协作，以及开展全球交易等。为实现这些应用，公司就必须有合适的信息、基础设施和支持系统。图8-1说明电子商务的应用以基础设施为支持，成功的电子商务实现又依赖于五个独立的领域：人、公共政策、市场营销和广告、业务伙伴及支持服务。

2. 电子商务涉及的领域

(1) 人：包括卖方、买方、中介、IT雇员，以及任何其他参与者。

(2) 公共政策：包括法律和其他政策问题，例如由政府决定的隐私保护政策。公共政策包括技术标准和协议。

(3) 市场营销和广告：互联网规模巨大，所以必须同时采用传统和新型的营销手段以及广告战略来吸引顾客访问自己的网站。

(4) 业务伙伴：电子商务通常在业务伙伴之间的供应链上出现。

(5) 支持服务：电子商务需要大量的支持服务。其中最重要的包括市场研究、内容创建和其他服务、支付、物流、IT支持，以及安全。

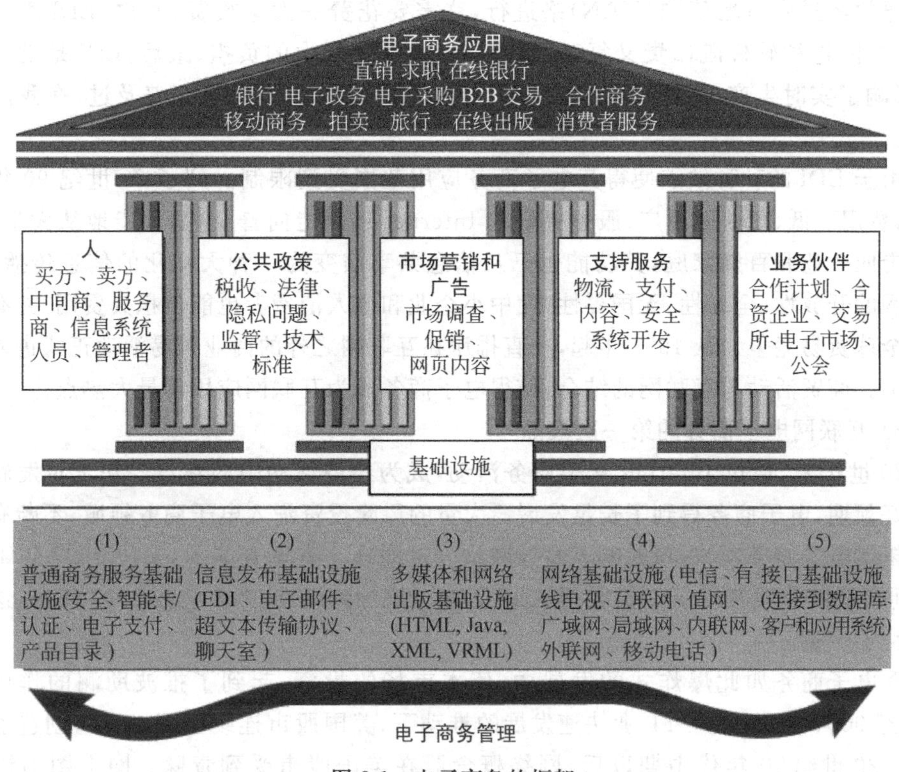

图 8-1　电子商务的框架

8.1.4　电子商务的演进

1. 电子商务的发展历程

现代通信技术的迅速发展，带来了电子商务的快速发展。尽管电子商务这一名词是20世纪90年代后才出现的，但从更广泛的意义上讲，电子商务的存在已经有很多年了，至少在互联网出现以前就已经有了电子商务的使用。从信息技术与商务实践结合的共同发展来看，电子商务的发展大体上经历了以下的发展过程。

1) EDI时代

EDI技术的萌芽始于20世纪60年代的美国，70年代在西方发达国家得到了迅速发展。EDI是一种先进的电子化贸易工具。根据ISO的定义，EDI是一种将商业或行政处理中的业务文件，按一个公认的标准，形成结构化的报文数据，经由网络从一台计算机传输到另一台计算机的电子传输方法。由于EDI大大减少了纸张票据，因此，人们也形象地将它称之为“无纸贸易”或“无纸交易”，EDI就是电子商务的雏形。

对于某些交易来说，在减少交易错误和缩短处理时间方面，EDI发挥了重大作用，但这是以高成本为代价的。EDI中使用的标准格式包括标准的书面发票、订单和运输单据中的一切信息。General Electric、Sears和WalMart最早采用EDI来完善订货业务，改善与供应商的关系。对于EDI的潜在使用者来说，关键问题是实施EDI的高成本。首先，

EDI通常经过专有增值网(VAN)络进行，这需要花费一大笔投资；其次，EDI离不开分布式软件，这种软件既昂贵又复杂，给参与者增添了很大的负担；最后，EDI是批量传输的，影响了实时生产、采购和定价。由于这些原因，EDI并没有真正普及过，在我国尤其如此。

由于EDI的种种缺点使得其电子商务应用范围受到限制。到了20世纪90年代中后期，费用更低、覆盖面更广、服务更好的Internet迅速走向普及化，逐步地从大学、科研机构走向企业和百姓家庭，其功能也已从信息共享演变为一种大众化的信息传播工具。互联网的开放性、全球性、无国界性，使中小企业和个人消费者也能负担其费用，并有机会参与全球贸易竞争。从1991年起，一直排斥在互联网之外的商业贸易活动正式进入到这个王国。商贸活动与互联网的结合，使得电子商务成为互联网应用的最大热点。

2) 互联网电子商务的第一次浪潮

20世纪末，通过Internet从事商务活动，成为经济活动中的热点。基于对发展前景的美好预期，电子商务得到了长足发展。大量的风险投资涌入电子商务领域，不断有企业宣布拓展电子商务领域，新的电子商务网站大量涌现。有调查显示，美国1997年1月到6月间申请商业域名(.com)的公司从17万多个增加到近42万个。到1997年底，这一数据又翻了一番。

在电子商务如此爆炸式的发展中，资本市场的投资，起到了推波助澜的作用。从20世纪90年代开始，在IT业快速发展的推动下，美国股市连续上涨10年，创造了经济奇迹。20世纪90年代中期以后，网络概念股在美国股市受到青睐。网上图书销售商Amazon.com的营业收入从1996年的1 580万美元猛增到1998年的4亿美元。面对Internet良好的应用前景，网络概念股节节走高。以高新技术类上市公司为主的美国NASDAQ股票市场，1996年初的指数点位还只有1 000点，而2000年初该点位已经超过4 000点。在财富效应的驱动下，各种资金蜂拥进入以网络为核心的IT领域，由此形成了电子商务的第一次浪潮。

由于乐观情绪的传染和四处弥漫的非理性情绪的影响，投资者担心会错过终生难遇的赚钱机会。好想法的数量有限，投资者越来越多，结果这些好想法的价格不断攀升；更糟糕的是，很多坏想法也得到了投资。从2000年中期开始，和整个IT业一道，电子商务开始了调整。股市泡沫开始破灭，NASDAQ指数在一年的时间内就从5 000点跌破至2 000点以下。随着资金的撤离，许多依赖资本市场资金投入的网站陷入了困境，不少网站开始清盘倒闭。据不完全统计，超过1/3的网站在这一时期销声匿迹了。在2000年开始的低迷期中，有5 000多家互联网公司倒闭或被并购，各媒体的头版都是“.com泡沫破灭”的报道。电子商务经历了其发展过程中的寒冬。

3) 互联网电子商务的第二次浪潮

在惨烈的调整之后，电子商务从2002年底开始复苏，其标志是不断有电子商务企业开始宣布实现赢利。据行业调查公司Web Mergers统计，2000～2003年，又有2 000多亿美元投入进来收购处于困境中的电子商务公司或者开办新的互联网公司。第二次投资浪潮尽管没有得到大众媒体和商业媒体的关注，但是却带来了网上企业的重生。

在2000～2002年，尽管媒体天天在宣告电子商务的死亡，人们却惊讶地发现企业与消费者间电子商务的销售在不断增长，尽管增长的速度没有 20 世纪 90 年代末期那么快。因此，媒体所宣传的“.com 泡沫破灭”实际上只是增长速度放慢，而不是真正的崩溃。网上销售额在连续 4 年每年达两三倍的增长之后，从 2001 年开始放慢至每年增长 20%～30%。据当时的联合国贸易与发展会议(UNCTAD)公布的《电子商务与发展报告》，到 2002 年底，全球 Internet 用户人数已经达到 6.55 亿，比上年同期增长了 30%。2002 年网上商品和服务的销售额已经达到 23 亿美元，比上年同期增长了 50%。到 2003 年，这个数字增长到 39 亿美元。现在很多专家估计，未来几年会维持这种增长速度。电子商务的第二次浪潮已然来临。

电子商务的第一次浪潮主要是美国现象，网站特别是商务网站也多使用英语。随着第二次浪潮的开始，可以清楚地看到未来的电子商务是国际化趋势，它将支持许多国家的企业以各种语言开展商务活动。在第二次浪潮中，为了提高效率，需要解决语言翻译与货币兑换问题。

在电子商务的第一次浪潮中，由于很容易得到创投基金，导致过分强调创建大企业来抓住电子商务的机遇。投资者对电子商务热情高，急欲参与，根本不考虑成本或可能的风险。在第二次浪潮中，现有的企业用自己企业的资金来逐步开展电子商务。这些审慎的投资使得电子商务的增长更为稳健，尽管放慢了增长速度。

第一次浪潮的电子商务尤其是企业与消费者间电子商务采用的是低速廉价的互联网技术，多数消费者是拨号上网。家庭宽带上网是电子商务第二次浪潮的关键要素。虽然这种接入方式成本高，但是上网速度提高了 10 倍以上。高速上网不仅提高了互联网的使用效率，也改变了人们使用 WWW 的方式。

在电子商务的第一次浪潮中，互联网技术在支持企业间交易和企业内部流程时，配套的技术是使用条形码及扫描设备对零部件、组装、库存和生产状态进行跟踪，这些跟踪技术彼此并没有很好地集成。此时，企业传递交易信息采用的是传真、电子邮件和 EDI 混合的通信手段。在第二次浪潮中，电子商务整合无线射频识别(RFID)设备和智能卡同诸如指纹识别与视网膜扫描等生物特征识别技术来全面跟踪货位和人员。这些技术彼此集成并同通信系统进行整合，使企业彼此有效沟通并共享交易、库存水平及客户需求信息。

在线广告是在电子商务第一次浪潮中许多倒闭的“.com 公司”的主要收入来源。经历了两年的低谷后，企业又开始重燃使互联网成为有效广告媒体的兴趣。诸如招聘等某些类型的在线广告增长很快，已经取代了同类传统广告。

数字化产品的销售在电子商务第一次浪潮中问题重重。音像业无法(有人认为是不愿)解决数字化音乐的网上公销，这就造成数字盗版十分猖獗。电子图书也未能成功。第二次浪潮则为音像制品和其他数字化产品的合法网上分销提供了保证。Apple 公司的 iTunes 网站是在第二次浪潮中数字化产品网上分销的先行者之一。

主导电子商务第一次浪潮的是一些大企业以及创业时获得大量风险投资的企业。在第二次浪潮开始时，美国 200 人以内的小企业 60% 以上还都没有网站。因此，电子商务第二次浪潮的主体将是小企业，帮助这些企业开展电子商务是一笔大生意。

电子商务的未来并不是完全基于第二次浪潮。诸如 Amazon.com、eBay 和 Yahoo!

等公司在第一次浪潮中取得了成功，第二次浪潮也将为这些企业提供新的机会。表 8-2 总结对比了两次浪潮的关键特征。

表 8-2　电子商务两次浪潮的关键特征

电子商务特征	第一次浪潮	第二次浪潮
电子商务国际特征	主要是美国公司	各国企业参与电子商务
语言	大部分电子商务网站都使用英语	很多电子商务网站都有多种语言
资金	很多公司是靠外部投资创立的	现在企业用自己的资金启动电子商务计划
接入技术	很多电子商务参与者用低速方式接入网络	网络宽带接入方式迅速增长
企业间电子商务技术	企业间电子商务主要采用多种不同的通信技术和库存管理技术	企业间电子商务同无线射频标签及生物特征识别设备整合，有效管理信息流和物流
同客户的电子邮件接触	同客户的非结构化电子邮件通信	定制的电子邮件整合进行客户接触
广告与电子商务的整合	过分依赖简单形式的在线广告作为主要的收入来源	采用多种复杂的广告方式，同电子商务更好地结合，整合进现有的业务流程和策略之中
数字化产品的分销	数字化产品的低效分销导致大规模的盗版	数字化产品新的销售与分销方法

2. 电子商务的应用现状和趋势

1）现状

根据 Internet world stats 数据显示，截至 2009 年 3 月底，全世界网民达到 15.96 亿人。其中，亚洲网民数量最多，达到 6.57 亿人，占全世界网民总数的 41.17%。根据中国互联网络信息中心 2009 年 1 月公布的《中国互联网络发展状况统计报告》，截至 2008 年底，中国网民规模达到 2.98 亿人，较 2007 年增长 41.9%，互联网普及率达到 22.6%，略高于全球平均水平(21.9%)。继 2008 年 6 月中国网民规模超过美国，成为全球第一之后，中国的互联网普及再次实现飞跃，赶上并超过了全球平均水平。越发普及的互联网使用是电子商务得到广泛应用的前提。

2008 年 1 月 29 日世界互联网媒体测评机构“尼尔森在线”公布的研究数据显示：全球在线购物的网民已经达到 85%，2008 年底，中国的网络购物用户人数已经达到 7 400 万人，年增长率达到 60%。中国、巴西和印度电子商务的蓬勃发展是推动全球在线购物网民比例迅速增长的主要动力。BDA 咨询公司更预计“电子商务将成为中国下一个蓬勃发展的产业”。

截至 2008 年 3 月 13 日，按用户数量计算，中国已经超过美国而成为全球最大的互联网市场。网络市场购物成交额达到 590 亿元，其中淘宝网以 433.1 亿元高居榜首。支付宝已经拥有 6 200 万注册客户，每天通过支付宝的成交量已超过 3 亿元，掌控了国内 50% 多的网上交易支付市场资源。工商银行 2007 年电子银行交易额达 102.9 万亿元，同比增长 127%，成为中国首家电子银行年交易额超过百万亿元的银行。

2008 年，我国电子商务交易总额达 3.1 万亿元，比 2007 年增长了 43%。在目前的经济形势下，运用电子商务的中小企业生存状况远远好于运用传统模式的企业。有关统计资料显示，在金融危机中，未运用电子商务的企业陷入困顿的比例达 84.2%，而运用电子商务的企业陷入困顿的比例为 16.8%，两者相差近 5 倍。

2) 趋势

从以上数据不难看出电子商务正处在蓬勃发展中，不断扩大的市场规模吸引着越来越多的企业投身到电子商务行列中。伴随着信息技术快速发展的脚步，电子商务也呈现出了新的发展趋势。

首先，移动商务的发展前景广阔。根据艾瑞咨询即将发布的《2008—2009 年中国移动电子商务行业发展报告》数据表明，2008 年中国移动电子商务市场营收规模为 2 400 万元。随着 3G 商用时代的到来，阿里巴巴等传统电子商务企业，中国移动、中国电信、中国联通三大运营商及用友移动等新进入者纷纷试水移动商务领域，艾瑞预计 2009 年营收规模将达 5 500 万元，同比增长约 130%，2011 年移动电子商务营收规模将达到 1.7 亿元，移动电子商务即将成为市场热点，也将是企业竞相争夺的利润焦点。

其次，电子商务捆绑搜索引擎，推动网络营销新模式。根据艾瑞咨询统计，2007 年中国搜索引擎市场规模达到 29 亿，相比 2006 年 13.9 亿市场规模增长了 106%。咨询预计，到 2010 年，这一市场规模将突破 100 亿元人民币。并且，伴随着搜索引擎的市场规模上升引起搜索广告占网络广告比重的大幅提高，网络精准营销理念成熟后，搜索引擎将发挥更大的能量。

还有 Web 2.0 等新技术的兴起为电子商务应用注入新动力。自 2004 年美国 Dale Dougherty 与 O'Reilly 总裁创造性的提出了 Web 2.0 的概念后，其受关注程度不断提升，如今已成为互联网上的热点词汇。以 Blog、SNS、RSS、Wiki 等社会软件的应用为核心，依据六度空间理论、长尾理论、社会资本等新理论和 XML、Ajax 等新技术实现了 Web 2.0 互联网新一代模式。由此为电子商务经营理念带来了更新和进步，为电子商务的快速发展提供了契机，电子商务的模式也将发生相应的变化。Web2.0 是对以往电子商务服务的补充和发展，它更好地满足了用户对互联网的需求，带来了商业规则的深刻反思与积极变革，并提供了更广阔的应用空间和商业前景。

8.2 电子商务的商务模式

8.2.1 商务模式的内涵

商务模式(business model)是企业管理领域的术语，是一个比较新的名词。尽管它第一次出现在 20 世纪 50 年代，但直到 90 年代才开始被广泛使用和传播。今天，虽然这一名词出现的频度极高，关于它的定义仍然没有一个权威的版本。电子商务模式的研究还处于起步阶段，国内外许多学者众说纷纭，但还没有形成共识。电子商务模式有两个层次的解释：一是从整体上把握，给出一个宏观的定义，内容包括电子商务模式在企业中的作用、地位以及关系等；二是将电子商务模式细分为各个基本组成元素，也称为组件，这些基本元素的有机组合形成了电子商务模式。

商务模式的定义有很多,但目前最为管理学界接受的是 Osterwalder、Pigneur 和 Tucci 在 2005 年发表的《商务模式分类:概念起源、现状和未来》一文中提出的定义:"商务模式是一种包含了一系列要素及其关系的概念性工具,用以阐明某个特定实体的商业逻辑。它描述了公司所能为客户提供的价值,以及公司的内部结构、合作伙伴网络和关系资本等用以实现(创造、营销和交付)这一价值并产生可持续、可盈利性收入的要素。"

Osterwalder 等在综合了各种概念的共性的基础上,提出了一个包含九个要素的参考模型(图 8-2)。

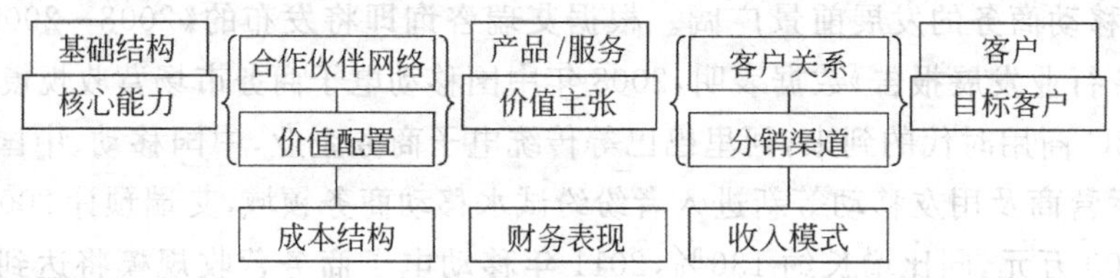

图 8-2 商务模式九要素模型

这些要素包括:

(1) 价值主张(value proposition),即公司通过其产品和服务所能向消费者提供的价值。价值主张确认了公司对消费者的实用意义。

(2) 目标客户(target customer segments),即公司所瞄准的消费者群体。这些群体具有某些共性,从而使公司能够(针对这些共性)创造价值。定义消费者群体的过程也被称为市场划分(market segmentation)。

(3) 分销渠道(distribution channels),即公司用来接触消费者的各种途径。这里阐述了公司如何开拓市场。它涉及公司的市场和分销策略。

(4) 客户关系(customer relationships),即公司同其消费者群体之间所建立的联系。我们所说的客户关系管理(customer relationship management)即与此相关。

(5) 价值配置(value configurations),即资源和活动的配置。

(6) 核心能力(core capabilities),即公司执行其商务模式所需的能力和资格。

(7) 合作伙伴网络(partner network),即公司同其他公司之间为有效地提供价值并实现其商业化而形成的合作关系网络。这也描述了公司的商业联盟(business alliances)范围。

(8) 成本结构(cost structure),即所使用的工具和方法的货币描述。

(9) 收入模式(revenue model),即公司通过各种收入流(revenue flow)来创造财富的途径。

8.2.2 电子商务模式的分类

电子商务模式的分类是电子商务模式分析的基础问题,有关此问题的讨论,无论业界还是学术界都众说纷纭。最初的分类标准是参与电子商务的主体,主要有企业-企业(B2B)、企业-消费者(B2C)、政府-企业(B2G)等商务模式。这种分类难以揭示参与者利润来源和创造过程,不利于理解电子商务的本质。最近几年,不同的电子商务模式分类方式被提了出来，如基于价值链的分类、基于原模式的分类、基于新旧模式差异的分类、基于控制方的分类、基于 Internet 商务功用的分类以及基于盈利模式的分类。下面仅就最早的基于价值链的分类和目前常见的盈利模式分类加以详述。

1. 按价值链的分类

Paul Timmers 提出的分类体系是基于价值链的整合，同时也考虑到了商务模式创新程度的高低和功能整合能力的多寡。按照这种体系电子商务模式可以分为电子商店、电子采购、电子商城、电子拍卖、虚拟社区、协作平台、第三方市场、价值链整合商、价值链服务供应商、信息中介、信用服务和其他服务等 11 类。Timmers 几乎是最早对电子商务模式进行分类的，因此在研究中受到了很多引用。表 8-3 列举了 Timmers 给出的11 种分类。

表 8-3 Timmers 的电子商务模式分类

分　类	描　述
电子商店(e-Shop)	在网上销售产品
电子采购(e-Procurement)	在网上采购商品或服务
电子拍卖(e-Auction)	通过电子商务方式实现传统拍卖
电子商城(e-Mall)	众多电子商店集合在一个知名的电子商城里
第三方市场(3rd party market)	向买方提供卖方的产品目录，类似于交易所
虚拟社区(virtual communities)	网上的虚拟社区，通过会费或广告费获取收入
价值链服务提供商(value chain service provider)	专注于完成价值链中的特定功能，如支付功能或物流功能
价值链集成商(value chain integrator)	集成价值链中的多项功能
协作平台(collaboration platforms)	为企业间的合作提供一系列的工具和信息环境
信息经纪商(information brokers)	提供信息增值服务
信任服务商(trust services)	提供认证、公证等信息服务

2. 按盈利模式分类

1）网上目录盈利模式

在目录盈利模式(web catalog revenue models)下，商家建立一种品牌形象，并利用这个形象优势通过向潜在购买者邮寄商品目录来销售商品。购买者通过邮寄或拨打商家付费电话来下订单。这种业务模式通常称为邮购模式或商品目录模式。将邮寄目录的模式扩展到网上，就是企业用网站上的信息来替代商品目录的分发。这种模式称为网上目录盈利模式。

目前大多数成功的网上商品目录销售企业都是邮寄商品目录行业中成功的公司，它们只是把自己的业务扩展到网上。还有些企业发现店铺里的商品能在网上销售后就开始采用网上目录盈利模式，这种新渠道不需要新建店铺，还能接触世界各地的客户。采用网上目录盈利模式的商品包括计算机、家电、图书与音像制品、奢侈品、服装、鲜花与礼品、折扣商品。

2）数字内容盈利模式

拥有知识产权的企业认为网络是新兴的高效分销机制，所以一些网站依靠其专业性极强的、有独特价值的内容而向用户收费，这就是所谓的数字内容盈利模式（digital content revenue models）。比如采取部分内容只允许付费会员浏览查询等。又如，化工类网站，有许多的信息是非用户所不能阅读的，这与化工行业特性有关，其产品丰富、价格变化频繁、企业资金实力比较强等特性奠定了许多化工企业愿意付款阅读一些对行情有关的信息或历史资料。另外还有一些人才网站、电子图书、交友网站、在线电影等许多的关键信息也都是仅仅面向收费用户的。

这种模式适合于专业性强的网站，将是一个未来网站盈利的主流模式，随着用户消费习惯的改变，全球互联网内容收费业务将如雨后春笋般露出头角，数字内容的个人收费模式逐渐会成为一种风尚。

3）广告支持的盈利模式

在线广告是网站盈利的比较普遍的方式，其形式繁多，从 Banner（旗帜）、LOGO（图标）广告，到 Flash 多媒体动画、在线影视等多种多样，从收费的方式来看，现在比较受欢迎的是按点击次数收费，Google 和百度等搜索引擎网站都主要采取此类广告方式。Google 2009 年的近 145 亿美元收入（2008 年 110 亿美元），基本都来源于此类广告方式。另外，现在比较流行一种"窄广告"的概念，就是针对更专业的浏览群体，其有效的用户比例会大幅提高。而且广告收入也是可以在一般的网站实现的，只要有较多的浏览群体（最好是某一类型的专业浏览群体），就具备了网站广告收费的条件，当然，也可以作大型网站的广告合作伙伴获得一定的盈利。

在网络的发展初期，许多观察家认为互联网广告的潜力无穷，网络广告收入从 1994 年的起步，快速上升到 1998 年的 20 亿美元，但是从 2000 年以来，网络广告收入一直没有增长且有所下降，这种模式属于大投入、低产出的模式。虽然现在网络媒体很多还是依赖于这种模式，比如现在的新浪、搜狐等门户网站及大多数的个人网站。但这种低产出的模式没有充分发挥网络的优势，特别是全球媒体都尽量减少广告收入在整体收入中的比重的今天，继续奉行这种模式无疑是不可取的。

网络广告的成功受两个方面的限制。首先是没有测量网站访问的统计方法，因为网络支持多种测量法，如访问者数量、非重复访问者数量、点击率和访问者行为的其他属性，广告主就很难确定网络广告的收费标准。除了访问者数量和页面访问量外，另一个对吸引广告主很重要的因素就是黏度，访问者在某个网站停留的时间越长，就会收到越多的广告信息。其次是很少有网站能够吸引让广大广告主感兴趣的访问者数量，网上大多数的成功广告是面向非常特殊的群体，除非网站能采集到访问者的人口统计信息，不然很难确定某个网站是否吸引到特殊的细分市场。

4）广告-收费混合模式

广告-收费混合模式（advertising-subscription mixed revenue models）已为报纸和杂志应用了多年，订阅者付一笔费用并接受一定程度的广告。大多数情况下，这种网站的订阅者比广告支持网站的订阅者受广告的骚扰要少得多。采用这种模式在网上销售的企业取得了不同程度的成功，有些公司放弃了，而有些公司又转向这种模式。

《纽约时报》和《华尔街日报》都采用广告-收费混合模式。《纽约时报》的网站更大程度属于广告支持模式，只对期望以在线方式玩填字游戏的访问者收取 35 美元的年费。开始时收费服务还有棋牌专栏，现在则可免费访问。《纽约时报》的模式还提供过刊检索服务，可检索 1996 年以来的所有文章，只收取少许费用。《华尔街日报》的模式更倾向于收费模式，它允许访问者以折扣价订阅在线版。

注意，这两种报纸都对印刷版和在线版采取不同的盈利模式。并且越来越多的报纸和杂志都发现需要对印刷版和在线版采取不同的盈利模式。

5）交易费用模式

交易费用模式（fee-for-transaction revenue models）是指企业提供收费服务，费用根据所处理交易的数量或规模来确定。有些服务非常适合在网上提供。公司可以在网上向访问者提供交易的相关信息，并为客户提供以前由业务人员提供的服务。客户在网站上填写交易信息，网站就以比传统方式便宜得多的价格提供服务。从价值链上去除诸如业务人员等中介称为免中介化，在价值链上加入诸如交易费用网站等新中介称为再中介化。

使用这种盈利模式的行业主要有旅行社、汽车销售、证券经纪公司、保险经纪公司、票务、房地产与抵押贷款经纪、在线银行与金融业。

6）服务费用模式

现在网上提供各种收费服务的公司越来越多，这些服务既非证券经纪服务，也不是按交易量进行收费的服务，而是按服务本身的价值收费。这类服务费用模式（fee-for-service revenue models）包括游戏、娱乐、理财建议以及专业人员（如会计师、律师、医生等）提供的服务。

随着带宽不断扩展，娱乐也在不断升级，基于宽带的在线网络游戏、网络电影、电视点播将是网民娱乐消费的主流形式。计算机游戏和视频游戏是一个巨大的产业。仅美国每年在这类游戏上的消费就超过 100 亿美元，其中来自网络的比例不断增长，现在越来越多的网站都提供付费游戏，访问者要玩必须付费，或付费后下载安装软件安装在计算机上，或缴纳注册费进入网站付费区。在国内访问量较大的有盛大的传奇，当然也有网易的大话西游，等等，盛大已经通过建立起来的网络游戏王国，成为国内在海外上市网站类公司中市值最高的一家，可见网络游戏市场之大。

8.3 企业电子商务规划

8.3.1 电子商务战略规划

传统的公司战略中，电子商务没有一席之地，然而随着信息技术和互联网技术的发展，电子商务的作用日益增强，它几乎可以从价值链的各个环节增强企业的竞争优势。电子商务战略已经作为公司战略的一个重要组成部分登上了历史舞台，成为企业管理层必须高度关注的一个战略性问题。

战略规划学派的思想产生于 20 世纪 60 年代，基本分析工具是 SWOT 分析与波士顿矩阵(Boston consulting group)。战略规划的过程就是一个资源与机遇的匹配过程,一个为企业发展指明方向的过程。电子商务战略规划就是指明确电子商务战略目标,对电子商务所需资源和其带来的机遇进行匹配的过程,是电子商务应用实施的行动纲领。电子商务战略规划主要包括八个步骤:

(1) 考察企业总体战略目标:企业总体战略目标限定了企业竞争活动的范围,即各种行业和市场,调查电子商务战略是否适应企业的总体战略目标,为电子商务的应用范围指引一个明确方向。

(2) 确定企业电子商务战略目标:企业的电子商务战略目标主要体现在4个方面,即差异、管理变革、保护、信任。可以说,企业实施电子商务无不是为该目标体系中的一个或几个目标组合而努力。

(3) 分析电子商务外部战略环境:外部战略环境主要包括宏观环境和行业环境。其中,宏观环境包括政治环境、经济环境、社会环境、技术环境等;行业环境包括竞争环境、供应环境、顾客环境等。战略环境分析为企业电子商务战略的开发提供了一个有利出发点。

(4) 分析企业实施电子商务战略的内部相关资源和能力:企业应该分析和检验自身成功实施该战略的相关资源和能力,如果它们不满足需求,应该选择重新制定目标或是加强资源和能力的补充水平。与传统企业实施电子商务战略相关的关键资源和能力主要体现在人力资源、技术资源、财务资源、运营资源、组织能力5个方面。

(5) 评估电子商务战略目标的有效性:企业应结合对战略外部环境和内部资源与能力的分析,再一次评估电子商务战略目标的有效性。在这一阶段,企业应该做到在明确实施电子商务战略过程中所需要的资源和能力的基础上,确立正确而稳定的电子商务战略目标。

(6) 电子商务战略方案制定:电子商务战略方案制定是把企业所要实施的所有电子商务活动系统化和明确化。电子商务战略方案制定主要是要确定三个问题,首先,选择何种电子商务运作模式;其次,企业电子商务核心能力是什么。核心能力是竞争优势产生的基础。电子商务核心能力可能来自很多方面,如良好的客户关系和服务、高效的内部运作管理和敏捷的供应链集成等均能形成核心能力。企业应选取一个或几个点进行集中强化,才能在电子商务的应用中形成竞争优势;最后,企业的电子商务战略定位如何。定位的目的是把电子商务提供的核心价值传递给受众(消费者、供应商、社会公众等),并使该价值在消费者的心智中得到强化。电子商务战略定位主要应在技术、产品、服务、品牌4个方面下工夫。企业可以结合实力选取最能体现其价值的一个或几个方面定位。

(7) 电子商务战略实施:有效实施是保证战略成功的关键。在实施阶段,要注重每个细节的执行,并且应该制订出详细的战略实施方案。从企业全局的角度来看,领导、人员、资源、组织4个方面需要特别关注,这些是战略成功实施的重要保障。

(8) 电子商务战略实施效果评估:为检验先前制定的电子商务目标实现的成果如何需要进行效果评估。效果评估必须以确立的战略目标为基准,不能只对经济效果进行定量评估,而忽略隐性效果。除了对经济效果评估外,还应从竞争者、客户、企业内部3个维度对实施效果进行全面评估。从竞争者维度,应评估在多大程度上对竞争者形成了防御或威慑作用、竞争者市场份额的变化等;从消费者维度,应评估消费者的忠诚度变化、采用数量变化等；从企业内部，应评估组织的适应程度、员工的支持程度、管理方式的变化等。

8.3.2 电子商务项目规划

公司计划、设计和实施电子商务战略的能力决定了公司的成败。公司利用互联网抢先进入市场或以全新方式开展业务所能得到的优势已引起许多行业的高级管理人员的注意。成功实施任何信息技术项目的关键是计划和执行。接下来将先对电子商务项目的立项过程进行描述，然后讨论电子商务网站建设策略的外包问题和电子商务项目管理。

1. 电子商务项目立项

1）设定目标并与企业战略相结合

企业展开电子商务会有各种理由。通常希望通过电子商务实现的目标是提高现有市场的销售、进入新市场、为现有的客户提供更好的服务、寻找新的供应商、与现有的供应商更好地协调或提高招聘的效率。不同规模的企业电子商务的目标也不一样。如，小公司希望建一个网站来鼓励访问者利用现有渠道进行交易而不是开展网上交易，以便降低网站建设的成本。电子商务计划的资源决策需要考虑预期效益和预期成本。

企业可以采用下向策略，关注企业为客户提供的价值；也可以考虑上向策略，关注与供应商的策略以降低成本。企业可以利用网络完成的业务远不只是销售，公司可以利用网络来完善其商业战略并提高竞争地位。电子商务的目标可以支持公司开展诸如建立品牌、改进现有营销方案、销售产品和服务、销售广告版位、管理供应链等活动。以何种方式开展电子商务还应与企业的长期战略相结合考虑，最终确定所要开展电子商务的具体目标。

2）衡量效益目标

电子商务计划的有些效益是可见的并且容易测量，例如提高销售或降低成本；有些效益是不可见的而且很难测量，比如提高客户满意度。在确定效益目标时，管理人员应当设法使目标能够加以测量，即使是属于不可见的效益。例如，对客户满意度目标可以通过计量客户回头率来加以测量。事实上，不论采取何种方法来衡量网站的效益，管理者通常都想用金额来衡量所有的活动。虽然每种活动都为公司带来了一定的价值，但往往很难用确切的金额来衡量这些价值。即便真的把效益转变成了具体的金额，得到的结果也只是大致的数字。

3）成本估计

在实施信息技术项目中，许多管理者发现成本同效益目标同样难以估计和控制。开发网站所需的软硬件要比其他信息技术项目所用的软硬件变化快，管理者们经常觉得自己以前的经验对成本估计没有多少帮助。硬件成本在不断下降，但软件复杂性的增加需要更多新的便宜的硬件，又导致了硬件成本的增加。复杂的软件也经常超出最初的预算。开展电子商务所需的时间比其他许多信息技术项目要短些，但网络技术的迅速变化会很快破坏掉管理者最初精心制定的计划。具体的成本估计应包括以下几方面。

（1）总成本。除了硬件和软件成本以外，项目预算还包括网站设计、软件开发、内容创作和网站运营维护等员工的招聘与培训成本及人员工资。电子商务实施的所有总成本包括硬件成本(服务器、路由器、防火墙、负载平衡系统)、软件成本(操作系统、WWW服务器软件、数据库软件和应用软件)、网站设计的外包费、项目参与员工的工资与福利、网站开通后的维护费用等,还要考虑网站未来改版的费用。

(2) 变革成本。任何信息系统项目都会带来变革,变革会让人感到不安。当工作场所出现任何变革,员工们都会关注自己是否具备应对这些变革的能力以及继续完成本职工作的能力,并开始担心会不会丢掉饭碗。这些焦虑会增大员工的工作压力,并导致士气低下和工作绩效滑坡。管理学研究人员对此提出了变革管理方法,帮助员工应对突如其来的变化,以帮助员工战胜恐惧感,减少压力,不影响工作绩效。

(3) 机会成本。对许多公司来说,电子商务计划最大的成本就是不开展电子商务带来的损失。公司因放弃电子商务计划而失去可能的效益就是成本。

(4) 网站成本。尽管一般的企业花费不太高的费用就可以建成网站,但建立一个具有完备的交易和支付功能的电子商务网站每年的花费往往比建成网站高出很多。在美国的调查显示,小企业每年在构建新的电子商务网站的平均费用达到11万美元。专家估计建立基本的电子商务网站最少需要10万美元。然而,公司需要投入的远不止构建电子商务网站的成本。由于WWW技术发展非常快,很多企业都要利用这种技术来维持竞争力。大多数专家都同意,一旦建好网站并开始运营后,不管其规模大小,年维护成本会达到网站建设投资的50%~200%。因此在实施决策时持续维护成本的影响要大于构建电子商务网站的成本。并且随着越来越多的传统企业开始开展电子商务,建立一个真正差异化的网站的成本会不断提高。

4) 比较效益和成本

公司对任何重大支出都要进行评估,才能决定是否在某个项目上进行投资。规划电子商务项目的一个关键是识别潜在效益(包括雇员满意度和公司声誉等无形效益)和确定获得这些效益所需的成本,并比较效益和成本。企业应该用这种比较效益和成本的方法对电子商务战略的各部分进行评价。

5) 投资回报

虽然大多数公司在开展电子商务项目前都要进行某种形式的价值评价,但越来越多的公司把这些项目看成是必要的投资。这样就不像对其他资本项目那样,对电子商务项目进行同样谨慎的审查和严格要求。为了不被竞争者甩下,并且尽早进入新市场所获得的价值如此之大,许多公司愿意投入大量资金而不考虑短期的利润前景。这也是第一次浪潮中许多“.com”公司匆忙上市,既而迅速崩溃的原因之一。如今的企业在开展电子商务项目时操作起来更加理性,公司对电子商务预算采取严格的审核,许多公司采用投资回报法来评估电子商务项目。投资回报法既简单又容易使用,但因为它本身的一些缺点,如偏重成本、注重可预测的效益、强调短期效益,可能会误导决策者,所以使用它对电子商务计划进行评估时要慎重。

2. 电子商务网站开发战略

确定了企业电子商务目标,比较了电子商务项目的效益和成本并讨论过投资回报后,才最终为电子商务立项。经过这一系列的评审活动后,企业开始着手建立电子商务网站。

如何开展建立电子商务网站，内部开发还是外包，如何管理电子商务的实施，有哪些技术可以在电子商务项目管理中使用将是下面主要讨论的内容。

关于内部开发与外包的选择，外包即委托另一家公司为项目提供外部支持的做法，许多公司认为将整个电子商务项目外包也能够在网上开展业务。但大多数公司对此持相反看法。不论采用哪种电子商务方案，项目的成功都取决于电子商务同企业业务的集成和支持程度。由内部人员负责项目的好处是了解企业的特殊需求，能够保证项目符合企业的目标和组织文化。外部咨询人员不可能在实施项目前非常熟悉某个企业的文化。大多数公司的规模不大或者内部专家很少，无法在没有外部帮助的情况下独立开展电子商务项目。因而少有企业能完全自主地在内部开发整个电子商务项目，都会采用一定程度的外包，电子商务成功的关键也就在于外包和内部开发之间的平衡。

在确定电子商务哪些部分项目需要外包时，首先要组建负责该项目的内部团队。这个团队应该包括了解互联网及其技术的人，他们知道技术的能力和限制。团队成员应该有创造性思维，他们希望公司能够超越目前的境况，他们在公司的业务非常出色。在实施电子商务时，业务知识、创造性和公司部门经理的支持要比技术专长重要得多。项目的领导应当非常熟悉公司的目标和企业文化，以有效地管理项目实施。内部团队应该负责从设定目标到网站的最终实施和运营的整个过程。内部团队还要决定将项目的哪些部分外包(以及包给谁)，公司需要为项目聘请什么样的咨询顾问或伙伴。下面介绍几种常见的外包方式。

(1) 早期外包。在多数电子商务项目中，为了快速开展项目，往往将最初的网站设计和开发外包出去，然后由外包商培训公司的信息系统人员，并把网站的运营交给他们。这种方式称为早期外包。

(2) 后期外包。更传统的信息系统外包方式是由公司自己的信息系统人员完成最初的设计和开发工作，并实施这个系统，直到它成为公司稳定的组成部分。等到公司得到了系统带来的所有竞争优势后，就可以把电子商务系统的维护工作外包，以便公司的信息系统专业人员能把注意力和精力转移到另外的能带来进一步竞争优势的新技术上。这种方式称为后期外包。多年来，后期外包已成为充分利用稀缺和信息系统人才的标准方式，但对于电子商务项目来说，还是应该更多进行早期外包。

(3) 部分外包。在早期外包和后期外包两种方式中，项目整个设计、开发和运行的责任都是由单独的群体(公司内部或外包方)来承担的。这两种典型的外包模式在很多信息系统项目中都能很好地发挥作用。但电子商务还可以进行部分外包。部分外包也称为局部外包，即公司将部分项目交给另一家专业公司进行设计、开发、实施和运作。比如许多小网站常常将电子邮件处理和回复工作外包出去。

3. 管理电子商务的实施

管理复杂商务软件实施的最好方法是采用正式的项目管理技术。企业可以采取项目管理、项目组合管理、人员配备、事后审计等方法对电子商务项目进行有效管理。

1) 项目管理

项目管理是一整套用于计划和控制为达到某个目标所采取行动的规范技术。项目计划包括有关成本、时间安排和绩效的指标，能帮助项目经理根据这三个指标做出明智的决策。

例如,如果项目有必要提前完成,那么可以通过增加项目成本或降低项目绩效来压缩时间。

如今,项目经理们使用项目管理软件来辅助项目管理业务,如 Microsoft Project 和 Primavera Project Planner 等项目管理软件提供了管理资源和时间的整套工具,并用图表显示出哪部分属于关键任务,哪部分推后不会影响项目完成日期,哪些资源对项目进度最重要。

与其他建设项目相比,信息系统开发项目更容易失去控制并最终失败,其失败的主要原因是技术变化迅速、开发时间长和客户期望的不断变化。由于信息项目的这一弱点,许多团队都依靠项目管理软件来帮助达到目标。

2) 项目组合管理

大企业往往同时实施多个 IT 项目,有些属于电子商务实施或升级。现在,有些大公司的信息主管(CIO)采用组合法管理某些项目。项目组合管理是把每个项目当成投资组合的一项投资进行监督的技术。信息主管在表中(一般使用电子报表或数据库软件)记录所有项目,并定期用每个项目当前状态信息来更新这个表。

这种管理有点类似用项目管理软件管理一个项目内多项任务的功能,但是多数项目管理软件包主要用于管理单个项目,无法处理跨项目的任务。另外,项目组合管理所用的信息与管理特定项目所用信息也存在差异。项目管理软件跟踪的是每个项目完成特定目标进展的细节信息。在项目组合管理中,信息主管根据各项目对企业战略目标的重要性及风险级别决定项目等级。

3) 配备人员

不管内部团队是否决定要外包部分设计和应用工作,都必须确定开展电子商务所需的人员。对于一个中等规模的电子商务网站,涉及的重要人员及其职责如表 8-4 所示。

表 8-4 电子商务网站涉及的重要人员及其职责

人 员	职 责
业务经理	负责实施业务计划并实现内部团队设定的目标
项目经理	跟踪项目中特定目标的成本及进展
客户经理	记录项目所用的各种版本的网站或者记录项目进展以便未来合并成一个大网站
应用专家	维护财务软件、人力资源软件和后勤管理软件
网页程序员	设计与编写动态网页编码
网站美工	保证网页的视觉效果、方便易用以及各页面风格一致
内容作者	将公司现有资料创造用于网站上的内容
客户服务人员	帮助设计和应用客户关系管理,例如发布和管理密码、设计客户界面、处理客户电子邮件和电话请求以及为网站进行电话销售
系统管理员	负责保障系统的可靠和安全运转
网络管理员	预测和监控负荷、解决网络出现的问题、设计和应用容错技术,以及管理外包给服务商或电话公司的网络运行业务
数据库管理员	支持交易处理、订单输入、查询管理或后勤运输等活动

4）事后审计

电子商务网站建成后，项目的资源就转到维护和改善网站的运营上了。越来越多的公司已经认识到了事后审计的价值。事后审计是在项目运营后进行的正式复审。

经理通过事后审计来检查在项目计划阶段确立的目标、性能指标、预计成本和预计的完成日期，并对比预定目标和实际情况。事后审计允许内部团队、业务经理和项目经理质疑项目的目标，并了解目标和实际结果的差异。事先决定不找替罪羊，公司就能得到对规划未来项目有益的信息，也为参加者提供了一次很有价值的学习机会。

审计的结果是一份全面的审计报告，分析项目整体效果、项目管理水平、组织结构是否适合项目以及项目组的绩效。审计报告的每一节都应对比项目的目标和实际结果。很多公司在项目完成后都会根据审计报告对项目管理组织结构进行调整，有时还在报告中的保密章节里评价项目组各成员的表现，这样可以帮助管理层决定哪些员工应该加入未来的项目组。

8.4 移动商务

8.4.1 移动商务的兴起

移动商务的兴起并非偶然。移动通信技术的成熟和广泛商业化为移动商务提供了通信技术基础，而功能强大、价格便宜的移动通信终端的普及为移动商务提供了有利的发展条件。现代交通工具日益发达，市场竞争与经济全球化使得人员流动性不断增加，人们必然产生移动通信的需求。移动商务的发展不但有利于更加充分地发挥互联网的潜力，它还提供了许多新的服务内容。这诸多因素都是移动商务兴起和迅猛发展的动因。

1. 移动通信网络和移动终端的普及

根据中国移动公布的数据，全球通已在全国所有地（市）和99%以上的县（市）实现了全覆盖，实现了高话务区域的立体覆盖及主要交通干线的连续覆盖，并且与中国电信、中国联通和中国网通等运营公司实现了互联互通，甚至可以和包括美国、日本、韩国在内的世界五大洲141个国家和地区的220个移动通信运营商之间进行国际漫游。当然，移动通信网络除了手机网络外，还有适合于中、短距离高带宽通信的WiFi、WiMax等。在良好的网络基础条件下，随时随地的沟通不再是梦想，它已经成为现实。

移动网络提供了通信的基础设施，而移动通信终端的普及则为移动商务提供了与用户的接口。如果没有大量的、便宜的手机终端，移动商务就没有最重要的用户基础，商务活动自然也就无法进行。过去的10年中，手机已经从少数人佩带的奢侈品变成大众生活必需品和时尚的标志。手机价格下降和性能提高促进了用户数量的飞速增长。根据国家工业和信息化部的统计结果，截至2009年5月底，我国移动电话用户数已达到6.8亿。国际电信联盟统计的数据表明，截至2008年底，全球移动电话用户数达40亿，普及率达58%；全球互联网用户数超过15亿，普及率达22%。目前，中国的移动用户数和互联网用户数均是世界第一。据预测，2009年底中国使用手机上网的用户将可能首次超过

PC上网用户数量。另根据UMTS论坛的预测报告，到2020年世界移动通信普及率将达到39%。如果把儿童等无法使用手机的人除外，这将意味着46%的人口拥有手机。覆盖良好的网络和大量的用户群为移动商务的发展奠定了重要的技术基础和市场保证。

2. 用户对于移动通信的需求

有了覆盖广泛的移动通信网络和物美价廉的通信终端为移动商务提供技术基础，但是如果用户没有移动通信的需求，移动商务也难以发挥它的潜力。事实上，今天人类社会生活和经济生活对于移动通信有着强烈的需求，移动商务的迅速发展也就成为了这种技术供给和社会需求相吻合情况下的必然结果。

一方面，经济的全球化使国家之间、地区之间商务活动的频率大大增加。国内外企业间沟通和业务、商贸方面往来的机会大大增加，由于竞争的加剧，企业对于物流的要求不再是简单的抵达时间的要求，而是对于物流快速和准确的综合要求。自然而然地，在途货物跟踪、定位、管理的需求都逐渐被提出，而移动定位、移动通信技术为满足这种需求提供了技术手段。另一方面，由于社会政治、经济、文化生活的需要，我国近年来社会人员的流动性不断增加，大量的务工者、学生成为节假日交通高峰的主要客流，企业经营范围的扩大也增加了工作人员的流动性。当有更多的人在更多的时间处于移动状态时，移动通信的需求自然就产生了。当技术供给与社会需求彼此匹配时，移动商务的发展与繁荣自然就成为情理之中的事情。

3. 移动通信网络与互联网的融合

通过互联网获取信息内容已经为越来越多的用户所接受，然而对于大多数经常移动的用户而言，由于不能随时接入互联网，在信息获取方面还会存在不方便的问题。移动网络是无处不在的，用户一旦接入到移动网络，就有机会连接到广阔的互联网，并获得丰富的信息资源。WAP、cHtml和基于包交换的蜂窝网络技术本质上都是为了实现互联网与移动网络的互联和融合。相信随着更高带宽的3G乃至更高速度的移动网络技术的商业化，用户会获得更佳的使用感受，而电子商务与移动商务的发展也将显现出一种互相促进的效果。

8.4.2 移动商务及其特点

移动商务作为新兴事物，不同的学者和专家也给出了若干不同的定义。但一般可以认为，移动商务是那些依托移动通信网络，使用手机、掌上计算机、笔记本计算机等移动通信终端和设备所进行的各种商业信息交互和各类商务活动。虽然移动商务和电子商务有一些相似的特征，但是移动商务不是电子商务的简单延伸。概括地说，移动商务的主要特点体现在位置相关性、紧急性和随时随地的访问几个方面。

1. 位置相关性(location relevance)

在移动商务环境下，由于移动通信技术可以方便地对使用者进行定位并且移动通信用户所用的终端通常属于个人所有，用户的个人配置能被内置在移动设备中，而每个终端都有一个唯一的标识(identification),因此用户的身份不但容易分辨,而且容易收集和处理。容易定位和用户标识两个功能的组合使得位置相关性成为移动商务应用一个可以被充分利用的独特特性。通过利用用户的位置相关性特点,移动商务应用在与用户的交互过程中能达到很高的个性化程度,从而满足移动商务用户对服务和应用的差异化、个性化的要求。

2. 紧急性(time emergency)

由于紧急事件常常具有突发性,其发生的时间和地点都具有极大的不确定性。事件发生处可能没有固定的通信设备,如野外发生的医疗急救事件、汽车在路边抛锚、森林火警等。由于移动设备通常随身携带,因此能为这些事件的处理带来极大的方便。此外,某些信息服务也具备紧急性,客户一般需要马上得到所需要的信息,如查询股价或者天气情况等。可以说,越是在紧急的情况下,移动商务越能体现它的优势。

3. 随时随地的访问(ubiquitous access)

不同于固定电话和电子邮件,移动通信方式下通信者可以在任何时间及任何地点进行通信,即所谓随时随地的通信。这种通信方式相比以往的通信方式有着强大的优势。首先,通信者不局限于固定的地点,只要是在通信网络覆盖的范围内都可以实现通信,用户也可以边通信边移动,这与固定电话只能在固定地点等待有着很大的不同。其次,移动通信也不局限于固定的时间,通信者可以在任何时候与任何人进行通信,只要通信对象处于移动网络覆盖的范围内。

8.4.3 移动商务与传统基于 Internet 的电子商务的区别

虽然移动商务具有上述特征,但是仍然有些人认为移动商务只是电子商务的简单扩展,有些读物甚至将移动商务直接译为“移动电子商务”。这些人的观点是,移动商务是电子商务的一种扩展、一个子集或者一个分支,移动商务和电子商务主要的区别在于访问终端和通信网络。移动商务一般使用便携式计算机或者支持 Web 访问功能的手机,而电子商务使用的是台式计算机或者笔记本计算机;移动商务主要通过移动网络进行通信,电子商务活动则主要通过有线网络进行,除此之外两者没有什么两样。为了弄清移动商务和电子商务的关系,看看移动商务到底是否仅是电子商务的简单扩展,我们有必要对移动商务和传统基于 Internet 的电子商务进行认真的对比,分析它们的区别与联系。当然,这样做的目的不光是为了区分两个概念,更重要的是可以帮助我们理解移动商务的本质特征,了解它的发展规律,还可能有助于防止人们重蹈电子商务第一次浪潮“.com”的覆辙。以下将从技术、服务特性和商务模式 3 个维度对两者进行比较分析。

1. 技术

(1) 网络基础设施。就本质而言,没有人可以真正控制互联网。互联网的基础是被广为接受的通信协议(TCP/IP 协议),它们解决了全球网络互联的问题,并保证了计算机之间通过一种可靠的方式进行通信。相比之下,移动商务服务源于私有的移动通信系统,而这些系统是架构在不同的无线通信技术之上，运营商使用的标准可能互不兼容，这些标准包括GSM、TDMA和CDMA等。这种不兼容性导致了移动通信的高成本和全球移动通信互联的困难。而且，无线通信在带宽方面与有线互联网有所不同，它的带宽受到无线电信号频谱的限制。但是，无线通信除了移动性之外还有一个独特的功能：地理定位。地理定位功能使得移动商务具有基于位置的服务等独特的应用内容。

(2) 应用平台。目前，WWW已经成为最主要的互联网访问方式，大部分的电子商务也都是基于Web，统一资源定位符(URL)成为确定网络资源位置的工具。然而，在分布和动态的移动环境下，没有一种统一的服务发现机制可以满足高度的动态性、互操作性和自治性的要求。

(3) 终端设备。除底层的网络基础设施和应用平台以外，终端设备也决定了可以具体提供什么样的服务。电子商务应用的兴起是由于个人计算机的普及，而计算机具有很大的屏幕、完整的文本输入键盘、大量的内存和很强的处理能力。相比之下，移动商务应用则依靠多样的手持设备，这些设备包括传呼机、蜂窝电话、膝上计算机、掌上计算机等。蜂窝电话等移动设备屏幕很小，有的每次只能显示两三行文本内容，而且软件应用也相对比较粗糙。当然，虽然手持设备与个人计算机相比有各种缺点，但也有许多特征：方便移动、便携、可以识别用户和设备的身份等。

2. 服务特性

(1) 用户群。由于起源不同，电子商务与移动商务的用户群是完全不同的。大部分早期的互联网用户是受过高等教育的计算机用户，后来互联网才慢慢地扩散到普通民众。相比之下，有数据表明，除商业移动用户外，大部分蜂窝电话用户以年轻的、教育程度较低的用户为主。未来10年中将有10亿人加入到移动用户群中，但其中许多人将是文盲或者技术水平较低的人。由于用户起源不同，他们对于电子商务和移动商务的期望也不相同。移动通信用户这种分布不均匀、文化差异较大的特点使得企业在进行市场细分和开发各种应用时必须持谨慎态度。

(2) 交易。发达的互联网和成熟的Web技术使得大量信息的分发和搜索没有地理位置的限制，它也使得复杂的电子商务交易过程容易与后端的企业信息系统集成。相比之下，移动商务交易必须设计得非常简单，而且通常范围仅限于特定的地区。受到终端尺寸和周围环境的限制，移动用户可能没有时间和资源对大量无关的信息进行仔细的过滤和阅读。因此，移动用户需要高度个性化的信息，而不是一些泛泛的信息内容。因此，移动商务应用更加强调信息和交易的相关性和简易性。

(3) 移动性。由于无线网络的广阔覆盖范围和便携的手持设备，我们几乎可以随时随地为移动用户提供移动服务。对于旅行者和移动工作者而言，移动商务比局限于办公室和其他固定位置的电子商务具有更多的商业机会。但是，要想取得商业上的成功，我们必须密切了解用户群的需求，并且理解移动性对于用户工作产生的影响。由于移动性，移动商务领域产生了许多传统电子商务所无法实现的服务内容。

(4) 位置特征。在电子商务中，位置被视为一个应被克服的限制条件。互联网创造了一个虚拟的世界，其中的用户可以忘记物理世界的距离，在任何一个虚拟商店里购物，为任何一个在线企业工作，以及接受任何一个大学的教育和培训。相比之下，位置感知在移动商务环境下是被着重强调的因素，位置被认为是一个产生价值的新维度。目前，基于位置的服务被认为是未来移动商务成功的关键要素。便携的地理定位系统变得越来越小、越来越便宜，这些系统不但可以用于精确地定位用户的当前位置，还可以为用户提供位置相关的服务。

(5) 时间。电子商务和移动商务在对待时间的方式上也大不相同。电子商务的目的是摆脱有形商店的时间限制。然而，时间对于紧急事件而言是非常关键的，比如，在医疗救护和911电话等特定的移动商务应用中，时间是至关重要的。

3. 商务模式

(1) 价值取向。电子商务与移动商务在价值取向(value proposition)方面的差异主要源于它们在移动性、位置相关性、通信成本和终端能力等方面的差异。电子商务最吸引消费者的地方在于非常低的成本和无限的互联网空间。相比之下，移动商务最初有吸引力的原因是因为其端到端/个人到个人的通信能力。除端到端的通信能力外，移动通信还可以用于随时随地访问各种类型的服务、作为一种新的营销渠道，与客户建立密切的关系。

(2) 成本结构。电子商务的兴起主要是受到统一的互联网标准和很低的互联网交易成本的刺激。电子商务也导致了电子邮件、网站托管、计算机软件等向免费的方向发展。这些因素明显降低了电子商务进入的成本壁垒，因此可以使更多的企业有机会参加到电子商务活动中来。相比之下，移动商务产生于私有的移动通信行业，收取服务费用和激烈的竞争是这个行业的固有特征。购买行业准入的牌照并建设移动通信网络需要大量的企业投入，因此移动商务的从业者必须通过商业活动取得收益，以平衡巨大的基础设施投资。对有限带宽资源的激烈竞争也使得无线通信无法像互联网那样提供免费的服务。因此，与几乎免费的全球互联网不同，高成本是移动商务的一个主要特征。

(3) 利润来源。许多电子商务企业将广告视为主要的利润来源。门户网站(包括Google等搜索引擎)通过帮用户找到目标网站来吸引用户，并通过在页面上放置广告来获得收益。相比之下，移动商务用户比电子商务用户更加缺乏耐心，他们也不会花大量的时间通过比较各种门户网站的信息来选择特定的产品或者服务，他们不会通过倾听网站上的音频文件或者阅读基于消息的广告信息来做出购买决定，因为他们手机终端的电池容量有限。而且由于隐私方面的考虑，移动商务环境下企业发布基于位置的广告时也必须小心行事。在电子商务环境下，网络流量大不一定意味着收益高。然而，在移动商务中移动通信的成本由消费者支付，任何增加的网络流量和付费服务都会为网络运营商和产品/服务提供商带来收益。

8.4.4 移动商务的商务模式

移动商务的商务模式就是指在移动技术条件下，相关的经济实体是如何通过一定的商务活动创造、实现价值，并获得利润的。移动商务是借助于移动技术、通过移动网络向用户提供内容和服务，并从中获得利润的商务活动。而商务活动中不同的参与者、服务内容和利润来源的组合就形成了不同的商务模式。移动商务中主要的商务模式有：通信模式、信息服务模式、广告模式、销售模式和移动工作者支持服务模式。

1. 通信模式

移动通信是移动终端用户的基本需求，也是移动商务中最早出现、最普遍的服务。无线网络运营商为用户提供移动通信服务，用户交纳使用费，就形成了无线网络运营商通过语音或短信服务获取利润的商务模式。

如图 8-3 所示，在这种商务模式中，主要的参与者就是无线网络运营商和用户，主要的服务是语音和短信服务，主要的利润来源就是用户交纳的使用费。

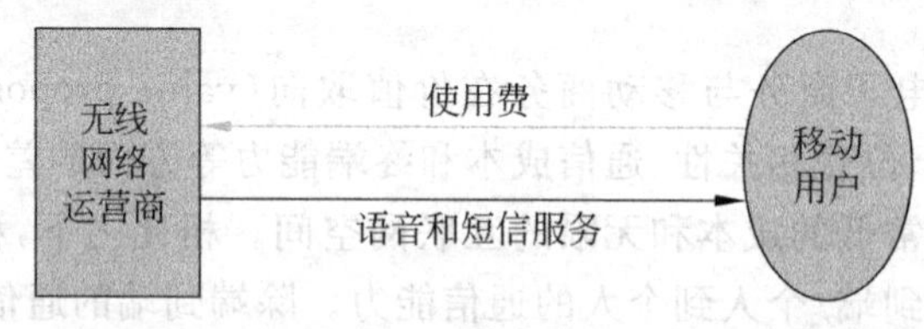

图 8-3 移动通信模式

2. 信息服务模式

移动商务中另一种比较常见的服务是信息服务，包括各种实时信息服务（如新闻、天气、股票信息等）、各种基于位置的信息服务（如移动用户附近酒店信息、娱乐场所信息、加油站位置信息等），以及各种紧急信息服务。在这种商务模式中，主要的参与者是内容和应用服务提供商、无线网络运营商和用户，主要的服务是信息服务，主要的利润来源是用户交纳的服务预订费。

如图 8-4 所示，内容服务提供商通过无线网络运营商向移动用户提供各种信息服务；用户通过交纳一定的预订费获得这些服务；无线网络运营商通过传输信息而获得通信费。另外，根据与内容服务提供商签订协议的情况，无线网络运营商还会以佣金的形式获得内容服务提供商的利润分成。

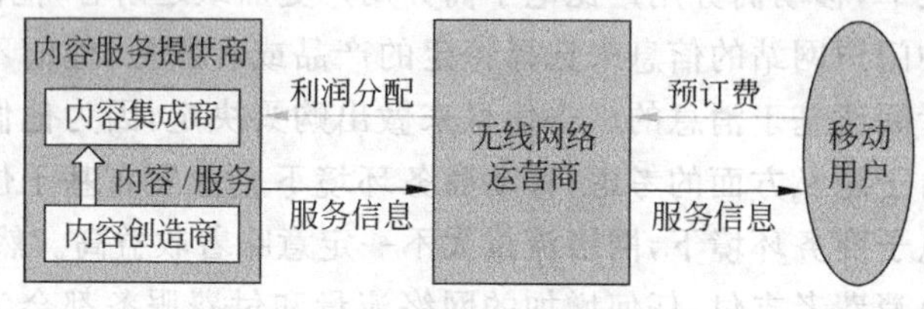

图 8-4 信息服务模式

3. 广告模式

广告是电子商务的重要利润来源，它至今仍然是内容提供商赚取高额利润的有效途径。但是正如前面已经提到过的，由于移动设备的屏幕小，与有线网相比就需要目的性更强的广告。图 8-5 是广告模式的运作模式。从中可以看出，这种商务模式涉及广告客户、内容提供商、无线网络运营商和移动用户。当然，在广告模式运营过程中，还涉及一些中间商，如无线广告代理商、内容集成商、移动门户网站和无线网络接入商等。

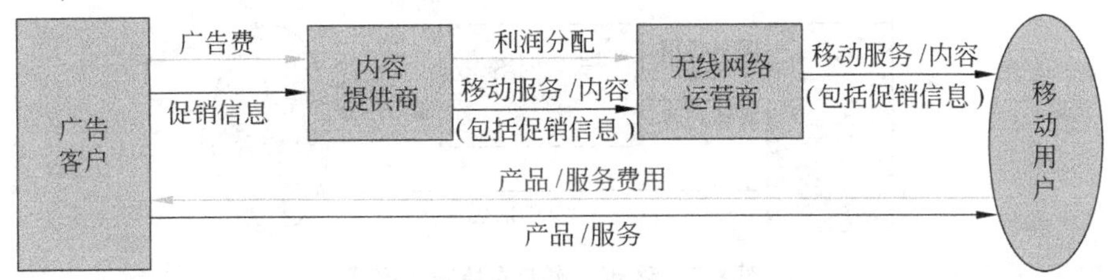

图 8-5　广告模式

4. 销售模式

自 Internet 诞生以来，人们就将其视为销售渠道之一，通过建立网上商店等形式降低销售成本。同样，无线网也具有同样的功能，也已经开始成为产品和服务的另一种销售渠道。而且无线网络技术和终端设备的特性决定这种销售模式具有不同于有线网销售方式的特性。

如图 8-6 所示，在这种商务模式中，主要的参与者有内容和应用服务提供商(产品/服务提供商)、门户/接入服务提供商、无线网络运营商、支持性服务提供商(第三方服务)和移动用户。

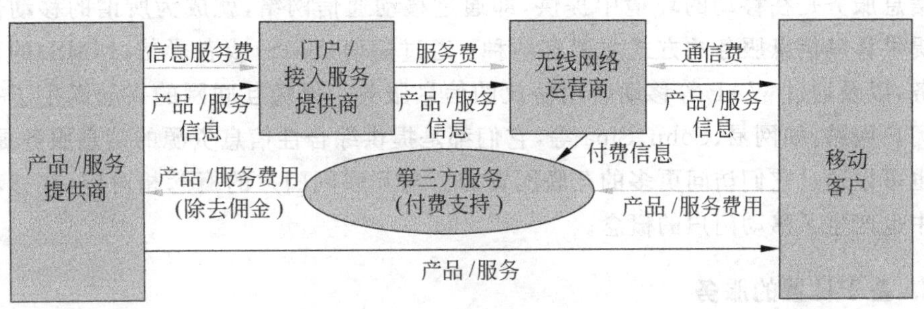

图 8-6　移动销售模式

5. 移动工作者支持服务模式

移动商务可以作为企业降低成本、提高顾客满意度的手段，典型的应用包括移动支付、移动交易和移动订票等。企业运营过程的移动支持主要包括：移动资产管理、移动供应链管理、移动销售支持系统(售货员可以通过该系统访问企业后台数据库以检查产品的可用性，进而与顾客达成更合适的发货日期)等，这个过程能够大大提高企业的生产力。在企业移动支持中，最重要的一项就是对移动工作者提供支持服务系统。

如图 8-7 所示，参与该种模式活动的包括企业(内容提供商)、无线网络运营商和移动工作者。无线网络运营商通过向企业的移动工作者提供移动支持服务获得服务费用；移动工作者则是移动服务支持的对象；而企业则充当类似于内容服务提供商的角色。但不同的是，这里内容服务提供商并不会直接从移动工作者那里获得产品和服务费用，而是借助于移动工作者工作效率的提高以及提高客户满意度和忠诚度，进而提高经营效率的方式获得回报的。

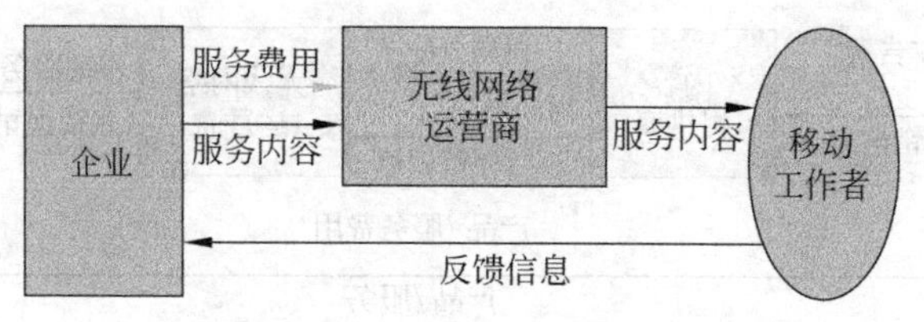

图 8-7 移动工作者支持服务模式

8.4.5 移动商务应用

移动商务的前景非常诱人，其中一个重要的原因是由于移动商务具有非常丰富的应用内容。通过这些应用或者服务，用户可以获得前所未有的使用感受，并且极大地方便他们的工作、学习和生活。这里对目前主要的移动商务应用进行简要介绍，包括移动信息服务、基于位置的服务、企业运作的移动商务支持、移动支付和移动娱乐。

1. 移动信息服务

信息服务是互联网的主要服务内容之一，用户可以通过互联网免费获得海量的信息。如果信息服务是在移动的环境中提供，即通过移动通信网络，就成为所谓的移动信息服务。提供移动信息服务的方式主要有两种：通过短信(SMS)或者彩信(MMS)的移动信息服务，以及通过 WAP 等移动应用协议的信息服务。伴随互联网的兴起诞生了一批著名的门户网站，如网易、Sohu、Sina 等，它们都是提供综合性信息资源的信息服务提供商，当然也可以通过它们访问更多的互联网资源。与互联网门户的概念相对应，在移动通信网络中也产生了移动门户的概念。

2. 基于位置的服务

移动商务的世界涌现出多种多样的新技术、应用软件和服务。在这些服务中，很重要的一种能力是随时确定一个移动用户或设备的确切地理位置，因为这种能力开启了通向创新性服务的大门。这里所谓的创新的服务就是被称为移动商务杀手锏的应用：基于位置的服务(location-based services，LBS)或移动位置服务(mobile location services，MLS)，这是一个生造词，主要指那些利用与用户地理位置相关的信息来向用户提供增值服务的商务应用。LBS 在国外已经有了成功的先例，在国内也已经度过了发展的初期阶段，并表现出良好的发展势头。随着 3G 时代的到来，定位业务也将是运营商推出的重点增值业务之一，其广阔的市场前景已经引起了移动运营商、服务提供商以及制造商的广泛关注。

3. 企业运作的移动商务支持

随着经济和社会的发展，无论是企业还是事业单位的工作环境都发生着巨大的变革，员工移动性的增加就是其中最重要的一个特征。在激烈的市场竞争中，移动员工的数量在不断地增长，“传统的办公室仅仅成为他们偶尔开一次会或者参加一个讨论的地方”。在传统意义上，移动工作者是指那些至少有20%的时间离开办公室的人员。随着移动技术的发展，出现了一些新的工作阶层如自由工作者。研究机构 Gartner 认为，没有固定的办公室和办公桌的人员和必须借助移动通信手段才能工作的人员也是移动工作人员。按照这种定义，移动工作人员是一个很大的群体。移动商务主要通过对移动工作者支持、移动供应链管理以及企业移动商务与电子商务的整合为企业运作提供支持。

4. 移动支付

移动商务的发展离不开完善的支付方式和支付手段。移动支付可以简单定义为借助手机、掌上计算机、笔记本计算机等移动通信终端和设备，通过手机短信息、IVR、WAP 等多种方式所进行的银行转账、缴费和购物等商业交易活动。它也是整个移动商务的重要组成部分。对于移动服务的提供商而言，移动商务的支付问题对他们而言是最关键的，如果没有回报，移动商务也会成为下一个“.com 泡沫”。移动商务内容的创新可以来自小型的创业公司，但是如果整个移动商务缺乏回报，那么这些公司将无法持续投资。

5. 移动娱乐

i-mode 的统计数据表明，娱乐是移动商务所有应用中最成功、利润最丰厚的业务。在所有的人群中，Internet 早期的、以年青人为主的用户成为移动娱乐消费的主要力量。在欧洲和日本，年轻的在职人员和十多岁的青少年是与游戏技术一起成长起来的人群。电信调研机构 Pyramid Research 研究显示，全球移动游戏行业近年来发展迅速，2008 年的营收达到了 69 亿美元，全球移动游戏市场的移动普及率也在迅速增长，该市场预计将在 2009 年至 2014 年期间以 16.6%的年均复合增长率增长，2014 年将达到 180 亿美元。未来一段时间内，亚太地区和欧洲移动游戏市场的销售收入和用户在全球将占统治地位。

本章小结

本章将电子商务的基本定义入手，阐述了其演进过程；对电子商务的商务模式加以分析，介绍了一个九要素的商务模式分析框架，并辅以案例介绍，旨在帮助大家分析和理解日新月异的电子商务商务模式创新和演进。第 3 节探讨了企业电子商务的规划问题，试图以管理者的视角了解电子企业商务的战略规划和项目规划问题。最后，本章对新兴的移动商务做了简要介绍。

思考题

1. 在人类的历史上，有哪些发明或者技术极大地促进了商务活动的发展？
2. 你认为中国发展移动商务有什么优势和劣势？应该注意的问题有哪些？有潜力的应用领域有哪些？

3. 商务模式的定义和要素是什么？你认为不断涌现的新技术如何影响电子商务商务模式的演进？举例说明。

4. 设想你要负责一家中型企业的电子商务业务，这家企业的主要产品是五金工具，年产值6亿元左右，利润3 000万；客户来自国内外，其中海外客户占70%；目前的电子商务基础为零，谈谈你的业务开展计划？

讨论案例

电子商务模式创新

案例8-1：Facebook（www.facebook.com）

“网聚人的力量”这句话用来形容社交网络网站（social networking site，SNS）再合适不过。1967年，哈佛大学的心理学教授Stanley Milgram（1934～1984）创立了六度分割理论，简单地说：“你和任何一个陌生人之间所间隔的人不会超过6个。也就是说，最多通过6个人你就能够认识任何一个陌生人。”按照六度分隔理论，每个个体的社交圈都不断扩大，最后成为一个大型网络。这是社交网络（social networking）的早期理解。后来有人根据这种理论，创立了面向社会性网络的互联网服务，通过“熟人的熟人”来进行网络社交拓展，比如ArtComb，Friendster，Wallop，Adoreme等。但“熟人的熟人”只是社交拓展的一种方式，而非社交拓展的全部。因此，现在一般所谓的SNS，其含义已经远不止“熟人的熟人”这个层面。比如根据相同话题进行凝聚（如贴吧）、根据爱好进行凝聚（如Fexion网）、根据学习经历进行凝聚（如Facebook）、根据周末出游的相同地点进行凝聚等，都被纳入SNS的范畴。其中，Facebook影响最大。

Facebook于2004年2月4日上线，创始人Mark Zuckerberg，曾就读于哈佛大学。据2007年7月数据，Facebook在所有以服务于大学生为主要业务的网站中，拥有最多的用户——3 400百万活跃用户（包括在非大学网络中的用户）。从2006年9月到2007年9月间，该网站在全美网站中的排名由第60名上升至第7名。同时Facebook是美国排名第一的照片分享站点，每天上载850万张照片。这甚至超过其他专门的照片分享站点，如Flickr。

在2008年初，Facebook的全球访问量已经超过MySpace，成为全球第一大社区网站。网站对用户是免费的，其收入来自广告。广告包括横幅广告和由商家赞助的小组。2006年4月，有消息称Facebook每周的收入超过150万美元。用户建立自己的档案页（profile），其中包括照片和个人兴趣；用户之间可以进行公开或私下留言；用户还可以加入其他朋友的小组。用户详细的个人信息只有同一个社交网络（如学校或公司）的用户或被认证了的朋友才可以查看。据TechCrunch（硅谷最著名的IT新闻博客）报道，“在Facebook覆盖的所有学校中，85%的学生有Facebook档案；所有这些加入Facebook的学生中60%每天都登录Facebook，85%至少每周登录一次，93%至少每个月一次”。据Facebooke发言人Chris Hughes说，“用户平均每天在Facebook上花19分钟”。

科技博客网站Silicon Alley Insider博客作者Nicholas Carlson撰文，对Facebook如何盈利给出了自己的预测。Carlson在文中指出，据许多可靠方面得到的消息称，在

Facebook 最新一次募集资金时，该公司曾向投资者表示，Facebook 在 2009 年的营收将达到 5.5 亿美元。如果这一数据是真实的，那么 Facebook 当前的增长速度就超出了即便是公司内部人士在内的所有人的预期。仅仅在几个月之前，一个与 Facebook 有联系的消息来源曾向 Carlson 透露，Facebook 在 2009 年的营收将接近 4 亿美元。Carlson 通过与数个部分了解 Facebook 财务状况的人进行接触，总结与这些人的谈话内容，当前预计，Facebook 在 2009 年的营收将来自于以下几个方面：品牌广告营收 1.25 亿美元、与微软的广告交易收入 1.5 亿美元、虚拟礼物营收 7 500 万美元、自由服务广告营收 2 亿美元，总计 5.5 亿美元。

案例 8-2：开心网(www.kaixin001.com)

随着国外 SNS 的迅速兴起，国内的网络开发商也掀起了一场声势浩大的“模仿秀”，目前国内影响力效大的 SNS 主要有校内网(现更名为人人网)、开心网、海内网及已经渐渐没落的占座网。其中大部分是以模仿 Facebook 起步，开心网显然是这些网站中模仿最成功的一个。

2008 年 2 月，程炳皓成立“北京开心人信息技术有限公司”，正式创办开心网(kaixin001.com)。开心网的哲学是：人生开心就好；公司愿景：帮助更多人开心一点。开心网提供的产品和服务包括：照片、日记、书评、影评等信息分享平台，短消息、留言、评论等沟通手段，事务管理、网络硬盘、收藏等个人工具，投票、答题、真心话等互动话题，以及朋友买卖、争车位、买房子等互动组件。截至 2009 年 6 月开心网注册用户达 3 500 万，每日登录用户达 1 000 万，页面浏览量超过 10 亿，Alexa 全球排名 80 名以内，中国网站排名第 10 位。

开心网在短短一年时间内获得巨大的成功，其商务模式可以总结为以下几点：首先，产品设计简单，而用户方面的使用价值凸显。跟朋友在轻松状态下互动交流，是开心网的最大价值，而达到这个目的的途径也很简单，就是在虚拟的环境下抢抢车位，偷偷菜，既轻松，又增强了感情。其次，口碑传播胜过广告轰炸，好友之间口口相传，让开心网的知名度与美誉度迅速提升。比原始的广告轰炸，效果要好许多。再次，目标人群非常明确，就是都市的青年白领人群。最后，不断推陈的产品组件，增加了用户黏度。

尽管开心网在短时间内吸引了大量的用户，但其盈利模式并不清晰，目前仍以广告维持生计，开心网大量采用了植入式广告，在诸多小型网页游戏中将广告品牌嵌入其中，比如用一顿必胜客商务套餐安抚自己的“奴隶”。另外开心网现有的所有小游戏都是自己开发的，并不是由第三方应用开发商提供的，这种开发方式带来的问题就是用户对游戏有个新鲜期，用户一开始玩活跃度很高，但是过了新鲜期，逐渐就觉得没意思了，用户经过了一段时间的活跃期，就会逐渐消沉下去，开心网现在已经开始出现这种问题了。所以传统网游的生命周期即便不断更新也不过 3～5 年而已，这种 Web 小游戏的生命周期就更短了，不过 1～3 个月而已。要保持网站用户的活跃度，就要不停的开发下去，因此开发成本会越来越高。

案例讨论题：

1. 利用九要素模型，分析 Facebook、开心网的商务模式。
2. 电子商务模式创新的核心是什么？

参考文献

[1] Alexander Osterwalder, Yves Pigneur, Christopher Tucci. Clarifying Business Models: Origins, Present and Future of the Concept. Communications of AIS, 2005(16): 1-25

[2] Paul Timmers. Business Models for Electronic Markets. Electronic Markets,1998(8): 3-8

[3] 李纲，李伟. 传统企业电子商务战略规划研究. 管理学报，2005，(2)：89-92

[4] 吴思. 在整体战略体系中规划电子商务战略. 情报方法，2004，(5)：4-6

[5] 邹永利. Web2.0 及其对电子商务的影响. 情报探索，2008，(6)：64-67

[6] 王珏辉. 电子商务模式研究. 吉林大学博士学位论文，2007

[7] [美]加里·斯奈德，詹姆斯·佩里. 电子商务. 第 6 版. 成栋译. 北京：机械工业出版社，2006

[8] [美]埃弗雷姆·特班等著. 电子商务管理视界. 第 4 版. 严建援等译. 北京：机械工业出版社，2007

[9] 郝卫东. 网络环境下的电子商务与电子政务建设. 北京：清华大学出版社，2005

[10] 赵卫东，黄丽华. 电子商务模式. 上海：复旦大学出版社，2006

[11] 袁雨飞等. 移动商务. 北京：清华大学出版社，2006

[12] Youwei Wang, Yufei Yuan. The Role of SMS in Mobile Data Service Diffusion in China: A Longitudinal Case Study Based on Actor-Network Theory. the 27th International Conference on Information Systems (ICIS 2006). Milwaukee US, 2006 Dec. 10-13.

[13] Yufei Yuan, Wuping Zheng, Youwei Wang, Zhengchuan Xu, Qing Yang, Yufei Gao. Xiaolingtong vs. 3G in China: Which will be the winner. Telecommunications Policy, 2006,(30): 297-313

[14] Ofir Turel, Yufei Yuan. Investigating the Dynamics of the M-Commerce Value System: A Comparative Viewpoint. International Journal of Mobile Communications, 2006,5(4): 532-557

[15] Y. Yuan, B. Detlor. Intelligent Mobile Crisis Response Systems. Communications of the ACM, Feb. 2005,48(2): 95-98

[16] Y. Yuan, J. Zhang. Towards an Appropriate Business Model for M-commerce. International Journal of Mobile Communication,2003,1(1-2): 35-56

第 9 章 管理信息系统新发展

学习目标

(1) 了解管理信息系统的新发展和信息资源开发利用的重要性

(2) 懂得数据仓库基本思想及数据集成的主要实现方法

(3) 理解数据挖掘和商务智能理念及主要方法和解决方案

(4) 领会知识管理的内涵、体系及实施过程和难度

引导案例

渤海港务公司的信息系统经过3年多的建设已取得初步成效，公司领导在满意的同时也普遍认识到，整个企业的信息化建设还有很多工作要做。公司张总经理决定集思广益，他设置了一个电子信箱，专门接收员工来信。今天一封邮件引起了他的注意：

尊敬的张总：

您好！我是信息中心一名普通员工，我叫李海波。2002年从华中水利大学信息管理专业毕业来到公司，在工作中我参与了公司信息系统规划、开发的整个过程。现在系统开发工作已经结束，但我认为这并不意味着公司信息化的终结。公司目前在信息管理中还存在一个很大漏洞，就是对信息资源开发利用认识不足，具体表现为：

(1) 重信息系统、轻信息资源。业界有一句流传很广的话："信息化成功的关键是三分技术、七分管理、十二分数据。"现在许多企业已经跨越了重技术轻管理的倾向，流程重组等概念为企业接受，但是都不同程度上存在重系统轻数据的问题。我们公司也不例外，也存在这一问题。

(2) 信息资源开发机构分散。公司的信息功能单元包括战略规划小组、行业政策研究室、信息研究室、信息中心、竞争情报部门、图书馆、档案馆、企划部等，各部门相互独立，各自为政，缺乏统一的管理和规划，使得企业的信息资源管理分散，没有形成反映企业生产经营活动全貌的综合性信息，企业要提高效率、降低成本、改善产品和服务，增强综合实力，就必须对这些机构进行重组，实现信息资源的集成管理。

(3) 信息资源开发技术水平低下。由于信息技术的快速发展，资源开发工作也呈现了全新的面貌，网络信息资源的获取，信息门户的完善，信息分析工具、决策支持系统的成熟都使得信息资源开发利用的效率大大提高。但是我们公司的信息资源开发手段还处在

较低的水平徘徊,已远远不能满足企业快速发展的要求。

(4) 信息资源管理制度不完善

信息资源开发缺乏统一规划,管理制度不完善,人员待遇低,激励机制不健全,信息开发利用渠道不通畅等,严重制约了公司信息资源开发利用的效率。

信息资源开发利用是企业信息化建设和管理的核心,是取得竞争优势的关键。因此建立有效的企业信息资源管理制度,是企业良性循环以及可持续发展的一个重要保障。如果上述问题不解决,企业信息化的成效难以充分发挥,因此企业下一步的工作应当转向信息资源的开发利用上。

这封邮件引起了张总的同感,虽然信息系统的运行实现了企业内部业务的信息化控制,提高了企业运作的效率,增加了企业经济效益,但是系统还不能为管理决策提供全面、及时和有针对性的信息支持,尤其是不能提供企业外部的政治、经济、行业、竞争对手等信息,尚不能改变决策工作犹如"带着镣铐跳舞"的局面。

经过多年的信息化建设,国内诸多的企业已从早期建立 MIS、实行 EDI、实施 MRP\MRPⅡ发展到实施 ERP 系统、CRM 系统、BPR,目前正在向实施 BI(商务智能)和 KM 的(知识管理)方向发展。

这些信息系统的运作产生了大量的数据信息,而这些数据信息也逐渐被认为是企业重要的信息资源,是企业经营战略决策的基础。

在企业的信息系统环境中,信息资源体现为在信息系统中存储、流动、转换、展示的数据。虽然人们已经认识到数据资源的重要性,但目前这些数据资源大多处于待开发状态,其价值并没有得到充分开发和利用。据有关专家估计目前被利用的数据只有 5%~10%,并且我们能分析的数据大多限于数据库中的数据。那么如何进行数据的处理和深加工,把大量的数据转换成可靠的、有用的信息以提升信息的价值,更好地辅助决策,这是信息资源开发与利用的问题,也是企业信息化建设的发展方向。

数据是信息的基本存在形式,在现代信息系统中居于核心地位,因而可以说,信息资源开发与利用的基础是数据资源的开发与利用。

数据资源的开发与利用包含着两个层面的含义。首先,数据应当得到有效的组织和管理,才能通过系统化的应用服务于组织的管理和决策。其次,对数据资源的利用存在着一个由浅入深、由单一到综合的提升过程。一般而言,根据组织管理和决策支持的层次,数据资源的开发与利用可以分为事务处理、分析处理、知识发现和知识管理四个层次,并且应用的层次越高,对数据管理和综合性要求也就越高。这四个层次分别回答发生了什么、为何会发生、将会发生什么和怎么应对四个问题。

管理信息系统把数据变成信息,商务智能利用现代信息技术对企业中现有的数据和信息进行深度挖掘和开发,将其转化为知识,帮助企业做出明智的业务经营决策,而知识管理与商务智能有着共同的目标,即提高企业的竞争力,但知识管理除注重对经济数据进行正确及时的分析外,更强调对信息的有效提取和共享,强调对隐性知识(tacit knowledge)的发掘和与人力资源管理、业务流程重组以及企业文化的结合。

本章在前面章节事务处理的基础上，第 1 节介绍分析处理的核心内容——数据仓库与数据集成；第 2 节比较详细地介绍数据资源开发与利用的知识发现层面——数据挖掘与商务智能的主要方法和解决方案；而第 3 节将内容扩展到更高层面——知识管理，比较详细地介绍知识管理的内涵、作用和实施；最后给出一个综合案例。

9.1 数据仓库与数据集成

现在对数据的处理可以分为两种：操作型处理和分析型处理。

操作型处理主要是指在线事务处理(OLTP)，也就是普通的日常操作，侧重于组织的业务职能的自动化，典型处理形式是统计报表和数据查询，如 ATM 机的取款、查余额，飞机订票等。前面几章介绍的数据库及管理信息系统主要用于 OLTP。

但是，随着数据量越来越大，查询越来越复杂，事务处理逐渐出现了许多难以克服的问题。其中最严重的有以下几个。

1. 缺乏组织性

各个部门在进行分析的时候，为了不影响联机效率并取得对数据的全权控制，都是利用自己的抽取程序将所关心的一小部分数据从原始数据库中抽取出来，再对其进行分析。每个部门或单位都这样各行其是地进行抽取，并且在抽取的基础上还有进一步的抽取。这种横向与纵向的无节制的发展，必然导致"蜘蛛网"(Spider Web)的产生。导致对同一问题的分析，不同结点却会产生不同、甚至截然相反的结果。这必然使决策者无从下手。

2. 效率极为低下，数据难以转化为有用的信息

一个公司每一阶段的业务所积累的大量数据只是一种处于原始状态的资源，管理层要想在此基础上生成一个报告，就会遇到很大困难。前面提到，传统的应用于 OLTP 的 DB 是面向应用、事务驱动的，数据还常常被分散在多个子系统中。为了将这些零碎而且结构各不相同的数据统一起来，就要为各种数据类型定制相关转化程序，最终将所有数据集成以供分析之用，并产生整体报告。这是一个复杂而繁重的工作。

分析型处理主要是在线分析处理(OLAP)，侧重于对信息的分析，主要用来分析数据，做决策之用，通常涉及对信息的切分、多维化、前推、回溯以及回答 what-if 问题，比如银行对顾客信用的评估等。

分析处理层次上，人们要求信息系统具有对多方面数据进行综合性分析的能力，这就要求建立一个面向分析的、集成保存大量历史数据的新型数据管理机制，这一机制就是数据仓库(Data Warehouse)。

数据仓库的提出是以关系数据库、Internet、并行处理和分布式技术的飞速发展为基础的。随着信息技术不断发展，围绕业务产生了大量的信息系统，企业拥有大量数据，但缺乏合理有效的组织利用，导致有用信息贫乏，而数据仓库技术能够实现将数据从异构数据源中抽取并整合到统一的平台上，最终将数据转化为辅助管理层决策的信息。

9.1.1 数据仓库

1. 数据仓库定义与特征

“数据仓库”这一技术发轫于 20 世纪 80 年代初 W. H. Inmon 的研究。

W. H. Inmon 对数据仓库的权威定义是：数据仓库(Data Warehouse,简称 DW)是一个面向主题的、集成的、稳定而随时间不断变化(不同时间)的数据集合,用于支持经营管理中的决策制定过程。

作为一种信息管理技术,数据仓库能够将分布在企业的各种数据进行再加工,从而形成一个综合的、面向分析的环境,以更好的为决策者提供各种有效的数据分析,起到决策支持的作用。

从数据仓库的定义,它有四点基本特征：面向主题、集成的、相对稳定、随时间不断变化的。

1）面向主题

主题是一个在较高层次将数据归类的标准,每一个主题基本对应一个宏观的分析领域。比如,一个保险公司的数据仓库所组织的主题可能为：客户、政策、保险金、索赔,而按应用来组织则可能是：汽车保险、生命保险、健康保险、伤亡保险。由此可以看出,基于主题组织的数据被划分为各自独立的领域,每个领域有自己的逻辑内涵,互不交叉。而基于应用的数据组织则完全不同,它的数据只是为处理具体应用而组织在一起的。应用是客观世界既定的,它对于数据内容的划分未必适用于分析所需。“主题”在数据仓库中是由一系列列表实现的。也就是说,依然是基于关系数据库的。虽然现在许多人认为多维数据库更适用于建立数据仓库,它以多维数组形式存储数据,但“大多数多维数据库在数据量超过 10G 字节时效率不佳”。

2）集成的

在数据进入数据仓库之前,必然要经过加工与集成。这一步实际上是数据仓库建设中最关键、最复杂的一步。首先,要统一原始数据中的所有矛盾之处,如字段的同名异义、异名同义、单位不统一、字长不一致,等等,还要将原始数据结构做一个从面向应用到面向主题的大转变。

3）相对稳定的

它反映的是历史数据的内容,而不是处理联机数据。因而,数据经集成进入数据库后是极少或根本不更新的,如图 9-1 所示。

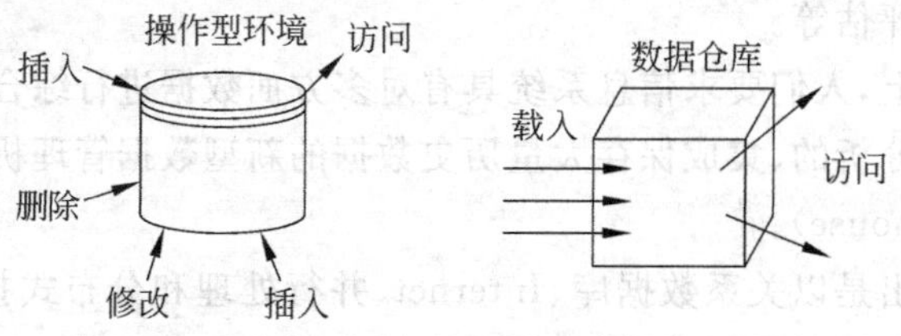

(a) 数据的记录方式处理　　(b) 数据的批量载入 /访问

图 9-1　数据仓库与操作型环境的差别

4）随时间变化的

它表现在以下几个方面。首先，数据仓库内的数据时限要远远长于操作型环境中的数据时限。前者一般在5～10年，而后者只有60～90天。数据仓库保存数据时限较长是为了适应DSS进行趋势分析的要求。其次，操作型环境包含当前数据，即在存取一刹那是正确、有效的数据；而数据仓库中的数据都是历史数据。最后，数据仓库数据的码键都包含时间项，从而标明了该数据的历史时期。

2. 数据仓库体系结构

业务处理系统的设计目的在于加快数据登录和检索速度，以及数据之间的相关性和一致性，着重对于少量记录的操作；而数据仓库技术完成的是复杂的分析查询操作，对大量数据的汇总与分类，最终辅助管理层决策。

概括来说，数据仓库的体系结构是一种典型的C/S结构，客户端工作包括客户交互、格式化查询及结果和报表的生成等，服务器端对数据源进行操作，完成各种辅助决策的SQL查询、复杂的计算和各类综合功能。

目前数据仓库最普遍的形式是四层结构，即数据源层、数据仓库管理系统层、OLAP服务器层和前端工具层，如图9-2所示。

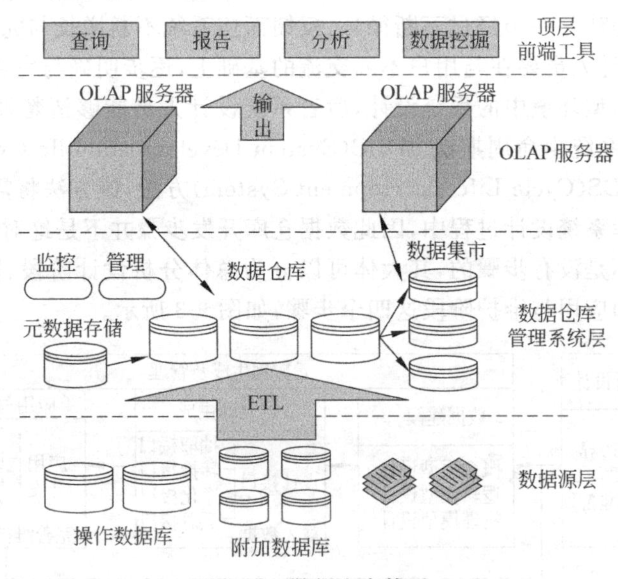

图9-2 数据仓库体系

1）数据源层

数据源层包括操作数据库和外部信息源。数据仓库系统的源数据取自MIS系统和OLTP系统所产生的操作型数据。同时，数据源还包括大量的外部数据，如顾问公司提供的本行业的统计数据、竞争者的市场占有率数据、财政指标的标准值等，利用这些外来数据，再结合公司内部数据，来检查公司的表现如何，了解行业发展趋势及与其他企业进行协作或对比。

2）数据仓库管理系统层

数据仓库管理系统层是数据存储管理的主要部分，包括ETL、数据存储，同时为数据展示提供接口。

系统中的数据是当前的、详细的,并且不断更新变化的。数据仓库需要把操作型系统产生的源数据、历史数据经过一系列的变化,集成到数据仓库中。这些变化主要包括抽取(Extraction)、清洗(Cleaning)、转换(Transformation)、加载(Loading),简称为ETL工具。最终在数据仓库中,数据有一致的数据形式,以便于分析决策,同时还要对这些数据进行维护,确保数据的正确性。数据仓库管理系统层还为前端展示层提供工具接口,使各种展示查询工具通过这个接口对数据进行分析展示。

3) OLAP服务器层

OLAP服务器层主要是对分析需要的数据按照多维数据模型进行再次重组,以支持用户多角度、多层次的分析。

4) 前端工具层

前端工具层包括查询、分析、OLAP、数据挖掘等。终端工具用于获取数据仓库中的信息,主要包括各种桌面产品、定制的分析工具和客户程序。通过前端的分析工具分析查询仓库中的数据,挖掘其中的信息,并通过报表等各种形式展示。

3. 数据仓库的构建

数据仓库的构建是一个经过不断循环、反馈而使系统不断增长与完善的过程,它处于分析型环境中,设计人员要在与用户不断交流的基础上,逐步明确与完善系统需求,因此,它不同于一般操作型环境中的系统设计,后者系统设计人员能够清楚地了解应用的需求和数据流程,采用系统生命周期法SDLC(System Development Life Cycle);而数据仓库构建采用的是CLDS(Cycle Life Development System)方法,该方法将需求分析的构成贯穿于整个数据仓库系统设计过程中,因此数据仓库开发步骤并不是绝对的。尽管如此,数据仓库的设计并不是没有步骤的,其大体可以分为总体分析设计阶段、数据建模阶段、数据仓库生成阶段和应用与维护阶段这四个步骤,如图9-3所示。

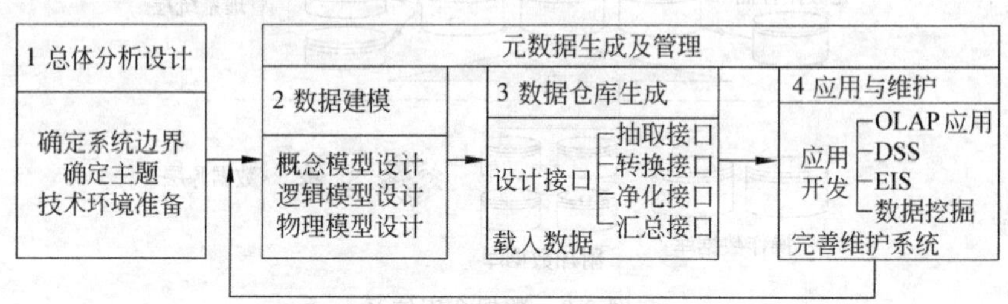

图9-3 数据仓库构建步骤

4. 港口数据仓库构建实例

本节首先分析港口业务流程和现有港口数据,从而确定数据仓库主题,接着针对港口运营分析主题采用三级数据模型方法实现数据仓库的设计,即概念模型、逻辑模型和物理模型的设计。

1) 港口业务及数据分析

与传统数据库面向应用进行数据组织的特点相对应,数据仓库的一个典型特征是要求数据按照其自然属性来组织，即面向主题，因此，在构建数据仓库之前，必须确定分析主题。分析港口业务流程和港口数据是为了明确界定港口数据仓库的概念模型，确定主题，它决定着数据仓库建设的成败和质量的好坏。

A. 业务分析

港口生产目的就是要充分利用港口的人力和设备，安全、优质、高效地完成水陆和水运网络中货物及旅客的转运服务。港口生产业务流程是从业务科签订业务合同到船到港后港口集团生产部门进行合同核实、配工装卸、库场堆存，以及最后的生成登记账并进行相应理货这样一个完整过程，其业务模型可以由图 9-4 表示。

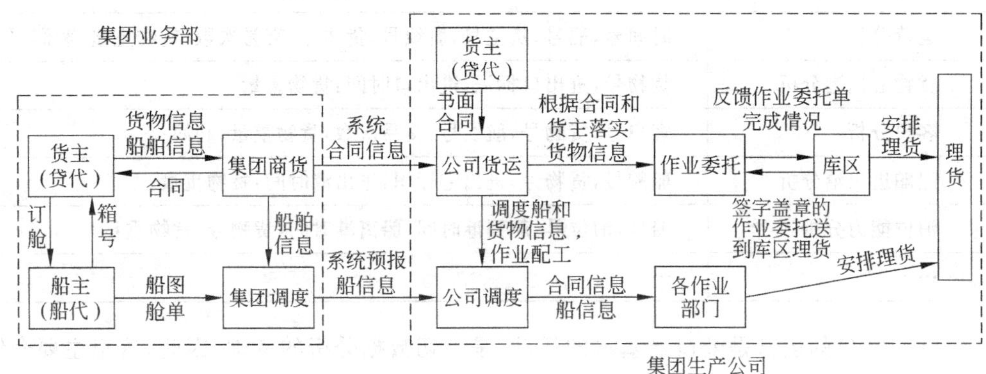

图 9-4　港口生产业务模型

B. 数据分析

通过以上业务分析，可以看出港口交易涉及多个部门，而每个部门有着各自的数据库系统，存储着各自的交易数据。这些数据有的是现有信息系统中的业务数据，也有外部文件数据。数据仓库系统中的数据就是从这些业务数据库中提取出来的，按照各个主题对数据进行一定的数据预处理，最终以统一格式的清洁的数据存储在数据仓库中，以多维数据模型存储来辅助高层决策。数据仓库中的数据的来源、处理、保存和展示如图 9-5 所示。

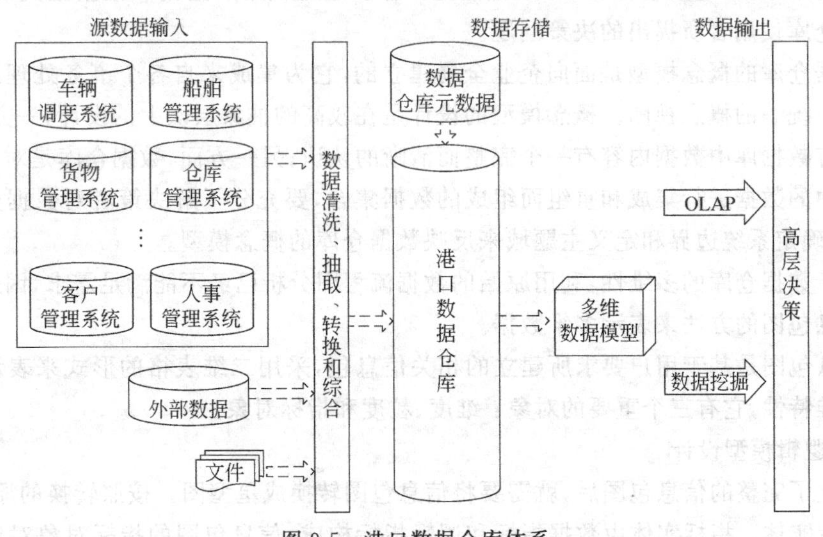

图 9-5　港口数据仓库体系

C. 主题确定

港口高层管理人员关心的主要指标有三个，即货物重量、交易次数和合同金额，在分析数据仓库的主题以及建模过程中，就要围绕这三个方面进行。通过对管理人员决策需求的详细了解和对港口业务流程的详细分析，可以得出港口数据仓库的运营分析、货物进出港分析、客户分析、船舶进出港分析、泊位能力分析、堆场空置率分析、设备资产管理等几个主题，表 9-1 对主要的主题进行了描述。

表 9-1 主题的描述

主 题	属 性 组
运营分析	时间号，船号，货主号，航线号，货物号：交易次数，货物重量，利润
货物进出港分析	货物号，进出口标识，进出口时间：货物重量
客户分析	客户号，货物号，航线号：交易次数，货物重量，利润
船舶进出港分析	船舶号，货物号，进出港标识，进出港时间：货物重量
泊位能力分析	船号，泊位号，船到港时间，船离港时间，货物号：货物重量
……	……

其中，港口的运营是港口最基本的活动，是一切数据分析的基础，因此，这里主要介绍针对港口运营分析这个主题进行数据仓库的构建。

2）数据模型设计

港口数据仓库数据模型设计采用三级数据模型的方法，即概念模型、逻辑模型和物理模型。对于数据仓库，这三级数据模型分别对应于数据仓库中的信息包图设计、星型图设计及物理数据模型设计。

A. 概念模型设计

概念模型设计也就是通常所说的需求分析，在与用户交流的过程中，确定数据仓库建立所需的数据源，建立容易理解的数据模型，有效地完成用户查询和数据之间的映射，涉及数据仓库使用者所提出的决策问题。

数据仓库的概念模型是面向企业全局建立的，它为集成来自各个事务处理系统的数据提供了统一的概念视图。概念模型的设计是在较高的抽象层次上的设计，一方面，要对企业现有数据库中数据内容有一个完整而清晰的认识；另一方面，数据仓库是对原有数据库系统中的数据进行集成和重组而组成的数据集合，要充分了解决策者对数据分析的需求，通过确定系统边界和定义主题域来反映数据仓库的概念模型。

由于数据仓库的多维性，利用原始的数据流程图分析已经不能满足需求，因此这里介绍用信息包图的方法来表示多维数据。

信息包图是基于用户要求所建立的相关信息包，采用二维表格的形式来表示信息需求的多维特性，它有三个重要的对象：维度、粒度和指标对象。

B. 逻辑模型设计

建立了完整的信息包图后，就需要将信息包图转换成星型图。按照转换的原则，首先定义指标实体。指标实体由数据指标和逻辑指标构成，信息包图的指标对象对应着星型图中的数据指标，而信息包图中的每个维度的最低级类别可以纳入到逻辑指标中，这样得到的数据指标和逻辑指标共同构成了星型图中的指标实体。

指标实体和维度实体之间的关系是通过逻辑模型中的详细类别定义的，是一对多的关系。在星型图中，每个维度实体通过最底层的详细类别实体和指标实体进行连接。

C. 物理模型设计

针对港口生产主题建立好了星型图后，要在综合考虑该星型图的指标实体、维度实体和详细类别实体的基础上，确定数据仓库中事实表和维度表的物理结构以及它们之间的相互约束关系。

根据逻辑设计得到的星型图能方便地定义物理数据结构。将指标实体转化为事实表，将维度实体转化为维度表，事实表不仅包括星型图中心的指标量，而且还包括星型图角上的维度实体中的主码值，维表和事实表通过维度表的主码和事实表的外码连接。

除了建立物理数据结构外，物理模型设计还应该包括：定义数据标准、定义实体、确定实体特征等。

9.1.2 OLAP

随着数据库技术的发展和应用，数据库存储的数据量从 20 世纪 80 年代的兆(M)字节及吉(G)字节过渡到现在的太(T)字节和拍(P)字节，同时，用户的查询需求也越来越复杂，涉及的已不仅是查询或操纵一张关系表中的一条或几条记录，而且要对多张表中千万条记录的数据进行数据分析和信息综合，关系数据库系统已不能全部满足这一要求。因此，1993 年，E. F. Codd(关系数据库之父)提出了多维数据库和多维分析的概念，即 OLAP。

1. OLAP 基本概念

OLAP(On-Line Analysis Processing)，即在线分析处理或联机分析处理。

OLAP 委员会对 OLAP 的定义为：使分析人员、管理人员或执行人员能够从多种角度对从原始数据中转化出来的、能够真正为用户所理解的、并真实反映企业维特性的信息进行快速、一致、交互地存取，从而获得对数据的更深入了解的一类软件技术。

OLAP 的目标是满足决策支持或多维环境特定的查询和报表需求，它的技术核心是“维”这个概念，因此 OLAP 也可以说是多维数据分析工具的集合。它的用户是企业中的专业分析人员及管理决策人员，他们在分析业务经营的数据时，从不同的角度来审视业务的衡量指标是一种很自然的思考模式。例如分析销售数据，可能会综合时间周期、产品类别、分销渠道、地理分布、客户群类等多种因素来考量。这些分析角度虽然可以通过报表来反映，但每一个分析的角度可以生成一张报表，各个分析角度的不同组合又可以生成不同的报表，使得 IT 人员的工作量相当大，而且往往难以跟上管理决策人员思考的步伐。

OLAP 的主要特点，是直接仿照用户的多角度思考模式，预先为用户组建多维的数据模型，在这里，“维”指的是用户的分析角度。例如对销售数据的分析，时间周期是一个维度，产品类别、分销渠道、地理分布、客户群类也分别是一个维度。一旦多维数据模型建立完成，用户可以快速地从各个分析角度获取数据，也能动态的在各个角度之间切换或者进行多角度综合分析，具有极大的分析灵活性。这也是OLAP在近年来被广泛关注的根本原因，它从设计理念和真正实现上都与旧有的管理信息系统有着本质的区别。

OLAP是一种数据分析技术，其功能特征如下：

(1) 快速性。用户对OLAP的快速反应能力有很高的要求，这需要一些技术上的支持，如专门的数据存储格式、大量的预计算、特别的硬件设计等。

(2) 可分析性。OLAP系统应能处理与应用有关的任何逻辑分析和统计分析。用户可以在OLAP平台上进行数据分析，也可以连接到其他外部分析工具上，如时间序列分析工具、数据挖掘工具等。

(3) 多维性。多维性是OLAP的关键特征。OLAP系统必须提供对数据的多维视图和分析，包括对多级别“维”的支持。事实上，多维分析是分析企业数据最有效的方法，是OLAP的灵魂。

(4) 信息性。不论数据量有多大，数据存储在何处，OLAP系统应能及时获得信息，并且管理大容量信息。

根据数据仓库的特征和作用，数据仓库中需要存储大量的历史数据以实现对决策分析的支持，而OLAP是为决策者提供对这些历史数据进行动态分析和深入查看的必要工具。OLAP将数据以立方体的形式进行组织，立方体可以看做是一个多维数组，其中包括多个“维”，而每个“维”又可以有多个维级别，这些维级别提供了对立方体中的事实(即数值数据，也称为度量)的多种角度的分析和查看。

2. OLAP的典型操作

多维分析通过对以多维形式组织的数据采用一些多维操作如旋转、切块、切片、上卷、下钻等剖析数据，使用户能够从多个角度灵活地观察数据仓库中的数据，从而深入地理解包含在数据中的各种信息。

基本的多维分析操作如下：

(1) 旋转(Pivoting)。即将表格的横、纵坐标交换，如(x,y)(y,x)，通过旋转可以得到不同视角的数据。

例如，图9-6描述了一个二维视图由图(a)到图(b)的旋转操作，可以看出旋转操作改变了一个报表的显示内容。

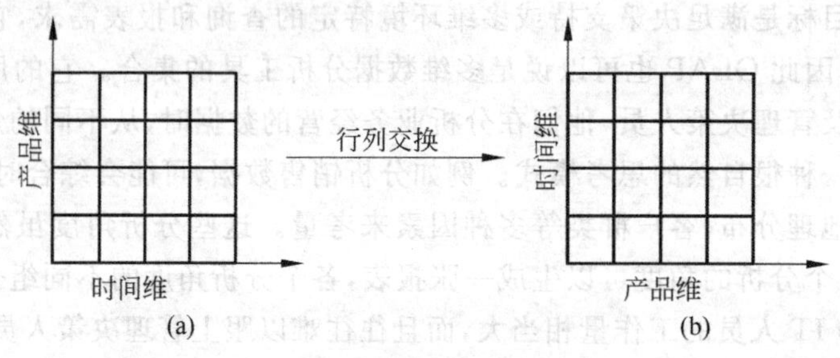

图9-6 旋转操作举例

(2) 切片(Slice)和切块(Dice)。主要根据“维”的限定做投影、选择等数据库操作从而获取数据。

在多维数组的某一维上选定一个维成员，即从 n 维数组选取 $n-1$ 维子集，则得到立方体的一个切片。设多维数组(维 1，维 2，…，维 n，度量)，在维 i 上，选定维成员 Vi 则多维数组的 $n-1$ 维子集(维 1，…，维 $i-1$，维成员 Vi，维 $i+1$，…，维 n，度量)即为在维 i 上的一个切片。

例如，图 9-7 中是一个由产品维、地区维和时间维组织起来的产品销售数据，用多维数组表示为(地区，时间，产品，销售额)。若在图 9-7(a)的时间维上选定维成员“1997 年 1 月”则可以得到时间维上的一个切片(地区、“1997 年 1 月”、产品、销售额)，如图 9-7(b)所示。

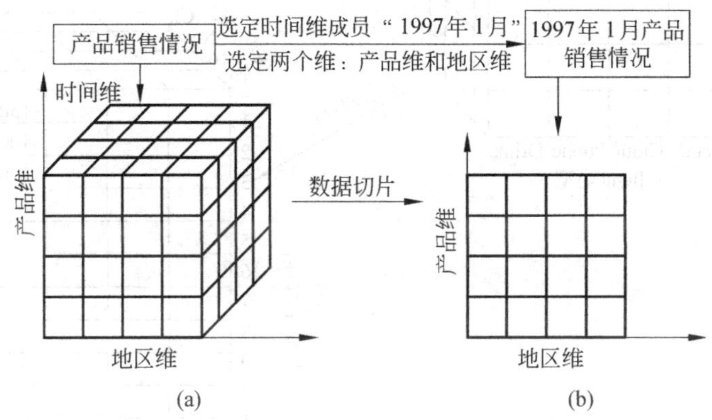

图 9-7 切片操作举例

按照切片的定义，一次切片后得到的结果数据集合的维数一定要比原立方体的维数减 1。“维”是观察数据的角度，那么切片的作用就是丢弃一些观察角度，使人们能更集中地观察数据。

在多维数组的某一维上选定某一区间的维成员，即限制某一维的取值区间，则得到一个切块。切片是切块的特例，即限制取值区间只取一个维成员，而切块可看做由多个邻接的切片叠合而成。

例如立方体(地区，时间，产品，销售额)在时间维上选定一个区间“1997 年 1 月至 1997 年 10 月”，则可得到切块(地区，“1997 年 1 月至 1997 年 10 月”，产品，销售额)。

(3) 上卷(Roll up)和下钻(Drill down)：统称为钻取操作，钻取是用户获得详细数据及对比汇总数据的手段。通过一层一层的钻取使我们能快速而准确的定位到问题所在。

图 9-8 所示的是一个由产品维、地点维和时间维组织起来的产品销售数据，用多维数组表示为(地点，时间，产品，销售额)。假设地点维有“城市”和“国家”两个级别，时间维有“季度”和“月份”两个级别，产品维只有“类型”一个级别。

图 9-8 中的立方体(a)表示当前立方体，其地点维的当前级别是“城市”，时间维的当前级别是“季度”。如果在地点维上进行一次上卷操作，则结果如图 9-8 中的立方体(b)所示，在立方体(b)中，时间维和产品维保持不变，地点维的当前级别变为“国家”，单元格中表示的销售额也要按照国家进行汇总，例如，(b)中地点“美国”在第一季度(Q1)的产品“food”的销售额为 2 000，可以看做是由立方体(a)中地点“NY”和“Ch”在第一季度(Q1)

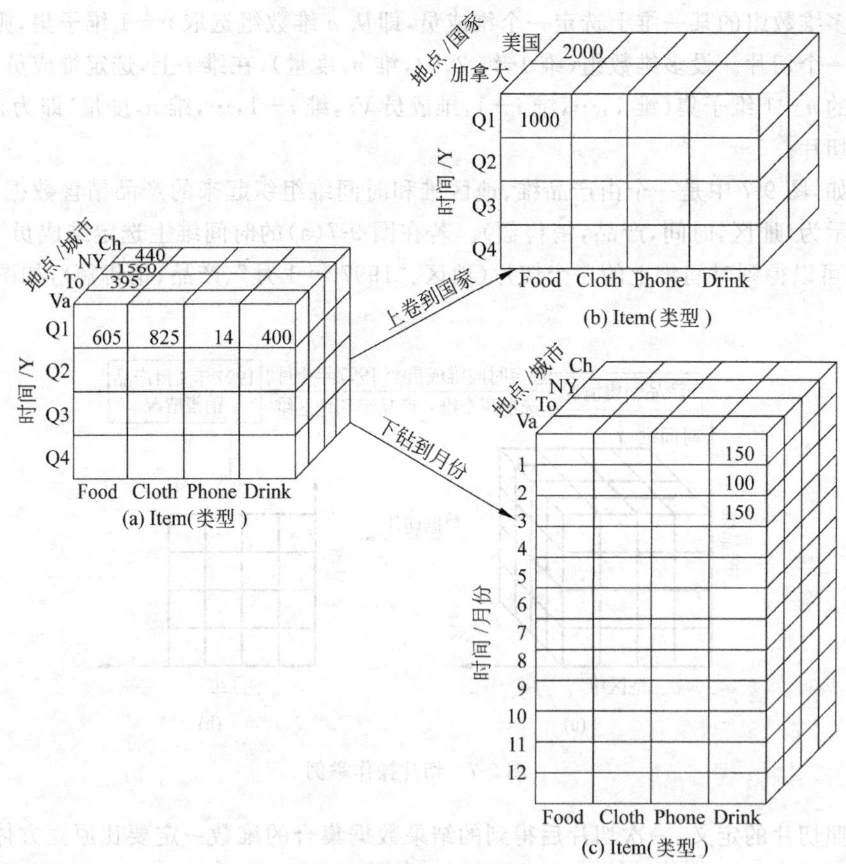

图 9-8　由地点维和时间维进行上卷和下钻操作的结果

产品“food”的销售额 1 560 和 440 的汇总。而单元格(“加拿大”,“Q1”,“food”,1 000)则是单元格(“To”,“Q1”,“food”,395)和(“Va”,“Q1”,“food”,605)的聚集结果。由此可知通过上卷操作可以得到更概括的信息。

图 9-8 中的立方体(c)描述了在立方体(a)的时间维上进行一次下钻操作的结果,在立方体(c)中,产品维和地点维保持不变,时间维的当前级别变为“月份”,对应单元格中表示的销售额要按照月份细化,例如,(c)中地点“Va”在 1 月份、2 月份和 3 月份的产品“drink”的销售额分别为 150、100、150,它们是对立方体(a)中地点“Va”第一季度(Q1)产品“drink”的销售额 400 的进一步细分,从而表示出第一季度销售额对应 1 月、2 月和 3 月的详细销售情况。由此可知通过下钻操作可以得到更详细的信息。

3. OLAP 的实现方式

数据仓库与 OLAP 的关系是互补的,现代 OLAP 系统一般都以数据仓库作为基础,即从数据仓库中抽取详细数据的一个子集,并经过必要的聚集存储到 OLAP 存储器中供前端分析工具读取。

OLAP 系统按照其存储器的数据存储格式可以分为关系 OLAP(Relational OLAP,简称 ROLAP)和多维 OLAP(Multi-dimensional OLAP,简称 MOLAP)两种类型。

1) ROLAP

顾名思义,关系型 OLAP 是以关系型数据库为基础的,它将分析用的多维数据存储在关系数据库中并根据应用的需要有选择的定义一批实视图作为表也存储在关系数据库中。

让我们考察一个例子,假设我们要求进行产品销售的财务分析,分析的角度包括时间、产品类别、市场分布、实际发生与预算四个方面的内容,分析的财务指标包括销售额、销售支出、毛利(=销售额-销售支出)、费用、纯利(=毛利-费用)等内容,则我们可以建立如下的数据结构。

该数据结构的中心是主表,里面包含了所有分析维度的外键,以及所有的财务指标,可计算推导的财务指标不计在内,我们称之为事实表(Fact Table)。周围的表分别是对应于各个分析角度的维表(Dimension Table),每个维表除了主键以外,还包含了描述和分类信息。无论原来的业务数据的数据结构为何,只要原业务数据能够整理成为以上模式,则无论业务人员据此提出任何问题,都可以用 SQL 语句进行表连接或汇总(table join and group by)实现数据查询和解答。(当然,有一些现成的 ROLAP 前端分析工具是可以自动根据以上模型生成 SQL 语句的)。这种模式被称为星型模式(Star-Schema),可应用于不同的联机分析处理应用中。

2) MOLAP

MOLAP 将 OLAP 分析所用到的多维数据物理上存储为多维数组的形式,形成"立方体"的结构。维的属性值被映射成多维数组的下标值或下标的范围,而总结数据作为多维数组的值存储在数组的单元中。由于 MOLAP 采用了新的存储结构,从物理层实现起,因此又称为物理 OLAP(Physical OLAP);而 ROLAP 主要通过一些软件工具或中间软件实现,物理层仍采用关系数据库的存储结构,因此称为虚拟 OLAP(Virtual OLAP)。

9.1.3 数据集成

始于 20 世纪 90 年代中期的大规模推进信息化运动,使得国内众多企业过渡到了以 ERP、CRM、电子商务等信息系统来进行业务流程管理的阶段。然而,越来越多的数据积累,不断出现的信息孤岛,使得企业的信息资产不仅分散且利用率相对低下。在这一背景下应运而生的数据集成需求日渐强烈。

1. 数据集成的含义和作用

数据集成(Data Integration),也称数据整合,又可称做"数据大集中",是能够提升企业业务响应能力的关键技术之一。但要给"数据集成"下一个定义并不容易,对于具有不同技术背景、不同知识体系的人而言,其概念的差异性明显。

对开发人员而言,数据集成往往等同于数据联合,即把分散在不同位置的数据集中起来;对架构师来说,数据集成通常意味着应用消息的互联;对 BI 分析人员而言,它意味着数据的汇聚,以及数据清洗、规范化的过程;而对 IT 系统的使用者业务人员来说,他们希望数据集成并不是"服务"、"数据库"、"数据仓库"等概念的堆砌,而是真正数据语义的集中。

而从项目实施的流程与结果上看，数据集成需要拥有一个狭义的定义，即数据集成是不同系统、不同存储介质中的数据被集成到同质数据环境中，并以统一数据视图的形式予以展现，供将来信息检索、分析处理等应用的技术。图 9-9 显示了数据集成系统模型。

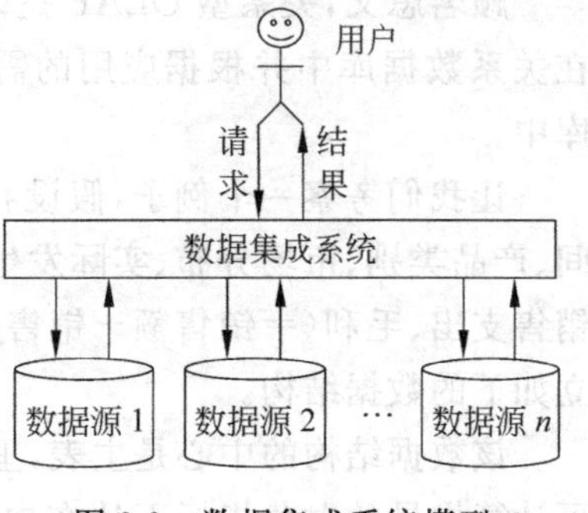

图 9-9 数据集成系统模型

数据集成屏蔽了各种异构数据间的差异，通过异构数据集成系统统一操作。因此集成的异构数据对用户来说是统一的和无差异的。通过数据集成，可以通过更集中的方式管理和控制数据，从而创造更大的规模效应。更重要的是，可以将存储作为一项资源来管理。

数据集成不是对企业原有技术和模式的颠覆，而是把企业中来源于不同系统、不同平台的各种数据整合起来以更准确的响应需求；它也不是简单地把数据集中起来，而是在详细分析了既有系统及数据后建立在全局概念模型的基础上，对原有数据进行综合，建立面向决策主题的数据集合。

通过数据资源集成，使得企业现有的多种业务系统、多种异构数据源能够并存，能够很好的保证数据的完整性、唯一性、相关性、一致性、有效性以及正确性，并实现异构数据源动态、及时的互访和信息的挖掘及综合利用，既保护了企业的原有信息化投资，又提供了应用系统由旧向新、系统平台由低向高的平滑过渡，能够满足企业低成本、阶段性、可扩展性信息系统建设的需要。将数据集成应用到业务系统可以带来如下好处：

(1) 消除信息孤岛，使业务系统形成互通互联的整体；

(2) 提供满足信息安全的统一数据发布平台；

(3) 提供了已有业务系统升级的新手段；

(4) 为建立决策系统提供了数据准备；

(5) 解决了数据不规范、编码不一致等问题；

(6) 形成了“按需定制”的信息架构。

2. 数据集成的一般架构

在过去的几年多时间里，国内很多行业通过“数据大集中”对自己的 IT 系统进行了不同程度的整合，如金融、电信、政府机构等，以建立适合自己行业特点的、能够在相对较长的时间周期内适应新技术和新市场需求变化的“适应型 IT 架构”。

数据集成是企业数据战略的重要组成部分，其实现框架由不同层次和种类的技术所构成。

自从 20 世纪 80 年代以来，异构数据库系统一直是数据库领域的一个主要研究方向。进入 90 年代后，由于计算机网络技术的迅猛发展，对数据库又有了新的要求：各种数据库中的信息不仅需要在 Internet 发布，而且大量的应用需要能够同时访问多个数据库中的数据。

为了解决异构数据库之间的互联集成问题，国际化标准组织和各数据库厂家做了不懈的努力。目前,有以下几种比较常见的异构数据集成方法。

1）数据复制方法

数据复制方法将各个数据源的数据复制到与其相关的其他数据源上,并维护数据源整体上的一致性、提高信息共享和利用的效率。数据复制可以是整个数据源的复制,也可以是仅对变化数据的传播与复制。数据复制方法可以减少用户使用数据集成系统时对异构数据源的数据访问量,从而提高数据集成系统的性能。

比较常用的数据复制方法就是数据仓库方法。该方法将各个数据源的数据复制到同一数据仓库中,用户则直接访问数据仓库获取数据。数据仓库方法体系结构见图 9-10。

运用数据仓库技术是国内外大中型企业进行数据资源整合普遍采用的方案,而 ETL (Extraction,Transformation,Loading)是数据仓库技术中最为重要和投资最大的部分,从各行业的最佳实践方法论中可以看到,运用 ETL 工具比传统的非 ETL 工具的解决方案效率要高很多。

2）中间件集成方法

中间件集成方法是一种典型的模式集成方法。

模式集成(Schema Integration)是人们最早采用的数据集成方法,也是其他数据集成方法的基础。其基本思想是在构建集成系统时,将各数据源共享的数据视图集成为全局模式(Global Schema),供用户按照全局模式透明地访问各数据源的数据。全局模式描述了数据源共享数据的结构、语义及操作等。用户直接在全局模式的基础上提交请求,由数据集成系统处理这些请求,转换成各个数据源在本地数据视图基础上能够执行的请求。

数据集成中间件位于异构数据源系统(数据层)和应用程序(应用层)之间,向下协调各数据源系统,向上为访问集成数据的应用提供统一数据模式和数据访问的通用接口。

基于中间件的数据集成系统主要包括中间件和包装器,其中每个数据源对应一个包装器,中间件通过包装器和各个数据源交互,如图 9-11 所示。

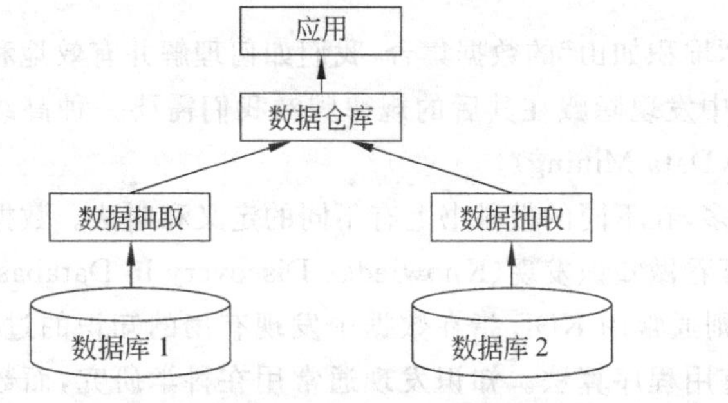

图 9-10　数据仓库方法体系结构图

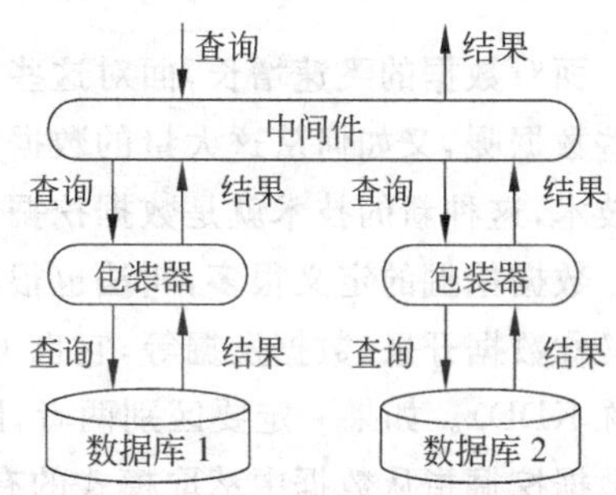

图 9-11　中间件集成方法结构图

用户在全局数据模式的基础上向中间件发出查询请求,中间件处理用户请求,将其转换成各个数据源能够处理的子查询请求,并对此过程进行优化,以提高查询处理的并发性,减少响应时间。包装器是对特定数据源进行了封装,将其数据模型转换为系统所采用的通用模型,并提供一致的访问机制。中间件将各个子查询请求发送给包装器,由包装器来和其封装的数据源交互,执行子查询请求,并将结果返回给中间件。

9.2 数据挖掘与商务智能

随着信息化时代的来临和经济全球化的发展,信息数据存储成本的不断下降,企业数据正在以惊人的速度增长。这些数据是企业的重要资源,但目前大多数的企业并未对其进一步的利用。统计表明,目前国内企业数据有效利用率不足7%,许多决策是在没有充分信息支持的情况下做出的。为应对日益激烈的竞争,企业需要有灵敏的感觉和快速地反应能力,提高反应速度和决策的准确性。如何充分利用这些隐藏着巨大商业价值的数据资源,提炼出有价值的信息、知识,对提高企业的智能至关重要。在这种背景下,商务智能(Business Intelligence,BI)逐渐得到学术界和企业界的重视,并被认为是继 ERP 之后企业信息化的又一个新热潮。

面向决策知识发现是企业信息化的更高层次,称之为商务智能。商务智能的核心技术是数据挖掘技术。

商务智能是构筑在企业业务系统基础之上,以知识获取和共享为目的的解决方案。它通过对企业内外数据的整合、分析,提取出有价值的信息,帮助用户在加强管理、促进营销和企业发展方面做出及时、正确、科学的决策,并分析、发现和把握新的商机。作为一种新兴的决策支持体系,商务智能与传统的 EIS,DSS 相比,主要区别之一是用户不再仅仅局限于企业的领导和决策人员、分析人员,而是扩展到企业组织内外的各类人员。

上一节介绍了数据资源开发与利用的在线分析处理层次。本节将进一步探讨深入利用数据资源的第三个层次,即面向管理决策的数据挖掘与商务智能。

9.2.1 数据挖掘概述

1. 数据挖掘的含义及演化过程

面对数据的飞速增长,面对这些“堆积如山”的数据集合,我们如何理解并有效地利用这些数据呢,又如何从这大量的数据中发现隐藏在其后的规律呢?我们需要一种高级的新技术,这种新的技术就是数据挖掘(Data Mining)。

数据挖掘的定义很多,叫法也很多,在不同的教科书上有不同的定义和叫法。数据挖掘又称数据开采、数据发掘等,它也可看做知识发现(Knowledge Discovery in Databases,简称 KDD)。如果一定要区别两者,则通常用 KDD 指在数据中发现有用的知识的过程,而数据挖掘指从数据中萃取模式的有用程序算法。知识发现通常用在科学研究,而数据挖掘多用在工程、商业中。从定义看,有从技术角度给出的,也有从商业角度给出的。从技术角度看,数据挖掘是从大量的、不完全的、有噪声的、模糊的、随机的实际数据中发现并提取隐藏在其中的有用信息或知识的过程。那么,何为知识呢?从广义上理解,数据、信息都是知识的表现形式,但是人们更把概念、规则、模式、规律等看做知识。这里所说的知识发现,不是要求发现放之四海而皆准的真理,也不是要去发现崭新的自然科学定理和纯数学公式,更不是什么机器定理证明。实际上,所有发现的知识都是相对的,是有特定前提和约束条件,面向特定领域的,同时还要能够易于被用户理解。最好能用自然语言表达所发现的结果。

在数据挖掘中，人们把原始数据看做是形成知识的源泉，好像从矿石中采矿或淘金一样。所以，数据挖掘形象一点说就是在数据山中挖金子，不过这里的金子是知识(knowledge)。这也就是数据挖掘名字的由来，如图 9-12 所示。

图 9-12　数据挖掘示意图

从商业应用角度上讲，数据挖掘是一种崭新的商业信息处理技术，可以描述为：按企业既定业务目标，对大量的企业数据进行探索和分析，揭示隐藏的、未知的或验证已知的商业规律，且进一步将其模式化的数据处理方法。它最吸引人的地方就是能够建立预测型而不是回顾型的模型。因此，数据挖掘是一门交叉学科，它把人们对数据的应用从低层次的简单查询，提升到从数据库中挖掘知识，提供决策支持。

数据挖掘技术其实是信息技术逐渐演化的结果，它使数据库技术进入了一个更高级的阶段，它不仅能对过去的数据进行查询和遍历，并且能够找出过去数据之间的潜在联系，从而促进信息的传递。

数据挖掘与传统数据分析的本质区别在于数据挖掘是在没有明确假设的前提下去挖掘信息、发现知识，即数据挖掘是要发现那些不能靠直觉发现的信息或知识，甚至是违背直觉的信息或知识，而且挖掘出的信息越是出乎意料，就可能越有价值。在商业应用中最典型的例子就是多次被人们广泛引证的“尿布与啤酒”的经典例子。Wal Mart 公司利用数据挖掘技术分析商品之间的关联，“意外地”发现跟尿布一起销售最多的商品竟是啤酒！(后续调查得知，先生们为小孩买尿布时又随手带回两瓶啤酒)。公司依此采取简单的同架放置措施使得销量双双增长。这一发现之所以“意外”，是因为经理和销售专家事前也不知道尿布与啤酒有如此大的关联。

数据挖掘与 OLAP 同为分析工具，但它们的侧重点不同。

OLAP 是验证型分析，分析时用户首先建立一个假设，然后用 OLAP 来验证这个假设是否正确。如企业希望发现什么样的措施可以提高销售额，可以假设促销活动有助于销售，然后通过 OLAP 验证该假设，也就是说，通过 OLAP 来证实或推翻假设得到最终的分析结果。OLAP 发现的信息虽然其本身并没有预测价值，但其准确的描述了历史数据，其结果给决策者提供了决策的依据。

数据挖掘是个发现过程，它从大量的数据中挖掘隐藏在数据中的模式和关系，是一种挖掘性的分析工具。它主要是利用各种分析方法主动地去挖掘大量数据中蕴涵的规律，数据挖掘在本质上是一个归纳的过程。数据挖掘不是验证某个假定的模式的正确性，而是基于历史数据主动发现有用的模式，发现型模式也称为数据驱动型模式。数据挖掘获得的通常都是预测性信息，即通过历史数据发现发展趋势，是对未来的预测。

数据挖掘和 OLAP 这两种分析工具本身是相辅相成的，数据挖掘和 OLAP 具有一定的互补性。OLAP 可以帮助人们提出假设，也可以验证数据挖掘预测出的结果；数据挖掘能够挖掘出一个结论，这个结论正确与否，可以用 OLAP 验证。

2. 数据挖掘对象与流程

在数据挖掘中，人们把原始数据作为像矿石或沙子一样的挖掘对象，它可以是结构化的，如关系数据库中的数据，也可以是半结构化的，如文本、图形、图像数据，甚至是分布在网络上的异构型数据。所以数据库、数据仓库、Web、甚至数据文件都是它的挖掘对象。

在这里要特别注意的是，数据挖掘是因为数据对象的丰富而采取的一种提取技术，所提取出的“金子”表示为概念、规则、规律等知识形式。

数据挖掘的整个过程可粗略地分为问题定义、数据准备和预处理、数据挖掘，以及结果的评估与分析，如图 9-13 所示。

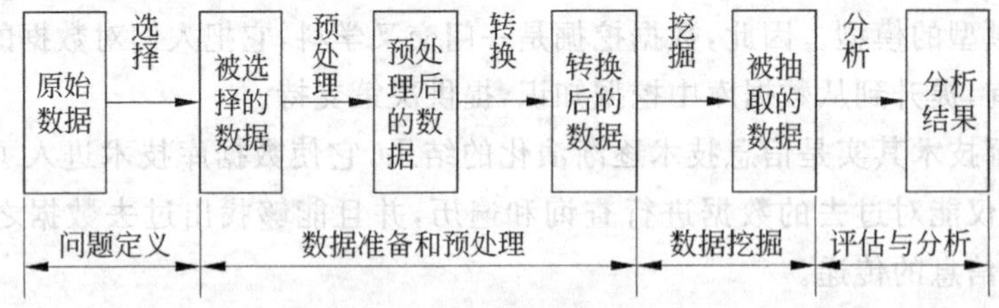

图 9-13 数据挖掘过程

(1) 问题定义。数据挖掘是为了在大量数据中发现有用的令人感兴趣的信息，因此发现何种知识就成为整个过程中第一个也是最重要的一个阶段。在问题定义过程中，数据挖掘人员必须和领域专家以及最终用户紧密协作，一方面明确实际工作对数据挖掘的要求，另一方面通过对各种学习算法的对比进而确定可用的学习算法。后续的学习算法选择和数据集准备都是在此基础上进行的。

(2) 数据准备和预处理。数据准备又可分为三个子步骤：数据选取（Data Selection）、数据预处理（Data Preprocessing）和数据变换（Data Transformation）。

数据选取的目的是确定发现任务的操作对象，即目标数据（Target Data），是根据用户的需要从原始数据库中抽取的一组数据。数据预处理一般可能包括消除噪声、推导计算缺值数据、消除重复记录、完成数据类型转换（如把连续值数据转换为离散型的数据，以便于符号归纳，或是把离散型的转换为连续值型的，以便于神经网络）等。当数据挖掘的对象是数据仓库时，一般来说，数据预处理已经在生成数据仓库时完成了。数据变换的主要目的是消减数据维数或降维(Dimension Reduction),即从初始特征中找出真正有用的特征以减少数据挖掘时要考虑的特征或变量个数。

(3) 数据挖掘。数据挖掘阶段首先根据对问题的定义明确挖掘的任务或目的,如分类、聚类、关联规则发现或序列模式发现等。确定了挖掘任务后,就要决定使用什么样的算法。选择实现算法有两个考虑因素:一是不同的数据有不同的特点,因此需要用与之相关的算法来挖掘;二是用户或实际运行系统的要求,有的用户可能希望获取描述型的(Descriptive)、容易理解的知识(采用规则表示的挖掘方法显然要好于神经网络之类的方法),而有的用户只是希望获取预测准确度尽可能高的预测型(Predictive)知识,并不在意获取的知识是否易于理解。关于数据挖掘所采用的一些常用算法,在下面章节将给出详细的描述。

(4) 评估与分析。评估根据某种兴趣度度量,识别表示知识的真正有趣的模式,知识表示阶段使用可视化和知识表示技术,向用户提供挖掘的知识。数据挖掘阶段发现出来的模式,经过评估,可能存在冗余或无关的模式,这时需要将其剔除;也有可能模式不满足用户要求,这时则需要整个发现过程回退到前续阶段,如重新选取数据、采用新的数据变换方法、设定新的参数值,甚至换一种算法,等等。另外,数据挖掘由于最终是面向用户的,因此可能要对发现的模式进行可视化,或者把结果转换为用户易懂的另一种表示,如把分类决策树转换为“if…then…”规则。

数据挖掘仅仅是整个过程中的一个步骤。数据挖掘质量的好坏有两个影响要素:一是所采用的数据挖掘技术的有效性;二是用于挖掘的数据的质量和数量(数据量的大小)。如果选择了错误的数据或不适当的属性,或对数据进行了不适当的转换,则挖掘的结果不会好的。

整个数据挖掘过程是一个不断反馈的过程。比如,用户在挖掘途中发现选择的数据不太好,或使用的挖掘技术产生不了期望的结果,这时,用户需要重复先前的过程,甚至从头重新开始。

可视化在数据挖掘的各个阶段都扮演着重要的作用。特别是在数据准备阶段,用户可能要使用散点图、直方图等统计可视化技术来显示有关数据,以期对数据有一个初步的了解,从而为更好地选取数据打下基础。在挖掘阶段,用户则要使用与领域问题有关的可视化工具。在表示结果阶段,则可能要用到可视化技术以使得发现的知识更易于理解。

3. 数据挖掘模式

模式是用某种语言形成的表达式,它可用来描述数据集中数据的特性,表达式所描述的数据是数据集的一个子集。

数据挖掘的任务是从数据集中发现模式。模式有很多种类型,在实际应用中,往往根据模式的实际作用将其分为两大类:预测型(predictive)模式、描述型(descriptive)模式。

预测型模式是可以根据数据项的值精确确定某种结果的模式。挖掘预测型模式所使用的数据也都是可以明确知道结果的。一般在建立这些模式时,使用一部分数据作为样本,用另一部分数据来检验、校正模式。例如,根据各种动物的资料,可以建立这样的模式,凡是胎生的动物都是哺乳类动物。当有新的动物资料时,就可以根据这个模式判别此动物是否是哺乳动物。属于这类模式的有三种，分别如下：

(1) 分类(Classification)模式。分类是按一定标准把数据对象划归到所属类别中。分类模式是一个分类函数，它能够把数据集中的数据项映射到某个给定的类上。

(2) 回归(regression)模式。回归模式的函数定义与分类模式相似，它们的差别在于分类模式的预测值是离散的，回归模式的预测值是连续的。

(3) 时间序列模式。时间序列模式根据数据随时间变化的趋势预测将来的值。

描述型模式是对数据中存在的规则做一种描述，或者根据数据的相似性把数据分组。描述型模式不能直接用于预测。这类模式在模式建立前是未知的，模式的产生不受任何监督。例如，在地球上，70%的表面被水覆盖，30%是土地。属于这一类的模式如下：

(1) 聚类(Clustering)模式。聚类是识别一组数据对象的内在规律，从而将对象分组，构成相似对象类。聚类模式与分类模式不同，聚类不包含预定义的或隐藏的关系及模式，所有对象的类属关系都是未知的。

(2) 关联(Association)模式。关联模式是数据项之间的联系规则。联系是事件驱动的，即联系存在于两共生的事件之间。

(3) 序列模式。序列模式表示数据之间时间关联性。与关联模式类似，序列模式也是事件驱动。

9.2.2 数据挖掘方法

要建立和实现上述模式，就需要数据挖掘技术和方法。数据挖掘采用机器学习、统计、数据库等方法进行知识学习，因此常用的数据挖掘技术可以分为统计分析类、知识发现类和其他类型的三大类。

统计分析(或称数据分析)技术中使用的数据挖掘模型有线性分析和非线性分析、回归分析、时间序列分析、最近邻算法和聚类分析等技术。利用这些技术可以检查那些异常形式的数据，然后，利用各种统计模型和数学模型解释这些数据，解释隐藏在这些数据背后的市场规律和商业机会。

知识发现类数据挖掘技术是与统计类数据挖掘完全不同的一种挖掘技术。它可以从数据仓库的大量数据中筛选信息，寻找市场可能出现的运营模式，发掘人们所不知道的事实。知识发现类数据挖掘技术包含人工神经网络、决策树、遗传算法、粗糙集、关联规则发现等。

其他数据挖掘技术中包含文本数据挖掘、Web数据挖掘、空间数据挖掘、分布式数据挖掘和可视化系统等。

下面主要介绍两种比较实用的数据挖掘算法，并最后给出一个应用实例。

1. 决策树算法

先考虑一个分类问题。我们从计算机商家那里得到这样一张统计表，如表9-2，你能否通过这张表得到一些购买计算机的规则，并通过这些规则去判断某人会不会购买计算机。

这是一个预测型模式问题，实现方法之一是决策树算法。

表 9-2 购买计算机统计表

rid	age	income	student	credit_rating	Class：buys_computer
1	<30	high	no	fair	no
2	<30	high	no	excellent	no
3	30～40	high	no	fair	yes
4	>40	mexlium	no	fair	yes
5	>40	low	yes	fair	yes
6	>40	low	yes	excellent	no
7	30～40	low	yes	excellent	yes
8	<30	medium	no	fair	no
9	<30	low	yes	fair	yes
10	>40	medium	yes	fair	yes
11	<30	medium	yes	excellent	yes
12	30～40	medium	no	excellent	yes
13	30～40	high	yes	fair	yes
14	>40	medium	no	excellent	no

决策树(Decision Tree)算法是一种运用归纳算法(Inductive Algorithms)产生的树型结构的预测模型。该算法利用信息论中的信息增益(information gain)寻找数据库历史数据中具有最大信息量的字段,建立决策树的一个结点,再根据该属性的不同取值建立树的分支;在每个分支子集中重复建立决策树的下层结点和分支,这样便生成一棵决策树;接下来还要对决策树进行剪枝处理,最后将决策树转化为规则。运用这些规则,就可以对新事例(数据对象)进行分类。

国际上最有影响和最早的决策树算法是 Bayes 和 Quiulan 的 ID3 算法。

1) 算法步骤

ID3 算法的过程如下:

(1) 从训练集中随机选择一个既含正例又含反例的子集(称为窗口);

(2) 用下面的建树算法对当前窗口形成一棵决策树;

(3) 对训练集(窗口除外)中例子用所得决策树进行类别判定,找出错判的例子;

(4) 若存在错判的例子,把它们插入窗口,转(2),否则结束。

ID3 算法中的建树算法用于形成一棵决策树,它有五步组成:

(1) 对当前例子集合,计算各属性的信息增益(它涉及信息熵理论,见下面的公式);

(2) 选择信息增益最大的属性 A1;

(3) 把在 A1 处取值相同的对象归于同一子集,A1 取几个值就得几个子集;

(4) 对既含正例又含反例的子集,递归调用建树算法;

(5) 若子集仅含正例或反例,对应分枝标上 P 或 N,返回调用处。

2）计算信息增益

设 S 是由 s 个数据例子组成的集合，m 是类属性（决定分出多少类的属性，一般是最后一列）不同值的个数，$s_i(i=1,\cdots,m)$ 是 S 中属于类 $C_i(i=1,\cdots,m)$ 的例子数。先定义信息熵：

$$I(s_1,s_2,\cdots,s_m)=-\sum_{i=1}^{m}p_i\log_2(p_i)$$

其中，p_i 是一个概率。

再设属性 A（任一属性，如年龄）有 v 个不同值 $\{a_1,a_2,\cdots,a_v\}$。属性 A 用于分割 S 成为 v 个子集 $\{S_1,S_2,\cdots,S_v\}$，其中 S_j 包含那些值为 a_j 的 S 中的例子（若选 A 作为检验属性，则这些子集就是该结点上生出的分支）。设 s_{ij} 是类 C_i 在子集 S_j 的例子数，则属性 A 的条件熵（期望信息）定义为：

$$E(A)=\sum_{j=1}^{v}\frac{s_{1j}+\cdots+s_{mj}}{s}I(s_{1j},\cdots,s_{mj})$$

这里 $\sum_{j=1}^{v}\frac{s_{1j}+\cdots+s_{mj}}{s}$ 作为第 j 个子集的权数，也是子集中的例子数。最后，定义属性 A 的信息增益为

$$\text{Gain}(A)=I(s_1,s_2,\cdots,s_m)-E(A)$$

3）生成决策树

为了看清楚如何生成决策树，让我们回到前面的问题。

在这个问题中，类属性标号是买计算机，它有两个不同的值（yes，no），即 $m=2$。令 C_1 对应 yes 类，C_2 对应 no 类，则 C_1 中有 9 个例子，C_2 中有 5 个例子。现在有一人其属性描述为：(42，medium，no，excellent），他会购买计算机吗？

我们一起来推导。首先计算信息熵。

$$I(s_1+s_2)=I(9.5)=-\frac{9}{14}\log_2\frac{9}{14}-\frac{5}{14}\log_2\frac{5}{14}=0.940$$

再来计算每一属性的条件熵和信息增益。对 age 属性，

对于 age＝"＜30"：　$s_{11}=2$　$s_{21}=3$　$I(s_{11}:s_{21})=0.971$

对于 age＝"30～40"：　$s_{12}=4$　$s_{22}=0$　$I(s_{12}:s_{22})=0$

对于 age＝"＞40"：　$s_{13}=3$　$s_{23}=2$　$I(s_{13}:s_{23})=0.971$

$$E(\text{age})=\frac{5}{14}I(s_{11}:s_{21})+\frac{4}{14}I(s_{12}:s_{22})+\frac{5}{14}I(s_{13}:s_{23})=0.694.$$

$$\text{Gain}(\text{age})=I(s_1:s_2)-E(\text{age})=0.246$$

类似地计算得到 Gain(income)＝0.029，Gain(student)＝0.151，Gain(credit_rating)＝0.048.

其次，建决策树的树根和分支。由于 age 在所有属性中具有最高信息增益，因此选它作为检验属性（树根）。这样一个结点便产生，将其标为 age，分支便是每一属性值。样本（对象集）随即被分成 3 个分支，这 3 个分支分别是＜30＝{1，2，8，9，11}；30～40＝{3，7，12，13}；＞40＝{4，5，6，10，14}（预处理的结果）。注意第 2 个分支中的所有例子均同属 yes 类，因此一个叶结点便产生了，将其标记为 yes。其余两个分支子集既含有正例（类属

性取值 yes)，又含有反例(类属性取值 no)，将递归调用建树算法。

再递归建树分别对＜30 和＞40 子集利用 ID3 算法，在每个子集中对各属性求信息增益。计算结果表面，对＜30 分支，具有最大信息增益的属性是 student，而对＞40 分支，具有最大信息增益的属性是 credit_rating。于是，产生了第二层的结点。继续分支，判断发现各分支点都是叶结点。

最后，由算法得到的决策树如图 9-14 所示。

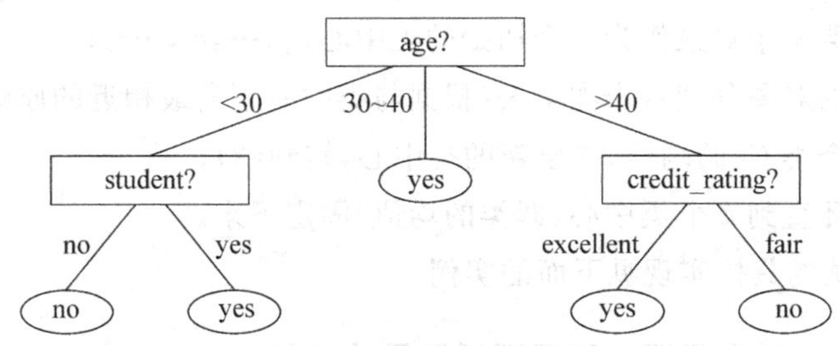

图 9-14　生成的决策树

(4) 抽取规则

决策树方法最后的知识形式是决策树或决策规则树，这对用户不很直观，因此应对决策树和决策规则树进行必要的转换，形成易为用户理解的知识形式。例如，我们可以从决策树中抽取出分类规则，写成 IF-THEN 的规则形式。

从上述决策树图抽取的规则是：

如 age=“＜30” AND student=no THEN buys computer=no

如 age=“＜30” AND student=yes THEN buys computer=yes

如 age=“30～40” THEN buys computer=yes

如 age=“＞40” AND credit rating=excellent THEN buys computer=yes

如 age=“＞40” AND credit rating=fair THEN buys computer=no

得到这些规则后，就可对大量的数据对象进行分类，并可将这些规则放入决策支持系统或专家系统的知识库中。

现在就可以回答前面提出的问题了，即这个人会买计算机。

决策树方法的最大优点是直观。其缺点是随着数据复杂性的提高，分支数将增加，管理的难度越来越大。此外，该方法也存在数据的缺值处理问题。

2. *k*-means 算法

k-means 算法是典型的聚类分析方法，属数据挖掘的描述型模式。

聚类分析方法最初是作为统计学的分支，并在统计学领域得到广泛的研究和应用。在数据挖掘中，聚类分析主要集中在聚类方法的可伸缩性，对聚类复杂形状和类型的数据有效性，高维聚类分析技术以及针对大型数据库中混合数值和分类数据的聚类方法上。

聚类分析方法的思想是：一个具有 m 个字段(属性)的记录(元组)，在数据挖掘系统中被视为 m 维空间的一个点，在用户参与下，对各个维(轴)施以加权，构造出一

个 m 维空间的距离公式，例如，最简单的欧氏距离（即距离等于在各轴上的位移的平方和的平方根）。被分类的对象就像 m 维空间中的天体，然后以距离原则被划分为星系或星团。同一个对象集合，不同的距离公式，表达了不同的考察角度，有不同的聚类结果。

k-means 算法可以描述为：给定类的个数 k，将 n 个对象 $x_1,\cdots,x_j,\cdots,x_n$ 分到 k 个类中去，使得类内对象之间的相似性最大，而类之间的相似性最小。其迭代步骤如下：

(1) 任意选取 k 个对象作为 k 个初始的类中心 $c_1,\cdots,c_l,\cdots c_k$；

(2) 将余下的对象分到各个类中去（根据与类中心距离最相近的原则）；

(3) 计算各个类 C_i 的均值，得出新的类中心，转到(2)；

(4) 这样循环直到 k 个类中心（即类的均值）固定下来。

k-means 算法的具体实现见下面的实例。

3. 应用实例—某市网通小灵通通话记录的分析

1) 问题描述

在日趋激烈的电信市场竞争中，企业只有通过了解和分析某一产品潜在消费群体的特征，才能在未来的市场竞争中取得主动权。在市场决策中需要很多支持信息，传统的市场调查数据分析主要是用统计方法对调查数据进行单项统计处理。而如何揭示事物间客观存在而未被人所知的内在联系（如某种类型用户的通话习惯、通话时长、通话类别等）则具有更重要的实际意义。多年来电信企业在信息化改造方面投入了大量的资金，现今，电信企业已能将用户信息以及用户通话情况信息完整地保存在数据库里。但遗憾的是，由于缺乏有效的分析工具和方法，这些长年累月的海量数据被电信运营商丢弃在一旁。

目前公司所使用的信息系统，都是利用简单的统计方法来反应预先设定的统计目标，如每天 24 小时内各地区、各类用户的通话状况，账单费用分段统计等简单的统计信息。而无法更深入地得知信息之间的内在联系。本节正是基于这种应用背景下而采用数据挖掘技术来进行有益的尝试，以便得到一些知识。

网通公司的小灵通业务从 2002 年开展业务以来，已拥有客户 30 多万。每月收入 700 万元，用户话单 1 600 万张左右，因此，实验中我们有针对性的选择了一部分数据（约 1/10）共 144 万条。本节尝试把使用聚集算法对小灵通通话记录进行分类研究，以期发现各类用户的特点。

2) 挖掘过程

本实例数据挖掘采用 Microsoft SQL Server 2000 Analysis Services。出于安全性考虑，分析系统无法和运行的“97 系统”和“计费系统”直接相连。因此在数据挖掘一开始，首先需要从“97 系统”中导出与分析主题相关的数据，以文本形式存储。实验选择了该市网通 2005 年 2 月 21 日至 2005 年 3 月 20 日的一个表的数据（小灵通号码倒数第二位为 0 的记录）（表 9-3）。

表 9-3 部分数据表

号码	通话类型	开 始 时 间	通话时长	费用
8984903	21	Feb 22 2005 11:57:46:000am	17	50
8776206	30	Feb 22 2005 11:57:20:000am	45	22
8972801	21	Feb 22 2005 11:58:10:000am	2	50
8904104	30	Feb 22 2005 11:56:06:000am	128	22
8871404	30	Feb 22 2005 11:57:30:000am	44	22
8770900	21	Feb 22 2005 11:54:09:000am	245	250
8060606	30	Feb 22 2005 11:55:15:000am	182	33
8904405	21	Feb 22 2005 11:58:11:000am	11	50
8864703	30	Feb 22 2005 11:58:16:000am	9	22
8773405	30	Feb 22 2005 11:57:45:000am	40	22
8874801	21	Feb 22 2005 11:55:42:000am	165	150
8904200	30	Feb 22 2005 11:58:18:000am	13	22
8950807	21	Feb 22 2005 11:57:56:000am	40	50
8061600	30	Feb 22 2005 11:58:29:000am	11	11
8820502	30	Feb 22 2005 11:58:02:000am	37	22

数据挖掘主要有以下几步组成：

(1) 数据清理和集成。该步骤是在数据库导入程序中具体实现的。

实现对原始数据进行消除噪声、格式转换、空缺值设置、数据集成等操作，并形成合法的记录导入本地数据库，同时舍弃那些非法记录，方便后续的数据挖掘工作。如，在对电信时 call0 数据进行导入处理时，其格式和 MS SQL Server 中时间格式不兼容，需进行格式转化处理。具体如，系统中上网时间字段取值“Feb 20 2005 8:41:51:000pm”，但 SQL serve 中是无法直接接受这种数据格式，需要在数据清理和集成步骤中对其进行自动转换。同时，出于商业需要，计费系统中时间的取值精确到毫秒，显然在数据挖掘过程这些信息是不需要的，为了节省数据库空间，也为了提高算法效率，可以将这些信息直接丢弃。这样，经过格式转换后的结果为“2005-2-20 8:41:51pm”。

(2) 数据选择。数据选择是由分析主题直接决定的，其核心任务是从数据库中选择和检索与分析主题相关的数据。

小灵通通话记录表中某些字段信息在聚集挖掘中是不需要的，如用户名，通话结束时间，会话 ID、接入端口等信息都非用户所关心的，因此在数据选择这步，要更加明确分析主题。确定哪些信息是需要的，哪些信息是相关的，哪些字段是可以舍弃的，这与整个挖掘的成功与否息息相关。

由于数据缺乏对用户属性的定义，因此我们由身份证字段，推理出用户年龄和用户性别字段，增加挖掘的有益内容。最终我们选择了电话号码 num、用户类别 user_type、用户年龄 age 、用户性别 gender、用户所在区县 bureau_name、通话时长 timelen、通话费用 fee、通话类别 call_type、通话时间段共 9 项字段信息作为挖掘的主题。

(3) 数据变换。数据变换任务是在前面工作的基础上，将数据转换成适合数据挖掘的形式。由数据选择后的数据表 9-3 可以清楚地看出，其每个字段的取值都是连续型或离散型的。为了便于数据的处理分类，我们需要对选择后的数据进行一些变换。

将开始时间和通话时长连续型的数据变为离散化，分段归类。

“通话开始时间”startdt 分割为：D1[0:0,7:59]，D2[8:00,17:59]，D3[18:00,20:59]，D4[21:00 24:59]。其意义是 D1 代表开始通话时间在 0 点至 7 点:59 分之间，D2、D3、D4 可以此类推。

“通话时长”timelen 分割为：T1[0,3]，T2[3,5]，T3[5,10]，T4[10,30]，T5[30,∞]。其意义是 T1 表示通话时长在 0～3 分钟之间，T2、T3、T4 可以此类推，T5 表示通话时长大于 30 分钟.

(4) 利用 *k*-means 算法进行数据挖掘。数据挖掘的所有前期准备工作都已完成，下面利用 Microsoft SQL Server 2000 Analysis Services 的 *k*-means 聚集算法进行挖掘分析。

3) 试验结果分析

根据前文所介绍的一系列准备工作，现在可正式运行挖掘分析系统。

分析维度：通话类别、通话时长、通话开始时间段、用户类别。

主要分析指标：用户群的通话特点。

聚集分类为：得出图 9-15 的聚类结果。

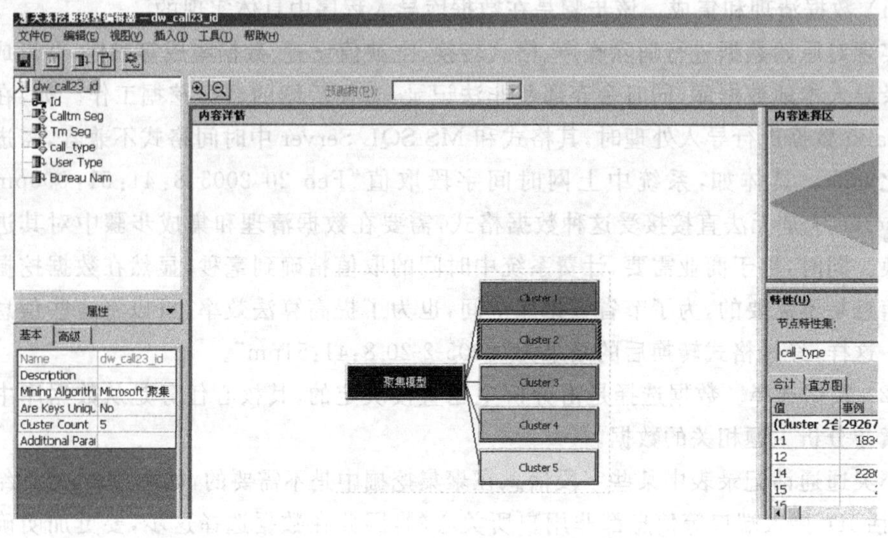

图 9-15 通话记录挖掘运行结果图

分析总话单数：1 370 988 张，得到的 5 类通话行为分析如下：

第一类通话话单总量 390 815 张，占总话单量的 28.5%，该类通话为本地网市内通话，通话时长在 1 分钟内，用户类别为个人用户、网通职工、个体经营业主和事业单位职工，通话时段分布在 8:00～11:00，13:00～17:00。

第二类通话话单总量 283 004 张，占总话单量的 20.6%，该类通话为本地网区间通话，通话时长在 1 分钟内，用户类别事业单位、企业单位、个人，通话时段分布在 8:00～11:00，13:00～17:00，该类用户集中在全市的各个区县。

该类话单可以和第一类话单合并，合并后该类话单占总话单的 49.1%，通话特点是在正常上班时间 8:00～11:00，13:00～17:00 进行的，通话时间都在 1 分钟内，属于一般性的沟通。

第三类通话话单总量 240 270 张，占总话单量的 17.5%，该类通话为国内长途、国内 IP 长途和本地网市内通话，通话时长在 2～30 分钟之间，用户类别个人用户，通话时段分布在 12:00～13:00，19:00～22:00。

该类话单说明个人用户通常在中午和晚上休息时间进行较长时间的通话，属于深度沟通。

第四类通话话单总量 237 713 张，占总话单量的 17.3%，该类通话为国内长途、国内 IP 长途和本地网市内通话，通话时长在 1 分钟内，用户类别为企业单位，私人住宅电话职工，通话时段分布在 6:00～12:00 和 17:00。

该类话单很有意思，它反映了人们工作的一种习惯，在早晨上班时处理一些较复杂的工作，与外地用户沟通，而下班前有些重要的事情还需要通过长途通话进行沟通。

第五类通话话单总量 219 183 张，占总话单量的 16.0%，该类通话为国内长途、国内 IP 长途和本地网市内通话，通话时长在 3～30 分钟之间，用户类别为个人、企业单位、事业单位用户，通话时段分布在 6:00～7:00 和 19:00～23:00。

该类话单应该说明在某些地区有一部分用户，与外地用户有着密切的联系，通常在早上 6:00-7:00 和夜间 19:00-23:00 进行较长时间的通话。

由以上分类结果还可以发现如图 9-16 所示的通话特点。

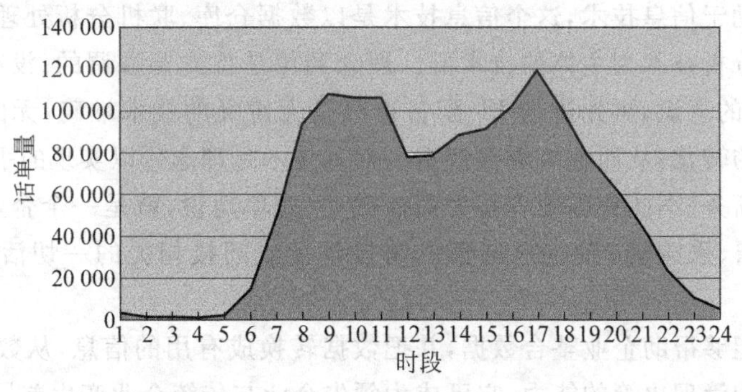

图 9-16 小灵通话务量统计表

由表中可以看出每日的 9:00-11:00 和 16:00-18:00 是小灵通通话高峰期。

通话时长小于 1 分钟的话单占总话单的 64.43%，3 分钟内的话单占总话单的

90.2%,大多数的通话都是一般性的沟通。

本地网市内和区间电话通话占总话单的94.4%,市内用户的联系是最为密切的。

一般个人在进行较长时间的国内和国际长途通话都集中在夜间19:00～22:00,这条规则与日常生活中的情况相吻合。

9.2.3 商务智能

1. 商务智能概论

多变的市场环境,激烈的竞争,稍纵即逝的机遇……这些都要求企业能够深入、灵活地分析积累的大量数据,得出高质量有价值的信息支持决策,提升企业竞争力。许多成熟技术的出现,如硬件上的大容量存储技术、并行处理器技术,软件上的挖掘工具、数据仓库管理工具等,也为智能分析准备了有利条件。这种情况下商务智能应运而生,它使决策者能多视角全面地观察世界,创立更加贴近决策者思维过程的支持,代替决策者进行复杂的数据、信息处理,及时地向他们提供制定正确决策所需要的全部信息。

1) 商务智能理念

商务智能,也称商业智能,它的出现是一个信息系统渐进的演变过程,经历了事务处理系统(Transaction Process System, TPS)、高级经理信息系统(Executive Information system,EIS)、管理信息系统(Management Information System,MIS)和决策支持系统(Decision Support System,DSS)等阶段。

商务智能这一术语1989年由Gartner Group的Howard Dresner首次提出,它描述了一系列的概念和方法,通过应用基于事实的支持系统来辅助商业决策的制定。

从某种意义上商务智能是一种概念或者说是一种商业理念,它是在企业数据仓库的基础上,利用数据挖掘和信息挖掘工具获取商业信息,以辅助和支持商业决策的全过程。通过商务智能技术,用户更充分地了解他们的产品、服务、客户以及销售趋势。

如同ERP的定义,商务智能首先是一种管理理念——要对企业积累的大量信息及相关外部信息进行深入分析以得出知识,用于支持企业决策,提高企业竞争力。其次,理念的实现必须借助于信息技术,这个信息技术是以数据仓库、联机分析处理、数据挖掘等海量数据存储和分析技术为主体的技术群。理念到位是首先要强调的,没有信息资源深层开发、积极利用的意识,再先进的IT配备也只是无意义的技术堆砌,无的放矢的结果是不能实现效益的转化,从而造成资金浪费。信息技术是理念得以实现的手段,是理念的体现。在这里,"商务"不能狭隘地理解为商业活动(简单地说,就是一个企业直接面向市场的活动),如销售、采购等,而应是与企业销售直接或间接相关的一切活动,包括生产活动等。

商务智能能够帮助企业整合数据,并把数据转换成有用的信息,从数据中获取知识,提高企业理性的管理决策的能力,它已成为领先企业与传统企业产生差异化的重要因素,而且商务智能开始扩展到业务运营的发展趋势将使这种差异更加明显。"亿万富翁商务成功的秘密是知道一些其他人不知道的东西",商务智能的最终目的是帮助管理者实现更有效的企业管理,做出更明智的决策,取得更大的收益。

2) 商务智能定义

商务智能的定义众说纷纭。人们对商务智能的理解如同盲人摸象中那七个印度盲人对大象的理解：有人认为它是高级经理信息系统(EIS)，有人认为它是管理信息系统(MIS)，有人认为它是决策支持系统(DSS)，有人说它是数据库技术，有人说它是数据仓库，有人说它是数据集市，有人说它是数据整合与清洗工具，有人说它是查询和报告工具，有人说它是在线分析处理工具，有人说它是数据挖掘，有人说它是统计分析，有人把它当做分析性 ERP，有人把它当做分析性 CRM，有人把它当做分析性 SCM，有人把它当做企业绩效管理，有人把它当做平衡计分卡……

其实，商务智能是企业利用现代信息技术收集、管理、分析结构化和非结构化的商务数据与信息，创造和累计商务知识和见解，改善商务决策水平，采取有效的商务行动，完善各种商务流程，提升各方面商务绩效，增强综合竞争力的智慧和能力。

具体说来，"商务智能"的概念包括了四个层面的含义：

(1) 商务智能是由多个功能组件构成的集成式软件包。一般包括数据仓库构造和维护软件、数据挖掘软件、联机分析软件等。其功能是随时对企业存储的各种数据进行各种分析，给出报告，帮助管理者认识企业和市场的现状，做出正确的决策。

(2) 商务智能是多种技术综合应用的解决方案。它提供了一种采用多项数据处理技术、应用系统以及咨询服务来考察、发现和形成可付诸实施的关于市场、客户以及经营管理的见解的方法。

(3) 商务智能是一个过程。它是企业各级决策人员利用查询报表工具、联机分析处理工具、数据挖掘工具以及自己的行业知识，从数据仓库中获取有用信息，做出明智决策，逐步提升企业竞争力的过程。

(4) 商务智能是一种状态。它使企业能够有效地将所存储的数据转换成高价值信息，并在适当的时间和地点满足各级管理者科学决策的信息需求，从而提高企业决策能力和运营能力。一个智能的企业能够更快地做出好的决策，比对手更为精明，从而获得竞争优势，让企业总是在行业的第一方阵里竞争。

总而言之，商务智能是根据一定的解决方案，采用相应的软件，发掘企业存储数据中所隐含的信息，使企业最终达到有效利用信息、科学决策状态的过程。

2. 商务智能系统的体系结构

商务智能系统可以说是一个智能决策支持系统，目前在国外商务智能软件与 Office 办公软件、浏览器一起已经成为企业必不可少的桌面办公软件之一。

商务智能在我国尚处于起步阶段，商务智能系统适合应用的行业依次是：零售、保险、银行、通信、离散制造、政府、医疗、分销、流程制造、教育。然而，从各种资料上看，商务智能、数据仓库和客户关系管理在我国只在少数的银行、保险、电信行业有实施的案例。

商务智能系统从企业运作的日常数据中开发出结论性的、基于事实的和具有可实施性的信息，使企业能够更快更容易的做出更好的商业决策。使企业管理者和决策者以一种更清晰的角度看待业务数据，提高企业运转效率、增加利润并建立良好的客户关系，使企业以最短的时间发现商业机会捕捉商业机遇。如何时何地进入何市场，如何选择和管理大客户联系，以及如何选择和有效地推出商品优惠策略等。同时通过提供决策分析能力，使企业更有效地实现了财务分析、风险管理、诈骗检测、分销和后勤管理，以及销售状况分析等。

体系结构(Architecture)是指作为一个系统的框架的一整套关于数据流程的规则和系统核心模块的结构。商务智能系统的体系结构则是指数据流在从数据源经过ETL过程进入数据仓库最终加以组织成OLAP模型的规则，商务智能系统中的核心模块包括数据源、ETL模块、数据仓库模块、OLAP模型之间的组织结构。研究商务智能系统的体系结构有助于指导商务智能系统的规划，设计和实施过程。商务智能系统体系结构如图9-17所示。

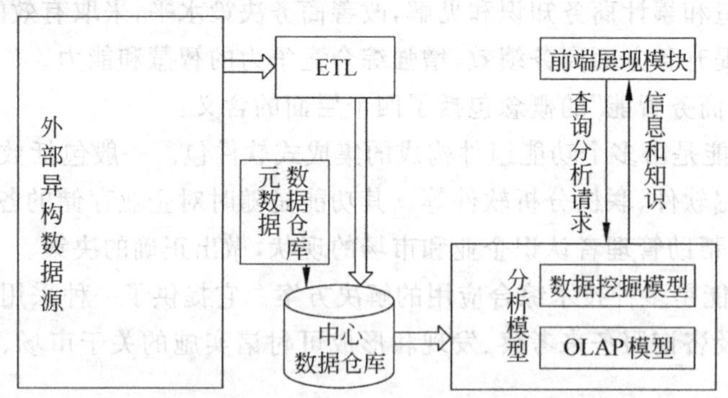

图9-17 商务智能系统体系结构

(1) 异构数据源的整合。一般来说，商务智能系统的数据来自于不同的业务系统，这些数据是异构的，从业务上说可能包括运营数据、客户关系数据、系统性能数据、故障处理数据等企业自身系统数据和相关的外界数据等；从结构上来说包括文本数据、关系数据库数据、HTTP和XML结构的数据等。因此我们必须对这些异构数据进行预先整合。

(2) ETL过程。ETL是从数据源获取需要的数据并对数据进行清洗、校验、转换、加载入数据目的过程。数据抽取过程会过滤掉数据仓库中不需要的源数据，并对数据进行正确性和完整性校验，然后进行格式和类型转换以及聚合分流等操作，最后加载。

(3) 数据仓库的数据存储和管理。数据仓库是面向主题的、集成的、结构稳定的和数据随时间不断变化的数据集合。数据仓库又是以关系数据库、并行处理和分布式技术为基础的。数据仓库具有丰富的数据管理、数据和信息描述能力。依据所管理数据的类型及所解决问题的范围，数据仓库可分为企业数据仓库、操作型数据存储、数据集市等三种类型。

(4) 数据分析模型。商务智能系统的数据分析模型是基于OLAP模型构建的。在建立OLAP模型后还可利用数据挖掘技术对数据进行深度挖掘并最终利用前端展现工具把结果呈现出来。通过数据分析和建模将数据转化为信息，通常由数据分析工具负责完成。在商务智能系统中，交互式信息分析、数据分析软件与商业运营规则相结合对数据的模式和趋势进行分析，提供给用户企业商务的方方面面的详细信息，以辅助商务活动决策最终获得更高的利润。

3. 商务智能系统建立步骤

商务智能的体系结构指导商务智能系统的建立，其建立步骤如下。

1）识别和确定数据源

商务智能的数据来自于多种数据源，包括电子商务数据、交易处理数据以及相关的外部数据等。如从交易处理应用软件中获取订单信息、顾客信息和产品信息，从电子商务网站中获取访问和点击信息，还可以从账务系统中获得账务信息，从市场部门获得市场信息等。

2）进行数据集成和存储管理

数据集成可以分为"懒散型"数据集成和"急切型"数据集成。懒散型数据集成一般应用在数据库系统中，其显著特征是集成发生在查询产生之后。用户提出一个查询后，系统确定查询所需的数据来源，为每一个来源产生子查询和命令，然后从数据源中获取信息，执行一定的转换、过滤和合并后把最终结果返回给用户或客户系统。数据在查询出现后才从原始资料中提取。急切型数据集成通常出现在数据仓库技术中，它提前预测用户的需求，把可能会被用到的数据提前从数据源系统中抽取出来，经过变换、过滤及与其他相关信息的合并，然后存储在集中的仓库中。当一个查询出现后，直接在仓库中运行，不需要进入最初的数据源系统中去。这种急切型的数据集成方法使数据仓库中存储着大量经过预先计算的总计数据和累加数据，在查询时能显著加快查询速度，满足用户对响应时间的需求。

3）数据分析和建模

商务智能建立的本质目的是获得高的投资回报率(ROI)，投资回报主要体现在商务智能的应用状况上。通过数据分析和建模将数据转化为信息，通常由数据分析工具负责完成。在商务智能系统中，交互式信息分析、挖掘工具、数据分析软件、商务智能工具与商业运营规则相结合对数据的模式和趋势进行分析，提供给用户企业商务的方方面面的详细信息，以辅助商务活动决策获得更高的 ROI 和利润。

4. 几种商务智能解决方案

商务智能是一套完整的解决方案，它是将数据仓库、联机分析处理、数据挖掘等技术结合起来，通过企业信息门户将知识以适当的方式进行展示，以实现技术服务于决策的目的。

1）IBM 的 BI 体系结构及特点

IBM 公司提供了一套基于 DB2 家族数据库的企业商务智能解决方案，具有集成能力强，高级面向对象 SQL 等特性，如图 9-18 所示。

IBM 采取合作伙伴战略，例如其前端数据展现工具可以使 Business Objects 的 BO、Lotus 的 Approach、Cognos 的 Impromptu 或 IBM 的 Query Management Facility，多维分析工具支持 Arbor Software 的 Essbase 和 IBM 的 DS2 OLAP 服务器，统计分析工具采用 SAS 系统。

IBM 的这种解决方案具有如下优点：

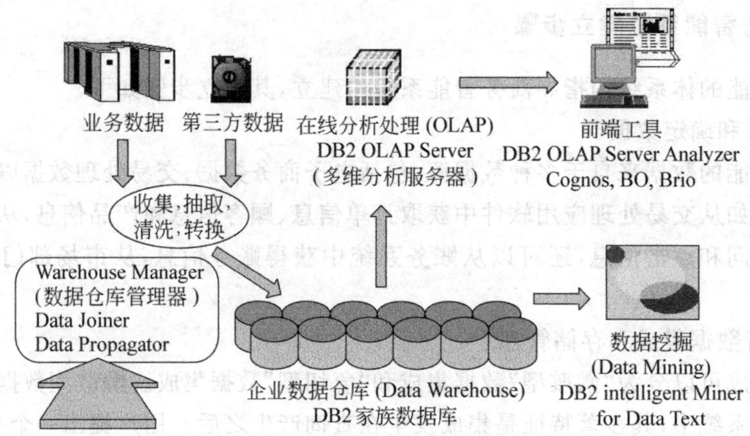

图 9-18 IBM 商务智能体系结构

(1) 创建 DB2 与 BI 分析的无缝集成。DB2 UDB 构成了 IBM BI 策略的中心。DB2 除了其可伸缩的、并行的数据库技术以外，还包括数据挖掘、OLAP 以及门户和地理空间(geospatial)技术等方面的扩展。

(2) 通过集成的技术简化 BI 分析提交系统。一个简化的数据提交系统需要具备两点：能够处理不同的数据类型，能够有效地将不同数据从其源传播至目标 BI 结构。通过 DB2 的 XML 支持不同种类的分布式查询能力，集成的数据复制服务，用于空间、文本或多维数据的 DB2 Extenders，以及 MQ Series 技术，一家公司实质上可以将任何数据类型从源转到目标。

(3) 提供零延迟(zero-latency)分析。实时(或零延迟)分析是企业在 BI 方面工作的先决条件。为了能够建立零延迟的 BI 环境，需集成数据库引擎、所选的分析工具以及一个有效的数据提交系统。换句话说，要内置零延迟特性，就需要实现前两大目标。

2) MICROSOFT 的 BI 体系结构及特点

Microsoft 已经开发出来一个开放的、具有可伸缩性的体系结构，用以加快和简化当今商务智能应用的创建、管理和使用，同时也降低了它们的成本。该体系建构于 Microsoft SQL Server 及 Microsoft Office 架构上，由广泛的技术应用软件所组成，其结构如图 9-19 所示。

微软商务智能平台包含以下一些重要组件。

(1) SQL Server：可储存合并资料以进行分析的关系型数据库。

(2) Analysis Services：可建立预先汇总的 Cube 以便快速互动分析的 OLAP 引擎。

(3) DTS：提取、转换和加载资料(ETL)的工具。

(4) Reporting Services：一个开放性及可扩充的报表平台，透过 Web 浏览器或 Office 应用程序来提供传统和交互式的报表，或将报表内嵌于应用程序内。

(5) Data Mining：可在大量资料内寻找模式和关联性的资料采掘能力。

(6) SQL Server Accelerator for BI：BI 系统快速开发的加速工具，借以快速地使用更少的实作成本，构建和部署分析性应用程序。

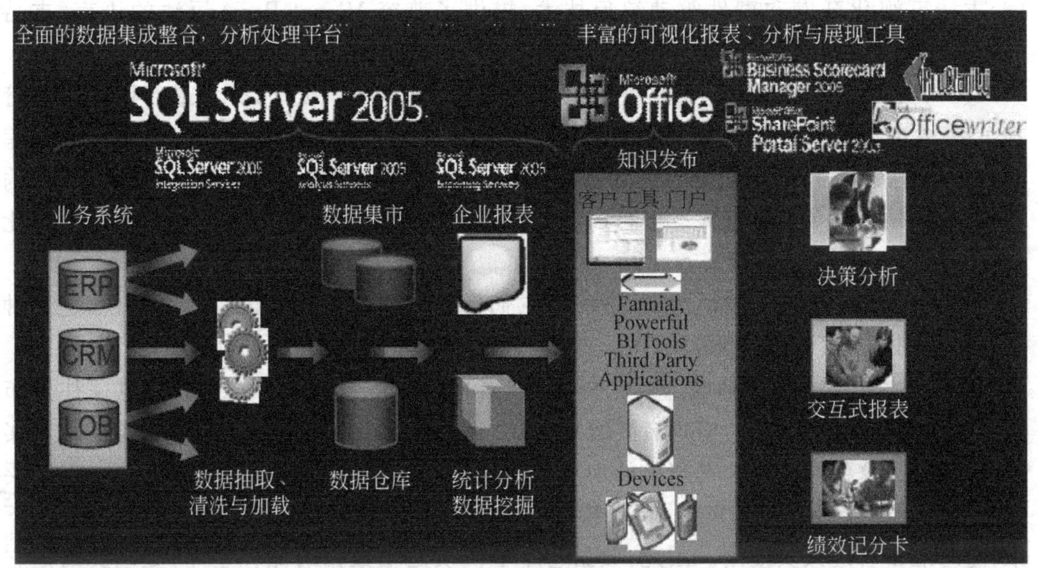

图 9-19　微软商务智能平台

(7) 微软平衡计分卡：系统化的协助企业进行绩效管理。

(8) BI Portal：将商务智能的各项重要信息整合于同一个入口网站。

Microsoft 的数据仓库框架(Data Warehousing Framework)使用 Microsoft SQL Server 2005 作为数据仓库平台，它提供了 Microsoft SQL Server 2005 所有的特性和好处。同时，对于寻求优秀的专业分析应用以及追求系统可伸缩性的 IT 专业人员来说，它还提供最为广泛的选择性和适应性。使用 SQL Server 2005 的商务智能和数据仓库。SQL Server 2005 被设计用来提供一系列强大的分析工具。使用这些工具，企业可以从大量信息中分类并获取真正的商务智能——制定更好的决策并且创造更多商业价值所需的知识。

3) ORACLE 的 BI 体系结构及特点

Oracle 提供了一个可以降低企业商务智能构建与部署成本和复杂性的完整、预先集成的技术基础。Oracle 数据库是第一个，也是唯一一种具有完备分析能力的数据库，它提供了内置于执行分析任务的数据服务器中的嵌入式提取、转换和加载(ETL)、联机分析处理(OLAP)以及数据挖掘等功能。

Oracle 应用服务器提供了内置的门户服务，使企业能够个性化而有序地访问企业商务智能应用系统。Oracle 电子商务套件企业绩效管理系统则提供打包的应用程序，用于评测和监视企业绩效。

Oracle 数据仓库解决方案主要包括以下两部分：

(1) Oracle Express：它由 4 部分组成，Oracle Express Server 是一个 MOLAP 服务器，它利用多维模型，存储和管理多维数据库或多维高速缓存，同时也能够访问多种关系型数据库；Oracle Express Web Agent 通过 CGI 或 Web 插件支持基于 Web 的动态多维数据展现；Oracle Express Objects 前端数据分析工具提供了图形化建模和假设分析功能，支持可视化开发和事件驱动编程技术，提供了兼容 Visual Basic 语法的语言，支持 OCX 和 OLE；Oracle Express Analyzer 是通用的面向最终用户的报告和分析工具。

(2) Oracle Discoverer：即席查询工具，专门为最终用户设计，分为最终用户版和管理员版，在其数据仓库解决方案实施过程中，通常把汇总数据存储在 Express 多维数据库中，而将详细数据存储在 Oracle 关系数据库中。需要详细数据时，Express Server 通过构造 SQL 语句访问关系数据库。但目前的 Express 还不够灵活，数据仓库设计的一个变化往往导致数据库重构。

以上介绍了三种 BI 解决方案，下面将它们做一个简单的比较。整体上来说，这三种解决方案都采用了以下技术：

(1) 数据仓库：用于抽取、整合、分布、存储有用的信息。一个企业的信息往往分布在不同的部门和分支机构，管理者要综观全局、运筹帷幄，必须能迅速地找到能反映真实情况的数据，这些数据也许是当前的现实数据，也可能是过去的历史数据。因此，有必要把各个区域的数据集合起来，去其糟粕、取其精华，将真实的、对决策有用的数据保留下来，随时准备管理人员使用。因此，数据仓库不仅仅是个数据的储存仓库，更重要的是它提供了丰富的工具来清洗、转换和从各地提取数据，使得放在仓库里的数据有条有理，易于使用。

(2) 多维分析：全方位了解现状。管理人员往往希望从不同的角度来审视业务数值，比如从时间、地域、功能、利润来看同一类储蓄的总额。每一个分析的角度可以叫做一个维，因此，我们把多角度分析方式称为多维分析。以前，每一个分析的角度需要制作一张报表。由此产生了在线多维分析工具，它的主要功能，是根据用户常用的多种分析角度，事先计算好一些辅助结构，以便在查询时能尽快抽取到所要的记录，并快速地从一维转变到另一维，将不同角度的信息以数字、直方图、饼图、曲线等方式展现在您面前。

(3) 前台分析工具：提供简单易用的图形化界面给管理人员，由他们自由选择需要分析的数据、定义分析角度、显示分析结果。往往与多维分析工具配合，作为多维分析服务器的前台界面。

上述三个 BI 解决方案各有特色，都有自己的领先地位，现归纳如下：

IBM：提供了集成的、完整的、端到端(end to end)的商务智能解决方案，并且具有很低的总体成本(Total Cost of Ownership)。IBM 的数据仓库技术非常易于开发和使用，便于业务人员充分利用数据并从中获取信息。IBM 是技术的先驱。IBM 发明了关系数据库、SQL、关键数据挖掘算法以及数据仓库方法。IBM 在信息管理方面的专利比其他数据库厂商的专利之和还多。IBM 被业界推崇有极好的支持和专业服务。

Microsoft：商务智能作业平台是建构于 Microsoft SQL Server 及 Microsoft Office 架构上，是由广泛的技术应用软件所组成，以协助企业因应市场及环境上的需求与变化。其所发展出来的平台提供程序开发人员在一个整合性的系统架构中去做数据仓库及数据集市建置及管理，并在前端提供良好的数据分析工具与报告汇整服务。并透过与同业间的策略合作及筛选优良的技术开发厂商，让在微软平台上的 BI 解决方案将越来越多，并可以吻合企业组织的需求且应对不断变迁的市场环境。

Oracle：作为世界上最大的数据库厂商之一，凭借其在技术、资源和经验上的优势，一直致力于为企业提供最能满足企业竞争需要的数据仓库解决方案，其数据仓库解决方案包含了业界领先的数据库平台、开发工具和应用系统。Oracle 数据仓库突破了现有数据仓库产品的局限，能够帮助企业以任何方式访问存放在任何地点的信息，在企业中的任何层次上，满足信息检索和商业决策的功能需要。数据仓库解决方案能够提供一系列的数据仓库工具和服务，具有多用户数据仓库管理能力，多种分区方式，较强的与 OLAP 工具的交互能力，以及快速和便捷的数据移动机制等。

9.3 知识管理

9.3.1 信息化管理新阶段

在信息化进程中，企业从早期建立 MIS(管理信息系统)、实行 EDI(电子数据交换)、实施 MRP MRPⅡ(制造资源计划)到实施 ERP(企业资源计划)、CRM(客户关系管理)、BPR(业务流程再造)，经历了新技术带来的喜悦，但也经历了高投入低回报的“数字鸿沟”、“ERP 黑洞”的梦魇。

商务智能 BI 的出现和发展，使企业信息化上升到一个新的高度，带来新的理念，也有力地提高了企业的竞争力。

商务智能通过对所获的数据信息进行综合，形成知识，但人们却仍感到知识的匮乏，这是因为信息不等于知识，信息量越大，人们从信息海洋中及时获得自己所需的那部分知识、并把已有的知识转化为自己的知识的难度也越大。正是在这种背景下，人们提出了知识管理的问题，并逐渐深化了对它的认识。

知识管理(Knowledge Management)是企业信息化发展的更高阶段，是信息资源管理与人力资源管理的高级化合物，代表了管理信息系统和信息资源管理的发展方向。

其实，早在 20 世纪 80 年代，美国学者马奇安德(D. A. Marchand)和霍顿(F. W. Horton)就提出信息化管理有五个发展阶段，即物的控制、自动化技术的管理、信息资源管理、商业竞争分析与智慧、知识管理。知识管理被认为是管理信息系统和信息资源管理的高级阶段。如果说当时他们的观点还仅仅是一种理论上的预测，那么自 20 世纪 90 年代以来随着知识经济的兴起，管理信息系统和信息资源管理向知识管理的延伸和发展已成为一种具体的实践活动。

如果说管理信息系统是将数据转化为信息，并使信息为组织设定的目标而服务，那么知识管理是将相关信息与具体商务环境和员工的认知能力结合起来，把信息转化为知识，通过知识的创造、应用提高组织的应变能力和创新能力，通过知识的整合和传播创造客户价值，实现企业目标。

可以从以下三个方面说明知识管理是在管理信息系统和信息资源管理基础上发展而来的。

1) 管理对象上的拓展

知识管理的对象不只是编码化信息，还包括对非编码化信息的载体——人的管理。组织中典型的知识传播要经历一个从隐式(人脑内部的)和显式的(获取和封装成可复用、可检索的形式)到全部显示的又返回隐式的过程,其他人通过整个组织系统学习和使用知识(如图 9-20),人是这个流程的核心。

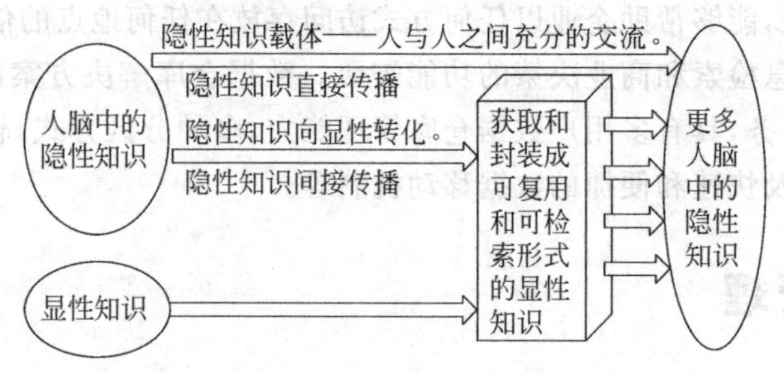

图 9-20 组织内知识的流程

知识管理认为对人的管理既可以提供广泛的知识来源,又可以建立良好的组织方式用以促进知识的传播:一方面促进非编码化的知识编码化,利于知识共享;另一方面强调有利于个人非编码化知识共享的组织方式,促使知识载体——人与人之间充分的交流,通过人际互动,使得知识广泛传播。知识的充分共享保证了组织的创新能力,适应了知识经济时代的要求。

知识管理对知识流、知识的自组织更感兴趣,试图找出一个能理解知识如何积累、如何倍增的关系,使少数人的专长扩展为整个组织掌握的知识。知识生产已经成为一个庞大的社会化部门,它渗透于人类社会活动的各个领域,成为技术决定因素、生产发展的支配力量和社会发展的有利手段。知识管理以知识生产途径为研究目标,提倡以试验化的方式来研究知识,促进知识的增长。

2) 管理方式和技术的改进

知识经济时代是信息、知识极度膨胀的时代。信息和知识的收集、处理、存储的低效率是极其危险、无法容忍的,运用高效信息技术和新型的管理方法使那些在知识获取方面受到物理限制的人能够对知识加以利用,成为知识管理的目标。知识管理不仅要处理大量的信息和知识,而且对于减少信息的膨胀应有所作用。

(1) 知识管理深化了对包括计算机技术、通信技术等先进的信息技术的要求。在以计算机和通信技术为基础的知识经济时代,知识管理在信息技术的使用上有进一步的深化,表现为在信息向知识演进的处理上,利用数据仓库、数据挖掘、人工智能技术获取信息中隐含的知识;在知识的存储和传播上,利用大型数据库技术、新型检索技术、智能代理、搜索引擎以及网络技术、组件技术,保证知识的充分共享。知识管理使用信息技术建立有效的知识管理系统,帮助知识从已知者向未知者传递。例如,以新型网络技术、检索技术以及群件技术为特征的 LOTUS,把“知识管理”作为其产品的新标签。LOTUS NOTES 工作流软件的目标就在于帮助组织成员共享和利用他们的专业知识,帮助组织提高“创新、反应能力、生产率以及技术技能”,“帮助他们自身适应组织管理活动”。

(2) 知识管理强调系统化的研究方法,要求把信息与信息、信息与活动、信息与人结合起来,在系统化的空间中发现信息与环境的普遍联系,以有利于知识的发掘、传播和利用。信息的系统化处理保证了知识的创造、共享和使用,转化成的集体智慧和创新能力保证了组织适应知识经济时代的要求。

(3) 知识管理引入了新的组织管理模式,扩大了默认知识的共享范围,使得组织成为人们获得知识的重要来源,一个学习和知识创新的系统。比如发达国家的先进企业在首席执行官与信息主管之间设立知识主管(CKO)。信息主管把工作重点放在技术和信息的利用上,知识主管把工作重点放在推动创新和培育集体创造力上。知识主管在企业经营活动中的主要职责在于为实现显性和隐性知识共享提供有效途径。

(4) 知识管理引入了经济学的研究方法。知识作为稀缺资源需要利用经济学的方法加以合理配置。美国信息产业学会对新型的知识管理者要求不仅要有信息技术方面渊博的知识,还必须"熟悉竞争中各种资源的运用规律","拥有发展、战略、预算方面的知识"。

3) 管理目的的深化

知识管理在管理目的上也是对管理信息系统和信息资源管理的深化,主要表现如下。

(1) 传统的管理信息系统和信息资源管理只向管理者或业务人员提供信息,知识管理不再局限于利用片面的信息来满足用户的需求,而是对用户的需求系统分析,向用户提供全面、完善的解决方案,用户可以直接学习这些知识而无须再加工的过程。

(2) 知识管理通过对知识的管理,为组织带来了新型的现代化管理方式,提高了组织的创新能力、生产率、反应能力和技术技能。现代化管理与知识管理融为一体。创新是保持长久竞争优势的主要源泉,是知识经济的支撑。组织成员的知识交流、技术协作是创新的主要来源。查找、复用知识资产是提高生产率、反应能力和技术技能的法宝。管理人员的共同悲哀是"我们不知道我们知道些什么"。人们不断创建业绩而不能借鉴获得的教训、利用最好的实践成果和已有的专门知识。知识管理向个人提供工具发现和挖掘业已创造的团体知识,而且知识管理技术可以帮助组织检测出微弱的信号,并根据需要调动人力和信息资源对不测事件做出有效反应,获得最大效益。

9.3.2 知识管理内涵

知识是人们通过实践对客观事物及其运动过程和规律的认识,是被人们理解和认识并经头脑重新组织和系列化的信息,是经验、技能的总结。在反复实践和认识的过程中,人脑通过对相关概念的判断、组合和推理,形成对事物本质的认识,构成头脑中的知识,可称为主观知识,即默认的知识(Tacit Knowledge),也称隐性知识;如果经过各种载体表达出来,则成为客观知识,即编码型的知识(Codified Knowledge),也称显性知识。

知识管理,简单地说就是以知识和知识活动为核心的管理,包括对知识的识别、获取、开发、传递、使用和存储。

1) 知识管理的目标

知识管理的目标是使企业实现显性知识和隐性知识的共享,并最大限度地激发企业雇员的智力资源,促进知识创新。在具体的操作细节层面,我们可以从知识管理的过程和企业知识结构两个角度来分析企业知识管理的具体目标。

从知识管理的过程来看,企业知识管理必须实现四个目标:①从企业战略和员工个人目标出发,保证新知识的有效开发和已有知识的改进提高;②通过知识传递或知识拥有者的重新配置,保证新的知识被传播到企业的其他部门及转移给新的员工;③在整个企业能够较容易获取知识的基础上，确保企业的知识安全；④确保实现企业或企业网络内部可以获得知识的有效融合。

从知识结构来看，企业知识管理也同样要实现四个目标：①要使知识载体的内容在不断改变的环境中保持新颖和正确，应用最优秀的知识；②要使知识载体的配置在企业经营过程的特定环境中达到最优化，在最佳位置应用知识；③要根据用户的需要和可能的使用方式，改进知识载体的形式，应用最佳形式的知识；④使知识的可获得性与企业的知识需求相适应，在需要的时候应用知识。

2）知识管理的作用

作为企业中高级管理人员、知识型工作者，您是否经常遇到这样的问题：

（1）以前自己撰写过或见过别人整理的一份非常有价值的报告和资料，在需要的时候却找不到了；

（2）随着一位关键员工的离职或休假，同重要合作伙伴或客户的良好关系受到损害，联系甚至被迫中断，同时也失去了非常宝贵的实践经验；

（3）新员工加入某项目组，因没有相关背景资料而很难上手，也不能充分借鉴前人的经验和智慧；

（4）在项目的开发和进展过程中，员工需要向具有某种专长的专家咨询，却不知企业内部谁有这样的专长。

借助知识管理理念和适当的工具可非常有效地解决这些问题。大体说来，知识管理能够从以下几种方式提高企业竞争能力和对市场的适应能力：

（1）通过数字化和知识化将大量无序信息有序化，为员工提供知识共享的环境，提高其工作效率和创新能力，改善服务质量；

（2）提供适当的工具和环境辅助员工同相关客户和工作伙伴进行直接或间接的交流；

（3）增加企业知识储备，将个人知识和信息提升为组织知识；

（4）分析外部环境的机会和挑战，获取相关资料，相应调整企业战略；

（5）从现有数据挖掘有用知识、增强企业商务智能；

（6）通过知识地图将知识和人联系起来，帮助人们获得知识来源，降低知识扭曲；

（7）方便企业的后继者轻松获取前人积累的知识，以此为基础不断创新，实现企业的可持续发展和创新。

3）知识的获取

“知识的获取”说起来就是从某处获取已经存在的知识。对一个企业来说，也许就意味着从现有文件中获取知识，或者是将隐含的知识搜集整理存入知识库，或者是找到外部的关于工艺、技术的专业技巧以及市场情报，然后再取得知识。如果这样做的话，或许就需要招聘专家或是并购具有那种技术的其他企业了。当然还有其他办法，比如自我培训所需的技巧，或者租借所需的技巧。具体怎么做，在很大程度上取决于企业的商业目标。

举个总部设在西雅图或华盛顿的那些网络服务供应商的例子，这些供应商就是向那些需要构建网络解决方案的企业提供咨询服务的。作为他们工作的一部分，他们还对不同种类的网络产品提供测评服务。他们的知识库会不断从专家群中获取知识，而且他们还建立了一套系统，从网上的一些站点定期获得新的信息。这样做，他们就能够经常更新他们的测评结果了。在这里,技术对于知识的获取过程来说就是必不可少的了。

4) 知识的共享

知识共享既可以是与内部共享,也可以是与外部共享。内部共享主要目标在于促使既有业务能够更好、更快、更经济地运作,通过用更高质量、更现代化、更易接受的工具和投入来装备一线员工,并为顾客增加价值和减少成本,这是20世纪90年代主要国际咨询机构实行知识共享的初始动机。现在,一些大型国际咨询机构已开始提供外部知识共享服务:顾客可直接在线(online)获得企业提供的know-how。外部知识共享比内部知识共享要承担更大风险,如在信任、版权及知识产权保护方面的愈加复杂化,但同时也为组织提供了更大的获利潜力。一些分析家相信在不久的未来,知识共享将从目前主要面对内部员工转向面对企业外部的供应商、商业伙伴、甚至顾客和消费者。

知识共享可以确定许多共享内容,当组织所拥有的知识对于实现其目标非常重要或必不可少,当组织在地理上分布广泛时,就会出现知识共享的需要,知识共享的效果也更为明显。如世界银行及国际咨询机构需在不同分支机构之间传递知识,将经验与know-how在各分支机构共享与运用。而其他组织的知识共享可能仅限于某一特定职能和领域,如市场开发与销售等职能、工程设计等专业技术领域。

知识共享可以视为由知识收集者与知识共享者的沟通所构成的整体。沟通包括将需要掌握知识的人与掌握知识的人联结起来,以便发展培育知识和使行为知识化的新能力。沟通之所以必要,是因为知识蕴藏于人的大脑、组织内部及与外部的沟通之中,信息通过个人的理解、翻译和创造之后成为知识。

在知识共享中选择应用的信息技术时应满足以下要求:

(1) 对顾客需求负责:应坚持不懈地努力确保所使用的信息技术满足顾客不同的、变化的需求。

(2) 内容结构:在大型知识共享系统中,分类和目录检索有助于使用者快速查寻,因此应不断完善和创新分类和目录检索。

(3) 内容质量:制定接纳新知识的标准以提高内容的价值。

(4) 与已有系统整合:多数知识共享都将目标确定为,尽最大可能将知识共享与组织成员的日常工作紧密结合,因此把知识共享的相关技术与业已存在的技术进行整合成为实施的关键。

(5) 规模扩散:应注意的是在团队中运转良好的解决方法可能不适于推广到整个组织或组织以外。

(6) 硬件与软件的匹配:确保信息的传输能力和处理能力满足使用者的需要。

(7) 保持技术与使用者能力相协调:提高使用者的操作技能,实现人机的最佳匹配和使用者间的技能平衡。着眼于改进包括技术手段和人们行为的整个系统的知识共享,比只注重其中之一更容易取得成功。

9.3.3 知识管理体系

知识管理体系总体上分为知识管理理念和知识管理的软硬件两大部分,如图9-21所示。

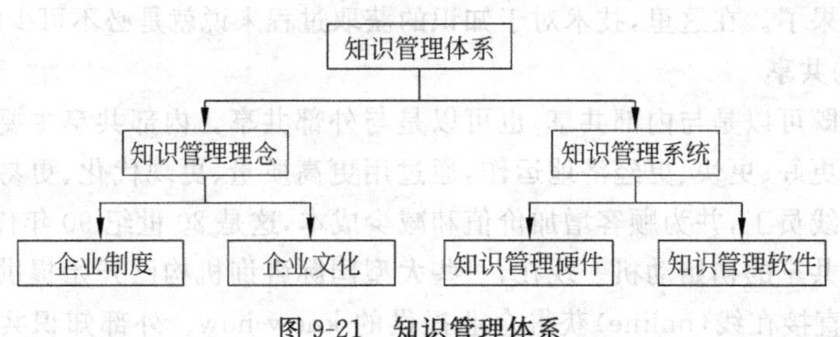

图 9-21 知识管理体系

知识管理理念分为企业制度和企业文化两个方面，其中，企业制度包括确立企业的知识资产和制定员工激励机制，从而加强管理者对知识管理的重视并鼓励员工积极共享和学习知识；企业文化包括企业共享文化、团队文化和学习文化，帮助员工破除传统独占观念，加强协作和学习。

知识管理的硬件对应的是知识管理平台，它是一个支撑企业知识收集、加工、存储、传递和利用的平台，通过互联网、内联网、外联网和知识门户等技术工具将知识和应用有机整合；而知识管理的软件对应的是知识管理系统，它是一个建立在管理信息系统基础之上的实现知识的获取、存储、共享和应用的综合系统，通过文件管理系统、群件技术、搜索引擎、专家系统和知识库等技术工具，使企业显性知识和隐性知识得到相互转化。

1. 世界著名企业的知识管理体系

国外对知识管理理论的研究日臻成熟，关注的焦点从理念的认识转移到应用研究方面，企业知识管理体系研究已成为国外知识管理研究的发展趋势之一。许多著名的公司已经建立了自己的知识管理体系，利用“知识资源”来获得竞争优势，巩固其行业领袖地位。

1）LOTUS 知识管理体系

IBM/LOTUS 围绕着知识管理包含的“人、场所和事件”三要素，建立专家网络和内容管理，方便用户和员工获得所需的知识，设立企业社区供员工共享知识和相互协作，开展企业培训，帮助员工自主学习，以提高企业的整体素质。IBM/LOTUS 提出了从总体上可分为企业应用集成层、协同工作/发现层、知识管理应用层和知识门户层的知识管理框架，每层都着重介绍了其所使用的知识管理技术和工具，具体框架如图 9-22 所示。

LOTUS 所提出的知识管理体系框架涉及的技术工具包括文档管理技术、群件技术、LOTUSNOTES、LOTUSKstation、LOTUS Discovery Server 和 IBM Domino 等。其中，LOTUSKstation 是具备知识管理功能的知识门户服务器，LOTUS Discovery Server 是知识发现服务器。两者共同组成了 LOTUS 的知识发现系统(Knowledge Discovery System)，并与 IBMDomino 服务器结合提供当前市场上功能最强大的知识管理解决方案。

2）西门子公司的知识管理体系

虽说在知识管理方面走在前列的大多为软件、咨询公司，但作为传统企业代表的西门子公司，早在 1997 年就通过构建和利用适合自身发展的知识管理体系，达到了整体提升公司核心竞争力的目的。西门子的知识管理体系分为企业内外两个部分，见图 9-23。

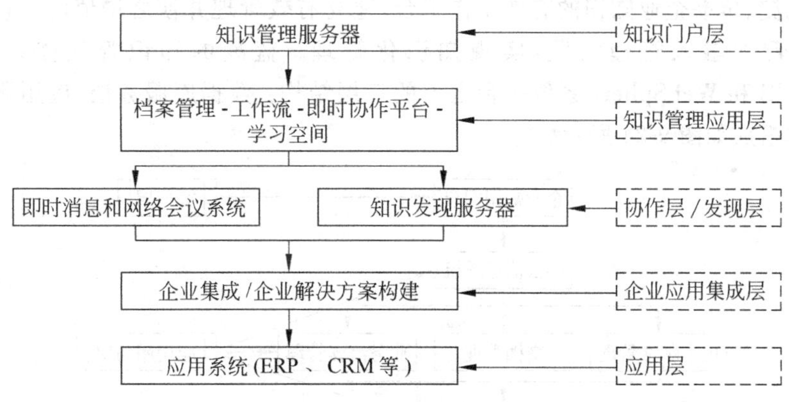

图 9-22 LOTUS知识管理体系框架

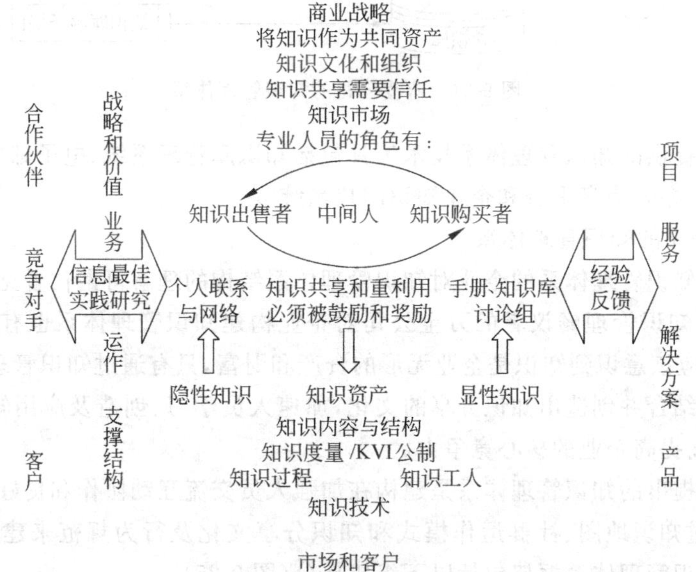

图 9-23 西门子公司的知识管理体系

外部主要涉及企业日常对外活动、活动场所和活动主体;内部可以分为战略及评价、运作业务和支撑结构三大类。

具体包括制定知识作为公司资产的商业战略、培养相互信赖的知识共享文化和知识型组织,建立知识市场、确立知识资产、确定知识内容和结构、设置知识度量制并建立评估系统和模型、培养知识工人、采用知识技术使新知识行为成为可能并驱动其产生。整个框架内外部通过信息、最佳实践和研究、经验反馈等进行交流。西门子除了采用通信网络、文档管理、群件技术等常见技术外,最为关键的是采取了门户技术。在一个集成的门户中,员工可以有权限地交流和共享知识,并通过搜索跨越不同部门的障碍获得所需的知识。

3) 蓝凌公司的知识管理体系

作为国内的知识管理专业服务商,蓝凌公司提出的知识管理体系解决方案包括:建立识别、沉淀、传播企业知识的有效工作平台，建立有效管理并使之增值的知识库系统以及将知识管理融入管理实践，实现知识化管理。蓝凌的知识管理体系是架构于IBMLOTUS和WebSphere系统平台之上的三层结构：数据库服务层、应用服务层和客户层，具体组成如图9-24所示。

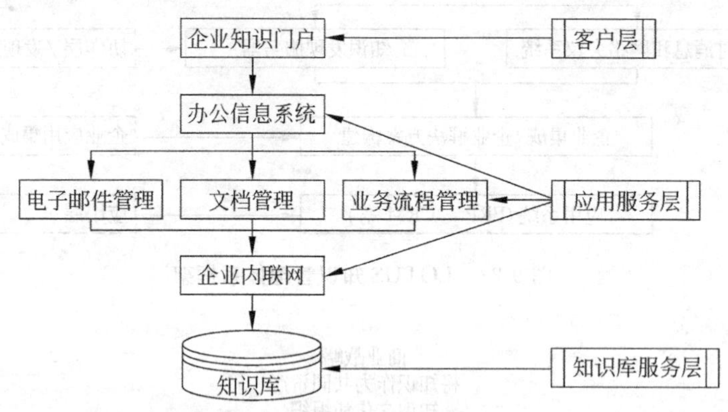

图 9-24 蓝凌公司的知识管理体系

蓝凌公司提供的知识管理体系技术工具包括知识库管理系统、电子邮件及通信系统、业务流程管理、办公信息平台和企业知识门户系统等。

4) 万宝公司的知识管理体系

国内构建知识管理体系的企业对知识管理体系结构的理解可谓仁者见仁，智者见智。作为国内首个知识管理畅议者的万宝公司对企业构建知识管理体系也有自己独特的看法：企业首先应该意识到知识是企业无形的资产和财富，只有通过知识管理，利用科技将人与信息充分结合并创造出知识分享的文化，加速人员学习、创造及应用知识，才能达到组织目的，进而提高企业的核心竞争力。

万宝公司提出的知识管理体系是建构在加强人员交流互动协作和良好的组织文化环境之上的，通过知识地图、社群运作模式和知识分享文化及行为规范来建立企业的知识网。万宝的知识管理体系框架包括以下组成部分(图9-25)。

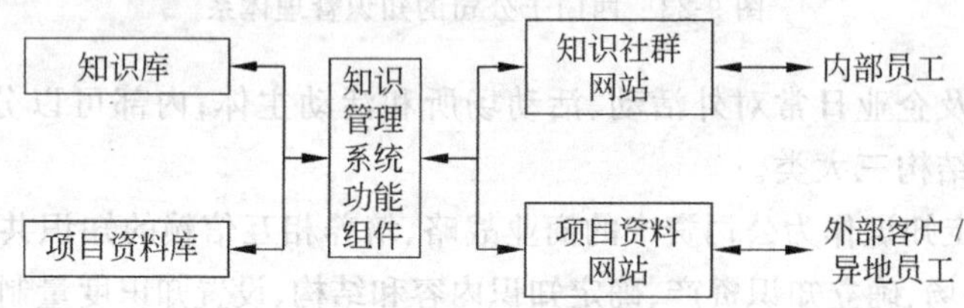

图 9-25 万宝公司知识管理体系

在国外，知识管理体系已被成功地实施于众多企业，尤其在咨询业、制造业、IT业等行业。不同行业中的知识管理体系有不同的着重点：咨询业在设计知识管理体系结构时，需要系统综合地考虑局部创新力量如何积累、如何传递到应用中、如何在应用中再创新、如何形成良性循环等，因此大多从整体着眼，对克服企业中存在的进程障碍和文化障碍给予同等的重视；制造业的知识管理体系主要应用于集成设计、管理和运营等环节中，关注焦点为集成设计的多样性、同步性、生产管理、质量管理、结构化定位等，以满足其在全球化制造业竞争环境中产品和经营革新过程的需要，因此其知识管理体系偏重技术支持；IT业的知识管理体系偏重IT技术的应用，利用在线系统实现对知识的整理分类、检索、共享、传递，提高企业的工作效率和应变能力。知识型组织如大学中的知识管理体系强调的是知识的开发、积累和创新，充分利用知识管理的技术和技巧，在降低成本、改进学术和管理服务的同时成为知识管理活动在经济社会扩散的载体，为知识管理的推广创造条件。

在国内，对知识管理体系的研究偏重于理论，成功实施知识管理体系的企业分属于咨询、制造和IT行业。国外咨询公司的中国区分支大多推行总公司的知识管理体系模式，实现员工培训，满足和创新客户需求及创业增值；作为国家经济主体的制造业的知识管理体系是对原有的信息管理系统的改进，有重点地对企业资源和活动进行有效的管理；IT企业普遍关注知识管理的体系结构，具备先进的知识管理技术和工具，但专门投资并获得成效的较少。

通过比较IBM/LOTUS、西门子和蓝凌公司，以及考察众多的知识管理体系案例，我们不难得出以下结论：

(1) 在知识管理体系的目标确定与构建方面，国外开发的知识管理体系有明确的构建理念、知识管理目标、功能强大的知识管理系统和先进的IT技术支持；而国内的知识管理体系缺乏自己的构建理念，着重开发知识管理软件工具来实现知识管理目标。

(2) 在知识管理体系的运作当中，国外企业将知识管理体系与企业整体战略进行整合，在制定激励机制和培养共享文化的基础上，选择适当的技术工具进行系统建设与实施，以最终达到知识管理的目标；而国内企业往往缺乏对企业制度的制定和企业文化的培养，急于硬件建设和软件开发，难免使实施效果大打折扣。

综上所述，实现成功的知识管理体系的5项关键是：

(1) 制定企业知识管理战略，建立知识创新激励机制，塑造知识共享的企业文化氛围；

(2) 设置知识主管专门负责企业知识管理工作，开发知识创新能力；

(3) 与企业的业务流程相结合，调整企业知识结构；

(4) 建立企业知识管理系统，管理知识生产、交换、整合和内化；

(5) 对知识管理体系制定评价方法和原则，以期改进。

2. 企业知识管理系统构建

首先来看一个例子。M车间是一个设备维修车间，20世纪80年代从老企业调入年龄在40岁左右的技术工人，都有相当的经验。现在，那批工人都老了，有的甚至已经退休了。现在招来的年轻人大都技术生疏。车间设备维修的工作经验主要积累在老师傅的头脑中，如果老专家们退休，这些宝贵的财富就会被“带”走了、被“遗忘”了。面临这种情况，车间王主任一直觉得很头疼，签下的项目单子做不了，这可怎么办？王主任自己分析了这个局面造成的原因，完全是过去十几年没有做好“传、帮、带”，甚至连经验知识都没有认真系统地总结出来。可仔细想来，要做到这些，谈何容易。但这个问题必须解决。一次偶然的机会，王主任接触了知识管理，了解到专家头脑中的隐性知识也可以管理，这对王主任触动很大，也使他豁然开朗。王主任也明白，要在企业中推行知识管理，不但需要员工们懂得知识管理的理念，而且要通过知识管理系统来使之变为现实。但如何实现企业的知识管理系统，这是王主任目前最关心的问题。

1）知识管理系统内涵

知识管理系统（Knowledge Management System，KMS），是知识管理实现的基础，是知识管理实施的技术支撑体系，是一个对知识进行创造、捕获、整理、传递、共享，进而创造出新知识的完整的管理系统。

KMS不同于前面章节介绍的各种MIS。MIS系统注重工作效率，而KMS对业务过程进行了更深层次的思考，KMS更关注于组织文化的营建和员工学习与创新能力的培育，已是一个管理创新的过程。

一般而言，知识管理系统分为两部分：一是知识管理系统的“操作平台”，它如同计算机上的操作系统，是需要导入知识管理系统的所有企业都必须建立的平台；二是知识管理的“应用软件”，企业可以根据自己的需求，进行适当的选择和建设，其应用就如计算机上的应用软件——需要进行文字处理的就装上Word，需要进行图表处理的就装上Excel。

2）知识管理系统软件架构

知识管理系统（KMS）应该是在管理信息系统应用整合的基础上建立和发展起来的，具体框架见图9-26。

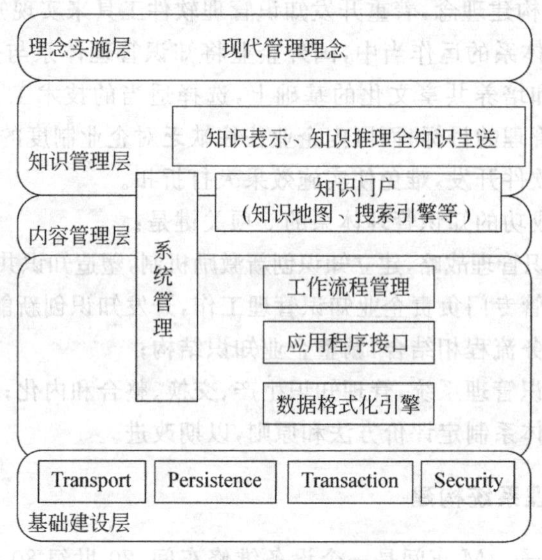

图9-26 KMS架构框架

(1) 理念实施层。当KMS系统的研究领域超出了纯技术层面，延伸到组织结构、组织文化、业务流程重组和知识管理等管理科学以及相互复合关系时，这就要求我们在设计KMS体系结构时，需要充分运用知识管理理念，从理念上理解知识是可以被管理的，从而在具体实施中充分考虑信息技术、管理技术、人和组织的集成模式，建立起相应的知识管理结构和知识运营机制。

(2) 知识管理层。知识管理层的目标应该满足：将正确的知识在正确的时间传递给正确的人。具体可通过知识管理技术如知识的表示、推理和呈送机制来保证上述目标的实现。

(3) 内容管理层。内容管理层是提供为应用程序所能解读的信息或者是简报数据等。与知识管理层共享门户系统，提供知识地图和个性化按需访问等功能。

(4) 应用程序互通层。处理应用程序和应用程序间整合的部分。其中，数据格式化引擎保证数据能够在不同应用程序间被解读和加工，工作流程管理控制着各个应用程序间的信息传递与处理程序，把各个不同系统间的执行过程有效地互联起来。

(5) 基础建设层。这是KMS网络及数据传输的基础，在这层中网络的硬件及通信协议成为信息传递的底层，数据安全措施成为应用程序整合前的必要条件。

3) 知识管理系统规划

与任何大型信息系统实施一样，高层的支持对于知识管理系统实施的成败是十分关键的。由于大部分企业或者组织中都没有专门的部门负责知识管理，在实施过程中，高层管理人员必须既要支持系统的实施，又要支持一个新的部门的成立——一个负责全组织内知识管理的部门。高层的支持必须是竭尽全力的，这种支持来自于高层对于知识管理的正确认识以及知识管理对企业价值的认知。

企业知识管理系统好像企业的ERP一样，在开发和引进这个系统之前，企业的知识主管或CKO(首席知识官)应当对企业的知识资源以及知识性工作进行分析和整理，并对企业知识系统进行整体性规划。

首先，应当清楚地定义企业中使用知识管理系统的用户是什么人，他们的具体要求是什么。知识管理系统的用户应当能够通过该系统定义知识、发现知识、整合企业内外众多的知识源；并通过该系统对信息进行分类和组织。知识管理系统的规划必须以人为本，而不要以文字知识为核心。正如知识管理的大师蒂瓦纳所言："一个好的知识管理系统是围绕着人来设计的。"

其次，知道企业有哪些知识资源。对此很多研究都提出了对知识资源的分类方法。例如Petrash的框架提出，企业的知识资源可以分为5种类型：员工的知识或人力资本、客户或客户资本、组织业务流程、组织结构和组织文化。后三类知识资源又被看做是组织资本。

在系统的构成方面，面对越来越多的技术可能性应当慎重考虑。软件模块的功能并非越多越好，应当经过仔细的考虑和筛选，使得系统具有三个特性：实用性、友好性和可拓展性。所谓实用性，就是要保证员工能够从使用该知识系统获益，而不是给企业提供一个中看不中用的"花瓶"；所谓友好性，就是系统应该是容易使用，容易学习的，用户对系统没有畏难情绪，是系统能够迅速推广的一个重要条件；所谓可拓展性，就是系统要能够适应企业业务的变化。知识管理系统往往是随着企业需求的增加而扩大的。它需要能随着它所支持的业务一起成长。在系统设计中，往往从一个核心的需求开始，逐步扩大其规模和功能。

基于以上的考虑，知识管理系统根据其模块的组合，提供知识管理的各种功能。在实际的应用中，有的企业注重实现个体间的知识共享，因此知识管理系统需要有良好的知识整理和知识传播的能力；有的企业注重协同性知识工作，通过思想火花的碰撞产生新的知识。有些企业则把重点放在对知识的捕捉、操作与定位上，侧重进行与知识相关的信息管理；另外一些企业着眼于建设、开发智力资本，提供自由的、不受限制的、简单易行的对话功能，以提高企业中知识活动的有效性；还有一些企业注重创造一种学习环境，从而使得员工能够保持对新知识的关注。

企业的知识管理系统能以多种形式、采用多种工具来构成。关键是要根据企业业务的需求来规划和设计。如图 9-27 表示一个知识管理系统的基本用途。

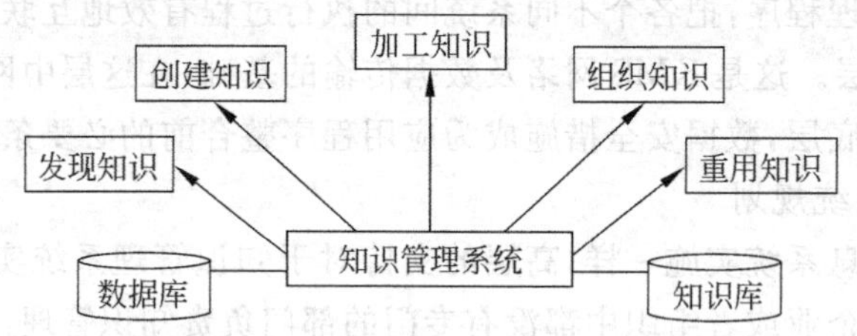

图 9-27 知识管理系统的基本用途

请注意这里所列举的仅仅是知识管理系统中面向应用的功能和模块，一个实际的系统，必然还有许多其他的软件，例如安全管理、中间件、统一的用户界面等。对于这些与应用系统密切相关的功能，可以用一个多层次的概念框架来整合它们。

3. 学习型组织建设

IBM 知识管理咨询公司负责人 Mark. W. McElroy 划分了第一代知识管理和第二代知识管理。第一代知识管理主要为数据管理和信息管理，过多强调整个组织内现有知识的共享；第二代知识管理更考虑了人力资源和过程的主动性，认为组织不仅拥有众多的知识，而且他们要学习，即组织学习。当然，第二代知识管理还强调知识生成(考虑需求方)，但不否认第一代知识管理中编码化和分享的重要性(考虑供应方)。

《第五项修炼》的作者彼得·圣吉认为，未来成功的企业必将是“学习型组织”，因为变动时代唯一持久的竞争能力，是有能力比你的对手学习得更快更好。

所谓学习型组织，是指通过培养弥漫于整个组织的学习气氛、充分发挥员工的创造性思维能力而建立起来的一种有机的、高度柔性的、扁平的、符合人性的、能持续发展的组织。这种组织具有持续学习的能力，具有高于个人绩效总和的综合绩效。

从上面学习型组织的含义和前面介绍的知识管理的含义不难发现，学习型组织理论和知识管理理论实际上是从两个不同的视角指向同一个目标：核心竞争力。前者侧重组织学习，后者侧重知识运营，而知识管理系统是学习型组织的基础。

知识管理的出发点就是把知识看做组织最重要的资源，把最大限度地获取和利用知识作为提高企业核心竞争力的关键。它本身是一个包括知识的获取、转化、共享、创新和应用诸环节在内的大系统，我们可以把组织的知识管理分为两个层次来看，一个层次是战略型的知识管理，另一个层次是职能型的知识管理。战略型知识管理与组织战略紧密结合，涵盖组织各个层面，处于组织系统的最外围(图 9-28)，而学习型组织则是实现组织知识管理战略的最有效的组织形式。但同时，从学习型组织的内部结构考察，职能型知识管理，作为在组织各个层面具体运用知识管理的手段，又是包括在企业学习型组织内部的一个子系统。

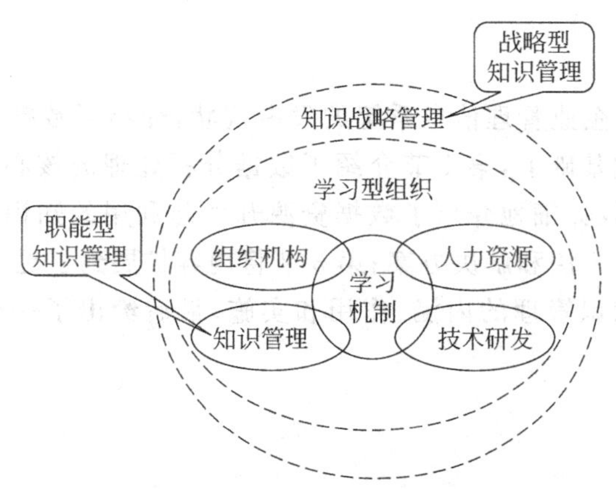

图 9-28　学习型组织系统模型示意图

从战略型知识管理的宏观角度来看，企业知识管理的实质是把知识作为最重要的资源，把知识和知识活动作为企业的财富和核心，对组织知识进行科学的管理，从而促进知识在组织内部的流动，形成知识流的良性循环。由于知识与学习的不可分割的关系，知识若要在组织内有效流动，必然要借助学习手段，通过个人学习、团队学习、组织学习三个层次，使组织的知识不断地得到共享、重组、创新，从而扩大组织的知识基础，提高组织成员及组织本身实现目标的能力，获得绩效的改善。

总之，组织通过学习机制来实现战略型知识管理的目标。组织学习通过组织行动理论的重建，促进组织的信奉理论与在用理论的一致性，修正组织固有的缺陷，从而使组织目标的设置更具合理性，并改变组织行动者的行动；同时，组织学习可以加速组织的知识共享，提高组织的转换能力，从而改变组织的知识技术基础。这两种改变都要求组织的制度重新建立和组织的活动重新安排。结果，导致企业组织进行转型，成为一种新的组织形态。

在这种新的组织形态中，知识的有效流动是核心目标，学习氛围、学习机制、组织沟通等等作为必要的辅助手段来实现这一目标，即组织演变为学习型组织。换句话说，建立学习型组织为企业进行知识管理提供了必要的组织环境及保障措施，使知识管理如鱼得水，可以更好地发挥其作用。

再从职能型知识管理的微观角度来看，在学习型组织内部，组织机构、人力资源、知识管理和技术研发四个子系统对于加强和支持学习机制子系统是十分必要的，反过来，学习机制子系统也与其他的四个子系统相互渗透。他们对创建和维持学习型组织是必不可少的。这五个子系统之间动态关联、彼此互补。如果缺少了某一个子系统或者某一个子系统非常薄弱，其他子系统也会受到影响。其中，学习型组织的知识管理子系统发挥着职能型知识管理的作用。它包括知识的获取、创造、储存、分析和数据发掘、传递与分发、应用和确认。这六个知识要素是持续的和相互关联的，而不是顺序的、相互独立的。知识通过多种渠道进行传递，每条渠道都有不同的频率。知识在传递的过程中，不断地受到人的意识的“过滤”，同时积极的反应行为的影响。

本章小结

本章首先阐述了企业管理信息系统的发展现状，介绍了数据资源开发利用的重要性和四个层次。在此基础上，第 1 节介绍了数据分析处理的核心内容——数据仓库与数据集成；第 2 节比较详细地介绍了数据资源开发与利用的知识发现层面——数据挖掘与商务智能的主要方法和解决方案；第 3 节将内容扩展到了更高层面——知识管理，比较详细地介绍了知识管理的内涵、作用和实施；最后给出了一个港口企业知识管理综合案例。

思考题

1. 企业信息系统的进一步发展方向是什么？
2. 数据仓库的主要思想和作用是什么？
3. 数据集成有什么作用？如何进行数据集成？
4. 数据挖掘有哪些主要模式？
5. 商务智能的理念是什么？它都包括哪些主要技术？
6. 知识管理有什么作用？实施有什么难度？

讨论案例

渤海港务公司知识管理

渤海港务公司的信息化建设近几年取得了长足的进展，不仅完成了信息系统的集成改造，而且实现了信息资源的大集中和初步开发利用。信息化使渤海港务公司的工作效率和货物吞吐量大幅提高。

公司的快速发展让总经理张明感到十分欣慰，一幅更美好的港口发展蓝图正在他的脑海中孕育着。“嘟！嘟”！一份本季度生产报告传了过来，张总停下构想，拿起报告一看，顿时皱起了眉头……

公司概况

渤海港务公司是滨海港务局的下属企业，现拥有生产性泊位 32 个，在集装箱、铁矿粉、成品油、汽车滚装、粮食、煤炭等货种运输上都建有现代化专用码头，港口交通十分便利，具有极强的货物集疏能力，是东北三省及内蒙古地区经济发展的重要推进器。

渤海港务公司现有职工 920 人(其中管理人员 160 人)。公司设总经理、书记各 1 人，副书记、工会主席各 1 人，副总经理 3 人。公司总部设有 11 个部门，分别为办公室、人力资源部、生产业务部、机电设备部、财务部、企业发展部、安全生产监督部、公路运输管理部、纪委审计监察部、合资合作企业管理部、党委工作部。工会设有综合部、生产部。下属主要控股公司、分公司、附属单位、全资子公司共计 27 家。

进入21世纪以来，渤海港务公司实现了快速发展，2003年完成货物吞吐量4 009万吨，集装箱40万标箱；至2004年底完成吞吐量5 700万吨，集装箱60万标箱；到2005年底累计完成货物吞吐量6 800万吨，同比增加1 100万吨，增长32.6%，集装箱完成85万标箱，同比增加21万标箱，增长47.6%。港口的集装箱泊位、深水散货泊位、成品油及液体化工品泊位、物流园区等重点建设项目目前也已全面竣工投入使用。

渤海港务公司的发展战略目标是：到2010年，将港口建设成为多功能、高效率、促贸易的良港和枢纽港，港口吞吐量达到1亿吨；在机制上，将寻求与国内外企业的多层次合作，向联营或股份制的现代企业制度方向发展。

公司面临的问题

张总还在一筹不展的时候，响起了敲门声。

“请进”张总用低沉的声音说，是主管生产的李副总，张总将报告递给了李副总说：“看看这个吧。”李副总扫了一眼报告说：“我知道了，我也正是为这事儿来的。请找调度室的刘主任和王副总(主管行政)，高主任(企管科主管人力资源)与我们一起商量商量吧。”

张总问李副总：“怎么会突然要聘货运科主任和调度室负责人呢，从原货运科和调度室选人不是更好吗?”

这时候刘主任来了，刘主任说：“是这样的，原来的调度室负责人李师傅因为女儿要接他去美国生活，三个月前就辞职了，后来我们就找了跟他一起工作快两年的小张来接替他的职务，然而调度工作毕竟以前都是李师傅负责，小张只是照办，小张负责的这段时间船只进出港口冲突时有发生，装卸人员安排也引来大家的不满。已经是第三个月了，小张自己也承认花费了很大的精力，结果却不尽如人意，所以我们就想应该赶紧聘请一个有经验的人来负责这项工作，以免继续影响港口的业务。”

“那货运科的主任又是怎么回事呢?”张总接着问。

王副总吞吞吐吐地说“郭主任下个月就准备去××港工作了，他可能还没给您打辞职报告吧，但这是公开的秘密了。××港答应对他这样有丰富经验的人员，给更高的薪水，同时还会安排他出国考察，郭主任是看着他们有出国考察的机会才去的。”

负责人力资源的企管科高主任终于忍不住了：“张总，其实不只是这两个，私底下还有很多人也都在议论这件事。有些人就认为在这里待下去也不会再有什么长进，自己也不会有太大的发展空间，这其中不乏公司的技术骨干，他们要是走了，那损失可就大了。”其他人也都纷纷点头。

张总生气地说：“怎么会是这样？那你们说说到底问题出在哪儿？怎么才能留住人，怎么才能留住他们的技术?”大家都开始想这个问题，也有人提出了一些措施，然而都在讨论声中被否定了。

正当大家都在沉默中的时候，李副总说：“这样吧，让信息公司的王经理和李海波说说吧，毕竟他们在外面学习过，也许会有什么新的看法吧。”大家都没拿出什么好主意，听到这个想法，当然很赞同。

王经理，40多岁，某重点大学在职MBA学员，曾任渤海港务公司计算机站站长，后随着部门升格，成为信息中心主任，兼信息化办公室主任。在后来的公司改制中，被任命为信息系统发展有限公司经理。李海波，2002年于华中某大学信息管理专业毕业后到渤海港务公司信息中心工作，因为在信息化建设中积极献言献策，受到公司张总经理赏识，被任命为当时新成立的信息资源开发科科长。这次又被任命为信息系统发展有限公司副经理，目前也是某重点大学的在职MBA学员。

这个周末，公司高层领导都没有休息，信息公司王经理和李海波了解了公司出现的问题。针对问题李海波在会上做了如下的分析："看看我们公司那些骨干们，他们之所以想离开公司，主要因为我们目前严重缺乏知识共享，员工成长速度很慢，导致现有员工觉得学不到东西，没有发展潜力和机会。如果公司能够为他们提供发展和学习的机会，不就能够留住他们了吗？另外，在目前的竞争环境中，我们公司的人才流失只是一种现象。这种现象很难避免，毕竟人往高处走嘛。真正的问题是在人员流失后所带来的竞争力下降。主要是因为人走了，把技术也带走了。那么我们为什么不在他们走之前，就先学到技术，避免或减少由于他们的流失造成的损失呢？我认为针对技术随着人员而流失的问题的解决办法就是采用知识管理。"

听到这里，张总急忙插话："知识管理！知识管理能解决这个问题？哎！小李你快说说。"李海波接着说："知识管理是信息管理的延伸，充分的利用企业积累的数据信息，挖掘出有用的知识。组织员工所掌握的知识通过知识共享等手段，将其转化为组织的知识，建立企业知识库，以此为基础，新员工能很快地熟悉前人的工作环境，学习其他员工的经验，进而减少因员工流失带来的知识流失，增加企业知识储备，方便企业的后继者轻松获取前人积累的知识。这种管理办法是我在MBA课堂上刚刚接触到的，但是通过一段时期的学习，我认为我们公司目前的状况严重缺乏知识共享，并且面临着由于人员流失而导致的知识断层的危机，因此我们公司现在急需采用知识管理。"

张总有些耐不住了："你说的知识管理这样好，那到底应该怎样进行知识管理呢？有没有什么风险呢？"

"运行知识管理要建立相应的知识管理系统，同时还要制定相应的激励措施保证系统的正常运行，这一方面是王经理的研究领域，还是请王经理说吧。"李海波回答到。

张总："那好，就请老王说说吧！"

王经理："知识管理其实是由信息管理和人力资源管理两部分有机组成的。人力资源管理强调对隐性知识的管理。我们知道，隐性知识占知识总量的绝大部分，它蕴涵在人的头脑中，是那些难以言传的经验、技巧、技能等。这些经验、技巧、技能要靠激励才能让它转化出来，才能让大家共享，变成大家的知识。"

张总："我明白了点，这样吧，针对我们公司的实际情况，由你俩来具体负责公司知识管理的实施。你们看应该怎么做，用你们在MBA上所学到的知识为公司出点力，也好让大家学习学习，这也是一种知识共享吧？属于知识管理吧？哈哈！"

这样，由信息公司王经理和李海波负责的知识管理在公司轰轰烈烈的展开了。

构建公司的知识管理系统

1. 建立知识管理部门

为了在公司内部推行知识管理，王经理制定了项目进度计划，并且与李副经理进行了多次讨论。根据他们所学和亲身体验,他们认为知识管理涉及企业整个组织行为,需要全体员工的集体参与和密切配合,更需要一个合理的组织机构作为保障其实施的平台。推行知识管理,首先就要改变传统的金字塔形的组织结构,建立学习型组织结构。

但是,这种大规模的改变能得到老总的支持吗?

为了使自己的想法获得老总的支持,他查阅了大量的资料,并且参观了一些已经实施知识管理的企业。经过调查研究,他发现现在国外和国内很多大型企业都设立了自己的知识管理部门,如研究院、知识发展中心等,也有专门的负责人,如首席知识官或知识总监(CKO),还有一些专门的知识员工,他们负责研究企业的内部和外部的知识环境,还有企业发展所需要的知识资源,构建和维护企业的知识管理系统,开展对其他员工的培训和再教育等。

经过以上的调查,他撰写了一份调研报告,郑重地交给了张总,在报告中,他指出,企业的知识资源就是企业的无形资产,只有让专门的人来进行挖掘、收集、管理和传播,知识才能真正转化为企业的核心竞争力。并且详细阐明了学习型组织的内涵与改变组织结构对于实施知识管理的重要性与必要性。

张总拿着这份调研报告,与其他领导人进行了讨论。经过多次讨论,批准在企业内部建立专门的知识管理部门,但是由于不能一次性对组织进行大规模的变动,把知识管理部门挂靠在该公司的信息系统发展公司。由信息系统公司王经理兼任部门负责人,李海波作为知识管理部门的成员,准备推行学习型组织。

2. 建立学习型组织

王经理兼任知识管理部门负责人后,深感责任重大。如何推进企业知识管理成了他工作内外都在思考的问题。

他意识到学习型组织重在培养整个组织的学习氛围,为了使员工们把知识学习作为一种习惯,他做出了如下的规定:每天下班前每个员工都要在自己的工作日志上写上今天在公司学到了什么,对什么问题产生了什么质疑,对什么问题有想法,等等,并且每周五下午专门开会进行学习,每个人把自己一周的想法和学习结果向大家说说,共同讨论讨论,还定期对员工进行免费培训,让他们学到更多的知识。

但是很多人都认为没有这个必要,认为这些规定流于形式。有些人说:“记录这些东西有用吗?我的工作只有我自己负责,其他人看了有什么用?这也不能提高工作效率,我们都来写这个,谁来干活呢?”

还有人说:“是啊,我们有任务,有指标,你们信息部还有新成立的知识管理部成天没有事情就来搞这些形式上的事情,最后还得靠我们来提升业绩!”

该规定推行了两个星期了,根本没有人如实的填写,真正填写的人也只写了一些没有实际效果的话,难以派上用场。周五的讨论会,所有人都推托工作太忙,没有时间来参加。结果该项规定就这么不了了之了。

王经理很郁闷,他觉得他制定的规划非常有意义,但是却得不到大家的支持。这个规定搁浅了,他心中不甘,于是出面跟张总交谈。王经理说:“张总,目前我们公司的组织结构是基于职能的金字塔形的,不能满足知识管理的要求,我推行知识管理真的很难进行。”

张总:“那什么样组织满足你说的要求?”

知识管理要求其组织结构是基于知识的扁平化和网络化的，要真正实现知识的共享就要企业建立学习型的组织结构，王经理回答到。

“学习型组织，听起来很好，但究竟什么是学习型组织？它是否管用？这些好像还不大清楚。”张总说：“你们不是成立了知识管理部门了吗？你们部门最好再好好讨论一下。”

王经理说：“为了获得员工的知识，更好的实现知识共享，我们要求每个员工把自身学到的东西记录下来，尽管我们已经形成了部门文件，并且下发下去，可是没有作用啊，大家都不按照要求去做。”

张总说：“这要看你能不能调动大家积极性了，还要看你们知识管理部门的人能否想出更好的办法啦，我已经破格给你们成立知识管理部门，你们要起作用啊。你跟其他部门领导谈谈，你们知识管理部门没有业务要求，其他人都有指标，担子很重，如果你们能取得其他领导的支持，或许工作会好做一些。”

王经理听到这里，既感到有了一丝希望，也感到了压力。希望通过其他部门领导人的模范作用来带动群众，但是其他领导能支持我吗？

王经理从张总那里回来后，决定跟李海波讨论一下。经过讨论他们决定分头去找各部门经理。

王经理找到刘主任诉说了希望他带头把推行员工记录知识来源的想法后，刘主任笑着说：“王经理啊，你不在我们这儿，不知道我们的苦啊，大家成天都叫累，连给加班费都不愿意加班，你这没有油水的活儿，谁能做啊？这样吧，我一向支持你的工作，我给你动员一下，但是不能保证是否完成啊。至于我嘛，你就饶了我吧，我都多年不拿笔了，还是别让我记录了，再说我这一天天就是跟人打交道，也没有什么知识可以记录的啊。你说呢？”

听到刘主任这么说了，王经理也不好勉强刘主任写，只好离开了。

归来后，王经理与李海波讨论了一下今天找各位负责人的成果，结果没有一个部门经理愿意带头写。小李说：“王经理，你不知道，我们现在这项工作实在是得罪人啊，好多人都在抱怨呢？而且，有人也跟我说知心话了，就算大家真的记录了，也难免是应付了事，我们公司各种评优、晋级都是靠技术和为公司带来了多少效益来评定的，在我们公司大家都讲究竞争，谁还来讲究共享呢？把自己独有的技能掏出来了，谁还有价值啊？而且，很多岗位都是一个人来做，有些人就当面问我‘这个工作我自己做，别人都涉及不到，我写出来也没有用，你给谁看啊？’你仔细想想他说的也对，你硬让他写，他可能还会害怕你得了他的知识，给后来者吸收，让他下岗呢！”

王经理思考了许久说：“是啊，我也发现这个问题了，很多人对于涉及他们独有知识的时候，都是有顾虑的。看来我们真得想想什么激励的办法了，让他们自愿把自己的东西贡献出来。”

李海波说“要不，我们就把知识成果与奖金挂钩吧。这样或许能够起到激励的作用。”

王经理觉得这个办法还是比较可行的，毕竟写一些东西就可以得到奖金，还是会有人愿意站出来说话的。

于是，王经理通过跟张总的一再斡旋，谈下了个人知识记录与奖金挂钩的条件，奖金总额由公司总部出，但是非常有限。有了这个激励政策，似乎大家比以前有积极性了，但是一段时间后，问题又出来了。

经过一段时间的统计，王经理发现大家交上来的知识记录中有很多内容不合理，而且哪些质量高，哪些质量低很难评定。知识管理部门人员有限，没有那么多精力来评定，给个优吧，就得发钱，给个差吧，人家就会找上门来问凭什么给我的知识记录评为差，王经理他们很难给出合理的评判标准，造成很多人都说王经理不公平。

这场"激励政策"反倒闹得王经理非常苦闷。这个问题实在难以解决，放手让各部门评定吧，各部门认为增加了部门的工作量，想要评定费用，而且部门把关不严，奖金有限实在难以满足各部门的要求。为了保证质量，资金让各部门出吧，各部门又坚决不同意。

结果，激励政策下的知识记录仅仅维持了两个月。奖金发了，可是搜集上来的知识资料缺乏实质性的东西，难以应用。因为这件事，张总也开始怀疑王经理提倡的学习型组织是否能够起到作用。

张总甚至把王经理叫来说："我们不如直接引入知识管理系统吧，学习型组织想法是好的，但是我们公司现在还不具备这样的条件。"

王经理心里非常难受，他费尽心思推广的学习型组织计划就这么中止了。不建立学习型组织，不在组织范围内建立广泛的学习氛围，不培养知识共享意识，他真不知道下一步该怎么建立知识管理系统。

3. 研发部知识管理系统运作的尝试

迫于公司目前的形势，王经理知道自己再推行建立学习型组织是不可能了，但由于原来对张总的承诺，只能越过这一阶段引入知识管理系统。考虑到目前的情况，研发部员工素质相对比较高，易于对系统进行推广，而且研发部属于公司业务的起源端，不涉及太多的对外业务交流，因此王经理决定在研发部试运行知识管理系统。

研发部知识管理系统的实施工作首先从显性知识的共享与集成开始。集成个人的显性知识、开发服务器中的数据资源。研发部根据自己的情况，依据独创性、适用性等标准，整理本部门工作中积累下来的知识文档，按照统一的格式提交给系统。系统将这些文档按照知识的种类和格式分别分类、归档、集成，形成集团统一的知识共享仓库。知识仓库中的文档打破了组织机构的限制，按照工作需要重新组织，便利了员工的查询和使用。现在，研发部的所有研发人员，无论何时何地在工作中遇到难题时，都可以根据自己的权限查询系统中的文档，从中去寻找新的启示和借鉴。

这种集成显性知识管理系统运行的比较成功，研发部可以比较充分的运用原有的知识文档了。按照原定的计划，第二步要在研发部进行隐性知识显性化。但是将隐性知识挖掘出来，就涉及先前的知识共享。推广学习型组织的失败已经使整个公司对隐性知识的显形化望而却步了。没有办法建立学习型组织，公司内部隐性知识永远都无法被真正利用。

但是，张总听到研发部汇报说以前很多无法利用的文档都可以利用后，感到非常满意，觉得知识管理系统已经运行成功了，并对王经理说："这样就已经很好了，你们继续努力，把这个知识管理系统继续推广到其他部门吧！"

其实王经理心里很清楚，这种知识管理系统只是很肤浅的利用了知识管理，并没有实现知识管理的内涵，即使以后推行到其他部门，也不过是个升级后的OA系统。公司并没有实现知识管理。他一想到这里就感到很痛心，但是没有人来支持他，他也不知道该怎么才能在公司内部实现真正的知识管理……

案例讨论题：

1. 该公司为什么考虑到引入知识管理系统？

2. 信息公司王经理和李海波是如何实施知识管理的？如果你是王经理，你将制定怎样的知识管理实施步骤？

3. 王经理建立学习型组织的初衷是否正确？他是否应该坚持把学习型组织搞下去？如果坚持应当采取哪些有效的办法？

4. 如果你是王经理，你会越过建设学习型组织的阶段而直接运行知识管理系统吗？

参考文献

[1] 陈国青，郭迅华. 信息系统管理. 北京：中国人民大学出版社，2005

[2] 哈格等. 信息时代的管理信息系统. 第4版. 严建援等译. 北京：机械工业出版社，2004

[3] 马费成. 信息资源开发与管理. 北京：电子工业出版社，2004

[4] 秦铁辉. 企业信息资源管理. 北京：北京大学出版社，2006

[5] Inmon W,H. Building the Data Warehouse. 3rd Edition. John Wiley & Sons, 2002

[6] 张维明，邓苏，刘青宝等. 数据仓库原理与应用. 北京：电子工业出版社，2002

[7] Han J, Kamber M. Data Mining Concepts and Techniques. 北京：机械工业出版社，2001

[8] 张福学. 知识管理导论. 长春：吉林人民出版社，2001

[9] 高洪深，丁娟娟. 企业知识管理. 北京：清华大学出版社，2003

运筹学（第4版）

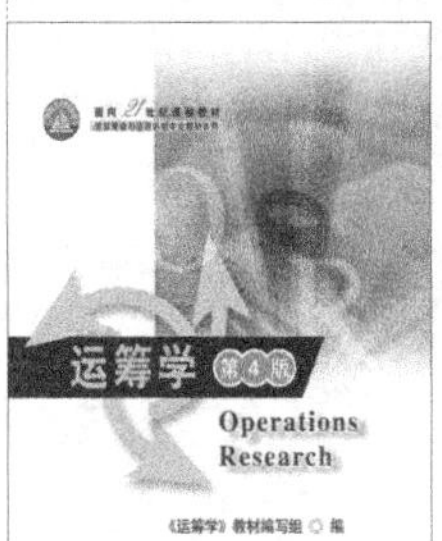

本书特色

经典教材，课件完备，多次重印，广受好评。

教辅材料

课件

书号：9787302288794
作者：《运筹学》教材编写组
定价：58.00元
出版日期：2012.8

任课教师免费申请

运筹学（第4版）本科版

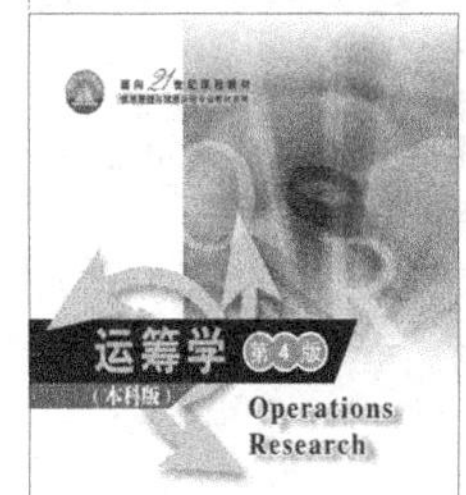

本书特色

经典教材，课件完备，多次重印，广受好评。

教辅材料

课件

书号：9787302306412
作者：《运筹学》教材编写组
定价：48.00元
出版日期：2012.11

任课教师免费申请

运筹学习题集（第5版）

本书特色

名师大作。习题、解答、案例、案例分析，丰富的学习辅助资源，配套《运筹学教程》。

获奖信息

“十二五”普通高等教育本科国家级规划教材

书号：9787302523987
作者：胡运权 主编
定价：58.00元
出版日期：2019.3

任课教师免费申请

运筹学教程（第5版）

本书特色

“互联网+”教材。名师大作，经典运筹学教材，课件、习题等教辅资源完备，难度适中，配套《运筹学习题集》。

教辅材料

教学大纲、课件、习题答案、试题库

获奖信息

“十二五”普通高等教育本科国家级规划教材

书号：9787302481256
作者：胡运权 主编，郭耀煌 副主编
定价：59.00元
出版日期：2018.7

任课教师免费申请

管理信息系统（第6版）

本书特色

名师大作，经典管理信息系统教材，发行百万多册，即将改版。

教辅材料

课件

获奖信息

“十二五”普通高等教育本科国家级规划教材

书号：9787302268574
作者：薛华成
定价：49.80元
出版日期：2011.12

任课教师免费申请

管理信息系统（第6版）简明版

本书特色

名师大作，经典管理信息系统教材，简明版更适合非信息管理专业学生。

教辅材料

课件

获奖信息

“十二五”普通高等教育本科国家级规划教材

书号：9787302330950
作者：薛华成
定价：45.00元
出版日期：2013.7

任课教师免费申请

◦管理科学工程◦

管理信息系统：管理数字化公司（全球版·第12版）

本书特色

原汁原味，全球高校广泛采用，兼具权威性和新颖性，更加灵活和可定制化。

教辅材料

课件、习题库

书号：9787302449706
作者：（美）肯尼思·C.劳顿　简·P.劳顿
定价：79.00 元
出版日期：2016.8

任课教师免费申请

数据、模型与决策

本书特色

创新型教材，理论与实践兼备，课件资源丰富。

教辅材料

课件

书号：9787302524731
作者：张晓冬　周晓光　李英姿
定价：49.00 元
出版日期：2019.3

任课教师免费申请

信息技术应用基础教程（第二版）

本书特色

操作性强，简明实用，适合应用型本科及高职层次，数十所大学采用，广受欢迎。

教辅材料

教学大纲、课件

书号：9787302527503
作者：丁韵梅　谭予星　等
定价：48.80 元
出版日期：2019.6

任课教师免费申请

信息管理学教程（第五版）

本书特色

经典教材，结构合理，多次改版。

教辅材料

课件

书号：9787302526841
作者：杜栋
定价：48.00 元
出版日期：2019.3

任课教师免费申请

运营管理（第二版）

本书特色

"互联网+"教材，结构合理，形式丰富，课件齐全，便于教学。

教辅材料

教学大纲、课件、教师指导手册、案例解析等

获奖信息

辽宁省"十二五"规划教材

书号：9787302531593
作者：李新然　主编，俞明南　副主编
定价：49.00 元
出版日期：2019.8

任课教师免费申请

现代生产管理学（第四版）

本书特色

经典的生产管理学教材，畅销多年，课件齐全。

教辅材料

课件

书号：9787302491217
作者：潘家轺
定价：49.00 元
出版日期：2018.3

任课教师免费申请

质量管理学（第三版）

本书特色

畅销教材的最新修订版，内容丰富，课件完备。

教辅材料

课件

书号：9787302499206
作者：刘广弟
定价：49.00 元
出版日期：2018.5

任课教师免费申请

国际认证认可——质量管理与认证实践

本书特色

专门的质量认证认可方面的高校课程和培训教材。全面介绍认证认可、质量管理体系认证、产品认证、服务认证的相关知识。作者多年从业经验，教材紧密结合实践，辅助资源齐全。

教辅材料

课件

书号：9787302513896
作者：刘建辉
定价：49.00 元
出版日期：2018.10

任课教师免费申请

项目管理（第 3 版）

本书特色

“十二五”国家规划教材，根据最新 PMBOK 更新改版，理论结合应用。

教辅材料

课件

获奖信息

“十二五”普通高等教育本科国家级规划教材

书号：9787302481287
作者：毕星
定价：29.00 元
出版日期：2017.11

任课教师免费申请

项目管理

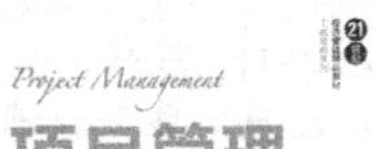

本书特色

实用性强，深入浅出，课件完备。

教辅材料

课件

书号：9787302548737
作者：许鑫 姚占雷
定价：48.00 元
出版日期：2020.3

任课教师免费申请

建设工程招投标与合同管理

本书特色

创新型“互联网 +”教材，章末增设在线测试习题，课件资源丰富。

教辅材料

课件

书号：9787302528289
作者：赵振宇
定价：45.00 元
出版日期：2019.6

任课教师免费申请

ERP 原理与实施

本书特色

原理与实施相结合，内容全面实用。

教辅材料

课件

书号：9787302470526
作者：金镭 沈庆宁
定价：42.00 元
出版日期：2017.6

任课教师免费申请

管理科学工程

管理决策模型与方法

本书特色

“互联网+”教材，结构合理，形式丰富，课件齐全，便于教学。

教辅材料

教学大纲、课件

书号：9787302508502
作者：金玉兰 沈元蕊
定价：45.00元
出版日期：2019.6

任课教师免费申请

软件项目管理（第二版）

本书特色

“互联网+”创新型立体化教材，增设在线测试题，配套资源完备，附赠课件。

教辅材料

课件、习题答案、案例解析

书号：9787302556831
作者：夏辉 徐朋 王晓丹 屈巍 杨伟吉 刘澍
定价：49.00元
出版日期：2020.7

任课教师免费申请

生产计划与管控

本书特色

“互联网+”教材、内容全面，深入浅出，注重实践，教辅丰富。

教辅材料

教学大纲、课件、习题答案、案例解析

书号：9787302571643
作者：孔繁森
定价：79.00元
出版日期：2021.8

任课教师免费申请

运筹学导论（英文版·第11版）

本书特色

运筹学经典教材，在国外高校中有很高的采用率，原汁原味英文版，配有中文翻译版，原书配套网站提供丰富资源。

教辅材料

课件、习题答案、习题库、数据集

书号：9787302580904
作者：[美]弗雷德里克·希利尔 杰拉尔德·利伯曼
定价：99.00元
出版日期：2021.5

任课教师免费申请